원 교정센터에서 유니폼을 입은 셰인 바우어.

셰인 바우어의 작업 파트너였던 데이브 베이클. 물푸레나무동에서의 모습이다.

원 교정센터는 루이지애나주 윈필드 근처에 자리하고 있으며, 총인구 4,600여 명으로 평균 가구소득이 2만 5,000달러다.

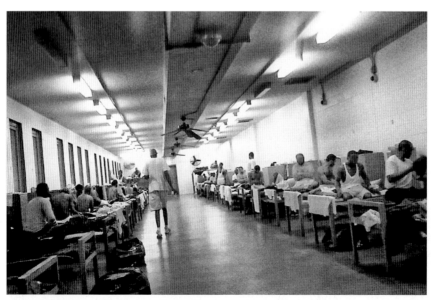

원에 있는 대부분의 수감자들은 각 플로어마다 44명까지 수용 가능한 기숙사 스타일의 수감동에 거주한다. 각 수감동마다 총 8개의 플로어와 2개의 층이 있다.

물푸레나무동 수감자들이 그들의 혼거실이 수색되는 동안 기다리고 있다.

원의 중앙에 있는 통제실에 경비원이 감시카메라를 모니터링하고 있다.

자살감시방에 갇혀 있는 데이미언 코스틀리. 자살감시방에 있는 수감자들은 읽을거리, 옷, 매트리스 등이 지급되지 않으며 미국 농무부의 일일 권장량보다 적은 식사를 제공받는다.

교도소의 특수작전대응팀SORT이 최루가스를 뿌린 후 격리한 수감자의 모습.

원의 추적견팀은 용의자들과 탈출한 죄수들을 뒤쫓는 일을 한다.

수감자는 격리 해제 후 의식을 잃고 쓰러졌다.

원의 격리동인 삼나무동 안에 있는 소트 대원.

교도소 복도에 있는 예술품.

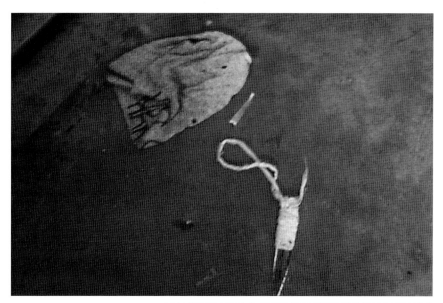

재소자 2명의 칼싸움 후 물푸레나무동 바닥에 칼자루가 널브러져 있다.

재소자들이 물푸레나무동의 운동장에 모여 있다.

'통로'는 교도소 내 대동맥이다.

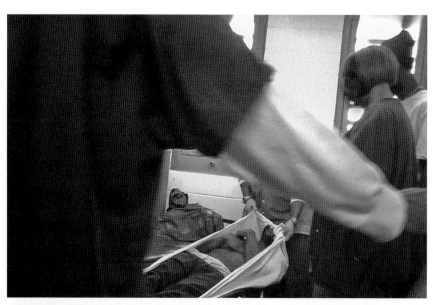

수감자가 가슴 통증을 호소하여 하루 동안 두 번이나 의무실로 이송됐다. 그는 병원에 데려다 달라고
요청했지만 비용이 부담스러운 CCA는 요청을 거부했다.

다른 교도관들이 밀수품을 찾는 동안 한 소트 대원이 물푸레나무동에서 페퍼볼 총을 들고 감시하고 있다.

2015년 6월 10일 수요일, '오프닝 벨'을 울리기
전에 CCA의 대표이사이자 CEO인 데이먼
히닝거가 나스닥 증권거래소를 방문했다. CCA가
상장된 지 20주년이 된 것을 기념하고 있다.

19세기. 루이지애나 주립 교도소에 있는 신발공장.

1862년. 북부군은 루이지애나 주립 교도소 밖에서 야영했다.

루이지애나주의 죄수들은 죄수임대 기간 동안 제방을 쌓았다. 1870년과 1901년 사이, 새뮤얼 로런스 제임스 통치하의 교도소 노동은 죄수 3,000여 명을 죽게 했다. 그 당시 죄수임대 제도는 더 질 나쁜 노예제도나 마찬가지였다.

20세기로 바뀔 무렵, 앙골라교도소에서 수감자가 개들에게 쫓겨 나무 위로 올라가 있다.

노스캐롤라이나주의 죄수들은 선로에서 일했다.

1910년 노스캐롤라이주나에 있는 체인갱 노동 수용소의 수감자들.

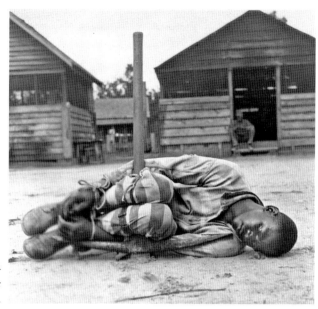

1930년경 조지아 도로
건설 캠프에서 처벌받는
죄수의 모습.

1907년 앨라배마의 죄수들. US철강회사USS는 수천 명의 죄수들에게 탄광에서 일하도록 강요했다.

맨해튼만 한 크기의 램지농장에서 목화를 따는 죄수들. 1965년, 이 사진이 찍혔을 당시 후토는
이곳의 부소장이었다.

CCA의 공동 설립자 테럴 돈 후토는
텍사스에 있는 교도소 농장인 램지의
소장이었고, 후에 2개의 큰 교도소
농장을 소유하고 있던 아칸소주
교정부의 위원이 되었다. 사진은 1971년
아칸소주 커민스교도소에서의 모습.

1966년 텍사스주 엘리스교도소 현장조사를 하러 나온 죄수의 모습.

CCA의 공동 설립자 테럴 돈 후토가 아칸소 교정부 위원으로 있을 때, 그는 훈련을 받지 않은 죄수들이 상금을 놓고 경쟁하다가 심하게 다치는 수감자 로데오를 시작했다. 사진은 1972년 아칸소주.

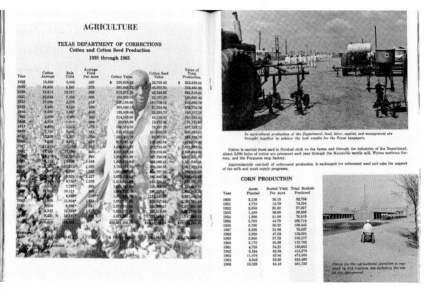

텍스스 교정부의 1965년 연례보고서는 수감자들에게 면화를 따도록 강요함으로써 주에서 벌어들이는 돈의 양을 상세히 기술하고 있다.

아메리칸 프리즌

AMERICAN PRISON

셰인 바우어 지음 | 조영학 옮김

미국 교도소 산업의 민낯과
인종차별의 뿌리

아메리칸
프리즌

동아시아

미국의 재소자들을 위하여

우리 모두 내면의 힘과 개개인의 선택 의지로, 이번 스탠
퍼드교도소 실험과 같은 외적인 강제력에 저항할 수 있다
고 믿고 싶어한다……
하지만 대체로 환경과 시스템의 위력 앞에서, 개인의 저항
력에 대한 신뢰란 기껏 불굴이 허상에 불과하다는 사실을
확인해 줄 뿐이다.

_ 필립 짐바르도

교도소도 그냥 자동차나 부동산, 햄버거 팔듯 장사하면 되
는 거 아냐?

_ 미국 민영 교정회사[CCA] 공동 설립자, 토머스 비즐리

『아메리칸 프리즌』에 쏟아진 찬사들

상황을 정확히 판단하려면 때로는 '잠입 기자'가 되어 내부에 잠입할 필요가 있다. 셰인 바우어는 영리 목적의 교도소의 실상을 알고 싶어서 교도관으로 취업까지 했다. 그는 자신의 경험을 교도소의 공포를 야기하는 사회적, 경제적 요인과 연계하여 미국 민영교도소의 실태를 고발하고 있다. 『아메리칸 프리즌』은 우리가 외면하고 싶었지만 알게 된 이상 결코 잊을 수 없는 많은 것을 보여준다.

_ 바버라 에런라이크, 『노동의 배신』 저자

『아메리칸 프리즌』은 미국 감금 사업의 실태에 대해 통렬하고도 흥미롭게 고발하고 있다. 셰인 바우어는 기자가 할 수 있는 최선의 방법으로 보도한다. 자신이 직접 교도소에 잠입한 것이다. 그는 노예들이 일하던 남부의 교도소 농장부터 교정시설까지 연계해 그 관계를 설득력 있게 파헤친다. 역사와 르포르타주를 버무려, 민영교도소의 범죄적 성격은 물론 고통을 사업으로 만든 세상을 고발한다. 이 책은 그의 아름다운 분노를 기록하고 있다.

_ 테드 커노버, 퓰리처상 수상자, 뉴욕대학교 아서 L. 카터 저널리즘연구소 소장

이 책은 교도관으로 4개월을 근무한 한 기자의 놀라운 이야기인 동시에, 교정시설들이 재소자들을 이용해 돈을 챙기면서 죄수들을 어떻게 다루는지 보여주는 처참한 폭로서다. 무엇보다 『아메리칸 프리즌』을 완벽하게 만든 것은 바우어 자신의 탐사 능력이다. 그는 윈 교정센터에서 근무하는 동안, 자신이 기자라는 사실을 밝히지 않고 재소자, 교도관들과 대화를 나누었다. 그리고 당시의 경험과 이들 대화를 바탕으로 교도소 내에서의 재소자 학대와 직원 부족 등 참혹한 실태를 가감 없이 그려냈다. 교도소 수감자와 피고용인의 사기는 완전히 바닥이었다. 민영 교정시설에 대한 필연적이고 고통스러운 고찰이자 교도소 개혁을 향한 확실하고도 명쾌한 선언.

_ NPR.org

거침도 가차도 없는 책. 쇠지레로 교정 사업의 철문을 힘껏 뜯어낸 뒤 그 안에 햇살을 들이고 야만의 실상을 폭로한다. 민영 교정 산업이 또다시 붐을 이루고 있다. 그런 현상이 실제 당사자들, 즉 지키는 사람과 갇힌 사람들에게 어떤 의미인지 알고 싶다면, 『아메리칸 프리즌』부터 펼쳐봐야 한다.

_ 《샌프란시스코 크로니클》

『아메리칸 프리즌』은《마더존스》에 수록된 바우어의 흥미진진한 내러티브를 재현하는 동시에, 미국 최초의 민간 교정회사인 CCA의 놀라운 배경 이야기를 덧붙이며 영리 산업으로서의 교정 역사를 실험하고 있다. 바우어는 구체적인 사실관계를 폭넓게 청취하고 설명한다. 바우어의 상사와 동료 교도관들을 직접 인용한 예들만으로도 이 책은 읽을 가치가 충분하다.   _《뉴욕타임스》북리뷰

바우어는 미국 교도소 시스템이 가한 극단적인 잔혹 행위와 무수한 학대를 폭로하는데, 그런 행위는 교도관과 재소자 모두에게 부정적 영향을 미친다. 현대 미국의 가장 어둡고 가장 은밀한 폐해를 고통스럽게 들여다본다.   _ LitHub

최근의 교도소 문화와 산업에 대한 가장 신랄하고 통렬한 르포. 바우어는 회고와 사회학 연구를 연계하여 형법 시스템의 어두운 구석을 밝힌다.   _《보스턴글로브》

바우어가 윈 교정센터에서 보낸 시간과 사건들이 고발의 핵심을 이룬다. 제도적인 폭력과 부당이익이 교도관과 재소자의 도덕성을 똑같이 훼손한다는 증거를 보여주고 있다.   _《벌처》

미국 전역의 민영교도소의 폭력성과 끔찍한 부패에 대한 신랄한 폭로. 모든 페이지마다 놀라운 비인간성의 실례가 드러나 있다. 미국의 감금사업에 대한 통렬하면서도 반드시 필요한 공격.   _《커커스 리뷰》

영리 목적의 교정 산업을 가차 없이 폭로한 이 책을 보면, 박탈감과 학대, 두려움이 재소자와 교도관 모두를 억압하고 있음을 알 수 있다. 사악한 산업에 대한 적나라한 고발.   _《퍼블리셔스 위클리》

바우어의 이 놀라운 책은 노예제의 유독한 유산, 즉 수감자를 이용해 이윤을 뽑아내는 사업을 실험한다. 그는 이윤에 눈이 먼 CCA가 만들어 낸 위험하고도 통제 불능의 환경, 즉 교도소의 저임금과 고용 부족 실태를 고발한다. 바우어의 기자 정신에 입각한 역사적 위업을 절대 놓치지 말 것.   _《북리스트》

현재 우리나라의 교정시설은 총 54개다. 11개의 구치소와 39개의 교도소 및 3개의 지소는 국가가 운영하지만(국영교도소), 2010년 개청한 소망교도소는 재단법인이 위탁받아 운영하는 민영교도소다. 통상 형벌권은 국가가 독점하며, 그에 대한 집행(교정) 또한 공적 영역으로서 원칙적으로 국가의 영역이자 사무다. 하지만 교정의 개별화·다양화·사회화를 위하여, 또 한편으로 교정 업무의 비용 부담과 책임(위험)을 분산하기 위한 시도로서 민영교도소가 등장한다.

민영교도소라고 통칭하더라도 각 국가마다 계약 유형이나 계약 상대방은 물론이고 법적 근거, 근거의 통제 정도, 비용 부담 비율에 따라 그 형태가 다르다. 형태마다 민영화된 교정시설privatized correction, 교도소의 민영화prison privatization, 민영교도소private prison, 민관협력사업public private partnership 등으로 다양하게 불리는 이유다. 경기도 여주에 있는 소망교도소도 설립 비용은 운영 주체인 재단법인 아가페가 부담했지만, 운영 비용의 90퍼센트를 국영교도소 운영 비용에서 위탁 사업비로 받는 민영교도소다.

전 지구적으로 미국, 영국, 호주 등의 영미권 국가들이 민영교도소 시스템을 활발하게 도입했다. 가장 대표적인 나라는 미국인데, 1980년 대 이후 교정 사업에 전면적인 민영화를 추진하면서 민영소년원까지 운영하게 된다. 미국은 GEO Group, CCA Corrections Corporation of America(후에 Core Civic로 바뀐다) 등의 회사를 통해 민영교도소를 운영하고 있다.

2016년 처음 기사로 소개되고 2018년 책으로 출간된 『아메리칸 프리즌』은 기자 셰인 바우어가 미국 민영교도소의 실상을 알리고자 잠입 취재하여 관찰한 내용을 서술한 르포다. 르포라는 글의 속성이 그렇듯이, 우리가 경험하기 어려운 현실의 한 부분을 글쓴이가 직접 경험하고 들려준다는 점에서 생생하고 충격적인 이야기가 펼쳐진다. 한 편의 소설처럼 흥미진진하게 읽히면서도, 사회과학 텍스트처럼 날카롭고 서늘하다.

셰인 바우어는 중동의 교도소에 우연히 수감되어 2년간 감옥 생활을 했다. 이로 인해 외상후스트레스장애PTSD에 시달렸는데 아이러니하게도 고통만 가득했던 자신의 경험을 계기로 역사상 유례없는 대량 구금을 행하고 있는 미국의 현실을 들여다보게 되었다. 그는 기자로서 현시대를 조망할 필요를 느끼고 CCA에 입사 지원하여 교도소에서 일하기 시작했다. 윈 교정센터에서 4개월 동안 교도관으로 근무하면서 보고 들은 점을 관찰자 시점에서 서술하는데 그 과정에서 수감자들에게 공감과 연민을 느끼는 한편, 스트레스와 상부의 압박에 변해가는 스스로의 모습에 놀라는 등 인간적인 면모를 솔직하게 보여준다. 잠입 취재하는 기자 신분을 들킬까 두려워하면서도 실상을 파헤치려는 과감한 도전과 노력 때문일까. 나는 읽는 내내 이야기에 몰입할 수 있었다.

그의 노력은 잠입 취재뿐만 아니라 자료 조사에서도 빛을 발한다. 장 사이마다 미국 노예제 역사에서 시작된 교도소 사업이 어떻게 민영교도소의 등장으로 이어지는지를 구체적인 사례를 통해 서술한다. 미국은 1865년 노예제를 폐지하면서 수정헌법 제13조에 "범죄에 대한 처벌이 아닌 한 비자발적 노역은 허용되지 않는다"라는 조항을 둔다. 이 조항은 노예제를 금지하지만 죄수에게 강제 노동을 부과할 수 있는 근거가 되었다. 주 정부는 대다수의 흑인과 일부의 백인 죄수에게 목화 수확 등의 강제 노역을 부과하는 형태로 노동을 착취한다. 이는 노예제가 사라진 이후 죄인들을 구금투옥이라는 형식으로 벌하는 형벌제도를 만듦으로써 아프리카계 미국인 노동력을 계속 사용하려는 체계적인 노력의 일환이기도 했다.

이러한 강제 노역이 높은 수익을 창출하면서 교도소 설립 또한 점차 급증했다. 그러나 구금 인원이 대폭 늘면서 교도소에 들어가는 비용 역시 급증했기 때문에 각 주는 교도소 민영화를 본격적으로 고려하게 된다. 주 정부는 교도소를 민영 회사에 임대하였고, 교정보다 수익 추구가 주목적인 민영 회사들은 죄수임대 사업을 통해 죄수들을 부려 수익을 극대화한다. 이 과정에서 사측은 죄수들에게 드는 비용을 최소화하려 했기 때문에 이 시기 교도소의 환경은 극도로 열악했으며 많은 이들의 희생이 따랐다. 20세기 들어 죄수임대 제도가 폐지된 이후에도 수익 창출을 위한 교도소 사업은 계속된다. 저자는 이같은 과거의 역사와 현재의 경험을 교차해서 보여주고 현재 미국 민영교도소가 어떻게 비용효율성과 수익성을 추구하는 운영방식을 추구하게 되었는지, 그리고 이러한 운영방식이 어떻게 교도소 환경을 열악하게 만드는지를 고발하고 있다. 그는 미국 민영교도소의 열악한 환경, 관리 인력의 부재, 각종 프로그램의 부재, 의료지원의 부재 등이 수감자와 교도 인력의 관리에 미치는 영향을 여실히 보여줌으로써 독자에게 미국 사회 가장 어두운 현실에 눈을 뜨게 한다.

실제 미국 민영교도소는 이윤추구로 인해 교정시설이 과밀화되어 안전 및 보안 문제가 빈번히 발생한다. 또한 교육 프로그램에 대한 재정 감소로 수감자의 교화나 갱생이 잘 이뤄지지 않는 점 등이 지적되면서 비판의 목소리가 점차 높아지고 있다. 불법이민자 등에 대한 구금이 증가하면서 미국 사회 내 소수자 문제와도 맞닿아 있다는 점에서 미국 민영교도소는 더욱 심각한 문제를 노출하기에 이른다. 급기야 바이든 정부는 제한적이기는 하지만 행정명령을 통해 기존 민영교도소와의 계약을 해지하거나 국영화하려는 움직임을 보이고 있다.

그러나 다양성을 사회적 가치로 삼는 미국에서 교정 정책이 급격하게 바뀌지는 않을 것이다. 그렇기 때문에 이 책은 미국 교정의 현재이자 미래다. 읽다 보면 우리 교정 현실과도 상당 부분 중첩되는 것도 확인할 수 있다. 이 책이 다루고 있는 미국 민영교도소의 등장과 역사 및 교정 체계는 우리의 그것과는 분명히 다르지만, 법 집행의 영역에서 비용과 편익 내지 효율성을 교정의 중심 이념으로 추구해서는 안된다는 점을 잘 보여주기 때문이다.

글의 말미에 바우어가 변해가는 자신의 모습에 괴로워하다가 교도관에서 기자로 돌아온다. 근무한 지 4개월 만에 승진을 제안받으며 내부사정을 좀 더 면밀히 조사할 수 있는 기회를 얻었다. 하지만 그는 교도관도, 저널리스트도 아닌 수감자들의 고통에 깊이 공감하는 '인간'으로 돌아오는 길을 택했다. 그 부분에서 나는 적잖은 카타르시스를 느꼈다.

교도소는 우리 사회의 가장 취약한 지점이자 사회 모순이 극도로 압축된 현실이다. 한편으로는 우리 현실의 최소한이자 가장 예민한 우리의 민낯이라고도 할 수 있겠다. 가장 낮은 곳에 대한 관심과 배려, 정책 개선이야말로 우리 사회와 공동체가 더 따뜻하고 좋은 사

　　　　　　　　　　　　　　아메리칸 프리즌

회로 나아가기 위한 필요조건 아닐까. "최고의 형사 정책은 최고의 사회 정책이다"라고 말하는 리스트Franz von Liszt(1851~1919)의 말을 다시 새겨야 할 이유다.

김대근 한국형사·법무정책연구원 법무정책연구실장

차례

『아메리칸 프리즌』에 쏟아진 찬사들	006
추천의 글	008
프롤로그	019
01	031
02	038
03	047
04	066
05	072
06	092
07	101
08	119
09	131
10	146
11	152
12	180
13	195
14	222
15	233
16	247
17	259
18	286
19	292
20	318
21	329
22	352
23	359
에필로그	395
감사의 말	418
참고 문헌	421
사진 출처	427

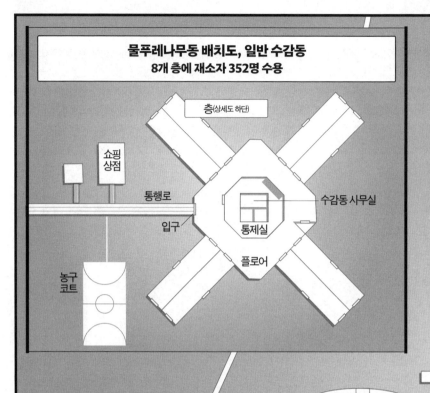

물푸레나무동 배치도, 일반 수감동
8개 층에 재소자 352명 수용

층(상세도 하단)

쇼핑
상점

통행로   수감동 사무실

입구

통제실

플로어

농구
코트

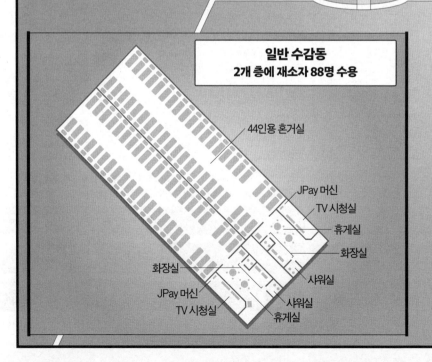

일반 수감동
2개 층에 재소자 88명 수용

44인용 혼거실

JPay 머신
TV 시청실
휴게실
화장실
화장실
샤워실
JPay 머신
샤워실
TV 시청실   휴게실

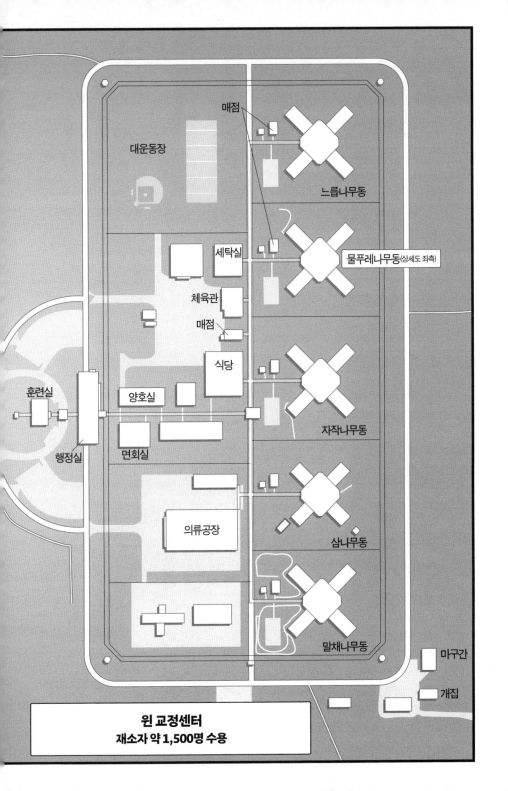

매점

대운동장

느릅나무동

세탁실

물푸레나무동(상세도 좌측)

체육관

매점

식당

자작나무동

훈련실

양호실

행정실

면회실

의류공장

삼나무동

말채나무동

마구간

개집

원 교정센터
재소자 약 1,500명 수용

프롤로그

폭동이 자주 일어나나요? 나는 전화로 미국 민영 교정회사Correotions Corpo-ration America, CCA의 채용 담당자에게 물었다.

마지막 폭동이 2년 전이었어요. 남자가 대답하는데 불쑥 여자 목소리가 끼어들었다. 그때까지 아무 말도 하지 않았던 사람이다. 그때는 푸에르토리코 죄수들이었어요. 지금은 다 내보내고 오클라호마 죄수들만 받아요.

남자가 질문지를 읽어주었다. 사람들이 반발할 때가 있을 겁니다. 최근 누군가와 의견 대립이 있었던 게 언제죠? 어떻게 해결했습니까? 예를 들어, 상사가 당신을 세미나에 가라고 해요. 그런데 관심 없는 주제라 가기 싫어요. 그럼 어떻게 대처할 건가요? 이 사람, 내 이력서를 보기는 한 걸까? 아니, 경력은커녕 국가진보재단Foundation for National Progress에서 일한 것과 내가 글을 게재한 잡지《마더존스Mother Jones》도 모르는 것 같다. 캘리포니아에서 응용범죄학에 대해 글을 쓴 적도 있다고 작성했건만 그런 사람이 왜 나라

반대쪽까지 건너와 교도소 일을 하려는지 묻지 않았다. 지원서에는 빠짐없이 적었다. 실명, 개인정보, 열아홉 살 때 절도죄로 체포된 적이 있다는 사실까지. 구글을 돌려보지도 않았겠지? 잠깐만 검색해도 이란에서 2년간 복역했던 기록과 기사들이 주르륵 쏟아져 나올 것이다. 다행인지 불행인지 께름칙한 이야기는 대부분 묻지 않았고, 나도 굳이 이야기할 생각은 없었다.

얼마 전 CCA의 웹사이트에 있는 검사에 응시했는데 그 결과에 대해서도 묻고 싶었다. 교도소에서 얼마나 일을 잘할지 묻는, 일종의 적성검사였다. 시나리오가 아주 다양했다. 나는 여러 가지 문안 중에서 하나를 골라 답해야 했다. 예를 들어 이런 식이다. "수감자가 식판을 받아 음식을 다 먹고 디저트(푸딩)만 남겼다. 그리고 배식 창구에 와서 푸딩에 머리카락이 있으니 식판을 새로 달라고 요구한다." 당신은 식판을 새로 준비할 것인가? 디저트만 교환해 줄 것인가? 아니면 무시할 것인가? "수감자가 당신을 붙들고는 흑인이라서 무시하냐고 따진다." 그럼 오해라고 말할 것인가? 그 말을 무시할 것인가? 인종차별주의자는 오히려 당신이 아니냐고 반론할 것인가?

그다음 항목은 어떤 상황을 제시하고 그 대응에 어느 정도 동의하는지 선택하는 문제였다. 나는 '매우 그렇다'에서 '매우 아니다'까지 이어지는 버튼 중 하나를 골라 클릭해야 했다.

아메리칸 프리즌

"누군가 당신을 모욕한다면 그에 합당하게 대응해야 한다." 아니다.

"나는 매우 유능한 일꾼이다." 매우 그렇다.

"상사의 결정에 무조건 복종한다." 보통이다.

"나는 매우 윤리적인 사람이다." 매우 그렇다.

"어떤 일에도 목숨을 걸 생각은 없다."

마지막 질문에는 '매우 그렇다'를 클릭했다. 전국의 CCA 교도소 몇 곳에 신청서를 제출했는데 행여 그 대답 때문에 채용이 안 되면 어쩌나 조금 걱정이 되기는 했다. 나에게 전화를 한 남자는 4주간 훈련을 받고 하루 12시간 일한다고 얘기해 주었다. 가끔 16시간 일할 때도 있다고 덧붙였다.

언제부터 일할 수 있어요? 그가 물었다.

생각할 시간을 조금 주시겠습니까?

나는 심호흡을 했다. 정말로 교도관이 될 생각인가? 정작 현실이 되고 보니 두렵기도 하고 이렇게까지 해야 하나 하는 마음도 들었다. 민영교도소에 들어가려는 이유는 이 업계의 내부사정을 보고 싶어서다. CCA는 전국 150만 명*의 재소자 중에서 13만 명가량을 책

---

* 이 수치는 주립교도소와 연방교도소 수감자를 포함한 것이며 구치소는 제외한다. 구치소에도 약 70만 명 정도가 수감되어 있다.

임지는 기업이다. 기자 신분으로 제약 없이 미국의 형벌제도를 들여다보는 것은 불가능에 가깝다. 행여 교도소에서 시찰이나 재소자 면담을 허가해도 대부분 철저한 통제 속에서 이뤄진다. 면담자 선정도 어느 지역이든 교도소에서 직접 한다. 기자들에게 맡기는 경우는 없다. 전화 통화는 검열하고 편지는 교도관들이 먼저 개봉해 확인한다. 재소자가 허락 없이 기자들과 대화할 경우 독방 이감 등 보복을 각오해야 한다. 특히 민영교도소가 비밀이 많다. 기록조차 공개되지 않는 경우도 허다하다. CCA가 거부한 탓에 (공립교도소와 달리) 민영교도소는 대체로 공개 원칙에서 예외를 인정받는다. 민영교도소의 재소자들한테 검열되지 않은 진짜 정보를 얻는다 해도 문제는 남는다. 재소자의 진술이 사실인지 아닌지 어떻게 증명할 수 있단 말인가? 결국 문제는 하나로 귀결된다. 민영교도소 내에서 실제로 어떤 일이 일어나는지 알아낼 방법이 뭐가 있을까?

그런데 정작 방법을 손에 넣자 또 다른 문제가 고개를 들었다. 정말로 교도소로 돌아갈 것인가? 출소한 지 겨우 3년이다. 나는 2009년 중동에서 프리랜서 기자로 일하며, 연인 새라 슈어드Sarah Shourd와 다마스쿠스Damascus에서 생활 중이었다. 친구 조시 파탈Josh Fattal이 찾아와 함께 이라크의 쿠르디스탄Kurdistan으로 여행을 떠났다. 당시만 해도 관광 산업이 성장하던 곳이라 서양 관광객들도 안심하고 드나들었다. 우리는 현지 관광지를 둘러보던 중 별생각 없이 이란 국경에 접근했

아메리칸 프리즌

다가 체포되어 이란의 에빈교도소에 수감되었다. 그 후에는 독방에 갇힌 채 몇 개월간 취조에 시달려야 했다. 4개월 후에는 조시와 방을 함께 썼으나 26개월을 복역해야 했다. 새라 또한 2010년 석방될 때까지 1년 이상 격리된 채 생활했다.

교도소에서 나온 날 밤, 오만의 따뜻한 바다에서 헤엄을 칠 때만 해도 다시 교도소로 돌아가리라고는 상상하지 못했다. 미국에 돌아와서는 혼란스럽기만 했다. 교도소에 있는 동안은 한 번에 기껏 한두 개의 자극만 반응하면 되었다. 읽고 있는 책과 복도를 걸어오는 발소리, 감방 반대편에서 조시가 내는 소음 정도. 하지만 자유세계는 너무나 복잡하고 모든 것이 뒤죽박죽인 것처럼 보였다. 일상적으로 들리는 소음에서 중요한 정보를 골라내는 일은 어려웠다. 선택이라는 정신 능력도 다시 재건할 필요가 있었다. 2년 동안 먹고 싶은 음식들을 그토록 꿈꿨건만 정작 메뉴판을 마주하면 뭘 먹을지 결정하지 못하고 옆 사람에게 미루고 말았다. 늘 안절부절못하고 늘 전전긍긍했다. 복잡한 곳에 가면 황급히 달아났지만, 방에 혼자 있으면 답답한 기분을 감당할 수 없었다. 거의 매일 밤 감방에 되돌아가는 악몽을 꿨다. 조금이라도 권위를 내세우면 그가 누구든 교도관을 대하듯 과민반응하고 있는 나를 발견했다. 매사에 화가 나 있었다.

안정을 취하는 데는 미국 교도소들 소식이 한몫했다. 출옥 초기, 교도소 단식투쟁 이야기를 들었다. 그것도 내가 사는 캘리포니아

전역에서 동시 발생한 사건이었다. 재소자들은 장기간의 독방 감금에 항의하고 있었다. 4,000명에 가까운 재소자들을 근거도 불분명한 '독방행'에 처한 것이다. 전국에 걸쳐 독방에 감금된 사람이 8만 명, 실로 세계 기록감이다. 캘리포니아의 주립 펠리컨베이교도소에서만 500명 이상이 독방에서 10년을 보내고 그중 89명은 20년을 훌쩍 넘겼다. 무려 42년을 독방에 갇힌 사람도 한 명 있었다.

2년간의 에빈교도소 수감 생활 동안 겪은 고통과 타협하고, 외상후스트레스장애를 극복하려 애쓰는 동안 이곳 미국의 독방 수감자 몇 명과 편지를 주고받기 시작했다. 그로써 알게 된 바로는 어떻게든 이겨내려고 끊임없이 자신을 벼리는 사람이 있는가 하면, 이미 무너진 이들도 있다는 것이었다. 그런 이들의 편지는 해독이 불가능할 정도였다. 교도소 기록을 확인해 보니 수년간 독방에 갇혀야 했던 재소자들의 이유는 대체로 폭력 행위와 무관했다. 물론 실제로 위험한 갱단 출신이 몇몇 있기는 했다. 하지만 그 밖에는 갱단 출신과 어울렸다는 이유나, 혹은 교도관에게 깐깐하게 따진 탓이 더 컸다. 심지어 미국 흑인 역사에 관한 책을 소유했다는 이유만으로 독방에 갇힌 이도 있었다. 감옥에서 풀려나고 7개월 후 펠리컨베이교도소를 방문했다. 애초에 독방 장기 수용을 위해 세운 건물로, 그곳에서 사방 3미터 넓이의 창문 없는 독방에서 사는 사람들을 만났다. 나는 12년 동안 나무 한 그루도 보지 못한 채 살아온 한 남자도 만났다. 이란 독방에서 보낸 4개월도 나에겐 영원히 헤어 나오지 못할 영겁의 시간이었는데…… 우습게도 여기 재소자들이 처한 고독의 심연 덕분에 나 자신의 갈등을 객관적으로 조망할 수 있었다.

사실은 중동으로 돌아갈 생각이었다. 나는 아랍어 구사가 가능했고 소위 아랍의 봄이 계속되던 중동 지역에 또다시 전운이 감돌고 있었다. 하지만 도무지 미국 교도소 시스템에서 눈을 돌릴 수 없었다. 아니, 오히려 그 반대였다. 우리는 지금 세계사에서 전례 없는 대량 투옥의 시대를 살고 있다. 미국이 사람을 교도소에 가두는 비율은 세계 어느 나라보다도 높다. 2017년, 220만 명이 교도소와 구치소에 갇혔는데 이는 지난 40년간 500퍼센트가 증가한 수치다. 세계 인구의 5퍼센트, 세계 재소자의 25퍼센트 가까이가 이곳 미국에 있다. 100년 후 이 교도소 시스템이 현시대를 정의하는 주요 요소가 될 것이라 확신한다.

이 책은 4개월 동안 내가 직접 겪은 어느 민영교도소의 실태를 다룬다. 더불어 지난 250년간 이윤추구의 논리가 미국 교도소 시스템을 어떻게 형성해 왔는지도 조사한다. 오늘날 민영교도소는 대량 투옥에 반대하지 않는다. 단지 이익만 좇을 뿐이다. 누가 교도소에 갈지 결정하는 것은 교도소가 아니라 경찰과 검찰, 판사들이다. 교도소 과밀의 이유는 복잡하고 논쟁의 여지도 많지만 인종차별이 주원인임을 부인하는 학자는 거의 없다. 미국 역사는 대체로 인종 문제와 감금, 이윤 시스템이 복잡하게 얽혀 있다. 노예제도, 즉 미국의 반흑인 인종차별의 뿌리 역시 이윤추구 사업 때문이다. 남북전쟁 이후 노예제도가 사라지고 노예들이 해방되자 이윤 집단은 재빨리 시선을 돌려 아프리카계 미국인과 빈민을 감금하는 방식으로 이윤추구를 계속했다. 어쩌다 보니 민영교도소까지 들어갔지만, 동시에 역사책, 옛 신문, 잊힌 회고록, 주립 기록보관소에 처박혀 있는 교도소 관련 보고서들까지 살펴봤다. 분명한 사실은, 미국 역사상 기업과 정부는 늘 사람을 감금하는 방식으로 돈을 벌려 했다는 것이다. 나는 이 역사를 내가 직접 목격한 광경 속에 끼워 넣고자 했다. 바라건대, 이 국가적 재앙의 범위와 의미를 제대로 전할 수 있기를.

온라인 신청서를 작성한 지 2주 이내로 오클라호마, 루이지애나, 콜로라도의 CCA와, 애리조나의 이민자 억류센터에서 답신을 받았다. 루이지애나, 윈필드에 있는 윈 교정센터에 전화를 하니, 한 여성이 생기 있으면서도 거친 남부 억양으로 전화를 받았다.

시급 9달러라는 사실부터 말씀드릴게요. 교도소는 국유림 한가운데 있는데…… 사냥이나 낚시 좋아하세요?

낚시 좋죠.

여기 낚시터가 끝내줘요. 이곳 사람들은 다람쥐 사냥도 좋아해요. 다람쥐 사냥해 본 적 없죠?

아메리칸 프리즌

네, 없습니다.

음, 루이지애나가 맘에 들 거예요. 보수는 많지 않지만, 사람들 이야기로는 7년 안에 교도관에서 교도소장으로 진급한다더라고요. 대표이사님도 교도관 출신이라 잖아요.

며칠 후 공식면담에서도 진부한 질문이 이어졌다. "고객서비스에 대해서 어떻게 생각합니까? 수감자들을 관리하는 일과 고객서비스 개념을 어떻게 연결할까요?" 고객이 늘 옳다고 생각하지만 교도소는 다를 수도 있겠다는 식으로 대답을 얼버무렸다. 자, 이 자리에서 결정합시다. 이 일에 누구보다 적격으로 보이는군요. 면접관이 말했다. 신원 조회만 통과하면 채용하고 싶단다.

《마더존스》 편집장과 나는 여러 가지 가능성을 점검했다. 위장이 들통나면 어떻게 할 것인가? 보험 문제도 확인했다. 근무 중 상해를 입을 경우에 대비해 이런저런 문제를 처리해야 했다. 루이지애나 법을 확인한 결과 불법은 아니었다. 편집국에서는 이번 임무에 집착하지 말 것을 주문했다. 조금이라도 프로젝트를 종결할 이유가 생기면 절대 주저하지 말 것. 이름은 실명을 쓰기로 했다. 거짓말은 금물이다. 누군가 나에게 기자냐고 물으면 그렇다고 대답해야 한다.

법리적, 윤리적 문제에 대해서도 숙고했다. 잠입 취재를 금기로 여기는 이들도 존재한다. 어떤 상황에서든 기자는 신분을 밝혀야 한다는 이야기인데 편집국 원칙이 대부분 이런 식이다. 하지만 내 프로젝트는 잠입 취재를 위한 포인터 지침^{Poynter guidelines}에도 완전히 부합한다. 국민적인 관심사인 데다 잠입 취재 말고 내막을 조사할 방법이 없다. 감출 내용이 있으면 글에서 이유를 밝힐 것이며, 내막을 철저히 추적하도록 조직에서도 자금과 시간을 충분히 투자해 지원할 것이다. 무엇보다 보도 덕분에 예방될 잠재적 피해가, 보도하지 않을 경우 예상되는 피해를 상회한다.

특별한 경우가 아니면, 원에서 만난 사람들의 이름은 모두 가명으로 처리했다. 신분을 보호하기 위해서다. 사람들의 말은 최대한 그대로 사용했다. 이 책에서 인용으로 처리한 내용은 철저히 녹취한 기록이나 문서 기록에서 발췌했다. 본문 중 고딕체 대사는 장비를 사용할 수 없어 기억과 메모에 의존해 처리했다는 뜻이다. 어떤 경우에는 이야기의 원활한 흐름을 위해 대화가 재배치된 부분도 있다.

잠입 취재가 민감한 주제로 부상한 것은 아주 최근이다. 미국은 잠입 취재의 역사가 풍부하다. 1859년, 북부의 기자들은 노예구매원으로 위장해 조지아 경매에 참여했다. 아니면 접근 자체가 불가능했기 때문이다. 덕분에 기사는 구체적이고 생생했으며 당시 북부인들로서는 상상도 못 한 사실들로 가득했다. 인간을 가축처럼 대하는 백인들, 고액으로 팔린 노예의 일그러진 자존심, 엄마의 품에서 떨어져 나가는 아이들의 처절한 울음소리 등. 1887년, 넬리 블라이^{Nellie Bly}는 정신병자를 가장해 열흘간 여성 전용 정신병원에 잠입했고 이 경

아메리칸 프리즌

험을 조지프 퓰리처^{Joseph Pulitzer}의 《뉴욕월드^{The New York World}》에 기고했다. 기사가 나가자 뉴욕은 공공자선과^{Department of Public Charities}의 예산을 늘리고 법규를 고쳐 정말로 정신병이 심한 사람들만 정신병원에 위탁하도록 만들었다. 1892년, 《샌프란시스코 이그재미너^{San Francisco Examiner}》 기자 W. H. 브로메이지^{W. H. Brommage}는 선원으로 위장 취업해 흑인 노예 유괴의 실상을 추적했다. 선장은 태평양제도 주민들을 꼬드겨 과테말라의 사탕수수농장에 고용 노동^{indentured servitude} 계약을 하게 했다. 1959년, 존 하워드 그리핀^{John Howard Griffin}은 피부를 검게 하는 약을 먹고 6주 동안 미국 최남단 동부 지역을 여행하며 인종차별이 벌어지는 현장을 취재했다. 1977년, 《시카고 선타임스^{Chicago Sun-Times}》는 선술집을 사들인 뒤 테이블을 기자들로 가득 채우고 몰래카메라를 설치해서 부패한 경찰들을 조사했다. 20달러만 주면 뭐든지 눈감아 주는 자들이었다. 바버라 에런라이크^{Barbara Ehrenreich}는 웨이트리스, 월마트 점원, 세탁소 잡부 등 저임금 노동자 일을 하며 가난한 노동자들의 분투를 조망했다. 테드 커노버^{Ted Conover}의 저서는 특히 내 프로젝트에 영감을 주었는데, 그는 1990년대 후반 뉴욕의 싱싱교도소에서 교도관으로 1년을 근무한 바 있다.

이런 유형의 취재가 요즘 거의 없는 이유는 무엇일까? 가장 큰 이유는 소송 때문이다. 《마더존스》의 편집장 클라라 제프리^{Clara Jeffery}의 기고글을 보자.

1992년 푸드라이언^{Food Lion}이 상한 쇠고기를 재포장해 판매했다.

ABC 뉴스가 실상을 폭로했지만 배심원단은 오히려 회사의 주장에 손을 들어주었다. 기자가 위장 취업을 하고, 더욱이 의무를 충실히 이행하지 않은 게 더 큰 불법이라는 얘기였다. 예를 들어, **상한 고기를 재포장한 당사자가 기자**라는 논리였다! 550만 달러의 피해보상액은 결국 2달러로 깎여나갔다. 그 후 한 세대 이상 이런 식의 부정부패는 아예 건드릴 생각을 하지 못했다. 그동안 기업과 관공서들은 법적 보호막을 두텁게 쌓아나갔다. 기밀유지협약은 애플 상품을 출시하거나 비욘세 비디오와 관련된 일을 하는 사람들 사이에서나 존재하던 것이지만, 지금은 온갖 종류의 직장을 잠식하고 있다. 기업들은 '기밀유지협약'과 '고용주보호법' 조항을 제멋대로 짜깁기한다. 고용주들도 기업 비밀을 보호한다는 명분하에 온갖 편법을 동원해 대중의 알 권리를 봉쇄해 버렸다. 해당 조직이 정부기관보다 더 힘이 있을 때도 마찬가지다.

CCA 교도소 몇 곳에서 합격통지를 받고 결국 윈을 선택했다. 루이지애나의 구속 비율이 세계 최고 수준일 뿐 아니라(중국의 다섯 배가량), 미국에서 제일 오래된 민영 중구금 교도소이기도 하기 때문이다.

난 윈의 인사 담당자에게 전화를 걸어 일을 맡겠다고 대답했다.

어머, 잘 생각했어요! 여자의 대답은 그랬다.

24시간 후 신원조회도 통과했다.

01

2014년 11월, 교도관직을 수락하고 2주가 지났다. 나는 염소수염을 기르고, 귀걸이를 빼고, 다 망가진 닷지 픽업트럭을 구입해 윈필드로 향했다. 윈필드는 배턴루지Baton Rouge에서 북쪽으로 3시간 거리에 있는 마을이며 인구는 4,600명 정도다. 행여 자동차를 몰고 지날 일이 있다면, 너무나 쓸쓸해서 오히려 기억에 남을 곳이다. 목조건물은 어디나 당장이라도 무너질 것 같이 서 있고 추레한 개 한 마리가 묶여 있었다. 비쩍 마른 노파는 허리춤에 빨래바구니를 들고 비척비척 걸어가고 있었다. 거리는 황량하기 그지없었다. 멕시코 식당에서는 퇴근길 운전자들에게 스티로폼컵에 칵테일을 담아 팔았다. 가판대 지역 신문의 헤드라인은 남북전쟁 당시의 지휘관을 다루고 있었다. 주유소 밖 도로에서는 흑인 여성이 동전 몇 개를 줍고 있었다. 이 지역 가구의 38퍼센트가 최저수입을 밑돈다. 평균 가구소득이 2만 5,000달러에 불과하지만 주민들은 1940년 이전 농민대중 노선의 휴이 롱^{Huey} ^{Long}을 비롯해 주지사 셋이 윈필드 출신이라는 사실을 자랑스러워했다. 얼마 전 보안관이 마약 거래를 하다 잡혀 들어갔다는 지적에는 입을 다물었다.

윈 교정센터는 마을에서 약 20킬로미터 떨어진, 키사치 국유림^{Kisatchie National Forest} 한가운데 위치해 있다. 키사치는 남부 특유의 황송黃松 숲으로 넓이가 2,500제곱킬로미터에 달하며 그 사이로 도로가 그물눈처럼 얽혀 있다. 2014년 12월 1일, 빽빽한 숲속에 들어가자 안개 속에서 교도소가 나타났다. 밋밋한 시멘트 건물과 파형강관 창고들이 아무렇게나 널브러져 있어, 간판이 아니었다면 기이한 곳에 자리 잡은 공장 정도로 여겼을 것이다. 길가에 상업지구에서나 볼 법한 대형표지판이 있었는데 그곳에 CCA의 기업 로고가 선명했다. 여백에 그려진 알파벳 A가 마치 깩깩거리는 대머리독수리의 대가리를 닮아 있다.

입구에 차를 세우자, 60세 정도의 경비가 나오더니 나에게 시동을 끄고 문을 열고 밖으로 나오라고 지시했다. 허리춤에 권총을 차고 있었다. 키가 크고 인상이 험악한 백인 남성이 독일산 셰퍼드를 끌고 운전석으로 들어갔다. 나는 심장이 쿵쾅거렸다. 운전석에 카메라 장비가 놓여 있었던 것이다. 이곳에 4주간 수습 훈련을 받기 위해 왔다고 하자, 한 여성이 나를 안내해 교도소 담장 밖의 건물로 데려갔다.

훈련 잘 받아요. 트럭을 몰고 게이트를 통과하는데 그녀가 인사를 건넸다. 나는 안도의 한숨을 내쉬었다.

차를 세우고 잠시 그대로 있었다. 바로 옆에 차가 한 대 서 있고, 앞자리에 앉은 여성이 사이드미러를 보며 화장을 확인하고 있었다. 세단에는 한 가족이 타고 있었다. 열린 차 문 밖으로 한가로이 다리를 내놓고 있는데 모르긴 몰라도 사랑하는 사람을 면회하기 위해 대기 중인 듯했다. 앞쪽으로 두 개의 높다란 철망 울타리가 교도소를 에워싸고 그 위쪽을 따라 날카로운 철조망을 감아 둘러놓았다. 울타리 안으로 고양이 한 마리가 넓고 휑한 포장도로 위를 천천히 걸어가고 있었다. 건물들 위로 어느 교회의 철탑 하나가 삐져나왔다. 교도소 단지 주변은 울창하고 키 큰 솔숲이 에워쌌다.

나는 차에서 내려 주차장을 가로질렀다. 경비탑이 자꾸 신경에 거슬렸다. 그곳에서도 관리들이 나를 지켜보고 있을 것이다. 며칠 전 교도소 인사 담당자한테 들으니 회사의 전무 중 한 사람인 레인 블레어Lane Blair가 교도소에 전화를 걸어 내 신상에 대해 물었단다. 교도소가 특정 수습사원에 관심을 보이는 게 매우 이례적인 일이라고 한다. 그 이후로 교정회사 고위층에서 내 정체를 알고 있는 게 아닐까 계속 생각했다. 강의실에는 아무도 없었다. 앉아 있으면 앉아 있을수록 함정이라는 확신만 굳어갔다. 나를 잡으러 오면 어떡하지?

누군가 들어와 내 옆에 앉으며 자기소개를 했다. 19세, 흑인, 이

름은 레이놀즈^{Reynolds}. 고등학교를 졸업하자마자 수습사원으로 지원
했단다.

쫄려요? 그가 물었다.

조금, 너는?

쫄리긴요. 여기가 내 고향이나 마찬가지예요. 내가 사람 죽이는 것도 봤거든
요? 삼촌이 셋을 골로 보냈고, 형하고 사촌도 감방살이하고 있어요. 끄떡없죠. 몇
달 후 대학에 들어가는데 그때까지 일자리가 필요해서 지원했단다.
먹여 살려야 할 갓난아이도 하나 생겼고, 새로 산 트럭에 스피커도
달고 싶어요. 노는 날에도 일할 수 있다니까 매일 올 겁니다. 일당이
빵빵해요. 그는 주저리주저리 늘어놓다가 금세 고개를 떨구고 잠이
들었다.

수습사원 넷이 더 들어온 후에야 인사 담당자가 등장했다. 그녀
는 들어오자마자 졸고 있는 레이놀즈를 호통쳤다. 담당자는 이곳에
서 일할 사람들을 데려오면 500달러를 제공하겠다는 광고부터 하고
는 다른 정보를 두서없이 늘어놓기 시작했다. 재소자 음식에 손대지
말라. 재소자와 성관계를 하면 벌금 1만 달러 혹은 '중노동 10년형'
에 처한다. 아프면 당신들만 고생이다. 병가는 급료가 없다. 이곳에
친구나 친척이 수감되어 있으면 즉시 보고하라. 담당자는 냉장고 자
석을 나눠주며 집에 돌아가 붙여두라고 했다. 핫라인 번호가 적혀 있
어요. 혹, 자살을 하고 싶거나 가족과 불화가 있을 때 전화해요. 여러

아메리칸 프리즌

분은 무료로 세 번 상담을 받을 수 있어요.

담당자가 CEO의 비디오를 틀어주었다. 난 열심히 받아 적었다. CEO는 회사 홍보 담당자 같은 목소리로 CCA 교도관이 대단한 기회라도 되는 듯 떠들었다. 우리의 찬란한 햇살이시며 사다리를 타고 꼭대기까지 오른 인물이다(2018년 기준으로 CEO의 연봉은 400만 달러였는데 연방교도소 소장 봉급의 20배에 달한다). CCA의 신입사원 여러분, 이곳이 낯설겠지만 우린 여러분이 필요합니다. 여러분의 열정이 필요하고 신선한 아이디어가 필요합니다. 나도 수습을 거치며 동지애를 느끼고 약간의 불안감도 느꼈습니다. 아주 자연스러운 감정이죠. 또 하나, 엄청난 전율도 느꼈어요.

나는 방을 둘러보았다. 흥분은커녕 흥미도 느끼는 것 같지 않았다. 고등학교 졸업생, 전직 월마트 매니저, 간호사, 맥도날드에서 11년 근무했던 싱글맘, 군인 어느 누구도 그렇지 않은 것 같았다.

난 적성이 아닌 것 같아. 우체국 직원이 중얼거렸다.

비디오가 끝나자 30대 흑인 여성이 교실 앞을 가로막는다. 눈썹이 길고 손톱에 매니큐어를 진하게 칠한 여성으로, 이름은 블랑샤르^Miss Blanchard. 자신을 훈련 책임자라고 소개했다. 비디오에서 말하는 분이 누구인지 아세요? 그녀가 물었다.

대표님이십니다. 내가 대답했다.

이름은?

모릅니다.

그녀가 나를 보는데 마치 수업 시간에 딴짓하다 걸린 초등학생이 된 기분이었다. 기억해 둬요. 수업 끝날 때 퀴즈시험 볼 테니까.

레이놀즈가 깜짝 놀라 고개를 들었다.

퀴즈를 봐요?

대표님 성함은 데이먼 히닝거Damon Hininger예요. 설립자는 세 분입니다. 토머스 비즐리Thomas Beasley와 테럴 돈 후토T. Don Hutto는 지금도 CCA에서 일하고 계시죠. 세 번째는 크랜츠 박사님Dr. Crants이신데 다른 테이프에 나오십니다.

비디오에서 후토와 비즐리는 회사의 설립 비화를 이야기했다. 1983년, 세계 최초로 '안전한 교정시설을 기획·설립하고 재정을 마련하여 운영할 계약'을 따냈다. 이민귀화국에서는 90일 안에 해내라고 다그쳤다. 백발의 머리에 커다란 안경, 후토는 노쇠해 보였다. 살짝 미소 띤 표정으로 두 손을 앞으로 모으고 있었는데 막상 입을 여니 아이들에게 '손가락 사라지기' 마술을 보여주는 인자한 할아버지처럼 보였다. 처음 교도소 계약을 따냈던 이야기를 할 때는 노인이 젊은 시절의 터치다운 기록을 자랑하듯 회고했다. 시간이 촉박한 탓에 그와 비즐리는 휴스턴의 모텔 주인을 꼬드겨 모텔을 임대하고 '가족 모두'를 직원으로 고용했다. 어쨌든 계약 조건을 이행한 것이다. 그리고 모텔을 황급히 3.6미터 높이 펜스로 두르고 펜스 위는 철조망으로 장식했다. '대낮 입실 환영' 간판은 남겨두었다. "우리는 1월 말 슈퍼볼선데이에 교도소 문을 열었습니다. 그날 밤 10시경부터 재소자들을 받기 시작했어요. 내가 재소자들 사진을 찍고 지문을 받으면, 다른 사람들이 소위 '객실'로 안내한 겁니다. 그렇게 해서 우리는 87명의 불법체류자를 가두고 첫날 숙박비를 받았죠." 후토와 비즐리가 키득거리며 웃었다.

비즐리에게는 교도소를 운영해 돈을 번다는 구상 자체가 새롭고 혁신적이었지만, 후토가 보기엔 흑인을 사서 목화 수확을 하는 것만큼이나 유서 깊은 일이었다.

02

백인 남자가 말에 올라탄 뒤 소총을 들고 넓은 목화밭을 바라보았다. 목화밭은 지평선 너머 끝 간데없이 뻗어 나갔다. 블러드하운드 네 마리가 들판 가장자리마다 지키고 있었다. 한 마리는 이빨 두 개에 금모자가 씌어 있었다. 도망자를 추적해 농장으로 데려온 데 대한 훈장 같은 것이다. 흑인들은 조별로 움직였으며 잔뜩 웅크린 채 목화를 땄다. 일을 하면서 노래도 불렀다. 백인들은 가사를 이해하지는 못해도 들어본 적 있는 노래였다. 흑인 한 명이 선창했다. "나리 나리, 채찍질 좀 하지 마소. 그럼 50센트를 드리리다." 그럼 흑인들이 합창으로 화답한다. "조니, 얘기 좀 잘해주렴. 조니, 얘기 좀 잘해주렴."

　　주인 나리와 주인마님이 거실에 앉아 있네
　　"조니, 얘기 좀 잘해주렴. 조니, 얘기 좀 잘해주렴."

아메리칸 프리즌

어떻게 하면 노예를 더 굴릴까 궁리를 하네

"조니, 얘기 좀 잘해주렴. 조니, 얘기 좀 잘해주렴."

주인 나리와 주인마님, 둘이 거실에 앉았네

"조니, 얘기 좀 잘해주렴. 조니, 얘기 좀 잘해주렴."

주인 나리가 주인마님한테 50센트를 받으라 하네

"조니, 얘기 좀 잘해주렴. 조니, 얘기 좀 잘해주렴."

아니, 난 그 돈 싫어요. 벌금보다 벌이 더 좋아요

"조니, 얘기 좀 잘해주렴. 조니, 얘기 좀 잘해주렴."

앨버트 레이스 샘플Albert Race Sample은 생애 처음 목화를 따고 있었다. 여태껏 구두를 닦고 서커스 단원으로 일하고 크랩스 놀이를 하며 살아왔다. 창녀들 볼일이 끝나면 매음굴 청소하는 일도 했지만 밭에서 일해본 적은 없었다. 목화와 관계가 있다면 자신의 아버지가 백인으로, 목화 중개인이라는 사실뿐이었다. 아버지는 섹스할 때마다 어머니한테 돈을 주었다고 했다. 샘플은 조원들과 함께 줄을 맞추고 길이 4미터짜리 자루를 끌고 다니며 목화 꼬투리를 하나씩 따서 집어넣었다. 백인 '감독관'이 제일 손이 빠른 자를 조 선두에 둔 탓에 다른 사람들은 속도를 따라잡느라 고군분투해야 했다. 샘플이 두 이랑의 목화를 다 딸 때쯤 같은 조 사람들은 벌써 5~6미터 앞에 가 있었다. '뱀눈'이라는 별명의 감독관이 말을 타고 와서 샘플의 일거수일

투족을 감시했다.

샘플은 모친의 유곽에서 자랐다. 어릴 적엔 그곳에서 노름하고 매음하는 남자들에게 밀주를 팔았다. 그곳에서 크랩스 기술도 익혔다. 주사위를 어떻게 잡고 던져야 원하는 숫자가 나오는지 알 정도였다. 어머니도 노름을 즐겼다. 한번은 노름을 하다가 샘플에게 동전 뭉치를 가져오라고 시켰다. 그가 잃었다고 답하자, 어머니는 샘플의 입을 때려 이를 하나 부러뜨렸다. 그러고는 다시 노름을 하러 갔다. 샘플은 마을을 빠져나와 기차를 타고 도망쳤다. 그는 식당에서 정어리 통조림을 훔쳐 먹으며, 경마장에서는 소매치기를 했다.

목화 따는 일은 주머니 터는 것만큼이나 숙달에 시간을 요하는 기술이다. 너무 많이 잡으면 목화 꼬투리의 마른 바닥에 손이 찔리고, 적게 잡으면 몇 가닥 따지 못하게 된다. 샘플이 빨리 따려 하면 할수록 떨어지는 것이 더 많았다. 떨어뜨릴수록 주워 담는 데 시간이 많이 걸렸다. 자루에 넣기 전 꼬투리에서 흙과 잎, 가지를 털어내야 하기 때문이다. "야 이 깜둥이 새끼야, 목화를 따는 거야, 줍는 거야? 자꾸 농땡이 칠래?" 뱀눈이 소리쳤다.

샘플의 등에 채찍이 떨어졌다.

감독관들이 노예들에게 자루를 저울로 가져오라고 지시했다. 샘플의 소속 조장은 100킬로그램을 수확했다. 90킬로그램을 딴 자는 뱀눈에게 혼쭐이 났다. 샘플이 자루를 저울에 올리자, 감독 '뺀질이'

가 샘플을 노려보았다. 샘플의 얼굴에 침이라도 뱉을 기세였다. "18 킬로그램! 망할, 이게 말이 돼? 목화가 겨우 18킬로그램이라고?" 뺀질이의 큰소리에 뱀눈도 얼굴을 찡그렸다. "감독, 5초만 고개를 돌려 주겠소? 이 쓸모없는 깜둥이놈을 날려버릴 테니!" 뱀눈은 떨리는 손으로 2연발 엽총으로 샘플을 겨누고 공이를 젖혔다. 목화 무게를 재기 위해 대기 중이던 노예들이 황급히 떠났다.

"아냐, 이런 새끼한테는 총알도 아까워. 니미, 흑인 새끼 피똥이 구두에 튀면 어쩔 거야? 광이 날아가면 네놈이 책임질 거야?" 감독의 말에 뱀눈이 총을 내렸다. "야 이 깜둥이 새끼야, 너 어디 출신이야? 보아하니 도시놈 같은데 그런 새끼들이 일보다 도둑질을 잘하지. 어디에서 왔냐고 묻잖아!" 샘플이 대답하려는데 뱀눈이 먼저 고함을 질렀다. "얘기할 때는 아가리 침부터 닦아, 씹새야!"

일도 못하는 데다 버릇까지 없다는 이유로 백인들은 샘플에게 점심을 주지 않고, 하루 종일 물도 마시지 못하게 했다. "야 이 깜둥이 새끼야, 더러운 상판 치우고 목화나 따 와!"

그해가 1956년, 노예제도가 폐지된 지 100년 가까이 지난 때였다. 샘플은 강도죄로 기소되어 30년 형을 선고받았다. 텍사스에서는 모든 흑인 죄수들과 일부 백인 죄수들이 농장 노동을 해야 했다. 대부분 목화밭에서 일했다. 샘플이 들어왔을 때부터 1960년대까지, 매년 농장 죄수들이 주 정부에 벌어준 돈은 평균 170만 달러에 달했다

(2018년 기준으로 1,300만 달러). 이에 비해 전국적으로 주 정부가 재소자를 교도소에 가두는 데 드는 비용은 하루 3.50달러에 불과했다. 텍사스에서는 그마저도 1.50달러에 그쳤다.

남부 전역의 교도소가 그렇듯, 텍사스교도소 역시 노예제도에서 비롯했다. 남북전쟁 이후 주 경제는 엉망진창이었다. 목화농장과 설탕농장주들 입장에선 부려먹을 일손이 갑자기 사라진 셈이었다. 다행스럽게도 노예제도를 폐지한 수정헌법 제13조에 허점이 있었다. "범죄에 대한 처벌이 아닌 한 노예제도나 어떠한 비자발적 노역은 허용되지 않는다." 흑인이 범죄로 기소되는 한 텍사스는 목화농장과 설탕농장은 물론, 벌목장과 탄광을 운영할 수 있으며 철도회사에 죄수를 빌려줄 수도 있었다. 이런 식의 장사는 노예제도 폐지 후 50년 동안 이어지다가 어느 날, 주 정부가 마음을 바꾸기 시작했다. 개인 회사와 농장들이 죄수 덕으로 벌어들이는 수익에 배가 아파진 것이다. 1913년, 주 정부는 자체로 농장 13곳을 사들여 교도소로 변경해 운영하기 시작했다.

강제 노역은 생산성이 높을 수밖에 없다. 남북전쟁이 발발하기 전, 노예 한 명이 목화밭에서 수확하는 양은 자유 농부보다 75퍼센트 더 많았다. 마찬가지로 1960년대까지 텍사스교도소 농장은 주변의 일반 농장보다 더 많이 벌어들였다. 이유는 간단하다. 학대할수록 죄수들이 일을 열심히 하기 때문이었다. 텍사스주는 1941년까지 교도소 내에서 채찍질하는 것이 허용되었다. 다른 주는 한참 후에나 금지됐다. 아칸소주 내 교도소들은 1967년까지도 채찍을 사용했다. 다만, 채찍을 금한다 해도 재소자를 혹사할 방법은 얼마든지 있다. 1956년 샘플이 처음 목화를 따던 다음 날 아침, 간수들은 샘플을 다른 죄수 여덟 명과 함께 가로 1.2미터, 세로 2.5미터 크기의 콘크리트로 둘러싸인 철제 감방에 보냈다. 할당량을 채우지 못한 데 대한 징계였다. 죄수들은 그 방을 '똥통.pisser'이라고 불렀다. 방 안에는 빛도 물도 없었다. 방 한가운데 50센트 동전 크기의 구멍을 변기로 썼다. 악취가 진동하는 가운데 재소자들이 숨을 쉬면 산소까지 부족해졌다. "우리 아홉은 똥통의 구더기들처럼 공간을 차지하기 위해 발버둥 치고 몸부림쳤다." 샘플은 회고록에서 그렇게 말했다. 누군가 공간을 조금 더 차지하려 들면 당장 싸움이 벌어졌다. 재소자들은 똥통에서 교대로 눕거나 서거나 쭈그리고 앉아 밤을 보냈다. 그리고 아침이 되면 곧바로 목화밭으로 끌려갔다.

계절이 지나는 동안 샘플은 밭과 똥통을 오갔다. 마침내 자루가 45킬로그램을 넘자 교도소는 또 다른 것을 준비했다. 수갑이었다. 처음 수갑 징계를 받을 때 교도관은 샘플을 바닥에 눕힌 다음, 오른쪽 손목에 최대한 단단히 수갑을 채우고 오른발로 밟아 더 빡빡하게 만들었다. 그다음엔 머리 위 창살 안으로 수갑을 돌려 왼쪽 손목도 채웠다. 발가락이 바닥에 닿을락 말락할 정도로 창살에 매달린 것이다.

다른 죄수들도 바로 옆에 함께 매달렸다. 1시간 정도 지나자 몇 명이 신음하기 시작했다. 통증이 두 팔을 꿰뚫고 지나갔다. 샘플은 울지 않기 위해 입술을 깨물었다. 재소자들은 식당으로 가는 길에 그곳을 지나쳤지만 고문받는 동료들 쪽으로 차마 고개를 돌리지 못했다. 이윽고 교도소는 소등하고 밤이 깊어갔다. 6시간쯤 지났을까? 매달린 죄수 하나가 갑자기 몸을 비틀기 시작했다. 그는 그렇게 창살을 마주하더니 두 발로 창살을 밀어내고 수갑에서 빠져나가려 발악했다. 소용이 없자 이번에는 덫에 걸린 짐승처럼 자기 손목을 물어뜯었다. 다른 재소자가 교도관을 불렀다. 교도관은 죄수가 기행을 멈출 때까지 물을 뿌렸다. 그런 일이 있은 다음 날 아침에도 모두 수갑을 풀고 다시 일터로 끌려 나갔다.

시간이 지날수록 샘플은 점점 야위어 갔다. 감독관들은 툭하면 수확량을 빌미로 밥을 주지 않았다. 그래도 똥통에 10여 번을 갇히고 수갑 고문을 몇 차례 더 당한 후엔 샘플도 기술이 크게 좋아졌다. 어느 교도관의 말마따나 '굶기기 신공'이 먹힌 것이다.

CCA의 공동 창업주 테럴 돈 후토가 교도소를 운영할 방법을 궁리한 것도 이러한 와중이었다. 1967년 후토는 램지농장의 총감독으로 부임했다. 램지Ramsey는 샘플이 갇힌 곳과 몇 블록 거리에 있었다. 후토는 교도소를 운영하기 전에는 목사로 일했다. 역사를 공부하고 미군에서 2년을 복무한 다음 워싱턴D.C의 아메리칸대학교에서 교육학 석사 과정을 수료했다. 램지농장은 샘플이 수감되어 있던 농장과 별다를 바 없었다. 채찍질을 금했을 뿐, 징벌과 노동의 본질은 1913년 주 정부가 농장 교도소를 시작한 이후로 바뀌지 않았다. 차이가 있다면 규모일 것이다. 램지농장은 맨해튼만큼 넓고 샘플의 농장보다 두 배나 컸다. 농장에서 일하는 재소자도 무려 1만 5,000명이나 됐다. 후토는 램지에서 교도소를 돈벌이 사업으로 만드는 방법을 배웠다. 수지를 맞추려면 비용을 절감하라. 노예 소유주들이 노예를 선발해 다른 노예를 관리하고 벌을 주었듯, 후토도 특정 재소자에게 권한을 부여해 다른 재소자를 관리하게 하는 텍사스의 정책을 채택했다. 선택된 재소자들은 교도소 공간을 무자비한 폭력으로 다스렸다. 이따금 통제를 빌미로 칼을 휘두르기도 했다. 후토는 재소자를 이용해 교도관 임금에 쓰일 돈을 절약할 수 있었다.

1967년 후토와 가족은 농장에 거처를 마련했다. 비틀스^{The Beatles}의 〈오직 필요한 건 사랑^{All You Need is Love}〉이 새롭게 히트를 치던 때였다. 소위 '가노^{houseboy}'들이 요리를 하고 상을 차리는 동안 후토 가족은 거실에서 그 노래를 들었을 것이다. 가노들은 대부분 흑인 재소자였다. 그들은 침대를 정리하고 청소를 하고 아이들을 돌보았다. 텍사스 교정부에서도 재소자 노예 조달 조항을 부득이한 특혜 정도로 보았다. 그런 혜택이라도 있어야 "사람들이 그 일에 매력을 느끼지 않겠는가".

　한편, 가노 규범은 노예 소유주들이 가노를 얼마나 두려워했는지도 반영했다. 후토의 아내는 재소자 가노들과 대화를 하거나 '가까이 지낼 수' 없었다. 여주인의 속옷을 세탁하는 것도 금지했다. 가노들과의 농담도 불법이고, 가노가 식구들과 함께 앉아 라디오를 듣거나 TV를 볼 수도 없었다. 종종 주제넘게 설치는 경우가 있기 때문이었다. 후토는 향후 10년간 이 농장과 다른 농장의 주인으로 생활하게 된다. 자신이 취임한 후 수익이 훨씬 좋다며 으쓱거리기도 할 것이다. 후토는 농장을 떠나고 몇 년 후, 이 나라의 건국까지 거슬러 올라가는 어떤 이야기의 최신 장을 열었다. 그리고 그 이야기 속에서 백인들은 끊임없이 인간을 구속해 돈을 버는 방법을 개발해 낸다. 후토는 CCA를 창립했다.

03

이튿째, 시블리호수Sibley Lake의 오두막에서 새벽 6시에 기상했다. 인구 1만 8,000명의 마을, 루이지애나 윈필드에서 자동차로 40분 거리다. 이곳을 거처로 정한 까닭은 비번인 교도관들과 마주칠 위험을 최소화하기 위해서였다. 아침 식사를 하는데, 부엌 창밖 호수 위로 이슬비가 내리기 시작했다. 나는 녹음기 겸용 펜을 셔츠 주머니에 넣었다. 불안감이 전류가 흐르는 듯 온몸을 훑고 지나갔다. 스테인리스 보온병에 커피를 담았다. 보온병 뚜껑에 소형카메라를 숨겨놓았다. 장비들을 들키면 난리가 나겠지만 적어도 모험을 걸 가치는 있다. 변덕스러운 기억에 의존하고 싶지는 않았다.

출근길에 트럭 보닛에서 연기가 뿜어져 나오더니 엔진이 툴툴거리다 멈추고 말았다. 지각하면 큰일인데! 지각은 회사 물건을 훔치는 것과 같다는 경고도 들었다. 징계를 받게 될까? 난 빗속에 서서 히치

하이킹을 시도했다. 트럭들이 지나가고 보안관 차 두 대도 모르는 척하고 지나갔다. 나는 흠뻑 젖었다. 마침내 픽업트럭 한 대가 서더니 나를 뒷자리에 태워주었다. 운전사는 벌목 일을 한다고 했다. 조수석의 10대 소년은 잎담배를 윗입술 안쪽으로 조금 밀어 넣었다. 나는 원에 가는 중이며 근무 이틀째라고 말해주었다.

"거기 아는 사람이 몇 있어요. 잘못도 없이 들어간 사람도 많은데 정작 들어가야 할 놈들은 늘 빠져나오죠." 운전사가 투덜댔다. 그때 길가에서 뭔가 봤는지 조수석 창을 가리켰다. "저 새끼들 가마우지냐? 거위냐?"

"거위 같아요." 소년은 말한 뒤 플라스틱컵에 침을 뱉었다.

남자가 다시 자세를 잡고 의자에 등을 기대며 물었다.

"벌이는 돼요?"

"시급 9달러. 별로 안 됩니다."

"나한테도 누가 시급으로 9달러 주면 좋겠소." 조카가 원에서 일했는데 한 달 만에 그만두었단다. "거기는 사람들이 항상 그만두는 곳이라오." 운전사는 나를 정문에서 내려주었다.

강의실에 들어갔더니 다행히 아직 교관[instructor]은 나타나지 않았다. 수습사원들은 무력 사용 관련 비디오를 시청 중이었다. "한 사람이 40명을 맡아야 하는데 사실 너무 많아요. 그래서 알라모가 터진 것 아닙니까? 이곳도 언젠가 한 번쯤 뒤집어질 겁니다." TV에서 한 남

아메리칸 프리즌

자가 말하고 있었다. 비디오가 끝나자 중년의 흑인 교관이 들어왔다. 검은색 작업복을 검은색 부츠 안에 욱여넣고 있었다. 이름은 터커Tucker, 교도소의 특수작전대응팀인 소트SORT, 요컨대 SWAT 같은 교도소 전술부대의 대장 격이었다. 펜 녹음기는 책상 위에서 조용히 돌아가고 있었다. 보온병의 작은 렌즈도 그를 겨냥했다.

"재소자가 얼굴에 침을 뱉으면 어떻게 대처하겠습니까?" 터커는 키가 크고 얼굴은 무표정했다. 수습사원 몇 명이 상부에 보고하겠다고 대답했다. 한 여성의 대답은 달랐다. 그곳에서 13년을 근무했는데 연례 재교육을 받는 중이란다.

"그냥 패버리는 게 나아요. 카메라만 잘 피하면 걸릴 일도 없고."

터커 교관은 잠시 주변을 둘러보았다. 더 이상 대답하는 사람은 없었다.

"누군가 침을 뱉었다? 좆나게 패버리고 싶으면 그냥 좆나게 패버려요. 만약 나한테 침을 뱉는다고? 카메라가 돌든 말든 상관없어요. 나를 때려? 그럼 그 새끼는 그날 골로 간다고 봐야지." 터커는 저항에 대비해 지원을 요청하라는 말도 덧붙였다. "어떤 새끼가 당신들한테 침 뱉으면 이렇게 합시다. 우선 지원을 요청해요. 어떤 새끼하고도 절대 일대일로 붙으면 안 돼요. 까불면 나한테 연락하고. 도와줄 테니까. 둘이서 함께 아작을 내주는 거요." 재소자를 때리려면 반드시 수갑을 채워야 한다. 수갑을 채우는 순간 '보복'의 문은 닫힐 수밖에 없다. "내가 재소자와 붙으면, 당신들은 못 본 척 그냥 지나가요."

무엇보다 중요한 것은 반드시 단일전선을 유지하는 것이다.

"당신들은 교도관이고 당신 잘못이 100퍼센트라고 해도 우리는 한편이어야 해요."

터커는 다음 질문으로 넘어갔다. 재소자 둘이 서로 찌르고 있으면 어떻게 할 것인가.

"누군가를 부르겠어요." 한 수습사원이 대답했다.

"접근하지 않고 그 자리에서 중지하라고 소리쳐요." 베테랑 교도관이 대답했다.

터커가 손가락으로 그녀를 가리켰다.

"맞아요, 딱 그거야! 그런데 놈들이 개의치 않는다? 그럼 내버려두면 돼요!"

그는 두 손을 확성기처럼 만들어 입에 대고 보이지 않는 재소자들을 향해 소리쳤다.

"싸움을 중지하라! 중지하라고 했다. 내 말 안 들리나?" 교관이 무덤덤하게 말하고는 문밖으로 나가서 쾅 하고 문 닫는 시늉까지 했다. 그가 돌아서며 우리를 쳐다보았다. "절대, 접근하면 안 돼요! 누구든 이기겠지. 질 놈은 지고. 망할, 중요한 건 이거예요! 당신은 할 일을 했는가? 당연히 했지!" 사람들이 웃음을 터뜨렸다. 굳이 싸움을

아메리칸 프리즌

말리겠다면 알아서 할 일이지만 권할 생각은 없단다. "그렇게 돈 많이 받아요? 그런다고 다음에 월급이 많이 뛴답디까? 우리에게 중요한 건 하루 일과가 끝나고 무사히 귀가하는 거요. 저 새끼들이 서로 죽이겠다고 난리 치면요? 예, '잘 죽여!' 하면 돼요!"

내가 손을 들었다. 페퍼스프레이를 쓰면 안 되나요?

"당신들한테 페퍼스프레이를 줄 것 같소?" 페퍼스프레이도 없고 야경봉도 없고, 우리가 가질 수 있는 거라곤 무전기가 전부였다.

휴식 시간에 부엌으로 갔더니 앞 반 수습사원들이 몇 명 있었다.

"이제 첫 주예요? 재미있겠네!" 누군가 비아냥거리자 동료들이 웃음을 터뜨렸다. 첫 주 동안 한 일이라고는 재소자들 알몸 수색한 것뿐이라고 했다. "불알도 똥꼬도 지긋지긋해요."

휴식 시간이 끝나자 터커가 내 옆문으로 건너와 문을 조금 열더니 이렇게 물었다. 재소자 넷이 우리 모두를 인질로 잡고 있다. 놈들은 문 반대편에 있고 문은 조금 열려 있다. 어떻게 할 것인가? "문으로 달아날 건가요? 우리를 버려두고?"

나는 초조한 마음에 키득키득 웃었다.

"웃기는. 대답을 해요, 대답을."

"아뇨, 도망 안 갑니다. 다른 사람들도 있는걸요. 내가 달아나면 보복당하겠죠?"

"집에 아이들이 있나요?"

"아뇨."

"다른 가족은? 형이나 누나나 동생은? 그 생각은 안 해요? 당신은 내 동생이 아니요. 사실, 알지도 못하지. 난 주저 없이 달아날 거요. 내가 혼자 튀면 누가 좆될 것 같아? 당신들이지. 어찌 됐든 좆되는 건 내가 아니라고!"

그는 인질로 잡히면 어떻게 대처할지 알려주었다. 우선 차분하게 인질범들에게 협조해야 한다.

"놈들이 당신들한테 앙심이 있다면 난들 당신들이 고깝지 않겠소. 자, 놈들이 문신을 했다고 칩시다. 그럼, 나 터커도 가슴에 커다랗게 하나 새길 거요. '짭새, 좆까라'라고!" 인질범들과 눈을 맞춰야 한다. 일단 인간적인 유대감이 형성되면 해칠 가능성은 줄어든다. 다만 스톡홀름증후군은 경계해야 한다. "이런 상황을 가정해 봅시다. 놈들이 갑자기 인간적으로 보이는 거요. 행여 경찰이 들이닥쳐 해코지를 하면 어쩌지? 걱정도 되고. 난관에 봉착하면 이유가 뭐든 사람들은 서로 유대감을 만들어 내는 법이거든."

터커는 계속 이어갔다. 그래도 지나치게 걱정할 필요는 없다며 유탄발사기와 최루탄을 탁자에 꺼내놓았다. "언제든 이 무기들을 가져가면 되니까. 식사 시간이면 재소자 800명에 교도관은 단 둘뿐일 거야. 하지만 이 수업만 들어도 얼마든지 상황을 역전할 수 있다 이거요." 터커는 서류를 돌리며 사인을 요구했다. 우리는 최루 훈련에

자발적으로 참여했다. 사인을 거부하면 훈련은 끝나고 일자리도 사라진다.* "누구, 천식 있는 사람 있소?" 터커의 질문에 아무도 손을 들지 않았다. "지난 수업엔 둘이나 있었어요. 내가 뭐라고 했을까? '오케이, 그래도 훈련은 합시다'라고 했지. 천식이 있는 재소자한테 최루가스를 뿌릴 수 있겠소? 대답은 '그렇다'요."

터커는 우리를 잔디밭으로 데려가 일렬로 세우고 서로 팔짱을 끼게 했다. 그리고 손가락으로 바람의 방향과 속도를 확인하더니 최루탄을 떨어뜨렸다. 연기가 스멀스멀 피어오르기 시작했다. 최루탄은 비행기 아래쪽 구름처럼 짙고 뚜렷했다. 가스가 우리를 덮쳐 오기 시작했다. 목표는 당황하지 않고 연기가 흩어질 때까지 위치를 사수하는 데 있었다. 목구멍에 불이 붙는 것 같고 눈을 뜰 수가 없었다. 숨 쉬려고 필사적으로 노력했지만 기껏 켁켁거리는 데 불과했다. "도망가면 안 돼!" 터커가 소리쳤다. 수습 한 명이 정신을 못 차리고 위치를 벗어나려 한 것이다. 나도 상체를 구부렸다. 토악질이라도 하고 싶었다. 여자 울음소리가 들리고 레이놀즈도 웩웩거렸다. 내 입술도 콧물로 범벅이었다. 호흡이 돌아오기 시작하자 나와 팔짱을 낀 여인 둘이 서로를 끌어안았다. 나도 두 사람을 안고 싶었다. 셋이 모여 키

---

* 후일 CCA에 교도관들이 굳이 최루 훈련을 받아야 하는지 물었을 때 대변인 스티븐 오언Steven Owen은 아니라고 대답했다.

득거리는데 눈물이 두 뺨으로 흘러내렸다.

케니^{Kenny}라는 이름의 교관은 40대 백인 관리다. 야구 모자를 깊이 눌러 쓰고 챙 날개를 아래쪽으로 바짝 구부렸다. 단추 달린 셔츠를 허리 안에 집어넣었는데 허리가 특유의 억양만큼이나 두꺼웠다. 무려 12년을 근무한 그는 재소자를 '고객'이라고 생각하고 있었다. 그의 말에 의하면 "CCA는 '아주아주 좋은 곳'입니다. 이곳에 있으면 적어도 어떤 고객을 상대하는지 알거든요. 폄훼할 생각은 없지만 월마트 직원들이야 저 문으로 어떤 놈이 들어올지 어떻게 알겠어요? 누군가 총과 칼을 잔뜩 짊어지고 등장하면요? 요는 이곳이 저 바깥 세상보다 안전하다는 얘기입니다. 내 말이 틀렸나요?"

케니는 CCA의 비용효율성 원칙을 가르쳤다. "파트너에게는 정직하고 공평하며 경쟁력 있는 가격을 제공하고 주주들한테는 합당한 대가를 돌려주어야 합니다." 비용효율성을 달성하려면 최대한 소송에 걸리지 않을 필요가 있다. "교정부에서는 이 시설을 운영하도록 일정 자금을 제공하죠. 그중 일부를 소송 비용으로 쓰는 겁니다. 그런데 그 때문에 예산을 초과해요. 그럼 다른 사업과 뭐가 다르겠어요? CCA에는 60여 개의 교정시설이 있어요. 그런데 원 교정센터에서 수익을 내지 못하면요? 우리 모두 실업자 신세가 되는 겁니다." 비용효율성이라는 얘기는 재소자들이 서류를 낭비해서도 안 되고,

아메리칸 프리즌

세탁하는 날이 아니면 싱크대에서도 빨래하지 못하게 해야 한다는 뜻도 된다. 회사가 아프면 우리 모두 아프다. "팀에서 '나'는 존재하지 않아요."

케니는 초연하면서도 태연했다. 한때는 성질이 더러웠지만 지금은 감정 통제하는 법을 배웠단다. 매일 아침 출근길에 기도를 하고 주말이면 낚시로 긴장을 푼다. 나이트클럽 록밴드에서 연주도 했는데 그만뒀고 지금은 오직 예수만을 위해 드럼을 친다. 욕설을 입에 올리지도, 큰소리를 치지도 않는다. 그는 더 이상 몇 년 전처럼 아내가 자는 동안 밤에 불을 켜놓고 침대에 앉아 훈련보고서를 쓰지 않는다. 재소자가 입을 함부로 놀리거나 침대를 정리하지 않으면 본보기로 조용히 독방에 집어넣으면 그만이다. 규칙이 있으면 당연히 따라야 한다. 여기에는 양면적 가치가 있다. 케니 자신에게 권한이 있는 한 재소자들의 권리 또한 어떻게든 보장해 주기 때문이다. 그는 자신의 공정성을 자랑한다. "재소자들이라고 모두 악마는 아니잖아요?" 그가 우리에게 상기시킨 말이다. 누구에게나 구원의 기회를 가질 자격이 있다.

다만 재소자들이 분수를 잊으면 곤란하다. "재소자들이 말이 너무 많으면 자기가 자유인인 줄 알아요. 그럼 자신의 위치를 알려줘야죠. 안 그래요? 그런 자들이 꽤 많습니다. 똑똑한 인간들이. 교육도 많이 받고. 한번은 그런 인간과 얘기했는데 나보다 똑똑하더군요. 하지만 책은 많이 읽었을지 몰라도 세상 물정은 잘 몰라요. 아무리 똑똑해도 재소자답게 말해야죠. 교도관처럼 굴면 곤란하지 않겠어요? 여기가 어딘 줄 알고 함부로 입을 놀려요? 그럼 대가를 치러야죠. 제아무리 똑똑하고 가방끈이 길어도, 신분이 아무리 높아도, 재소자는 재소자라 이겁니다."

"이 일을 하려면 각오부터 해야 해요. 몸이 아니라 정신이 강해야 합니다." 케니는 칠판에 '교도관 다루기'라고 썼다. "저들은 절대 죄수라는 말 안 써요." 교도관들을 심리적으로 통제하기 위해 재소자들은 먼저 관계를 쌓는다. 케니가 내가 쓴 전투모를 가리켰다. "재소자가 당신 모자를 보잖아요? 그럼 이렇게 나와요. '오, 사냥을 좋아하시나 봅니다. 밤새 위장하고 기다리기도 하나요?' 놈들이 작업 거는 방식이 그래요. 우리는 멋도 모르고 맞장구를 치겠죠? '오 그래요, 사냥 좋아해요' 그런 식으로 접근하는 겁니다. 편안하게 대하는 척하면서 말이죠. 말투도 공손하고 일도 열심히 하는 것 같지만, 그게 다 여러분을 무장해제하려는 수작이에요. 절대 놈들하고 얘기하지 말아요. 그냥 네 멋대로 지껄여라 내버려 두는 겁니다." 어떤 재소자들은 양동이를 갖다주거나 가방을 들어주는 식으로 우리의 환심을 사고 조종하려 할 것이다. "아예 가까이 오지도 못하게 해요." 조심할 사항은 더 있다. 우리가 일을 잘한다고 칭찬하거나 아니면 다른 교도관들에 대해 불평하는 경우다. "그러면서 팀을 이간질하려고 들

아메리칸 프리즌

거예요." 동료 재소자를 고자질하는 놈도 요주의 대상이다. 그런 식의 사탕발림으로 뭔가 얻어내려고 하기 때문이다. 우리 머리 꼭대기에 올라타고자 한다면 못 할 일이 뭐가 있다는 말인가?

남녀 불문하고 섹스의 유혹에 넘어가기 쉽다. 케니의 말이다. "기혼자든 아니든 상관없어요. 밖에서 관련 있던 사람이 여기 들어오기도 하는데, 어떻게 이 친구들 귀에 들어가는지 기가 막힌다니까요? 결국 재소자와 얽히고 마는 겁니다. 여러분도 걸려들 수 있어요. 은밀하게 접근해 편지를 내밀기도 하고, 미납이라느니 어쩌니 하면서 알랑방귀를 낄 수도 있거든요."

예전에 여자 교도관이 재소자와 부엌에서 섹스를 한 적이 있었다고 한다. 그런데 부엌에서 일하던 다른 재소자가 끼어들었다. "이봐, 저 새끼는 되는데 왜 난 안 돼?" 교도관은 이야기가 새어 나갈까 겁이 나서 그 재소자와도 일을 벌이기 시작했다. 그러자 세 번째 재소자가 나섰다. "저놈하고도 하고 저놈하고도 했으니 나랑도 해야지!" 그래서 어떻게 됐을까? "그놈하고도 그 일을 벌인 겁니다." 결국 '10명도 넘는 재소자'가 교도관하고 섹스를 하고 있었다. "그 사실을 어떻게 알아냈는지 알아요?" 케니가 짝 소리가 나도록 두 손을 맞잡았다. "놈들이 서로 싸우기 시작했거든. 결국 다 까발리고 만 겁니다."

팀장 시절의 이야기도 했다. 케니가 싫어하던 여자 교도관이 있었다. 재소자들도 대부분 싫어했는데 특히 한 명이 '그녀를 쫓아내

려 혈안이 되어' 있었다. 어느 날 밤, 여자가 자기 팀 의자에서 잠이
들었다. 하필 혼거실 문까지 열어둔 터였다. 재소자는 조용히 빠져나
와 성기를 꺼내더니 머리 가까이에 대고 '딸딸이'를 치기 시작했다.
교도관이 잠에서 깼을 때는 "자기 옷에다 누가 그 짓을 했는지 어떻
게 알겠어요?" 머지않아 재소자는 풀려났다. 그는 교도소에 편지를
보내 그날 밤 감시카메라를 확인해 보라고 했다. CCA는 기록을 확인
하고 교도관을 해고했다. 근무 중 잠을 잔 데다 혼거실 문까지 열어
둔 것이 이유였다.

"그렇다고 그 친구를 어떻게 하겠습니까? 집에 가버렸는데? 나
야 웃기는 했지만 솔직히 좀 섬뜩하긴 하더라고요. 여러분도 조심해
요. 까딱하다간 그 꼴 나니까." CCA가 이 사건을 세상에 공개했다면
명백한 성추행 사건이 되었을 것이다. 그런데 케니는 아랑곳하지 않
고 이렇게 덧붙였다. "우리도 그 여자를 잡고 싶었는데 그 친구가 대
신해 준 거죠."*

케니는 사람을 불안하게 만드는 재주가 있었다. 그는 자신이 고
용위원회 소속이라고 했다. "여러분이 왜 여기 왔는지 나는 모릅니
다." 그가 나를 힐끗 쳐다본다. "이 방에 재소자와 얽힌 사람이 있을

---

* CCA는 그런 사건을 인지하고 있지 않으며, 그런 일이 있었다면 재소자를 고발했을 거라고
  말했다.

아메리칸 프리즌

수도 있고 마약을 팔기 위해 들어온 사람이 있을 수도 있습니다." 케니는 내 이름을 물었다. 오늘만 해도 세 번째였다. 내가 이름을 밝히자 칠판에 '바우어'라고 적었다. "재소자들을 감시하는 것이 내 임무지만 직원들을 감시하는 것도 내 몫입니다. 교활한 비밀경찰인 셈이죠." 케니가 다시 내 눈을 똑바로 쳐다본다. "내가 당신 이름도 모르고 여기 온 줄 알아요? 이름이야 당연히 알죠. 지금 게임을 하나 해보자는 겁니다." 난 얼굴을 붉힌 채 초조하게 키득거렸다. 들킨 걸까? "놈들이 게임하듯 나도 게임을 하는 겁니다. 직원들을 자극해 충성심을 증명하게 하고 그 결과를 관리자에게 보고할 겁니다. 그건 게임이기도 하고 업무이기도 하니까요." 나는 차를 몰고 귀가하면서 케니가 하려는 게임이 정확히 무엇인지 생각했다.

어느 날 아침, 수업을 기다리는데 케니가 내 뒷줄 건너편에 앉았다. 나를 감시하고 있는 게 분명했다. 나는 공책을 지참한 데다 빽빽하게 필기까지 한 유일한 인물이었다. 보온병에서 냉커피를 조금 따라 마시고 한숨을 내쉰 다음 다시 잠갔다. 보온병을 내려놓을 때는 뚜껑의 렌즈 구멍을 그와 반대쪽으로 돌려놓았다. 카메라 렌즈를 들킬까 불안했다. 나는 잔뜩 몸을 움츠렸다.

블랑샤르Miss Blanchard 교관이 집무실에서 나왔다. 커다란 창문으로 보니 그녀의 집무실은 파란 돌고래로 가득했다. 유리 돌고래, 돌고래

스티커, 신바람 난 돌고래가 그려진 그림, 돌고래 모양의 자기, 금속 돌고래 상 등등. 그녀는 터커의 말에 상처받은 사람이 있는지 물었다. '씨발'을 입에 달고 살지 않아요? 수습사원 하나가 그래서 그만두었다고 했다.

그 말에 누군가 코웃음을 쳤다.

"예수쟁이처럼 굴려면 여기 뭐 하러 왔답니까? 여기가 부흥회 모임은 아니잖아요?"

터커가 들어와 우리를 벽에 붙어 서게 했다. 그는 교도소에서 필요한 게 두려움이라고 말했다. "누구도 위협에서 자유로울 수는 없어요. 위협이 두렵지 않다면, 여러분은 감방에 들어가거나 아니면 아예 여기 올 이유도 없겠지." 나는 힐끗 케니를 봤으나 표정을 읽을 수 없었다.

터커는 붉은색 플라스틱 칼을 꺼내 들더니 자기방어 훈련을 할 파트너를 고르라고 했다. 나는 이 기회에 문제와 맞서기로 했다. 플라스틱 칼을 받아들고 곧장 케니에게 걸어갔다. 지시에 따라 칼을 머리 위에서 아래로 휘둘렀다. 느린 동작이라 공격이라기엔 어설프기 짝이 없었다. 케니는 내 이마를 찍었다. 그는 턱을 앙다문 채 내 눈을 뚫어져라 노려보았다. 동작을 연습하는 동안 우리는 서로에게서 시선을 떼지 않았다. 팔이 욱신거렸다. 역할은 계속 바뀌었다. 그가 칼로 공격하면 내가 거듭해서 그의 팔을 때렸다. 나는 칼을 휘두르고 또 휘둘렀다. 그에게서 시선을 돌리려는 유혹과도 내내 싸웠다. 한참 후 동작은 기계적으로 바뀌었고 그의 공격도 둔해졌다. 이윽고 그의 눈빛이 흐려지더니 내 어깨 너머로 시선을 돌렸다. 나도 창밖을 봤다. 긴장이 풀어진 것이다.

휴식 시간에는 밖으로 나갔다. 수습직원들은 각자 담배를 꺼내 물었다. 케니도 불을 붙여 이빨 사이로 빨아들이고는 몇 걸음 더 걸어가 그곳에서 우리를 지켜보았다.

동료 스털링Miss Sterling은 낙담한 표정이었다. 수업 시간에 터커가 비아냥거린 탓이다. 내가 보기에도 그녀는 점점 더 시무룩해졌다. 스털링은 미인형이다. 고등학교 시절에 남학생들 시선깨나 끌었을 법했다. 나이는 20대 초반, 백인이고 체구는 작았다. 머리는 길고 짙은 검은색이었다. 터커는 자기방어 훈련 내내 그녀를 놀렸고 스털링은 그런 훈련은 딱 질색이라며 투덜댔다. 목 조르기가 특히 괴로웠는데, 그 바람에 아기 아빠의 기억까지 되살아났기 때문이었다. 집 뒤에 있는 공구 창고에서 마약을 조제하던 놈. 한 번은 그놈이 죽도록 때리는 바람에 스털링의 어깨와 무릎이 탈골되기까지 했단다. "여기 목 덜미뼈 알죠? 그 새끼가 머리통까지 밀어 올렸잖아요." 그녀가 징징 거렸다.

그 양반, 여기 들어오면 우리가 지옥으로 만들어줄게요. 콜린스 워스Colinsworth라는 이름의 18세 소년이 스털링을 위로했다. 아기처럼 통통한 얼굴을 갈색 턱수염과 구레나룻으로 가린 콜린스워스는 CCA에 오기 전 스타벅스에서 일했다. 가족을 돕기 위해 다른 주에서 윈필드로 이사했는데 이곳이 여기에서 얻을 수 있는 첫 직장이었다고 한다. 노는 게 어찌나 정신 사나운지 ADHD증후군을 의심할 정도였다. 오늘 아침, 조금 정신이 나간 듯한 콜린스워스는 훈련 중에 터커를 훈련용 칼로 찌르고 위협하는 시늉을 했다. 터커는 콜린스워스를 교실에서 내쫓겠다고 윽박질렀다. 콜린스워스가 그룹 내에서 제일 철이 없기는 했다. 나이 든 수습사원들을 붙들고는 자신이 처음으로 진실한 사랑에 빠졌다느니 어쩌고 하면서 떠들어 댔다. 그와 레이놀즈는 감기약, 스프라이트^{Sprite}, 졸리렌처$^{Jolly\ Ranchers}$ 등의 '시럽 제품' 대 신경안정제 자낙스^{Xanax}의 환각 효과에 대해 열심히 토론했다. 임의 테스트 결과 마리화나는 논외로 밀렸는데, 콜린스워스 말에 따르면 "엿 같은" 결론이다. 마리화나를 피우면 "신을 만날 수 있다"라는 이유 때문이다.

두 사람은 나보다 2주 먼저 일을 시작했다. 콜린스워스는 노련한 교관들한테서 배웠다며 재소자 다루는 기술을 떠벌렸다. "두 놈을 등지게 하고 세워놓는 게 가장 쉽지. 그럼 저절로 해결돼요. 한 놈이 삐져나오면 다른 재소자가 그놈한테 이렇게 협박하게 시켜요. '한 번만 더 개수작 부리면 후장을 따버린다.' 뭐, 효과만 좋다면 뭐든 상관은 없겠죠."

아메리칸 프리즌

필요하다면 죽일 수도 있어요. 놈들이 나를 해코지만 안 하면 되는 거지. 콜린스워스가 자기방어 훈련을 거론하며 결론을 내렸다.

인간이라면 양심의 가책은 느껴야 하잖아? 다른 수강생이 끼어들었다.

죽이기까지 할 필요가 있어요? 스털링도 한마디 거들었다.

그럴 일이 없다고 어떻게 장담해요? 콜린스워스가 말했다.

케니도 대화를 듣고 다가왔다. 일을 처리하려면 해야 해요. 한번은 막 심장수술을 하고 나온 놈을 팬 적도 있는걸요.* 이 일이 원래 그래요.

두세^{Miss Doucet}는 50대 후반 여성으로, 붉은 머리에 체구는 땅딸했다. 아이들이 어릴 때 학교에서 성서를 읽으면 애초에 감옥 올 일이 없다고 주장하는 그런 부류였으나, 사실 자신도 복수를 위해 부두인형에 핀을 꽂는 사람이었다. 그녀는 두 방법이 모두 필요하다고 주장했다. 자기방어 훈련에도 제일 열심이었다. 대개는 방어한 다음에 배를 한 대 더 때리거나 팔꿈치로 턱을 가격하고 나섰다. 칼을 자동차에 두 자루, 손가방에 두 자루, 주머니에 한 자루씩 넣고 다닌다는 말도 했다. 지금은 딸, 손주들과 트레일러에 살고 있는데 트레일러 크기를 두 배로 늘리고 싶어 했다.

두세는 수년간 윈필드의 제재소에서 일했으나 천식 악화로 더 이상 일을 할 수 없었다. 나무를 들어 올리면 심장이 울렁거리고 호

---

*   CCA는 확인을 거부했다.

흡이 끊어지고 발작을 일으켜, 올해만 해도 몇 번씩 병원에 실려 가야 했다. 한번은 정말 죽다 살아나기도 했단다. 이곳에서도 스트레스 때문에 마찬가지 꼴이 될 수 있지만, 담당자 얘기로는 진료실의 의사와 간호사들도 별 도움이 되지 못한다고 했다. 두세는 주머니에서 흡입기를 꺼내 보였다. "저들은 이걸 가져오는 것도 싫어해. 가져오면 안 되지만 어떻게 하겠어? 그렇다고 빼앗아가지는 않을 거야." 그녀가 길게 담배를 빨아들였다.

"칼이 재소자 손에 들어가면 어쩌려고요?" 스털링이 물었다.

"어떻게 찾겠어? 바지 속에 숨겨두고 다니는걸!" 두세가 낄낄거리며 웃었다.

두세를 비롯해 우리보다 먼저 들어온 사람들은 2주 치 첫 급여를 받는 날이라며 사무실로 몰려갔다. 돌아올 때 보니 콜린스워스의 어깨가 축 처졌다. 2주간 일해서 받은 돈이 겨우 577달러란다. "세금으로 121달러나 떼어 갔어요."

"헐, 심하다."

"노는 날에도 일해야겠어. 먹을 것도 없는데." 누군가 옆에서 투덜댔다.

두세는 114달러를 뜯겼다며 징징댔다.

"왜 나보다 덜 뜯어 갔대요?" 콜린스워스가 따져 물었다.

"난 유부녀야! 아이도 있다고!" 두세가 노래하듯 대답했다.

아메리칸 프리즌

급여가 들어오자 다들 술 마실 생각에 들뜨는 모양이었다. 케니는 데킬라에 시나몬시냅스를 곁들여 마시겠다고 했다. 콜린스워스는 맥주를 더 좋아했다. 이따금 쌈박질에도 휘말렸다. 취하지 않으려면 미리 프라이드치킨을 먹는 게 좋아. 두세는 그렇게 조언하면서도 취하고 싶다며 너스레를 떨었다. "난 순수한 술이 좋아. 보드카도 좋고 진도 좋고. 안주는 투티프루티Thtti Fruiti에 음악은 〈자메이칸 미 크레이지Jamaican Me Crazy〉. 벌써부터 침이 고이네." 겉으로는 명랑하고 자존심도 강해 보였지만 그녀는 이미 꿈을 접고 있었다. 트레일러 두 대를 연결해 손주들과 함께 넉넉하게 살고 싶다는 꿈도 여전히 한 대안에 갇힌 터였다. "그래도 거기서 나오면 트레일러 값으로 5,000달러는 받을 수 있어." 그녀는 그렇게 주장했다.

04

테럴 돈 후토는 램지농장 관리자로 부임하고 16년 후 CCA를 공동 설립했다. 텍사스에서 사업을 시작한 지 수십 년, 전국의 재소자 수는 급증했다. 재소자들이 전례 없이 밀려들자, 교도소들도 더 이상 강제 노동 수용소 역할을 할 수 없었다. 물론 일부 재소자들은 여전히 일하고 그들의 노동이 교도소의 주요 기능으로 남아 있기는 하나, 재소자 인구가 늘면서 노동력 비율은 줄어들기 시작했다. 교도소는 이제 인간창고human warehouse 역할에 더 가까웠다. 재소자들은 재교육의 기회를 갖지 못한 채 대부분 빈둥거리며 시간을 보냈다. 증가하는 수감자 수에 맞춰 점점 더 많은 교도소를 짓는 데다 프로그램까지 진행하려니 재정적으로 부담이 됐기 때문이다. 1980년에서 1990년 사이, 주 정부들이 교도소를 마구 짓는 바람에 교도소에 들어가는 비용 또한 4배로 뛰었다.

아메리칸 프리즌

1983년, 웨스트포인트에서 온 대학 동기 토머스 비즐리와 로버트 크랜츠 박사는 여기에서 기회를 보았다. 마약전쟁이 무르익고 있었다. 형량도 늘고 검사들도 가혹하게 구형했다. 주 정부에서도 재소자들이 최소한 형량의 85퍼센트를 복역하게 하라고 지시를 내리기 시작했다. 교도소 설립이 절정을 이루던 10년간, 미국에서는 새로 생긴 교도소가 무려 600여 곳이었다. 새 교도소를 위해 각 주들은 매년 10억 달러를 쏟아부었으나 빨리 해내기에는 역부족이었다. 풀리지 않은 수수께끼도 하나 있었다. 교도소로 돈을 벌 수 있을까? 결국 민영화에 불이 붙었다. 레이건 행정부도 2만 3,000쪽짜리 보고서를 배포해 정부기관을 민간기업에 넘기도록 권고하던 참이었다.

비즐리와 크랜츠는 공화당 대선 모금행사에서 사람들과 잡담을 하던 중 교도소의 민영화 사업 아이디어를 떠올렸다. 매직스토브 Magic Stove 회사의 한 임원은 "젊은이들에게 대단한 벤처사업이 될 것이다. 교도소 문제를 해결하고 동시에 거액의 수익을 거둘 수 있다"라고 말했다. 당시 비즐리는 테네시주 공화당 당수였기 때문에 그들이 원하는 정치적 인맥도 충분했다. 크랜츠는 부동산 전문가였다. 이제 그들이 필요로 하는 것은 감옥 관리에 대해 잘 아는 사람, 감옥을 운영하며 돈을 벌어본 사람이었다. 후토는 완벽한 후보였다. 텍사스에서 교도소 농장을 운영하며 익힌 노하우를 활용해 아칸소주 교도소 시스템을 돌리고 또 수익까지 올린 인물이었다. 7년 전 아칸소를 떠난 후 5년간 버지니아 내 교도소 시스템을 운영하기도 했다. 후토가 합류하고 셋은 CCA를 설립했다. 회사 발전에 도움이 된다면 후토는 얼마든지 이해충돌 가능성을 외면할 위인이었다. CCA를 설립한 직후, 후토는 미국 최대의 교도소 연합인 전미교정협회^{American Correctional} ^{Association} 회장이 되었다. 그리고 그 지위를 이용해 민영화 옹호에 나섰으며, CCA가 교도소를 열기 시작하자 ACA가 인가를 내주었다.

3인조는 휴스턴에서 모텔을 개조해 이민자 억류센터를 만들었으며 그 이후에는 아예 건물을 새로 짓기 시작했다. 테네시에서는 청소년 구금시설과 성인 교도소의 운영을 떠맡았다. 1985년 연방법원에서 테네시의 과밀 교도소들이 교도소 내 잔혹 행위를 금지하는 수정헌법 제8조를 어겼다고 판결했을 때, CCA는 테네시주의 교도소 시스템 전부를 인수하겠다는 대담한 제안을 던졌다. 시설을 99년간 임대하고 경영할 수 있는 권리에 1억 달러, 새 교도소들을 건설하고 현재 시설을 보수하는 데 1억 5,000달러를 투자하겠다는 것이었다. 그 대신 주 정부는 현재의 연간 운영비를 CCA에 지불해야 한다. 회사에서는 교도소를 운영해서 비용을 절감하면 적어도 8퍼센트의 수익을 낼 수 있을 것이라고 기대했다. 입찰 제안은 결국 실패로 돌아갔지만 그 아이디어는 전국 정치가들의 마음을 사로잡았다. 교도소 경영을 외주화하면 그 과정에서 예산을 절감한다는 전제에 혹한 것이다. 교도소를 민영화하면 새로 부채를 떠안지 않고도 확장이 수월

아메리칸 프리즌

해진다. 재정 건전성과 법질서 보존이라는 대명제하에 회사는 자금을 조달하여 교도소를 짓고 법원은 교도소를 채워줄 것이다.

비즐리가 보기에 민영교도소 사업은 아주 단순했다. "교도소도 그냥 자동차나 부동산, 햄버거 팔듯 장사하면 되는 거 아냐?" 그가 《잉크Inc.》 잡지 인터뷰에서 한 말이다. 3인조는 실제로 사업을 호텔 체인처럼 운영했다. 재소자의 일일 숙박비를 정부에 청구한 것이다. 초기 투자자 중에는 소덱소 메리어트Sodexho Marriott 기업과 벤처자본가 잭 매시Jack Massey도 있었는데 매시는 켄터키프라이드치킨Kentucky Fride Chicken, 웬디스Wendy's, 전미병원협회Hospital Corporatipn of America 창설에 기여한 인물이다.

1986년, CCA가 나스닥 증권거래소에 상장되었을 때 회사는 청소년 억류센터 두 곳과 이민자 억류센터 두 곳을 운영하고 있었다. CCA는 집단구금의 성장을 확신한 터라 1990년대에는 계약도 하지 않은 채 '투기하듯' 교도소를 지었다. 주 정부에서 손님을 채워주리라 기대한 것이다. 2017년, CCA가 운영하는 시설은 주립교도소와 구치소, 거주형 재활센터, 연방 이민자 억류센터에 이르기까지 모두 80여 곳이며, 재소자 수 또한 8만 명에 육박한다. 주요 경쟁사인 GEO그룹은 재소자 수가 몇천이 더 많다. 2018년, 민영교도소들은 전국 교도소 재소자의 약 8퍼센트를 관리했다.

CCA가 납세자의 세금을 얼마나 챙기든, 그 비용은 재소자를 재우고 먹이고 재활하는 데 써야 한다. 윈에서 일할 때 CCA는 재소자 1인당 하루 34달러 정도를 받았다. 주립교도소는 약 52달러를 쓴다. 일부 주에서는 1인당 매일 80달러를 CCA에 지급한다. 내가 윈에서 일하던 해, CCA는 총수입을 18억 달러로 보고했다. 순수익은 2억 2,100만 달러를 넘는데, 즉 관리하는 재소자 1인당 3,300달러 이상을 벌어다 준 것이다. 민영교도소 계약 중 3분의 2 정도는 소위 '점유 보장'을 포함하므로, 만일 주 정부가 일정 수의 재소자를 제공하지 못할 경우 수수료를 지불해야 한다. 루이지애나 교정부와의 계약을 보면 윈은 96퍼센트의 점유율을 보장받고 있었다.

민영교도소를 지지하는 가장 큰 이유는 세금 절약 때문이지만 여전히 논쟁의 여지가 있다. 어느 연구에는 민영교도소가 공립교도소보다 15퍼센트 비용을 절감한다고 말하고, 또 다른 연구를 보면 오히려 공영교도소가 14퍼센트 정도 비용이 더 적게 들어간다고 말한다. 전문가들은 이 상반되는 주장을 들여다본 후 절감 효과가 '미미하다'고 결론을 내렸다. CCA와 GEO그룹이 거의 비용을 댄 2013년 CCA보고서에는, 민영교도소가 공영교도소에 비해 59퍼센트 비용을 절감하면서도 품질은 그대로 유지한다고 주장한다.

최근 미국 법무부는 민영교도소의 '비용절감 효과는 크지 않다'고 보고 있다. 비용 절감은 대개 '인건비, 복리 후생 등 여타의 노동 관련 지출을 축소'하는 데서 비롯한다. 봉급과 복리 후생 지출은

아메리칸 프리즌

CCA의 운영비 중 59퍼센트를 차지한다. 윈에서 일을 시작했을 때 하급 교도관의 시급은 근속연수와 상관없이 모두 9달러였다. 공영 주립교도소의 초임 교도관 시급은 12.5달러였다. CCA 대변인의 답변에 따르면 "CCA의 보수는 해당 지역의 적정임금을 기준으로 정하며, 윈 교정센터의 임금 수준은 지역 대비 상대적으로 높은 편이다".

인플레이션을 감안하여 환산해 보면 윈에서 재소자 1인당 비용 드는 비용은 1990년대 말과 2014년 사이에 무려 20퍼센트 가까이 떨어졌다. 짜낼 대로 짜내라는 윈 교정센터의 압박은 교도관 봉급뿐 아니라 직원 복지와 직원 강화 프로그램을 최소 수준으로 유지하기로 한 결정에서도 확연하게 드러난다. 직원과 재소자의 불만을 토대로 교도소 내의 열악한 환경에 대해 질문해 봤으나 CCA 대변인은 질문 자체를 "지엽적인 불평"으로 치부하였다. "CCA가 재소자의 안전이나 고객의 욕구보다 자체의 경제적 이득을 우선한다는 주장은 괜한 트집"이라는 것이다.

05

훈련 8일째, 우리는 심폐소생술 수업에서 빠져나와 느릅나무동으로 향했다. 윈의 수감동은 모두 다섯 개다. 느릅나무동은 재소자들이 생활하는 단층짜리 벽돌건물이다. 구내에 들어갈 때는 주머니를 비우고 구두와 벨트도 벗어야 했다. 기본적인 절차이기는 하나, 나로서는 크게 긴장할 수밖에 없었다. 처음으로 핵심 구역 안으로 녹음 장비를 들여가기 때문이다. 그나마 손목시계 착용은 교관도 권장하는 바였다. 규칙 위반을 기록할 때 시간을 정확하게 측정해야 하기 때문이다. 나는 미니카메라 겸용 시계를 하나 구입했다. 나는 주머니의 잔돈, 직원 신분증과 함께 시계도 엑스레이 기계에 넣은 후 금속탐지기를 걸어서 통과했다. 교도관은 탐지봉으로 내 몸을 훑고 가슴, 등, 두 팔, 두 다리를 만졌다. 벽에는 밀수품을 몰래 들여와 감옥에 간 여성 사진이 붙어 있었다.

아메리칸 프리즌

수습직원들이 빗장이 걸린 대문 앞에 모이자, 교도관 하나가 두꺼운 안경 너머로 우리를 슬쩍 보더니 스위치를 돌려 천천히 문을 열었다. 우리는 문을 통과했다. 뒤쪽의 대문이 닫히면 앞쪽 문이 열리는 식이었다. 반대편 벽면에 CCA 로고가 화려하게 박혀 있고 그 옆으로 '존중', '성실'이라는 단어들이 보였다. 두 개의 닻이 바다에 떠 있는 황당한 벽화도 있었다. '덜컹' 소리와 함께 다시 문이 열리고, 비로소 우리 그룹은 교도소의 본류에 해당하는, 소위 '통로the walk'에 들어와 있었다.

위에서 보면 통로는 T자 모양이다. 양옆은 철망으로 막혀 있고 파형강관으로 지붕을 만들었다. 수습직원들은 본관과 이어진 중앙 통로를 따라가고, 재소자들은 소속 수감동에 따라 지정된 양쪽 통로를 이용했다. 수습직원들은 다들 초조한 표정이었지만 콜린스워스만은 예외였다. 오늘 아침 배급받은 교도관 재킷이 마음에 드는 모양이었다. 원을 떠나면, 재킷이 해질 때까지 입고 그다음에 굿윌Goodwill 재단에 기부했다는 식의 이야기를 쓰겠단다. 그럼 재킷은 영원히 내 것이 되지 않겠어요?

통로를 지나며 수감자들에게도 인사를 했다. 느긋하고 담대해 보이고 싶었다. 몇몇은 굿모닝이라고 화답했지만, 다른 수감자들은 걸음을 멈추고 철망에 매달린 채 여자 수습직원들을 위아래로 훑어본다. 시선은 완전히 노골적이었다. 철망 밖은 재소자들의 운동장으로 보였다. 면회, 교육, 진료 등을 담당하는 밋밋한 가건물들을 지나자 교회가 나왔다. 교회 철문을 '자유 예배당'이라는 글자 모양으로 만들었는데 그 너머 벽화도 하나 걸려 있었다. 전투기 한 대가 산정 호수에 폭탄을 투하하자 물기둥이 하늘 높이 치솟고, 커다란 대머리독수리가 성조기가 나부끼는 창공을 누비는 촌스러운 그림이었다. T자 통로 끝에서 왼쪽으로 돌자 식당과 매점이 나왔다. 재소자들이 과자, 세면도구, 담배, 뮤직플레이어, 배터리 등을 구입하는 곳이다.

5개의 수감동은 통로 끄트머리를 따라 붙어 있었다. 각 수감동은 X자 모양이고 자체의 짧은 통로를 통해 중앙통로와 연결되어 있었다. 수감동은 각각 나무 이름을 붙였다. 대부분 일반 숙소로 이루어져 있으며 재소자들은 이곳 돔 모양의 홀에 모여 지내다가 교육이나 식사 때는 강의실과 식당으로 이동한다.

말채나무동은 모범수들이 지내는 곳이다. 이곳 재소자들은 TV 시청 시간이 더 길고, 공작실, 봉제공장, 식당 같은 곳에서 소일하게 해준다. 일부 신뢰받은 이들은 심지어 프런트에서 일하거나, 울타리 밖에서 직원들의 차를 세차하기도 한다. 자작나무동은 대부분 노인, 병자, 정신박약 재소자들이 지내지만 특별한 서비스를 제공하지는 않는다. 재소자들은 물푸레나무동과 느릅나무동을 '난장the projects'이라고 부르는데 성가신 재소자들이 그곳에서 지내기 때문이었다.

느릅나무동에 들어가자 널따란 시멘트 바닥이었다. 공기는 다소

아메리칸 프리즌

습하고, 골초의 옷에서 나는 것 같은 퀴퀴한 냄새가 났다. 이곳은 재소자를 352명까지 받을 수 있다. 중앙에는 팔각형의 공간이 있는데 이곳을 '통제실the key'이라고 불렀다. '통제실 관리'는 늘 여성이 하며, 수감동에 설치한 27개의 감시카메라를 확인하고 주요 사건들을 기록하고 재소자들이 교육실이나 체육관 등 외부 장소에 갈 때 외출증을 발부했다. 통제실에는 수감동의 감독, 즉 꼬마 소장쯤 되는 관리의 집무실도 있었다.

통제실은 공간 중앙이고 그곳에서 네 개의 가지가 X자 모양으로 뻗어 있다. 가지마다 두 개의 플로어가 이어진다. 모든 플로어는 문을 잠가 분리했다. 혼거실은 개방형 숙소 개념이며, 각 플로어마다 44명까지 수용 가능하다. 재소자마다 좁은 침대, 얇은 매트리스, 철제 라커를 제공한다.

각 혼거실 앞에 두 개의 화장실이 있고 여물통 모양의 소변기 하나, 싱크대 2개가 설치되어 있다. 샤워실은 2곳이며 공동 숙소와 1미터 높이의 벽으로 분리했다. 그 주변에 전자레인지, 전화기, JPay 기계가 놓여 있었다. JPay 기계는 재소자용 편의시설로, 재소자들이 돈을 내고 휴대용 뮤직플레이어에 노래를 다운받거나, 1회 30센트를 내면 짧은 이메일도 보낼 수 있다. 물론 이메일은 검열을 받아야 한다. 혼거실마다 TV 시청실이 있다. 시청실은 평일 낮 12시 30분이면 가득 찼는데 교도소에서 제일 인기 있는 프로그램인 〈청춘의 방황The

Young and the Restless〉을 방영하기 때문이었다.

　　원의 직원과 재소자는 교도관을 '자유인'으로 여긴다. 원의 교도관 대다수는 재소자들과 마찬가지로 아프리카계 미국인이다. 절반 이상이 여성이고 그중 다수가 싱글맘이다. 하지만 재소자들을 대면해야 하는 물푸레나무동과 느릅나무동의 근무자들은 철저히 남자들로만 구성되어 있다. 무엇보다 재소자들을 직접 다루어야 하기 때문이다. 각 플로어 관리자들은 집행인인 동시에 재소자들이 필요할 경우 제일 먼저 접촉해야 하는 사람이다. 30분마다 보안 확인을 하고 각 플로어를 오가며 문제가 없는지 확인하는 것도 그들의 몫이다. 12시간 동안 세 차례 점호를 하는데, 그러면 교도소 내 모든 동작을 중지하고 그 상태에서 각 플로어 관리자들이 재소자의 수를 확인해야 한다. 각 수감동마다 플로어 관리자는 두 명에 불과하다. 이는 재소자 176명당 한 명 수준이다.*

　　케니는 키 큰 백인 교도관과 함께 느릅나무동에서 우리를 기다리고 있었다. 교도관 이름은 크리스티안Christian, 그의 손에 개줄이 들려 있고 줄 끝에 독일산 셰퍼드가 서 있었다. 크리스티안은 우리를 무심하게 바라보았다. 버릇인지 고개를 왼쪽으로 갸웃한 채였다. 그

---

*　후일 CCA의 설명에 따르면, 루이지애나 상무부에서는 원의 "직원 배치"가 "적절하다"라고 판단했다.

는 여자 수습사원들은 통제실로 보내고 남자들은 앞쪽의 샤워실과 화장실을 따라 줄을 서게 했다. 천장 선풍기 두 대가 천천히 돌고 있었다. 방은 형광등 불빛으로 가득했다. 재소자들은 거의 모두 흑인이었다.

크리스티안이 재소자들에게 가까이 오라고 지시했다. 재소자들은 티셔츠, 팬티, 양말, 샤워용 슬리퍼만 걸친 채 줄지어 샤워장으로 들어간다. 온몸에 문신한 사내가 내 앞에서 샤워장으로 들어가 셔츠와 팬티를 벗어 내게 건네준다. "거시기 들고 돌아서서 허리를 굽히고 기침을 한다, 실시." 크리스티안이 지시하자, 사내도 당연하다는 듯 성기를 들고 입을 벌리고 혀를 들어 올리고 엉덩이를 내 쪽으로 돌린 다음 상체를 굽히고 기침을 했다. 그러고는 슬리퍼까지 건네고는 두 발을 들어 발바닥을 보여주었다. 옷을 돌려주자 그가 팬티를 입었다. 잠시 후 나를 지나치며 고맙다는 듯 고개를 끄덕여 인사했다.

재소자들은 인간 조립 라인처럼 줄지어 TV 시청실로 이동하고 새로운 줄이 들어온다. "차렷, 허리 굽혀, 기침 실시." 크리스티안이 지루하다는 듯 읊어댔다. 그러다가 어느 재소자에게 다가가 손을 펼치라고 지시했다. 주먹을 풀자 손안에 유심카드가 들어 있었다. 크리스티안은 카드만 빼앗고 다른 조치는 취하지 않았다.

마침내 시청실이 재소자들로 가득 찼다. 교도관이 그들을 보고는 비릿한 미소를 짓더니 혼거실 쪽을 가리켰다. "자, 이제 먼지털이 시간이다!" 우리는 지시에 따라 그곳으로 내려가 각각 침대 앞에 섰다. 여자 수습사원들도 합류했다. 특히 8번을 철저히 조사해요. 그 새끼가 날 엿 먹였거든. 크리스티안은 샅샅이 뒤질 것을 주문했다. 콜린스워스를 따라 재소자의 라커를 열었더니 그 안에서 치약과 로션, 탈취제가 나왔다. 나는 병뚜껑도 열어보았다. 바셀린 용기 안에서 펜으로 만든 수연통水煙筒을 찾아내기도 했다. 크리스티안에게 어떻게 할지 묻자, 파이프를 받아 들더니 혼자 중얼거리며 바닥에 던져버린다. 매트리스, 베개, 더러운 양말, 속옷들도 뒤졌다. 아이들 사진과 요염한 포즈의 여자 사진들이 나왔다. 다음 침대로 향했다. 라면, 감자칩, 틀니, 위생용품, 땅콩버터, 코코아 분말, 쿠키, 사탕, 소금, 곰팡이 핀 빵, 더러운 커피잔. 소설 원고도 한 부 있었다. 『깡패 아이』, "꿈을 쫓는 노름꾼, 건달, 양아치, 어린 깡패들에게 이 책을 바친다."

문득 이란 교도소 시절이 떠올랐다. 일일 할당량의 신선한 공기를 마시고 돌아오면, 감방이 난장판이었다. 강도가 든 집 같았다. 편지나 책이 사라지지 않아도 기분은 더럽기는 마찬가지였다. 난 일말의 존중이나마 보이고 싶어 물건을 최대한 제자리에 돌려놓기로 했다.

케니는 내가 하는 행동을 보더니 라커에서 모든 것을 꺼내 침대에 던져놓으라고 말했다. 바닥을 보니 매트리스는 바닥에 내팽개쳐지고 그 대신 서류와 음식이 침대 위에 널브러져 있었다. 바닥 중앙에는 반입 금지 물품들이 널려 있었다. 충전기로 개조한 USB 케이블, 버터 튜브, 치즈 조각, 각종 알약들. 나도 햄버거 패티 몇 개를 찾아냈다. 콜린스워스가 바닥에 내동댕이치라고 말했다. 부엌에서 훔친 것들이에요. 그는 이미 라커 몇 곳을 휩쓸었는데 아주 신이 나 있었다. 내가 금광도 캤잖아요. 휴대폰을 찾아냈다니까요. 그야말로 보물찾기가 따로 없었다.

크리스티안은 라커에서 스티로폼컵 몇 개를 찾아내 발로 짓밟았다. "매점에서 팔지 않는 것들이야." 나는 빵 한 봉지와 식당 치즈 한 봉지를 찾아냈지만 아무도 보지 않는 걸 확인하고는 라커 깊숙이 숨겨두었다.

재소자들은 TV 시청실 창에 바짝 붙어 스털링이 라커 터는 광경을 지켜보았다. 아직 수습에 불과한데도 재소자들은 이미 그녀에게 별명까지 붙여 부르고 있었다. '백설공주.' 재소자들의 관심은 그녀를 불편하게 만들었다. 스털링이 재소자들을 벌레처럼 여겼기 때문이다. 주 초에도 재소자 심폐소생술을 거부하겠다고 말하는가 하면, 식당 밥에 '에이즈균'이 들었다며 입도 대지 않으려 했다. 하지만 재소자들과 함께 지내면 지낼수록 내적 갈등을 겪는 모습이기는 했다. "도매급으로 범죄자 취급할 생각은 없어요. 나도 여러 번 죄를 저질렀는걸요." 그녀가 말했다.

스털링이 라커에서 타이레놀 상자를 찾아냈다. 교도관이 던져버리라고 하자 그녀가 머뭇거렸다. 타이레놀을 왜 버리라는 거죠?

여자 교도관이 샐쭉하면서 나섰다.

"나 참 모르면 가만히나 있지. 놈들이 그걸 어떻게 하는지 알아요? 가루로 만들어 코로 마시고 불에 태우고 파이프에 넣는다고요."

"타이레놀을?" 나는 믿을 수 없다는 듯이 되물었다.

그때 재소자가 TV 시청실에서 나와 스털링을 힐끔거렸다. 스털링이 들어가라고 소리치자 그가 지시에 따랐다.

고마워요. 스털링도 화답했다.

지금 저놈한테 고맙다고 한 건가? 크리스티안의 확인에 교도관들이 키득거렸다.

고맙다는 인사는 금물이에요. 권위를 내주는 꼴이니까. 여자 교도관이 지적했다.

크리스티안이 의자에 올라가더니 천장 선풍기를 비틀어 열었다. 그 안에 손을 넣자 큰 나이프가 바닥에 떨어졌다. 그는 뒷문을 열고 자리를 떴다. 다른 교도관들도 하던 일을 멈추고 뒤를 따랐다. 수감동 뒤쪽으로는 감독관도 재소자도 없었다. 크리스티안이 주머니에서 봉지를 하나 꺼냈다. 재소자의 입에서 찾아낸 물건이라고 했다. 우리가 모여들자 그가 매듭을 풀었다.

"알약이 몇 개 있는데 아무래도 자낙스 같아."

여자 교도관이 손을 내밀자, 그가 휙 잡아채며 소리쳤다.

"내 자낙스야, 건드리지 마!"

"이런, 누가 빼앗겠대?"

교도관은 큰 봉지에서 작은 봉지를 꺼내더니 냄새를 맡았다.

"오, 이거 진짜 물건이네." 그가 봉지를 돌려 우리 중 몇 명에게 냄새를 맡게 했다. 냄새는 마리화나와 흡사했다.

크리스티안이 약봉지를 다시 들어 보였다.

"자낙스 복용할 사람?"

훈련은 날이 갈수록 다사다난해졌다. 어떤 날은 수업이 2시간밖에 없었다. 그럼 우리는 오후 4시 15분까지 시계만 바라봐야 했다. 휴대전화도, 외부의 읽을거리도 소지가 금지된 탓에 시간 때우기가 여간 곤욕이 아니었다. 우리는 탁자에 두 팔을 대고 그 위에 머리를 괴었다. 방과 후 벌 받는 고등학생이라도 된 기분이었다. 교실과 바깥 잔디밭을 어슬렁거리기도 했다. 젊은 수습사원들은 사탕을 먹거나 칠판에 예쁜 글씨로 낙서를 했다. 윌리스[willis]라는 이름의 덩치 큰 흑인은 공책 표지에 '713 먼스타스'를 그렸는데, 나중에 들은 바로는 텍사스 주립교도소에서 7년 6개월을 복역했단다.

"무슨 짓을 했는데요? 짭새를 박살 냈어요?" 레이놀즈가 물었다. 하지만 윌리스는 대답하지 않는 바람에 다른 사람들까지 불편해졌다.[*]

---

[*] CCA는 보안 위험이 없다고 판단할 경우 전과자를 고용한다. 그에 따르면 원의 교도관은 모두 루이지애나 교정부의 신원조회를 거치게 되어 있다.

누군가 텍사스교도소에 친구가 일한다는 얘기를 꺼낸 덕에 어색한 침묵이 깨졌다. 전기의자로 사형을 집행하기 전 교도소 내의 컴퓨터와 전기도구를 모두 셧다운했는지 살피는 일을 한다고 했다. 집행이 끝난 다음에는 다시 부팅을 해야 한다.

난 대부분 조용히 있으려고 노력했다. 그런데 내가 캘리포니아에서 배낭여행한 얘기를 꺼내자 한 수습사원이 두 손을 허공을 휘저으며 짜증을 냈다. 맙소사, 당신 여긴 왜 온 거요? 나는 거짓말을 하지 않으려 했기에, 그냥 일하러 왔다거나 삶이 어떻게 될지 누가 알겠느냐는 식으로 얼버무렸다. 더 이상 캐묻는 사람은 없었다. 동료 수습생들은 오클라호마 너머 여행해 본 적도 없었다. 도시를 비교하는 것도 자기 동네 월마트의 규모와 질을 비교하는 식이었다. 그 밖에도 내가 유별나 보이는 점이 있었다. 스털링은 툭하면 내가 건강하다며 놀렸는데, 간식으로 사과를 먹고 샌드위치에 토마토를 넣기 때문이다. 다른 수습사원들은 조각 피자나 감자칩, 씹는 담배 따위로 끼니를 때웠다.

블랑샤르는 교관들이 나타나지 않은 데 대해 사과했다. 시간이 지날수록 직원 관리가 어려워지는 바람에 교관들이 대신 일하느라 빠져나오지 못했단다. 윈필드가 가난한 동네이기는 해도 겨우 시급 9달러에 여기까지 와서 일하려는 사람은 많지 않았다. "CCA를 두고 악담들을 해요. 우리가 인간쓰레기까지 고용한다고. 솔직히 그 정도는 아니지만 숨을 쉬고 운전면허증이 있고 일할 생각이 있으면 얼마

　　　　　　　　　　　　　　　　　아메리칸 프리즌

든지 기회를 줄 겁니다." 블랑샤르가 우리를 준엄하게 바라보며 말을 이었다. "볼 꼴 못 볼 꼴 다 보는데…… 예, 솔직히 보수가 충분치는 못해요. 9달러가 큰돈은 아니죠. 그 정도는 맥도날드에서 일해도 벌 수 있으니까. 책임질 가족이 없는 사람, 갚을 빚이 적은 사람이나 오려고 할까? 시급 9달러로 가족을 부양할 수도 없고 기름값을 내기도 어려울 겁니다." 우리 반에서 콜린스워스와 나만 아이가 없는데, 블랑샤르는 그 사실을 알고는 있는 걸까?

재소자들을 다루다 보면 보수가 정말 형편없다는 사실을 깨닫게 된다며, 경고도 잊지 않았다. "눈을 똑바로 뜨고 현실을 직시해야 해요. 각오도 단단히 하고. 이제 놈들이 이런저런 주문을 하기 시작할 거예요. 여러분 일당보다 놈들 재산이 더 많거든요. 그래서 다들 놈들한테 넘어가는 겁니다."

오전 늦게까지 교관들은 나타나지 않았다. 블랑샤르는 우리를 체육관으로 보내기로 했다. 재소자들이 목공, 배관 등 직업교육을 받는 곳인데 그날 그곳에서 수료식이 열렸다. 재소자와 가족들이 케이크와 프루트펀치컵 들을 들고 농구장으로 몰려들었다. 재소자가 스털링에게 레드벨벳 케이크 한 조각을 건네자 사람들이 미소 짓거나 웃었다. "재소자가 미소 짓는 건 아주 드문 일이지." 원의 코치가 어느 재소자에게 말했는데 그 곁에 부모도 함께 있었다. 나도 유니폼 차림으로 재소자들 사이를 어슬렁거리는데 문득 마음이 편해졌다.

"고개 똑바로 들고 다니쇼." 휠체어를 탄 흑인 노인이 내게 경고했다. 노인은 두 다리가 반쪽이었다. "당신 같은 사람들은 쉽게 티가 나지. 옷을 벗으라는 얘기가 아니라 입고 있으라는 말이요. 그럼 아무 문제 없을 거요." 그의 이름은 로버트 스콧Robert Scott*으로 이곳에는 12년 동안 있었다고 했다. "처음 여기 왔을 때는 걸어 다녔어. 손가락도 다 있었지." 손모아장갑을 끼고 있었는데 장갑 절반이 흐물거렸다. "1월 에 다리가 없어지고 6월에 손가락까지 없어졌다네. 괴저병이 장난 은 아니잖아? 나는 계속 의무실에 가서 '다리가 아프다'고 말했는데 그 양반들, 그저 아무 문제 없다고만 하더군. 엄살 부리지 말라고. 내 말은 아예 듣지도 않고 욕까지 했다오. '이 영감탱이가 어디서 꾀병이 야!'"

스콧은 CCA를 근무 태만으로 고발했다. 그의 주장에 따르면, 교 도소에서 의료서비스를 제공하지 않는 이유는 '수익을 이유로 인력 을 최소한으로 운영'하기 때문이다. 진료기록을 보면 4개월 동안 스 콧은 최소 아홉 번은 의사 면담을 요청했다. 다리가 쑤시고 붓고 고 름이 나오는 등, 너무 아파서 잠을 제대로 자지도 못했다. 의무실에 서는 반창고와 티눈 연고, 소염진통제만 주었다. 붓고 고름이 뚝뚝 떨어지는 발을 교도소장warden에게 보인 적도 있다. 스콧은 소송을 걸

* 로버트 스콧은 실명을 적어도 좋다고 허락했다.

아메리칸 프리즌

겠다고 으름장을 놓았지만 의무실에서는 들은 척도 하지 않았다. "이봐요, 아무 문제 없다고 했잖아. 한 번 더 난리 치면 꾀병 환자로 징계 먹을 수도 있어." 병원에 가서 정밀 진단을 받고 싶다고 청원서도 넣어 보았지만 그 역시 거절당했다.

마침내 두 손까지 마비 증세가 번졌으나 의무실에서는 여전히 치료를 거부했다. 밤이면 의자에 앉아 고통을 달래보려고 했지만 잠도 제대로 잘 수가 없었다. 어느 날은 기진맥진해 쓰러지면서 콘크리트 바닥에 머리를 부딪쳤다. 덕분에 의무실에 실려 갔지만 의사는 만나지 못하고 수감동으로 돌아왔다. 그의 손가락과 발가락은 까맣게 변색되었고 고름이 나오기 시작했다. 재소자들도 전염될까 두려워하기 시작했다. 스콧이 잠을 못 이루는 바람에 다른 재소자들까지 제대로 잠을 잘 수 없었다. 한 동료 재소자는 스콧에게 다른 곳으로 자리를 옮기지 않으면 죽여버리겠다고 위협했다. 직원들이 관심을 보인 것도 재소자들 간의 말다툼 때문이었다. 덕분에 스콧은 지역 병원으로 실려 갈 수 있었다.

"두 다리를 잘랐는데 와보지도 않더군. 아니, '로버트, 미안해요.' 정도의 사과는 있어야잖아? 결국 내 인생만 끝난 거요. 이렇게 영원히 갇힌 셈이지."

코치가 확성기로 행사 종료를 알리자 가족들은 모두 체육관 옆 입구로 빠져나갔다. 마지막 가족이 떠나고 몇 분 후, 코치가 소리쳤다. "재소자는 모두 관중석으로 올라가!" 그 순간 분위기가 바뀌었다. 200명의 재소자들에게서 일제히 욕설이 터져 나왔다. 그러고 보니, 이 건물에 우리 수습사원들 말고는 교도관이 아무도 없었다. 우리는 모두 체육관 입구 근처에 서서 재소자들을 지켜보았다. 콜린스워스가 담배 피우는 재소자를 포착했다. "가서 끄라고 얘기해야겠어." 그는 그렇게 말하고 혼자 체육관을 가로질러 갔다.

"저 새끼, 저기서 뭐 하는 거야? 놈들한테 죽고 싶어 환장했나?" 월리스가 놀란 표정을 했다. 콜린스워스는 재소자들을 밀치며 안으로 들어갔다.

"교도관 양반, 저 친구 아무래도 지원이 필요하겠소." 한 재소자가 우리를 불렀다. 비아냥처럼 들렸지만 확신할 수 없었다. "어이, 교도관!" 다른 누군가가 소리쳤다.

"망할, 아무래도 도와줘야겠어." 월리스가 투덜대며 그쪽으로 걸어갔다. 덩치가 큰 탓에 콜린스워스보다 훨씬 위협적으로 보였다. 레이놀즈와 내가 따라가 콜린스워스를 데리고 돌아왔다. "대장이 되고 싶나? 그럼, 생각 좀 하고 덤벼야지. 그렇게 까불다가 박살 나는 거야." 월리스가 콜린스워스를 다그쳤다. 자신이 수감 생활을 한 터라 월리스는 교도소 생활에 관한 한, 자연스레 우리에게 중요한 조언자가 되어주었다.

"까짓것 겁 안 나요!" 콜린스워스가 항변하듯 외쳤다.

　　　　　　　　　　　　　　　　아메리칸 프리즌

재소자들이 계속 주변에 밀려들었다. 콜린스워스는 우리가 재소자들을 관중석으로 데려가면 어떻겠냐고 제안했다.

"안 돼. 우린 겨우 일곱이다. 역부족이야." 윌리스가 체육관을 건너다보며 대답했다.

어쨌든 우리는 재소자들을 관중석에 앉힐 수 있었다. 체육관은 겨우 조용해졌다. 그들은 체육관 저쪽에서 우리를 노려보았다. 긴장이 다시 쌓여갔다. 그때 재소자가 끔찍한 비명을 토해냈고 다른 재소자들이 웃음을 터뜨렸다.

코치의 지시에 따라 재소자들이 우리 앞에 일렬로 줄을 섰다. 이제 점호를 하고 하나씩 욕실로 데려가 알몸 수색을 한 다음 소속 수감동으로 돌려보낼 것이다. 재소자들이 다가오는데 은근히 긴장됐다. 몇 명이 콜린스워스와 내 주변에 모여 시계에 대해 물었다. 몇 명은 내 카메라를 쳐다보았다. 한 명은 자신의 회색 베레모를 살 생각이 없는지 물었다. 난 단호히 거절했다. 콜린스워스는 쩔쩔매고 있었다.

"몇 살이유?" 재소자가 그에게 물었다.

"그건 알아서 뭐 하게요?" 콜린스워스가 눈을 흘겼다.

"어이, 그래봐야 '나 못났소' 광고하는 꼴이야. 똑바로 하려면 사람부터 제대로 알아야지."

"다르죠. 여긴 당신 집이지만 나한테는 직장이니까." 콜린스워스가 반박했다.

"하루 12시간은 자네 집이야! 말이야 바른 말이지, 자넨 내 시간의 절반을 함께 있는 거고. 그건 알겠지?"

"그럴지도 모르지."

"모르다니. 똥통에 있으면 하루 12시간은 똥 퍼야지 별수 있어?"

그는 콜린스워스한테 자잘한 위반까지 보고할 필요는 없다고 말했다. "그런다고 돈 더 주는 것도 아니잖아?" 콜린스워스도 마약 은닉 같은 중범죄만 보고하겠다고 대답했지만 재소자 때문인지 나 때문인지는 스스로도 헷갈리는 듯했다.

"마약? 마약은 얘기도 꺼내지 마." 재소자 이야기에 따르면 그도 최근에 '모조'라는 합성마리화나 50그램 때문에 체포되었다. 모조는 원에서도 특상품으로 통한다. 마약검사에서 잘 검출되지 않기 때문이다. 간수들도 그래서 모른 척한다는 얘기였다. "그런 걸로는 눈도 끔뻑 안 해. 분명히 말하지만 여기 교도소는 다른 곳과 다르다네. 이봐, 혼자 설쳐봐야 아무것도 바뀌지 않아. 그냥 순리대로 따라가라고. 설렁설렁 놀다가 돈 받고 집에 가면 되는 거야." 그가 잠시 말을 끊었다가 다시 입을 열었다. "두고 보면 알겠지만 이 일도 좋은 점이 아주 많아."

"그럼요, 건강보험도 생기고."

"건강보험은 모르겠고 돈이라면 얼마든지."

"내가 여기 온 이유는 가족을 돌봐야 하기 때문이에요. 걸리지

아메리칸 프리즌

않는다고 해도 그런 쓰레기를 들여올 생각은 없어요. 걸리지 않는다는 보장도 없고."

"아냐, 그건 보장해. 까발리고 다니지 않는 다음에야 절대 안 걸려. 지금도 영업하는 놈이 있는데 벌써 6년째라네. 누워서 떡 먹기야." 그가 콜린스워스를 바라보았다.

재소자 한 명이 연단을 머리 위로 들어 올리더니 체육관을 가로질러 달리기 시작했다. 다른 재소자는 수료증을 쓰레기통에 팽개쳤다. 재소자들이 모여들자 코치가 화가 나서 소리 질렀다. "어이, 나도 숨 좀 쉬자!"

"이 난장판 보이지?" 베레모가 콜린스워스에게 속삭였다. "다른 수용소엔 나름 질서가 있다지만 여긴 아냐. 여긴 죄수들이 주인이거든."

일주일 후, 터커가 일찍 출근하라고 지시했다. 먼지털이를 해야겠단다. 새벽 6시 30분, 다른 수습사원들과 통로에 섰다. 아직 하늘이 거뭇거뭇했다. 콜린스워스가 조용히 소곤거렸다. 어느 재소자가 시계를 팔라고 해서 600달러를 불렀더니 손사레를 치더란다.

"어쨌든 팔지는 말아요. 600달러를 벌지는 모르지만 걸리는 날엔 봉급 받을 일이 없어질 테니." 스털링이 경고했다.

"당연하죠, 누가 진짜 하겠어요? 600달러를 부른 이유도 그 새끼들한테 그만한 돈이 없다고 생각했기 때문인 걸요."

"망할, 나한테는 사진을 보여주는 놈들이 있어. 돈 많은 놈들인데, 말은 안 하지만 한 놈은 6,000달러에서 8,000달러는 있는 모양이더라고. 그것도 카드로. 작은 현금카드 알지?"

콜린스워스가 펄쩍 뛰었다.

"씨발, 언젠가 그놈의 카드를 몽땅 찾아낼래요! 보고는 안 할 거야."

공식적으로 재소자들은 교도소에서 운영하는 특별 계좌에 돈을 저축해 놓고 매점에서 사용할 수 있다. 일하는 재소자는 이 계좌로 수당도 받는다. 설거지는 시급 2센트, 의류공장 재봉틀 기사도 20센트 정도를 받는다. 재소자들의 가족 또한 계좌에 돈을 예치할 수 있다.

월리스가 얘기하는 카드는 그린도트Green Dots라고 부르는데, 교도소 내 불법 경제가 대개 이 돈으로 이루어진다. 외부 연줄이 온라인으로 구입해 재소자의 계좌에 입금한 다음 메일을 이용하거나 면회를 와서 재소자들에게 암호로 숫자 코드를 알려준다. 이 돈은 몰래 들여온 휴대전화와 더불어 그 자체로 모든 상거래에 쓸 수 있다. 카드를 구입하거나 마약이나 전화기 등을 살 때 종이쪽지에 숫자 코드만 적어주면 된다.

스털링은 한 수감자가 크리스마스 선물이라며 그린도트 번호를 알려주었다고 고백했다. "난 욕을 퍼부었죠, 젠장! 나도 MK시계가 갖고 싶고 새 지갑하고 청바지도 사고 싶다고요!"

"말채나무동에 있는 자는 철창으로 다가오더니 100달러 수표 다발을 접어 보여주는 거예요. 이 정도 두께……" 스털링이 손으로 10센티미터 두께의 돈다발을 쥐는 시늉을 했다. "내가 그랬어요. '못 본 걸로 하죠'."

"씨발, 나한테 걸리면 아작 낼 텐데. 죽든 말든." 콜린스워스가 투덜댔다.

"전화기도 있더라고요. 뭐라고 했는줄 알아요? '바빠서 숨길 시간이 없거든. 그래서 이렇게 들고 있지만 솔직히 걸린들 대순가? 하나도 개의치 않수'."

터커가 그 뒤를 캐자고 해서 오전 내내 먼지털이를 했다. 11시쯤 일을 끝냈을 때는 모두가 지쳐버렸다.

"먼지털이 때문이 아니라 아무것도 찾지 못해 기분이 더 안 좋아요." 콜린스워스가 징징거렸다.

크리스티안은 오늘은 독일산 셰퍼드 없이 우리와 일했다. 그가 주머니에서 종잇조각을 꺼내더니 자랑스럽다는 듯 숫자를 읽어 내려갔다. "그린도트야." 크리스티안은 그 종이를 중년의 백인 여자 수습사원에게 건넸다. "이건 당신이 챙기슈. 난 이미 많으니까."

06

현대 민영교도소 시스템은 1980년대에 시작됐지만 미국 독립혁명
(1775~1783) 이전부터 경제적 이해관계가 형법 체계를 좌지우지해 왔
다. 식민지 시절, 영국은 범죄자 처리장으로 미국을 이용했다. 1718년
영국은 이송법Transportation Act을 의결하여, 법원의 판단하에 주거침입,
강도, 위증, 위조, 절도 범죄자를 최소 7년간 미국으로 '이송'할 수 있
게 했다. 밀어密漁, 은수저 절도 등 경범죄도 사형으로 다스리던 시절
이라 기결수들도 제발 미국으로 추방해 달라고 애원하는 경우가 많
았다. 죄수들은 배 갑판 아래 사슬로 묶인 채 바다를 건넜는데, 그 배
의 상인 중 상당수가 아프리카 노예 거래에 경험이 많았다. 그 일을
담당한 회사도 얼마 되지 않았는데 그들은 죄수를 이송해 주는 대가
로 영국 당국에 5파운드를 청구했다. 물론 그 정도 액수는 상인들이
대서양을 건너기에 충분치 않았다. 그래서 의회에서 계약을 할 때,

아메리칸 프리즌

이 하청업체에게 중죄인들의 추방 기간에 '죄수들의 소유권과 용역권'까지 넘겨주었다. 하청업체 상인들의 손아귀에 들어가는 순간부터 영국 당국은 죄수들의 복지 책임까지 내팽개친 것이다. 상인들은 미국에 도착하지마자 인간 화물을 경매에 붙여 비자발적 예속 상태로 만들고 민간업자들은 그들을 담배농장으로 보냈다. 농장주들도 노예보다 죄수를 선호하는 경향이 있었다. 비용이 덜 드는 데다, 형량이 제한되어 있는 덕에 노년까지 돌볼 이유가 없었기 때문이다.

이송법 전문에서 밝혔듯, 범죄자 예속시 영국은 식민지에서의 '노예 기근'에 관심을 보였다. "이 기회를 잘 이용하면 식민지 농장을 개선해 폐하께 더 유용하게 만들 수 있다." 상대적으로 통제가 용이한 노예제도 아닌가. 식민지의 노동력 수요에 따라 사면의 수를 늘릴 수도, 줄일 수도 있었다. 아프리카계 노예들 다음으로, 범죄자들은 미국으로 강제 이주된 가장 큰 이민자 집단이었다. 1718년과 1775년 사이, 유죄 판결을 받은 중죄인 중 3분의 2가 영국에서 미국으로 이송되었으며 그 수는 총 5만 언저리였다. 18세기 영국의 미국 이민자 중 4분의 1이 범죄자라는 뜻이다.

미국혁명으로 죄수들이 노역하는 시대는 끝났다. 얼마 지나지 않아 개혁가들이 나서서 그간 영국이 강요해 온 야만적인 징벌 체계를 정리하기 시작했다. 사형제도가 특히 문제였다. 토머스 제퍼슨Thomas Jefferson은 반역죄와 살인죄 외에는 모든 범죄에 사형을 폐지하고 강제 노역으로 대체할 것을 제안했다. 혁명 이전과 달리 이 '노예제'는 민간 농장주가 아니라 주 정부가 관리할 것이다. 초기 형법 개혁가들은 강제 노역을 상식으로 여겼다. 절도는 인간이 저지른 범죄 중에서 90퍼센트에 달했다. 당시 형법개혁가들은 대부분 청교도 엘리트였기에 범죄의 원인이 가난이 아니라 노동윤리 결핍이라고 굳게 믿었다. 그 논리에 따르면 갱생을 위해서라도 반드시 고된 노동과 규율이 필요했다.

혁명이 끝난 지 10년, 펜실베이니아가 제퍼슨의 아이디어를 구현한 최초의 주가 되었다. 중범이 아닐 경우 사형 대신 "지속적이고 고된 노동을 강제하며, 이는 공개적이고 불명예적으로 시행해야 한다". 교수형 선고가 아니면 소위 '손수레 운전사'가 되어 담당 주의 도로, 고속도로, 항구, 탄광에서 노역에 처해졌다. 입법자들의 판단은 '범죄자의 노동을 시민들에게 혜택으로 돌려준다'였다. 더욱이 노역자들을 본보기 삼아 사람들이 범죄를 멀리하리라 믿었다. 그러나 최초의 공화주의적 징벌 실험은 널리 인기를 얻지 못했다. 공공 노동자들은 툭하면 술에 취하거나 폭력을 휘둘렀으며, 상당수가 달아나기도 했다. 필라델피아 제헌회의가 열리는 시기에 '손수레 운전사'들이 알렉산더 해밀턴^{Alexander Hamilton} 부부의 차를 급습해 강도짓을 벌이기도 했다.

초기 공화주의자들을 특히 괴롭힌 것은 강제 노역이 미국 자본주의를 망친다는 오해였다. 필라델피아의 평론가이자 독립선언 서명자인 벤저민 러시Benjamin Rush는 "공공 노동에 범죄자를 투입하면 모든 종류의 노동을 불명예스럽게 만들 것"이라 주장했다. 노예제도 시대에 '백인들이 노동을 기피한 이유' 역시 노동을 '흑인 예속'과 동일시했기 때문이었다. 따라서 자유 시민들이 범죄자의 고통을 목격할 경우 노동 자체를 경시하게 될지도 모른다는 것이었다. 그의 주장에 따르면, 문제는 강제 노동 자체가 아니라 '노동 행위의 공개'였다. 러시는 '참회의 집' 설립을 제안했다. 그 안에서 '국가에 이바지'하고, 자신들의 죄를 뉘우치게 하는 것이다. 물론 사람들의 눈에 띄지 않아야 한다.

1795년, 펜실베이니아는 과거의 월넛스트리트구치소를 개조해, 몇 개의 일터와 재소자들의 기숙사를 지었다. 통제가 어려운 재소자들을 위해 독방도 마련했다. 새로운 개념의 기관, 즉 교도소를 만들어 낸 것이다. 교도소는 문명 초기부터 존재한, 소위 구치소와 질적으로 달랐다. 교도소와 달리, 구치소는 재판을 받은 후 물리적으로나 금전적으로 징계를 받을 때까지만 사람들을 수용했다. 사람들을 장기간 구금한 적은 거의 없었다. 이제 교수형, 낙인형, 태형, 총살형 대신 판사들은 다양한 형태의 구속형을 선고할 수 있게 되었다. 게다가 징벌의 강도 또한 범죄 유형에 따라 적절하게 부과했다. 요컨대, 교도소는 형법개혁 수단으로 고안된 체계다.

월넛스트리트를 교도소로 개조한 이유는 수익을 위해서였으나, 결국 성공하지는 못했다. 교도소는 지역 기업들과 계약하고 기업은 재소자들이 만든 상품에 가격을 책정해 지불했다. 교도소 관리들이 직접 원자재를 구입하고 재소자들을 감독했으며, 재소자들은 실을 뜨고 재단을 하고 나무를 자르고 돌을 깎고 못과 구두를 만들었다. 지방에서도 앞다투어 범죄자를 월넛스트리트로 보냈다. 법 조항도 마련해, 죄수들이 번 돈은 죄수를 위탁한 주 정부들이 균등하게 나누도록 했다.

1800년까지 10여 개의 주 정부가 월넛스트리트를 모방해 직접 교도소를 건립했다. 하지만 시민들은 대체로 이 새로운 형식의 징벌 체계를 불신했다. 계약 노예제가 북동부 전역에 걸쳐 단계적으로 철폐되는 시점에서 사악한 주 정부가 교도소 시스템을 악용해 사람들을 강제 노동에 처할까 불안했던 것이다. 혁명을 한 이유가 미국을 해방하기 위해서 아니었던가? 적어도 백인들만이라도? 죄수들도 저항했다. 1797년 펜실베이니아가 월넛스트리트의 공장을 확장했을 때 재소자들은 새 건물들을 불태워 버렸다. 다른 주에서도 기계를 멈추고 파업을 하고 교도소 건물에 불을 질렀다.

교도소가 출범하고 20년쯤 지나 비평가들은 교도소 실험이 실패했다고 주장하고 나섰다. 러시가 장담한 것과 달리 수익도 발생하지 않았다. 동시에 법 입안자들과 언론매체에서도 들고일어났다. 살인, 강간, 위조, 절도 등의 범죄가 온 나라를 휩쓰는데 이게 다 교도소 탓이라고 확신했다. 그들의 주장에 따르면, 범죄자들을 한곳에 모으면 교도소는 교화가 아니라 '범죄의 정석'을 가르치게 된다. 몇 개 주 의원들이 나서서 교도소 완전 폐지를 주장하기 시작했다. 뉴욕 의원들은 교도소를 폐지하고 대신 죄수들을 서부 국경지대로 보내 도로를 닦는 데 투입할 것을 제안했다. 청교도들은 유형, 사형, 공개태형 등 성서의 징벌 체계로 돌아갈 것을 요구하기도 했다.

교도소 시스템이 생존한 이유는 부분적으로 북동부의 노예제도 폐지 덕분이었다. 백인들은 자유인이 된 흑인들을 두려워했는데, 교도소는 이들 아프리카계 흑인들의 순종과 복종을 강화할 방안을 제공해 주었다. 강제 노동의 모델로서 교도소는 노예제도보다 효율적이었고 노예제와 달리 강제 노동은 국가에 직접적인 이익을 가져다 주었다. 노예제도 폐지와 교도소 설립에 관한 논쟁은 종종 맞물렸다. 1817년 토머스 에디^{Thomas Eddy}라는 이름의 뉴욕 은행가는 입법부를 꼬드겨 점차적으로 뉴욕의 흑인들을 해방하는 한편, 오번에 새로운 교도소를 짓게 했다. 교도소에는 공장이 딸려 있었다. 노예제가 폐지된 지 15년 후, 뉴욕 죄수 다섯 명 중 한 명은 흑인이었다. 이는 당시 인구 비중의 거의 10배에 달하는 수치였다.

뉴욕은 다른 주 정부와 마찬가지로 교도소에 자금을 대기 위해 안간힘을 썼다. 1825년 오번은 죄수의 노동력을 개인회사에 대여

하는 방안까지 구제책으로 모색했으나 도급업자들이 난색을 표했다. 교도소는 이미 폭동과 태업으로 악명이 높았다. 불과 몇 년 전에도 오번의 재소자들이 폭동을 일으켰다. 공장에 쳐들어가 연장을 부수고 교도소에 불까지 질렀다. 도급업자들이 머뭇거리자, 검열관들은 교도소 규율을 철저히 재검토할 것을 지시했다. 집단행동을 막기위해, 교도소는 침묵을 강제하고 재소자들 사이의 소통을 완전히 금지했다. 오번교도소 과장captain은 재소자들을 '말없이 일하는 작업 기계'로 만들겠다고 약속했다. 낮에는 일을 하고 밤에는 감방에 갇혀자신이 저지른 죄를 반성하도록 하겠다는 것이다. 뉴욕 입법부는 미국혁명 이후 금지된 태형도 되살려 모든 교도관은 언제든 재소자를매질할 수 있었다. 말을 하거나 수신호를 보내는 재소자, 게으름을피우는 재소자는 채찍으로 다스렸다.

1831년, 알렉시 드 토크빌Alexis de Tocqueville과 귀스타브 보몽Gustave Beaumont은 프랑스 군주의 지시에 따라 미국의 새로운 교도소 시스템을 시찰하기 위해 파견되었다. 그들은 오번 모델을 칭찬했다. 죄수를개인 도급업자들에게 대여함으로써, 세금을 절감하고 죄수들을 생산적인 노동자로 변모하는 데 일조했다는 것이다. 뉴욕의 싱싱교도소를 방문한 후에는 태형을 탁월한 징벌 체계라며 칭찬하기까지 했다. "게으른 자들을 즉시 복종하게 만들어 잠시의 노동 손실도 허용하지 않는다"라는 이유였다.

　　　　　　　　　　　　　　아메리칸 프리즌

오번교도소의 규율은 크게 달라졌다. "이 광대한 장벽 내의 정적은…… 죽음과도 같았다. 흡사 지하묘지에 들어온 기분이었다. 살아 있는 사람이 1,000명이건만 그곳엔 사막과도 같은 정적뿐이었다." 토크빌과 보몽이 말했다. 이 새로운 차원의 통제 덕분에 지역 제조업자들은 교도소 내에 생산시설을 짓고 연장, 소총, 구두, 옷 등을 만들어냈다. 도급업자들은 자유노동자들의 절반에 해당하는 일당을 주 정부에 지불했다. 1831년에는 마침내 교도소도 이익을 내기 시작했다.

오번 모델이 성공하자 다른 주 정부에서도 교도소 시스템을 개조하고 나섰다. 폐기에서 개조로 방향을 바꾼 것이다. 주 정부가 대출까지 해주며 교도소를 세우면 교도소 공장이 계약노동을 통해 빚을 갚아나갔다. 1831년 오번을 모방한 코네티컷의 웨더스필드교도소는 무려 8,000달러(2018년 기준으로 약 22만 달러)의 수익을 기록했다. 볼티모어교도소는 설립 초기 3년 동안 메릴랜드주에 4만 4,000달러(2018년 기준으로 120만 달러)의 수익을 가져다주었다. 도급업자들의 입장에서도 교도소 노동은 수지맞는 장사였다. 3년 동안 무려 150퍼센트의 성장을 보인 기업도 여럿이었다.

교도소 상품의 민영화는 역사상 처음으로 교도소 붐을 일으켰다. 오번교도소가 문을 연 뒤 25년 동안 최소 14개 주에서 그 모델을 쫓아 교도소를 신설했다. 세계사 최초로 대부분의 범죄에 대한 징계 방식이 감금으로 굳어졌고, 투옥은 민영회사를 위한 강제 노동을 뜻하게 되었다. 교도소 대부분이 대형 방직공장을 흉내 냈기에 미국의 산업을 거론하면 방직공장을 떠올릴 정도였다.

토크빌과 보몽은 죄수들의 강제 노동을 지지하면서도 교도소를 개인회사에 모든 걸 떠넘기려는 시도에는 반대했다. 프랑스는 교도소를 민영화했다. 하지만 재소자 노동으로 돈맛을 본 도급업자들은, 동시에 그들을 먹이고 입히고 돌봐야 할 의무도 떠안았다. 완전한 민영화하에서라면, "도급업자는 죄수들을 노동 기계로 여기고, 어떻게 하면 죄수를 굴려서 최대의 수익을 이끌어 낼지만 골몰한다". 그저 "주판알만 굴리며 마치 음식을 대하듯 노동을 대하는 것이다. 예를 들어, 죄수복에 돈이 들어가면 음식으로 벌충하면 그만이다. 노동생산성이 예상보다 낮으면 죄수들 복지에 쓸 돈을 절약해 손실을 메웠는데, 이는 책임방기에 속한다"라고 말했다.

토크빌과 보몽의 경고는 무시되었다. 그리고 머지않아 미국 교도소는 전적으로 민간기업의 통제를 받게 된다.

아메리칸 프리즌

"지옥에 잘 오셨습니다. 여기는 암흑의 동굴입니다." 윈의 격리동을 처음 방문했을 때 한 여자 교도관이 나를 맞아주었다. 콜린스워스, 레이놀즈와 함께 삼나무동에 파견 나왔을 때였다. 교도관들을 지원하는 일이었다. 철문이 철커덩 열리고 안으로 들어가니 고함 소리와 쇠 두드리는 소리가 요란했다. 경보기가 울리고 있었고 연기 냄새가 자욱했다.

한쪽 벽에 벽화가 그려져 있었다. 그림에는 검은 산과 먹구름 아래 교도소 건물이 웅크려 앉고 번개가 감시탑을 때리고 있었다. 거대한 대머리독수리가 비명을 지르며 강하하는데 발톱에 거대한 수갑이 매달려 있었다. 기다란 복도 끝에는 교도관 한 명이 SWAT 스타일의 검은색 유니폼 차림으로 서서 페퍼볼 총을 겨누었다. 검은색 옷을 입은 또 다른 남자가 불에 탄 매트리스를 감방 밖으로 빼내는 중이었다. 크리스티안은 독일산 셰퍼드를 데리고 복도를 오가며 텅 빈 감방을 드나들었다. "크리스티안이 맛탱이가 갔다!" 재소자가 외쳤다. 삼나무동은 200명의 재소자를 수용하는데 사방 2.5미터의 감방 대부분이 2인실이었다. 감방은 흡사 무덤처럼 보였다. 재소자들은 대개 침상에서 담요를 뒤집어쓴 채 누워 벽만 바라보았다. 조명이 나간 곳이 많아 복도의 흐린 불빛에 의존해야 했다. 어느 감방에서는 재소자가 세면기에서 옷을 빨고 있었다.

그 순간들을 기록하기 위해 시계카메라를 켰으나 메모리가 부족했다. 어제 자료를 깜빡하고 옮겨놓지 않은 탓이다. 다행히 주머니에 수첩이 있었다. 교관의 지시로 늘 수첩을 소지했다. 재소자들의 요구 사항을 빠짐없이 적어야 했기 때문이다. 나는 주기적으로 화장실에 들어가 상황을 기록했다.

어서 와요, 부소장assistant warden 파커요. 와줘서 고마워요. 그가 내 손을 잡았다. CCA는 처음이지만 그 전에 콜로라도주 플로렌스에 있는 연방 교도소 부소장을 지냈단다. 플로렌스 단지는 장기수 교도소이며 전국에서 제일 엄격하기로 유명한 곳이다. 지금 여기 온 게 미친 짓 같겠지만 왜 그런지 곧 알게 될 겁니다. 우린 이곳을 되찾을 거요. 아, 당장은 어렵겠지. 시간이야 걸리겠지만 결국 그렇게 돼요. 격리동은 난장판이었다. 본사에서는 폭동을 진압하기 위해 특수작전대응팀은 소트 대원들을 다른 주에서 불러들였다. 소트팀은 폭동을 진압하고 인질을 구출하고 감방의 재소자를 구출하고 폭동에 가담한 재소자들을 제압하도록 훈련받는다. 무기는 비살상용으로, 주로 플라스틱 녹탄plastic buckshot, 캡사이신탄, 전기방패들로 배치했다. 특히 캡사이신탄은 접촉 순간 터지는 무기다.

인간의 배변 냄새가 나더니 주변이 순식간에 악취로 진동했다. 혼거실 한쪽 바닥에 병이 굴러다녔는데 그 안에서 갈색 액체가 흘러나왔다. 음식, 종이 뭉치, 쓰레기들이 여기저기 굴러다녔다. 난장판 속에서 코카콜라캔이 눈에 띄었다. 까맣게 탄 캔에는 헝겊 조각이 퓨즈처럼 삐져나와 있었다. 재소자가 격리동 관리자에게 고함을 질러댔다. 정치 선언을 하겠다! 우리의 권리를 인정하라! 하하하! 이런 교도소가 세상에 어디 있나? 망할, 여긴 완전 엉망진창이야!

그래서 우리가 왔다. 소원대로 모조리 바꿔주마. 소트 대원이 끼어들었다.

바꾸긴 뭘 바꿔! 우리를 개똥으로도 안 보잖아! 여기는 일도 없고 레크리에이션도 없어. 그냥 하루 종일 감방에 널브러져 있는 거야. 사람이 할 일이 없으면 어떻게 되는지 알아? 씨발, 그래서 똥을 갈겼어. 똥이라도 안 싸면 돌아버리겠으니까. 교도관들이 왜 우리를 무서워하는지 가르쳐 줘? 놈들한테 오물을 퍼부었거든. 아니면 어쩌겠어? 오물을 퍼붓거나 바닥에 던져야, 우리가 여기 있는 줄 안단 말이다.

흰 셔츠 차림의 교도관에게 평소에 삼나무동이 어떤 모습인지 물어봤다. 솔직히 말해서, 하루 종일 여기 테이블에 앉아 있기만 해요. 30분마다 한 번씩 8개 혼거실을 순찰하라지만 누가 귀찮게 그 짓을 하겠어요? 그의 대답은 그랬다.*

콜린스워스는 만면에 미소를 머금고 돌아다녔다. 요즘은 재소자
들을 어떻게 감방에서 꺼내 징계 법정에 세우는지 배우고 있었다. 징
계 법정은 삼나무동 내에 있다. 철창 사이로 재소자들에게 수갑을 채
운 다음, 방 끄트머리의 교도관에게 소리쳐 리모컨으로 문을 열게 하
는 게 그의 임무였다. 싫어, 안 나가! 나를 끌어내려면 소트를 불러야 할 거다.
다들 좆까라 그래! 재소자 한 명이 소리쳤다. 재소자는 철창을 타고 올
라가서는 감방문 위의 금속을 두드려 댔다. 그 소리에 시멘트 복도가
쩌렁쩌렁 울렸다. 난 소름이 끼쳐 어깨를 움츠리고 말았다.

저 씹새들 별거 아니오. 애새끼들마냥 뻥만 세지, 실제로는 잔뜩 쫄았거든. 흰
색 셔츠의 교도관이 중얼거렸다. 관리 한 명이 열쇠 꾸러미를 살피
더니 교도관들을 불러들였다. 수갑 열쇠 한 쌍이 사라졌다는 것이다.
그녀는 놀라 얼굴이 사색이 되었는데, 순간 열 살은 늙어 보였다.

콜린스워스와 어떤 교도관이 감방에서 재소자를 이송하고 있었
다. 이 새끼가! 한 번만 더 발악하면 입에다가 똥을 처넣고 말겠어. 교도관이 콜
린스워스에게 말했다.

헤이, 한 번 더 지랄해 보지 그래? 재미있겠는데? 콜린스워스가 활짝 웃

---

* CCA의 대답에 따르면, 내가 질문하기 전까지 원의 교도관들이 순찰 근무에 태만하다는 사
  실을 알지 못했다.

아메리칸 프리즌

었다.

　바로 옆 감방의 재소자가 콜린스워스에게 소리쳤다. 야, 인마, 너 수염부터 깎고 와. 내가 이뻐해 줄 테니까. 혼이 쏙 빠지게 떡을 쳐주마. 재소자 몇이 환호를 보냈다.

　교도관은 수갑 찬 재소자를 나한테 넘기며 징계 법정으로 데려가라고 했다. 죄수의 팔짱을 끼고 걷는데 그가 빠져나가려 했다. 이런 게임이라면 나도 익숙하다. 이란의 에빈교도소 복도를 걸을 때 나 역시 그랬다. 교도관이 속도를 내려 할 때마다 난 속도를 늦추며 가볍게 저항했다. 내가 고분고분한 놈이 아니라고 알려주는 것이다. 하지만 난 이 재소자를 강제할 생각이 없었다. 그가 계속 힘을 쓰기에 나도 걸음을 멈췄다. 왜 끌고 가는 거야, 엉? 그가 소리치더니 몸을 돌려서 나와 마주 섰다. 소트 대원이 달려와 재소자를 붙잡았다. 심장이 쿵쾅거렸다.

　흰 셔츠 차림의 교도관이 나를 옆으로 끌고 가 핀잔을 주었다. 이봐, 저 새끼들한테 끌려다니면 안 돼. 놈이 버티면 이렇게 말하라고. "개기지 마." 그래도 말을 안 들으면 당신이 걸음을 멈추면 돼. 놈들이 저항하면 강제로 무릎을 꿇리고 콘크리트 바닥에 처박을 권한이 있다네.

　내가 위치로 돌아가는데 그 장면을 보았던지 재소자가 소리쳤다. 콜린스워스를 조롱한 바로 그 자였다. 저 색시, 엉덩이 씰룩이는 것 좀 봐. 귀걸이도 좆나 이쁘네. 어이, 교도관, 나하고 찐하게 한번 놉시다. 엉덩이 좀 흔들어 보셔!

소트 대원이 나를 옆으로 데려가더니 이번에는 내 손에서 수갑을 빼앗았다. 그는 잠기지 않은 수갑 한쪽을 단단히 잡고 그 끝으로 내 목을 찔렀다. 이것도 무기가 될 수 있소. 나를 노려보며 경고했다. 수갑을 사용하지 않을 때는 늘 잠가두어야 한다는 뜻이다.

점심시간이 되고 콜린스워스, 레이놀즈, 나는 훈련실로 돌아갔다. 여기 너무 좋아. 내 집 같아. 콜린스워스가 몽롱한 목소리로 중얼거렸다.

재소자가 규칙을 위반하면 징계 법정에 보낸다. 재판은 삼나무 동 구석방에서 열린다. 어느 날, 우리는 그 방에 끌려가 공판을 지켜보았다. 보안팀의 부팀장 로슨^{Lawson}이 판사복을 입고, 정의의 저울 벽화 앞 의자에 앉아 있었다. 재소자가 무죄 판정을 받을 때까지 유죄처럼 취급한다 해도, 그들은…… 그녀는 잠시 말을 끊고는 누군가 대신 마무리해 주기를 기다렸다.

무죄? 수습사원 하나가 슬쩍 던져보았다.

맞아요. 유죄 판정을 받을 때까지는 무죄라는 얘기였어요.

법을 다루는 법정은 아니더라도 폭행이나 살인미수 등의 중죄라면 이따금 판결을 내리기도 한다. 공영교도소의 경우, 재소자가 동료를 찌르는 일이 생기면 형사 법정으로 보내 새 형량을 받게 하지만, 이곳에서는 종종 회사가 자체로 처리한다. 재소자를 다른 곳으로 보

아메리칸 프리즌

낼 수도 있지만, 재소자와 교도관 모두의 증언에 따르면 다른 재소자를 찔렀다고 해서 보안등급이 높은 교도소로 이감되는 것도 아니다. 경범죄라면 대개 격리형이거나 '형기 자기감축제도good time'에 처한다. 형기 자기감축제도란 모범수의 감형량을 줄이는 형벌이다.

재소자 변호인, 피고가 법정에 나왔나요? 로슨이 연단에 서 있는 재소자에게 물었다.

아니요, 아직 안 나왔습니다. 재소자 변호인은 경내 징계 절차 과정에서 다른 재소자들을 대변한다. 매년 주립교도소에 불려 가 집중 훈련을 받는 것도 그래서다. 그러나 후일 로슨의 고백에 따르면, 사실 재소자 변호인은 그녀의 결정에 전혀 영향을 미치지 못한다고 했다.

부재중인 재소자는 교도소 정문에 너무 가깝게 접근한 죄로 기소되었다.

변호인은 변론할 겁니까?

아닙니다, 판사님.

피고의 주장은?

무죄입니다.

피고 트라한 씨에게 유죄를 선고합니다. '재판' 전체는 2분도 걸리지 않았다. 전형적인 모습이다. 재소자들이 규칙 위반으로 기소되면 96퍼센트 이상 유죄 판결을 받는다.

이 방에서 내린 판결은 곧바로 CCA의 수익에 영향을 미친다.

2008년 켈시 브누아^{Kelsey Benoit}는 급하게 윈필드 병원에 실려 갔다. 정신질병 치료약과 타이레놀을 과다복용한 것이다. 브누아를 조사한 결과 그는 처방받은 약을 몰래 남겨두고 있었다. 의사는 그가 자살 시도를 했다고 결론지었다. 원의 사회복지사들은 눈 하나 깜짝하지 않았다. 브누아가 전에도 여러 차례 자살을 시도했기 때문이다. 그런데 며칠 후 징계 법정은 그가 자살 시도를 하지 않았다고 판결했다. 자살이 아니라 '자해'라는 얘기다. 자살과 자해의 차이는 명확하다. 자살 시도는 징계할 수 없지만 자해는 가능하다. 게다가 재소자에게 피해 보상을 요구할 수도 있다. 불과 몇 분의 재판에서 징계 법정은 그에게 유죄를 선언하고 병원 비용으로 2,304달러를 청구했다. 브누아는 교정부에 항소했으나 교정부는 CCA의 손을 들어주었다. 브누아는 소송을 제기했다. 공판에서 교정부 변호사 조너선 바이닝^{Jonathan Vining}은 이렇게 주장했다. "브누아가 약을 먹은 이유는 기본적으로 병원에 입원하여 CCA에 손해를 입히기 위해서입니다." 판사는 그의 주장을 받아들이지 않고 원의 판결을 뒤집었다.

로슨은 다음 피고를 불러들였다.

이번에는 격리동에서 풀어줄 것인지 여부를 묻는 경우였다.

성서를 읽어본 적이 있나요? 로슨이 물었다.

예, 판사님.

요한복음서에 보면, 간통녀가 예수님 앞에 끌려 나오는데 그때 예수님이 뭐라고 하셨는지 알아요?

기억나지 않습니다, 판사님.

더 이상 죄를 짓지 말라 하셨어요. 판사는 손짓으로 피고를 내보냈다.

로슨은 다음 재소자를 소환했다. 이번에는 삼나무동의 당번수orderly 인데 금지구역에 들어갔다는 이유로 기소되었다. 레크리에이션 시간에 복도 청소를 하려고 청소함에서 빗자루를 꺼냈던 것이다. 피고는 교도관에게 허락을 받았다고 주장했지만 로슨이 중간에 말을 끊었다.

이 친구 위반 건수가 많지 않나? 변호인의 판단은 어때요?

유죄입니다.

피고에게 유죄를 선고합니다. 감형량 30일 단축!

뭐야! 이런…… 이런 개 같은 판결이 어디 있어! 감형량을 빼앗겠다고? 망할 년! 나보고 30일을 더 살란 말이야? 피고는 법정에서 나가며 소리쳤다. 여기저기 감방에서 벽을 두드리기 시작했다. 그는 다른 사람들이 노는 시간에 청소함에서 빗자루를 꺼냈다는 이유로 교도소에서 30일을 더 살아야 한다. 그리고 그 덕에 CCA는 1,000달러 이상을 더 벌게 될 것이다.

일주일 후, 새벽 6시에 출근하라는 명령이 떨어졌다. 재소자 이송 훈련 때문이다. 교도소에 도착하자, 교도관이 족쇄 한 세트를 건네며 실습해 보라고 했다. 난 머릿속으로 절차를 꼼꼼히 챙겨보았다.

재소자에게 명령해 다리를 내 쪽으로 뻗게 한다. 허리를 숙일 경우 얼굴을 차일 수 있으니 조심해야 한다. 족쇄를 단단히 채울 필요는 없다. 재소자가 너무 빡빡하다고 불평해도 개의치 않는다. 그런다고 다리가 끊어질 일은 없다. 나는 50세 남짓의 백인 재소자에게 접근했다. 인후암 환자라 매일 이런 식으로 방사선 치료를 받으러 가야 했다. 족쇄는 다루기가 만만치 않았다. 어떤 쪽을 위로 향하게 하는 건지, 어떻게 해야 재소자가 걸으면서 발이 아프지 않는지도 자신이 없었다. 다음 단계를 잊고 머뭇거리자 재소자가 나를 보며 미소를 지었다. 내가 허리사슬을 잡으려 하자 그가 탁자 위의 수갑 커버를 가리켰다. 나는 수갑의 짧은 사슬에 커버를 끼워 넣었다. "잘했수." 재소자는 마치 아들에게 운전을 가르치는 아버지처럼 말했다. 나는 허리사슬을 커버 안에 넣고 천천히, 더듬더듬 죄수복과 연결했다. "잘하시네." 재소자가 달래듯 말했다.

우리는 1시간 반을 달려 슈리브포트Shreveport의 병원으로 향했다. 병원에 도착하자 훈련 담당 교도관이 재소자와 나를 내려주었다. 여기서도 내가 난감해하자 또다시 재소자가 이끌어 주었다. 족쇄나 오렌지색 죄수복 따위는 개의치 않는 사람이었다. 오히려 그가 자유인처럼 행동하고 아무한테나 인사도 건넸다. 접수 창구가 비어 있자 대기자들을 상대로 바쁜데 다들 어디서 놀고 있는지 모르겠다며 투정도 부렸다. 사람들이 오가며 유니폼 차림의 나한테는 인사를 하면서도 재소자한테는 눈길도 주지 않았다. 접수원이 돌아와 내게 재소자에 대해 질문했는데, 마치 그가 없는 사람인 것처럼 행동했다. 나는 대답하지 않고 버텼다. 접수원도 족쇄까지 찬 사람과 얘기하기가 불편했겠지만 결국 질문을 했고 재소자도 공손히 대답했다.

재소자는 방사선실도 안내해 주었다. 나는 뒤를 따르며 혹시 엉뚱한 곳으로 데려가면 어쩌나 살짝 불안해하기도 했다.

내가 족쇄를 풀자 그가 침대 위에 올라갔다. 라디오에서 로제티스Rosettes의 〈썰매타기Sleigh Ride〉가 흘러나왔다. 재소자는 그곳에 누워 천장의 그림을 바라보았다. 촬영기사와 나는 방을 나왔다. 방사선에 흠뻑 젖기야 하겠지만 그 순간이야말로 그가 온전히 혼자일 수 있는 유일한 시간이다.

일을 끝낸 후에는 병원 지하실로 내려갔다. 재소자들은 진료받기 전 그곳 대기 감옥에서 기다려야 한다. 어두운 방, 원의 소트 팀장sort commander 터커가 태블릿으로 〈건스모크Gunsmoke〉를 보고 있었다. 경관 하나는 휴대폰으로 사냥 게임을 하고 다른 관리들은 잠을 자거나, 낚시 얘기를 했다. 일부는 멍하니 앞을 바라보기만 했다. 2시간쯤 지나자 교도관 한 명이 들어왔다. "망할, 화장실에 총을 두고 간 게 어떤 새끼야?" 간수는 종이 타월에 권총을 감싸 들고 있었다. 경관들이 일제히 권총 케이스를 살폈지만 다들 그대로였다. "난리 났군, 난리 났어." 경관 하나가 중얼거렸다. 총은 재소자들이 사용하는 화장

111

실에서 발견됐다.

잠시 후 경관 한 명이 들어오며 탄성을 질렀다.

"오, 살았다. 여기 있었군."

터커가 별일 아니라며 위로해 주었다. 늘 있는 일이야. 한번은 나도 교도소 벽에 총을 걸어놓고 깜빡 잊었지.

"그래서? 찾았어요?"

그는 찾았다고 대답했다.

"어디 있는지 죄수 놈이 알려줬거든." 터커가 멋쩍게 웃었다. 경관들도 키득거렸다.

"세상에!"

"운 좋게도 챙기지 않은 거야."

"총을 무서워하는 애들도 있으니까요."

"죄수도 새가슴이 있어. 그 새끼도 총을 보고 식겁했을 거야." 그가 벽을 가리켰는데, 흡사 그 자신이 두려움에 덜덜 떠는 재소자라도 되는 듯했다.

윈의 과장도 옛날이야기를 하나 꺼냈다. 어느 날, 재소자가 어깨 탈골로 급히 병원에 실려 갔다. 이송 담당 교도관은 개인화기를 휴대하도록 지시받았다. 그런데 정문에서 외출 사인을 하면서 총을 차량 바닥의 상자에 넣어두고는 잊어버렸다. 반드시 케이스에 넣으라는 지시를 어긴 것이다. 밴이 떠나자 재소자가 총과 탄알 열두 개를 챙겼다. 후에 교도소에 돌아온 후 재소자가 과장에게 그 사실을 알렸다. "그걸 누가 믿겠어? 그래서 '뻥까지 마'라고 했지." 과장이 말했다. 재소자는 자기 말을 증명하기 위해 권총의 일련번호를 부르고 총알도 하나 건넸다. 재소자는 정문으로 가서 총을 찾은 다음 실린더를 살펴보라고 했다. 자기가 화장지를 그 안에 욱여넣었단다. "그래서 정문에 가서 총을 찾고 실린더에서 화장지를 꺼냈지 뭐야."

훈련을 시작하고 2주가 되었을 때였다. 체이스 코르테즈Chase Cortez*는 원이 지긋지긋해졌다고 말했다. 절도죄로 복역한 지 3년, 출소일도 기껏 3개월밖에 남지 않았건만 춥고 청명한 어느 겨울날, 그는 자작나무동 지붕으로 올라갔다. 그리고 그곳에 누워 순찰차가 지나가기를 기다렸다. 감시탑에서 보이는 위치였지만 CCA는 2010년부터 경비 절감을 이유로 감시탑에 인원을 배치하지 않았다. 지금은 교도관 한 명이 최소 30개 감시카메라 화면을 확인해야 한다.

순찰차가 지나가는 것을 보고 코르테즈는 건물 뒤쪽으로 뛰어내린 후 철조망 울타리를 넘어 숲을 향해 죽어라 달렸다. 숲을 뚫고 나가자 사냥꾼이 세워둔 깨끗한 흰색 트럭이 보였다. 운이 좋게도 문은 열려 있고 열쇠도 꽂혀 있었다.

* 실명이다.

통제실에 누군가 외부 울타리를 건드렸음을 알리는 경보가 울렸다. 누군가 경계선을 넘어 교도소를 벗어났다는 뜻이었지만, 담당자는 가볍게 경보기를 끄고 하던 일을 다시 시작했다. 비디오 화면에 아무것도 나타나지 않았기 때문이다. 녹화 장면을 확인하지도 않았다. 직원들은 누군가 나갔다는 것을 몇 시간 후에야 깨달았다. 교도관들한테 듣기로는 탈옥을 알린 것도 재소자였다고 한다. 코르테즈는 그날 저녁 붙잡혔다. 보안관이 추적을 하자 어느 막다른 울타리에 갇힌 것이다. CCA는 탈옥에 대해 함구했다. 내가 그 사건을 접한 것도, 그 사건을 조사하거나 교도소장의 브리핑을 들은 교도관들 덕분이었다.*

다음 날 아침 출근했을 때 교도소는 비상사태였다. 직원들은 루이지애나가 CCA와의 계약을 파기할 수도 있다며 걱정했다. "이미 위험 단계인데 엎친 데 덮친 격이에요. 다들 신경이 곤두서 있어요." 블랑샤르의 조수가 불안해하며 말했다.

블랑샤르는 우리를 어떻게 할지 고민해 볼 테니 우선 컴퓨터 수업을 들으라고 지시했다. 내부자거래 강의 시간, 교관은 일단 경고부터 했다. 주 정부에서 계약을 파기한다는 소문을 들어도 회사의 공식

---

* 후일 회사의 설명에 의하면, CCA는 그 사건을 "정밀 조사"했으며, "경보에 적절하게 대응하지 않은 죄"를 물어 담당 직원을 해고했다. 감시탑에 대해 묻자, CCA 대변인은 "신기술 개발로…… 감시탑이 사실상 유명무실해졌다"라고 대답했다.

아메리칸 프리즌

발표가 있기 전에는 아무한테도 누설하지 말라는 얘기였다. 특히 주주들이 몰라야 했다. 그런데 그럼 불법이 아닌가? 탈옥 사건은 잠재적으로 주가에 악영향을 줄 수밖에 없다. 그런데도 주주한테 얘기하지 말라고? 그럼 누구한테 얘기하지? 이곳에서 기자와 접촉이 가능한 사람은 교도소 대변인뿐이지만, 그 역시 함부로 얘기하지 못하게 되어 있다. 블랑샤르에 의하면 모든 발표는 법인사무실에서 작성한다. 따라서 "대변인도 그 내용 이상을 언급할 수 없다".

그날 늦게 레이놀즈와 나는 지시를 받고 현장에 투입되었다. 비상사태 시에는 재소자들이 강제 감금 상태라 식당에 가지 못하기에 각 수감동에 음식 카트를 밀고 갈 사람이 필요했다. 자작나무동에 점심식사를 운반해 가니 콜린스워스가 이미 와 있었다. 그가 씩 쪼개며 체인에 매달린 커다란 곁쇠skeleton key를 흔들어 보였다. 그도 현장 실습 중이었다. 식판을 건네기 시작하고 10분 후 재소자가 철창에 접근해 나를 불렀다. "내 밥에 면도날이 있는데?" 그가 입을 벌리자 면도날 조각이 앞니와 그 옆의 이 사이에 끼어 있었다. 입술에서 피가 조금씩 흘러내렸다. 으깬 감자를 내미는데 그 안에도 면도날 조각들이 섞여 있었다.

나는 수감동의 사건 관리자에게 보고했다.

"가서 그를 데려와요. 이참에 반쯤 죽여놓을 테니까. 얼빠진 놈이 어디서 장난질이야?" 그녀가 교도관에게 신경질을 냈다.

음식에 면도날을 넣은 자가 재소자라는 얘기다. 다른 곳으로 이감되기를 노린 행위였다. "아무도 그에게 그걸 먹으라고 하지 않았어요. 멍청한 새끼. 감자 안에 면도날이 있는데 자기가 어떻게 모를 수가 있어? 이봐요, 무슨 말인지 알죠? 자기가 면도날을 박살 내서 감자에 넣고 막 휘저은 거예요."

"약혼자가 죽었다던 놈인가요?" 교도관이 물었다.

"죽긴 누가 죽어." 사건 관리자가 대답했다.

"여자가 기억상실증이라고 했었죠?"

"기억 다 돌아왔대요."

"아, 아기가 죽었다고 하지 않았어요?"

"아기는 죽었지."

다른 혼거실에서 재소자의 고함 소리가 들렸다.

"여기, 밥 못 받은 사람 있어!"

"거의 다 받았잖아!" 교사sergeant가 대답했다.

"원래 식판이 모자라서 그래요. 우리도 어쩔 수 없어!" 콜린스워스가 재소자에게 소리쳤다.

레이놀즈와 나는 음식 카트를 밀어 자작나무동을 빠져나왔다. 앞쪽을 잡으라고 했더니 그가 딱 잘라 말한다. 이런, 아무것도 없잖아요. 그것도 혼자 못 해요?

나는 음식 카트를 밀고 우리는 조용히 걸었다. 두 사람 사이에 긴장감이 흘렀다. 모퉁이를 도는데 음식 카트가 옆으로 기울어졌다. 난 다시 앞을 잡아달라고 요청했다. 망할, 그냥 밀고 가요! 그가 짜증을 냈다.

도대체 왜 그래? 도무지 도우려고 하지 않으니 나도 화가 났다. 나는 음식 카트를 통로에 두고 그를 따라 텅 빈 식당에 들어갔다. 식당에 이르자 그가 따져 물었다. 이봐요, 왜 내 뒤통수를 노려보는 거요? 왜 꼬나봐? 한번 해보자는 거요? 그가 나를 노려보았다. 일전에 그가 소매를 접고는 흉터 두 개를 보여준 적이 있다. 양쪽 팔에 하나씩. 하나는 배턴루지에서 마약상 친구들과 총격전을 벌일 때 입은 상처고, 다른 하나는 윈필드에서 패싸움했을 때 상처다. 누군가의 얼굴을 팔꿈치로 갈겼는데 다음 순간 뒤쪽에서 칼이 쑤시고 들어왔다고 했다. 갱들 짓이었죠.

식당 안에는 재소자들이 부엌 일을 하고 있고 여자 교도관이 그들을 감시 중이었다. 그 외에는 아무도 없었다. 레이놀즈와 나는 떨어져 앉아 서로 시선을 피했다.

잠시 후 흑인 한 명이 들어왔다. 킹King 교사, 키가 작고 이마가 넓은 사람이다. 그는 재소자들과 잡담을 하고 부엌 담당 여자 교도관하고도 얘기를 했다. 여자 교도관이 떠나자 킹이 손가락을 힘껏 빨고 가상의 엉덩이를 찰싹 때리고 성기를 격렬하게 밀어붙이는 시늉을 했다. 재소자들이 웃음을 터뜨리며 그와 주먹을 부딪쳤다.

며칠 후 다시 레이놀즈와 함께 삼나무동으로 음식을 날랐다. 이번에는 그가 음식 카트를 몰았다. 역시 대화는 없었다. 저녁시간이었으나 재소자들은 아직 점심도 먹지 못했다. 격리동에서는 유황 냄새가 났다. 재소자 몇 명이 밥을 달라며 불을 지른 것이다. 한 남자가 발가벗은 채 자살 방지 감방 앞에서 아크릴 유리를 마구 두드려 댔다. "먹을 거 내놔! 밥 달란 말이야!" 바로 옆방, 땅땅한 체구의 백인이 바닥에 쭈그리고 있었다. 팔과 얼굴이 작은 칼자국들로 덮였다. 교도관이 내게 그를 감시하라고 지시했다.

바로 코르테즈였다. 내가 스티로폼컵에 쿨에이드를 따라 건네자 그가 고맙다고 인사를 하더니 물도 따라줄 수 있는지 물었다. 감방 안에는 물이 한 방울도 없었다.

08

1840년 8월의 무더위 속에서 증기선 한 척이 미시시피강을 천천히
오르고 있었다. 강 주변으로 으리으리한 저택, 야자수와 떡갈나무, 설
탕농장과 목화농장들이 저 멀리 삼나무숲까지 뻗어 나갔다. 데이비
드 하인즈 박사^{Dr. David Hines}라는 백인 남자가 족쇄를 한 채 갑판에 앉아
있었다. 승객들이 그를 동정하듯 힐끔거렸다. 사슬에 묶인 백인은 좀
처럼 보기 힘들었다. 신문 기사를 읽은 사람도 있을 것이다. 기자들
은 재판 과정을 보도하며 그를 유명인사 취급했다. 검은색 프록코트,
홀태바지, 값비싼 비단 조끼, 옥양목 장식까지 자세하게 소개해 주었
다. 하인즈는 소문난 사기꾼이었다. 그는 뭇 여성의 연인, 귀족 농장
주, 변호사로 위장했다. 유명한 무법자이기도 했지만, 그거야 19세기
중반 남부 백인들이 그런 사람을 떠받든 탓이다. 부도덕한 행위야 비
난의 대상이지만, 감방에 갇히기를 거부하며 남부의 구치소를 박차

고 달아났으니 화제의 인물이 아닐 수 없었다. 강둑에 있는 노예들의 판잣집들을 지나가며 자신이 처한 상황이 얼마나 암담하고 아이러니한지 느끼기는 했을까? 하인즈 박사는 미시시피에서 노예를 훔쳤다가 되판 혐의로 기소되었다. 이제 그 대가로 루이지애나 주립교도소에서 14년간 강제 무급 노동을 해야 한다.

루이지애나에서는 그렇게 오래 복역한 사람이 없었다. 교도소 문을 연 것도 겨우 5년이고 그 전에는 백인이 구속된 예가 거의 없었다. 교도소는 북부의 발명품이다. 남부에서도 교도소 문제를 주민투표에 붙였지만 항상 부결되었다. 백인들은 자신들의 인종 우월이라는 이데올로기에 교도소가 제기한 도전이 불편하기만 했다. "교도소 체제에서는 자유 시민들도 노예처럼 채찍을 맞으며 노동해야 한다. 차라리 그냥 죽여라." 1846년 노스캐롤라이나 주 정부에서 교도소 설립을 고민할 즈음, 어느 방송인이 울부짖은 소리였다. 형법개혁가들은 교도소가 좀 더 인도적이라 주장했지만 남부인들은 믿지 않았다. "이 거짓 인본주의를 어떻게 실행할 것인가? 현행법으로 매질 몇 차례에 그칠 사람도, 몇 주씩 교도소에 가두고 교도소장 멋대로 강제 노동을 시키고 채찍질하고 벌을 줄 것이다." 1826년 테네시 주 정부 대변인이 한 말이다. 다른 사람들은 범죄를 주 정부의 이익 사업으로 이용한다는 개념에 회의적이었다. "어느 공동체도 범죄에서 이익을 얻어서는 안 된다. 그렇게 될 경우, 위정자들은 곧바로 범죄의 지속

아메리칸 프리즌

과 증가를 바라게 될 것이다." 노스캐롤라이나에서 교도소 시스템을 논할 때 한 통신원은 그렇게 주장했다.

교도소운동은 북부의 노예해방운동과도 밀접하게 관계가 있었다. 윌리엄 로이드 개리슨William Lloyd Garrison, 웬들 필립스Wendell Phillips 같은 노예해방주의자들은 교도소를 사형반대운동의 필요조건으로 보았다. 그들의 판단에, 죄수들이 개도되고 출옥으로 보상받는다는 점에서 징역은 예속과 근본적으로 차이가 있었다.

초기 루이지애나 교도소 옹호론자들은 노예제도 폐지와 연계하기를 거부했다. 1806년 윌리엄 클레이번William Claiborne 주지사의 주장에 따르면, 교도소가 필요한 이유는 뉴올리언스구치소에 가난한 백인을 노예들과 함께 섞이지 않게 하기 위해서였다. 구치소의 주요 목적은 재판과 처벌을 받을 때까지 사람들을 가둬두는 것이지만, 실제 남부 전역의 구치소는 구속된 사람들의 대기소이자 고문실이나 마찬가지였다. 농장주들은 인간 재산이 말을 듣지 않으면 교도관에게 데려가 채찍질을 가했는데, 12.5센트만 주면 25대까지 매질이 가능했다. 노예주들은 여행을 떠나기 전 노예를 맡겨 감시하고 매질을 하게 했다. 건강한 노예는 시에서 공공 노역을 시키고 주인에게 일당 25센트를 지불했다. 클레이본 주지사 같은 사람들 생각으로는, 백인을 아프리카계 노예들과 동일 환경에 가둘 경우 자연스레 노예들의 곤경을 동정하고 노예제도 폐지론자가 될 가능성이 농후했다. 교도소가 있으면 그 가능성을 사전 차단할 수 있을 거라고 생각한 것이다.

그사이, 뉴올리언스는 뉴욕을 제치고 미국의 경제 수도로 자리매김 중이었다. 전 세계 환금작물인 목화도 전국에서 두 번째로 큰 항구를 통해 흘러들어 왔다. 또한 뉴올리언스는 전국 최대 규모의 노예시장이 열리는 곳이었다. 뉴올리언스가 가난의 바다에서 헤어나오면서 재산 범죄가 증가했고 구치소는 미어터졌다. 1831년 알렉시스 드 토크빌은 뉴올리언스구치소를 시찰한 후, 그곳을 "인간이 돼지와 함께 뒹구는 시궁창"이라고 묘사했다. "범죄자들을 구속하기만 할 뿐, 더 나은 환경을 고민하는 이는 없고 오로지 징벌만을 셈한다. 죄수들을 교도하는 대신 맹수처럼 사슬에 묶고 맹수처럼 다루고 있다." 주지사 앙드레 B. 로만Andre B. Roman은 의회에 압력을 가해 교도소 설립 기금을 마련하겠다고 토크빌에게 약속했다.

의원들은 거들떠보지도 않다가 다른 주에서 교도소로 돈을 번다는 얘기를 듣고 나서야 마음이 동했다. 뉴올리언스구치소가 과밀화되면서 재정적으로 부담이 된 것도 이유였다. 이 교도소는 뉴욕의 오번교도소를 모델로 삼아, 주 정부 주도의 공장 역할을 하게 될 것이다. 그곳에서 노예들을 위한 값싼 의복과 신발을 만들면, 방적 분야에서 북부의 독주를 막고 노예제도를 유지할 수 있다. 교도소라면 백인 우월주의에 대한 위협은커녕, 지원세력도 되지 못할 것이다.

아메리칸 프리즌

하인즈 박사가 배를 타고 뉴올리언스에서 배턴루지로 건너가 형기를 시작할 때, 목련나무와 화려한 꽃밭의 하얀 꽃 내음이 향기로웠다. 배턴루지는 조용한 강변 마을로, 당시는 아직 주도主都가 아니었다. 말들이 마차를 끌며 거리를 오르내렸다. 남자들은 물고기를 잡고 대장장이는 쇠를 두드리고 장인들은 구두와 안장을 만들었다. 그 지역 사람들은 교도소를 '담벼락The wall'이라 불렀다. 주변 어느 곳보다 담이 높았기 때문이다. 하인즈 박사도 그런 곳은 생전 처음이었다. 무장한 교도관들이 7미터가 넘는 담장 위를 순찰했다. 담벼락은 바닥 두께만 1.5미터였으며 그 안에 170명의 수감자가 있었다.

교도소에 들어가자 교도관은 하인즈 박사의 머리를 깎고 찬물로 목욕시켰다. 가로 2미터, 세로 1미터의 감방은 독방이었다. 아침에 교도관이 교도소 규칙을 읽어주었다. "교도소장이나 교도관의 질문이 아니면 입을 열지 말라. 웃거나 노래해서도 안 되고 춤을 출 수도 없다. 교도소장 허락이 없는 한 면회는 불허한다. 근무와 관련이 없는 질문이나 대화는 허락되지 않는다." 하인즈 박사의 일과는 엄격한 일정에 따랐다. 새벽 4시에 종이 울리면 기상하고, 날이 밝으면 다른 죄수들과 함께 사슬에 묶인 채 조용히 교도소 공장으로 향했다. 식사 시간에는 그의 감방에서 혼자 식사를 했다.

입장료 25센트를 내면 방문객들은 죄수들이 목화를 잣고 천을 만들고 쇠 두드리는 모습을 구경할 수 있었다. 건너편 가게에서는 죄수들이 만든 제품을 싼값에 팔았다. "교도소 정문으로 들어가면 어디나 그렇게 깨끗할 수가 없었다. 가장 인상적인 풍경이다. 체계적이고 질서로웠으며 무서우리만치 고요했다." 하지만 만사가 그렇게 순조로울 수는 없었다. 1839년, 수레바퀴를 만드는 목수와 마구 제조업자가 교도관의 권총을 갈취해 그들을 쏜 다음 인질로 삼았다. 결국 지역 민병대가 투입돼 봉기를 진압했다. 배턴루지 시민들도 시위를 벌였다. 강제 노동 자체에 문제가 있었던 것은 아니다. 루이지애나인 대다수가 노예였기 때문이다. 그들의 불만은 교도소의 상점 때문에 영업에 지장이 있었기 때문이었다. 결국 주 정부는 주민들의 요구에 굴복해 가게를 닫았으나, 그 때문에 죄수들의 상황은 더욱 악화될 수밖에 없었다.

숙련공 기반의 생산 방식을 벗어나면서 주 정부는 1만 달러를 책정해 증기엔진을 사들이고 죄수 노동을 기계화했다. 입법부는 또한 재소자들의 하루 8시간 노동을 철회하고 동틀 무렵부터 저녁까지 일하도록 만들었다. 그들은 노예용 신발을 만들어 농장주들에게 헐값에 팔았다. 농장주들의 목화를 받아 천으로 만들기도 했다.

1841년 루이지애나교도소가 생긴 후 10년도 채 되지 않았지만, 《찰스턴커리어Charleston Courier》는 이를 새로운 유형의 노예제도로 규정했다. 지금껏 교도소만큼 합리적이고 유연한 강제 노역 시스템은 없었다. 죄수들은 매일 55센트씩(2018년 기준으로 15달러) 주 정부에 벌어주었다. 1년도 채 되지 않은 시간에 면직물 생산으로 교도소는 5,000 달러(2018년 기준으로 13만 5,000달러) 이상의 수익을 올렸다. 기사에 따르면, 노예 소유주들은 교도소 방식을 차용해 노예 노동을 극대화했다. 여성과 아이들은 베틀에서 1년 내내 일했다. 사실 밭일보다 생산성도 높았다.

그러나 교도소의 근간은 여전히 위태롭기만 했다. 1837년까지 루이지애나의 경제 부흥은 요지부동으로 보였다. 미국은 전 세계 생산량을 합친 것보다 더 많은 목화를 재배하고 있었다. 국토를 계속 확장하며 목화밭을 만들어 냈으며, 부동산으로 망할 가능성도 없어 보였다. 전국의 은행자산이 뉴올리언스에 집중했다. 북부와 유럽 투자자들의 돈도 쏟아져 들어왔다. "화물과 목화 담보는 물론, 할아버지 이름을 대거나 은행에 아는 사람만 있으면 누구든 은행에서 돈을 빌리던 시절이었다." 대규모 투자 덕분에 목화 가격과 예속 노동자의 수가 천정부지로 솟구쳤다. 1830년에서 1836년 사이에 루이지애나 수입량은 두 배가 되고 노예의 몸값도 따라서 올라갔다. 그러다가 1837년 드디어 거품이 터지고 말았다. 목화 원가와 땅값이 곤두박질쳤다. 은행은 파산하고 주 정부의 경제부처는 산산조각 났다. 미국은 역사상 최초의 대불황기에 들어섰다. 주 정부의 돈이 고갈되자 교도소는 예산 절감의 주목표로 전락했다. 몇 년간은 어느 정도 수익을 냈으나 교도소 공장의 벌이로는 유지 비용조차 감당이 어려웠다. 주 정부의 관리도 '돈 잡아먹는 사치' 정도로 보였다. 1830년에서 1844년까지 교도소는 주 정부 예산 중 45만 달러(2018년 기준으로 1,200만 달러)를 빨아들였다.

1844년, 주 정부는 교도소를 민영화해 맥해튼, 프래트&와드McHatton, Pratt & Ward라는 회사에 임대했다. 처음에는 회사로부터 수수료를 받지 않았다. 회사는 재소자의 의식주를 포함해 교도소의 운영을 책임지고 대신 자체 목적을 위해 노동력을 활용했다. 1850년까지 루이지애나주는 수익의 4분의 1을 주 정부에 지불할 것을 요구했다. 7년 후에는 절반까지 임대료를 인상하게 된다. 대신 주 정부는 임차인들이 재소자들을 부려 미시시피강 제방을 건설하도록 허용해 주었다. 강물이 범람해 농장을 초토화할 우려 때문이었으나 작업이 너무 가혹한 탓에 많은 노동자들이 과로나 일사병으로 사망했다. 그래서 농장주들은 자기 노예들이 그 일을 하지 못하게 막기도 했다. 하지만 임차인들은 달랐다. 죄수들이 다치거나 죽어도 책임을 질 필요가 없으므로 중노동을 멈출 이유가 없었다.

죄수 노동의 대부분은 교도소 내에서 행해졌다. 하인즈 박사가 4년을 복역했을 때 민영화가 이루어졌다. "저들은 교도 목적을 깡그리 무시하고, 가장 잔인한 방식으로 독재를 재건했다. 인간의 고혈을 팔아 돈을 챙기기 위해서다." 하인즈 박사는 제임스 팔머 박사Dr. James Palmar라는 죄수를 언급했다. '정신 이상'으로 사람을 칼로 찔러 2년을 복역한 인물이다. 박사는 공장에서 대형 얼레를 운반했는데, 어느 날 무게를 이기지 못하고 쓰러졌다. 그 후 박사는 감방으로 끌려가 "몽둥이, 빨랫방망이, 채찍으로 맞고 발길질을 당했다". 그때부터 교도관들은 박사를 감시하며 그가 작업 도중 고개를 들 때마다 두들겨 팼다. 박사는 정신이 이상해져 툭하면 웃었고 교도소 마당에서 쓰레기를 주워 감방에 보관하기도 했다. 그러던 어느 날 박사는 교도관에게 쇠막대로 머리를 맞아 사망했다. "박사는 병원이 아니라 감방으로 실려 와 아무런 의식 없이 짐승 시체처럼 땅에 묻혔다."

하인즈 박사는 맥헨리 판사^{Judge McHenry}가 고생한 일화도 언급했다. 그는 42세의 백인으로 강도죄와 말을 절도한 죄로 7년을 복역 중이었다. 그는 "사소한 규율 위반으로 사다리 위에 엎드린 채 고양이 꼬리 채찍으로 100대를 맞아야 했다". 고양이꼬리 채찍은 아홉 개의 단단한 매듭으로 만든 채찍이라 한 번만 휘둘러도 많은 상처를 남긴다. 맥헨리는 47대를 맞고 의식을 잃었다. 놈들은 몇 대를 더 때리고 상처에 소금과 브랜디를 부은 다음 그를 발가벗긴 채 병원에 데려갔다. 며칠 후 놈들은 그를 다시 사다리에 묶었다. 이번에는 아예 소리를 내지 못하게 입에 재갈을 물리고 담요로 머리를 덮었다. 놈들이 선언한 목표는 '다른 죄수들에게 본보기로 삼기 위해서'였다.

그때부터 루이지애나는 교도소 연례보고서를 만들었으나 그 어디에도 교도소 폭력, 재활 노력, 보안 관련 정보는 없었다. 거의 전적으로 교도소 공장의 수익성에만 관심이 있었던 것이다. 주 정부 통제 위원회의 의견도 별반 다르지 않았다. "목화 제품 생산은 죄수들이 기여할 수 있는 가장 수익성 높은 노동이다. 경험에 따르면 사실 유일 하게 신뢰 가능한 수익처이며 사고 가능성도 그 어느 사업보다 적다."

교도소를 임대한 지 1년, 주 의원들은 민영화를 성공으로 자평하 고 1만 5,000달러의 융자를 승인해 산업 기반을 확대했다. 그렇게 확 장한 교도소 공장에 군대도 관심을 갖기 시작했다. 군은 1846년, 교 도소와 계약을 맺고 멕시코전쟁에 쓸 말과 노새의 말굽 2만 4,000개 를 주문했다. 교도소 임차인들은 주로 목화에 집중하고 있었기 때문 에 90마력의 증기엔진 등 노동력을 줄여줄 기계를 도입하고 목화 자 루공장과 노끈공장을 새로 지었다. 지금껏 '한 번도 시도한 적이 없 는 사업'이었다는 자찬도 덧붙였다. 공장은 하루 910미터의 자루를 생 산할 능력을 갖췄다. 그러나 194명의 재소자로 그 정도 생산 규모를 감 당하기엔 역부족이었다.

임차인들은 법원과 입법부가 사람들을 교도소가 아닌 구치소에 가둔다고 비난하고 나섰다. '죄수들의 계약노동권을 빼앗는다'는 것 이다. 그로부터 6년 후, 재소자의 수는 50퍼센트 이상 증가해 300명 에 달했다. 루이지애나 최대 신문사에서도 "교도소가 남부의 제조업 발전을 위해 길을 터줄 것"이라며 기대감을 드러냈다. "주립교도소 의 면 산업 도입이 성공적인 점에 비추어, 이런 부류의 산업이 남부 경제에 큰 보탬이 될 것으로 보인다. (…) 교도소의 수익은 상당한 수준이다."

남부 전역의 다른 주도 루이지애나의 예를 따라, 자체 교도소를 세우고 방직공장을 돌렸다. 일부는 주 정부가 운영을 맡고 일부는 민영화했으나, 어디서든 재소자의 교도가 아니라 수익이 주목적이라는 사실은 마찬가지였다. "노예 20명을 부려 수천 달러를 번다면 죄수 20명으로 못 할 바가 없다."《텔레그래프&텍사스 레지스터Telegraph and Texas Register》의 기사 내용이다. 텍사스구치소 소장은 교도소가 남부 산업화의 도구가 될 수 있다며 이를 빌미로 북부의 '과잉 독점'과 경쟁하려 들었다. 1848년, 텍사스는 교도소 건설을 촉진하는 법안을 마련하면서 "교도소를 부두 가까이에 지어 죄수들이 직접 상품을 시장으로 운송하게 할 것"을 명시했다. 첫 번째 교도소를 열고 5년 후, 교도소는 텍사스주에서 가장 거대한 공장으로 발전하고 미시시피 서부의 주요 직물공급자로 자리매김했다.

교도소 붐이 일어난 와중에 하인즈 박사는 루이지애나 주지사의 사면을 받았다. 12년간의 복역 생활이 끝난 것이다. 박사는 출옥하자마자 뉴올리언스로 건너가 귀족풍의 이름으로 바꾸고 경력을 꾸미고 사업 실적을 위조해서, 텍사스 사람을 꼬드겨 600달러를 빌린 다음 도시를 빠져나왔다. 그 후에는 전국을 돌며 엘리트들과 어울렸다.

한번은 뉴욕에서 전 법무장관 존 밴 뷰런^{John Van Buren} 과 식사를 하기도 했다. 마침내 고향 찰스턴에 돌아와 루이지애나 농장주로 변신하고 한때 복역했던 구치소 여행도 다녀왔다. 그러던 어느 날, 찰스턴거리를 걷다가 그에게 사기를 당한 텍사스 사람과 맞닥뜨렸다. 하인즈 박사는 담벼락을 넘으며 피신했으나 결국 도끼를 움켜쥔 채 교회 마당에 숨어 있다가 붙잡히고 말았다.

하인즈 박사가 풀려났을 때 루이지애나 주립교도소의 역사는 기껏 20년밖에 되지 않은 때였다. 루이지애나를 비롯해 교도소 설립의 전제는 당연히 죄수의 교도, 재활이었다. 죄수들이 일을 한다고? 교도소 지지자들은 침묵 훈련과 강제 노동이 죄수들을 생산적인 사회인으로 만든다고 주장했지만 이를 증명하는 증거는 어디에도 없었다. 루이지애나 정책입안자들은 관심조차 없었다. 1857년, 하인즈가 풀려나고 5년 후, 교도소는 4만 4,000달러(2018년 기준으로 120만 달러, 재소자 1인당 4,000달러)의 순이익을 올리고 있었다. 교도소가 돈을 벌어들일 때 재소자들의 고통을 고민한 사람이 있기는 했을까?

아메리칸 프리즌

09

어느 날 수업 시간에 '트루칼라True Colors'라는 이름의 적성검사를 치렀다. 우리를 어디에 배정할지 결정하기 위한 검사라고 했다. '오렌지색' 인물은 숙고하는 데 시간을 낭비하지 않기 때문에 인질 협상에 유용하다. '금색' 인물은 규칙 지향적이기 때문에 재소들의 일상 관련 임무와 관리를 맡게 된다. 블랑샤르의 말을 빌면, 직원 대부분은 금색이다. 맡은 바에 충실하고 시간을 엄수하며 규칙을 중시한다는 뜻이다. 나의 대표색은 '녹색'이었다. '녹색' 인물은 분석적이며 호기심이 많다. 두 번째 색은 오렌지색, 자유분방하고 충동적이다. 원에서 녹색이 나오는 경우는 드문 편이어서 블랑샤르도 어떻게 활용할지 대답하지 못했다.

검사를 기획한 회사의 주장에 따르면, 재도전을 하더라도 결과는 94퍼센트까지 동일하게 나온다. 블랑샤르의 생각은 달랐다. 이곳에서 일하다 보면 사람들의 색이 바뀌어 금색 기질로 변한다는 것이다.

그 말에 나는 심란해졌다. 성격은 어느 정도 결정적이라고 믿었다. 직업, 안정, 관계 같은 양상들이 변해도 성격은 일관되어야 한다. 그런데 관련 논문들을 보니 극도로 낯선 환경에 처하면 성격도 크게 변할 가능성이 있다고 하는 것이다. 1971년 심리학자 필립 짐바르도Philip Zimbardo는 그 유명한 스탠퍼드교도소 실험을 시행했다. 그는 학생들을 임시 지하 '교도소'에 넣고 임의로 죄수와 간수 역을 맡겼다. 실험의 목적은 피험자들이 권력에 어떻게 반응하는지 살피는 데 있었으나 얼마 되지 않아 간수 편에서 특별한 변화가 일어나기 시작했다. 간수들이 유니폼을 입고 번쩍이는 선글라스를 쓰고 통제에서도 자유롭게 되자, 일부가 가학적으로 변했다. 그들은 죄수를 콘크리트 바닥에 재우고, 춤추며 노래하게 만들거나 양동이에 배변을 하게 하거나 알몸으로 지내게 했다. 상황이 극단적으로 치닫자 2주로 예정되었던 실험은 불과 6일 만에 중단됐다. 실험이 끝난 후 간수 역 상당수가 자신들의 행위를 부끄러워했고 죄수 역은 몇 년 동안 트라우마에 시달렸다. "우리 모두 내면의 힘과 개개의 선택 의지로, 이번 스탠퍼드교도소 실험과 같은 외적인 강제력에 저항할 수 있다고 믿고 싶어한다. (…) 하지만 대체로 환경과 시스템의 위력 앞에서, 개인의 저항력에 대한 신뢰란 기껏 불굴이 허상에 불과하다는 사실을 확인해줄 뿐이다." 짐바르도는 후에 이렇게 회고했다.

아메리칸 프리즌

연구가 제기한 문제의식은 여전히 유효하다. 아부그라이브^{Abu Ghraib}의 군인이나 아우슈비츠^{Auschwitz}의 간수와 ISIS^{Isramic State of Iraq and Syria} 인질범들이, 여러분 또는 나와 근본적인 차이가 있을까? 우리는 선과 악 사이에 건널 수 없는 간극이 있다는 개념에서 위안을 얻는다. 하지만 짐바르도의 실험이 말해주듯, 어쩌면 악이 자기증식적이라는 사실을 이해해야 할지도 모른다. 요컨대, 상황만 주어진다면 우리 모두 악마가 될 수 있다.

훈련 3주차 어느 날, 식당 근무에 배정되었다. 임무는 재소자들에게 식탁을 지정해 주고 한 번에 한 줄씩 채우는 일이다. 왜 이런 일을 하는지는 이해가 가지 않았다. 이쪽을 다 채우고 나면 한 놈씩 내보내기 시작하면 돼요. 식사 시간은 10분이니까. 사실 CCA 정책으로는 20분이다. 그것도 이제 막 강의 시간에 배운 것이었다.

재소자들이 줄지어 식당으로 들어오고 난 손짓으로 앉을 위치를 정해 주었다. 교감^{supervisor}과 교도관이 나를 지켜보았다. 재소자 한 명이 지정 식탁이 아닌 다른 식탁에 앉았다. 여기 앉아요. 내 지시에 남자는 꿈쩍도 하지 않았다. 감독관이 지켜보고 수백 명의 재소자들도 고개를 이쪽으로 돌려 쳐다보고 있었다.

이봐요, 당신 자리는 여기야.

싫어. 그냥 여기 앉을래. 그가 우겼다.

아니, 안 되지. 이쪽으로 옮겨 앉아요. 그래도 움직이지 않았다.

나는 할 수 없이 근육질의 과장을 불렀다. 그가 명령하자 사내는 세 번째 식탁으로 건너갔다. 어디 할 테면 해보라는 식이었다. 저 식탁에 앉으라는 얘기 안 들려? 내가 단호하게 말했다.

이런, 아무 데나 앉으면 어때서 그래. 그제야 그가 투덜거리며 지시받은 자리에 가서 앉았다. 심장이 쿵쾅거렸다. 자신감을 보이고 권위를 드러내라. 나는 허리를 세우고 어깨를 내민 채 성큼성큼 식당을 오가며, 재소자들과 당당하게 눈맞춤을 했다. 내가 이만큼 대담하다고 시위하는 격이지만 그렇다고 위협적으로 보일 생각은 없었다. 식당에 들어올 때 모자를 벗으라고 하자 이번에는 재소자들도 그 말을 들었다. 어쩐지 기분이 우쭐해졌다.

잠깐이지만 처음으로 내가 기자라는 사실도 잊었다. 지시를 어기고 친구와 앉으려 하는 자들도 잡아내고 음식을 더 받기 위해 새치기를 하는 자들도 수색했다. 정해진 시간이 끝나면 아무리 식사 중이라도 자리에서 일어나게 만들었다. 쿨에이드를 욕심내는 놈이 있는지 유심히 살펴보기도 했다.

이보슈, 왜 그렇게 짭새처럼 구는 거요? 짭새만큼 봉급도 받지 못하면서. 나와 자리다툼을 하던 자가 물었다.

그러게, 왜 저런데? 기껏 감시하고, 쿨에이드 지키려고 여기 온 건가?

아메리칸 프리즌

헤이, 바우어, 저 새끼 모자 벗으라고 해줘요. 내 말은 들은 척도 안 해요. 콜린스워스가 다른 재소자를 가리켰다.

네가 해. 시작했으면 끝을 봐야지. 다른 교도관이 내 말이 맞는다는 듯 고개를 끄덕였다.

난 이성을 되찾았다. 모자 벗으라는 지시도 그만두고 제멋대로 앉아도 모르는 척했다. 헤이, 바우어, 놈들을 내보내기 시작해야죠. 나는 못 들은 척했다. 재소자들은 용무가 끝나면 알아서 일어났다.

다음 날 아침, 카메라 시계뿐 아니라 펜 녹음기까지 소지하고 정문을 통과했다. 펜 녹음기를 가져온 건 이번이 처음이다. 전자장치를 부착한 펜이기 때문에 엑스레이 기계에 걸리면 의심을 살지도 모른다. 그런데 언젠가 보니 콜린스워스가 플래시 기능이 있는 펜을 소지하고 보안대를 통과해도 제지하는 사람이 없었다. 결국 도전해 볼 가치가 있다고 판단내렸다. 시계카메라와 달리, 펜은 하루 종일 녹음하고 갈무리할 만큼 메모리가 충분했다.

케니가 먼저 스캐너를 통과했다. 난 심장이 쿵쾅거렸다. 보안대 반대편에서 그가 다시 구두를 신고 의자에 앉았다. 지금도 나를 감시하고 어디 걸려봐라 하는 걸까? 금속탐지기를 지나는데 삐 소리가 났다. "뭐죠?" 교도관이 투덜대며 탐지기로 내 다리를 훑었다. 나는 펜을 꺼내 보여주었다. 교도관이 손짓으로 나를 통과시켰다.

이제부터 펜을 갖고 다니며 일할 때마다 녹음 버튼을 누르고 근무 시간이 끝날 때까지 끄지 않을 참이다.

우리는 줄을 지어 무기고 옆 강의실에 들어갔다. 총기협회 자격증이 있는, 카우보이처럼 생긴 백인 교관이 종이 타월을 접어 스티로폼컵에 욱여넣고 담배 뭉치를 아랫입술에 밀어 넣은 다음, 자리에서 일어나 교실 앞으로 걸어갔다.

"오늘은 화기 정책을 복습하겠다."

교실에 들어온 사람은 대개 현역 교도관으로 의무적으로 재교육을 받고 있었다. 교관이 한 여자 교도관을 부르더니 왜 화기 재교육을 받지 않았느냐며 다그쳤다. 교도관은 탈옥자를 추적하다가 교도소장을 쏜 이후로 무기 사용이 무서워졌다고 변명했다.

"소장님인줄 몰랐어요. 그냥 뭔가 움직이기에……"

"그런데 얼리치Ehrlich 소장이었다?" 교관이 되물었다.

"음, 네."

"맙소사, 그땐 얼리치 소장도 끔찍했지."

"잘 쐈다는 얘기예요?"

"아니, 뭐, 꼭 그렇다기보다……" 다른 교도관들이 웃음을 터뜨렸다.

"무기 훈련을 얘기할 때 우선 고려해야 할 사항이 바로 화기 정책을 어떻게 활용할 것인가다. 치명적인 무기를 언제 사용하고 언제 사용하지 않을 것인가? 여러분도 TV를 봤을 것이다. 알다시피 무기 사용에는 늘 갑론을박이 따르고 여론이 죽 끓듯 한다." 몇 주 전 뉴욕에서 잎담배를 팔았다는 이유로 경관이 에릭 가너^{Eric Garner}를 목 졸라 죽인 사건이 있었다. 그런데 대배심이 기소 포기 결정을 내리자 시위가 발발했다. 4개월 전 퍼거슨에서도 어느 경관이 마이클 브라운^{Michael Brown}을 총으로 쏴 죽인 후 시위가 일어났다. "이런 일을 하다 보면 얼마든지 상황이 발생할 수 있다. 임무에 충실하다가 잡혀가는 거지." 그가 스티로폼컵 안에 침을 뱉었다.

교관이 퀴즈 용지를 나눠주었다. 수업이 끝나기 전 화기 정책을 제대로 이해했는지 보여주어야 한단다. "사지선다형이다. 개떡 같은 답안은 볼 필요 없고 곧바로 정답으로 들어가겠다. 위급한 상황이 아니면 화기를 사용할 수 없다. 맞다, 틀리다?"

"맞습니다." 모두 한목소리로 대답했다.

"위급 상황의 의미는? 무력 사용을 정당화하는 수준의 위기 상황을 뜻한다." 애매하기 짝이 없는 답이다. 교관은 그 정의를 시험에 쓰라고 지시하고 시험지는 개인 파일에 첨부한다고 통보하였다. 만일 화기를 사용할 경우, 우리가 적절한 교육을 받았다는 사실을 증명할 자료가 된다.

"여러분이 무장했는데, 누군가 여러분을 공격했다. 그런데 상대는 비무장이다. 총을 쏠 것인가, 안 쏠 것인가?"

다들 갸우뚱하며 옆 사람을 돌아보지만 아무도 선뜻 답변을 내놓지는 못했다.

"쏠 건가, 말 건가? 상대가 자유인이든 재소자든 상관없다." 그가 다시 물었다.

"쏩니다." 누군가 대답하자 다들 따라서 대답했다.

"맞았어! 재소자의 위험은 어디에서 오나? 나는 무장했고 내 총을 봤으니 놈도 내가 무장했다는 사실을 안다. 그런데 왜 공격하지? 중요한 건 여러분이 무장하든 않든, 놈들은 개의치 않는다는 것이다. 그런 상황에서 여러분 자신을 보호하면 정당방위가 된다, 오케이?"

만약 화기가 필요한 상황에 직면한다면 "여러분은 위협에 '적극' 대응해야 한다. '난사한다'에 대한 법률용어의 정의가 그렇다. 한 발이 아니야. 닥치는 대로 퍼붓는다는 뜻이다."

"빙고!" 교실 뒤쪽에 앉은 교사가 외쳤다.

"위협이 사라질 때까지 사격해야 한다. 상대가 일어나려고 하면 다시 총을 쏴라. 여전히 위험한 놈이니까."

화기 소지 자격을 빼앗기는 이유에는 여러 가지가 있다. 중범죄로 기소된 전력이 있거나 정신병원에 들어간 적이 있으면 무기 소지는 곤란하다. "교도관의 경우 가장 일반적인 이유가 뭐라고 생각하나?"

"가정폭력."

카우보이가 정답이라고 확인해 주었다. "이게 얼마나 쉽게 일어나는지 아나? 어느 날 저녁, 친구들하고 술집에 가서 맥주 한잔하고 얌전히 집에 돌아갔다고 생각해 보자. 그런데 여편네가 어디 갔었냐고 앵앵대는 거야. 휴대전화까지 빼앗아 확인하는데 전에 보지 못한 전화번호가 있잖아? 친구라고 얘기하지만 그게 통해야지. 여편네가 꼭지가 돌아서 전화기를 밟아버려. 당신이 화가 나서 한 번 밀치는데 버팅기는 거야. 그러다가 여편네가 뺨을 갈기고 당신도 갈겨. 이웃 사람들이 소란을 듣고 경찰을 부르지? 그럼 경찰이 오고 당신은 범법자가 되는 거라고. 파출소에 불려 가서 가정폭력 경위서도 써야 하고. 총이 아니라 싸대기만 한 대씩 서로 갈긴 것뿐인데 말이야. 그거 알아? 무기를 쓰지 않아도 일단 국내에서 기소되면 바로 그 자리에서 무기 소지 허가 자격을 잃는다는 사실?"

"흔한 일이죠." 교사가 맞장구를 쳤다.

"당신들한테도 얼마든지 일어날 수 있어. 나도 당할 뻔했으니까. 자, 이걸 명심하자고. 차라리 그냥 차를 타고 뺑소니를 쳐. 그게 제일 안전해. 시간이 지나면 마누라도 진정하지 않겠어?" 그가 잠시 말을 끊더니 가상의 아내를 향해 위협적인 목소리로 이렇게 외쳤다. "오호, 나한테 그런 식으로 말하면 안 되지."

"하하." 교사가 웃는다.

"한 번 밀고 한 번 밀치고…… 애들 장난 아닌가?"

교관은 권총과 산탄총을 장전하고 겨냥하는 법을 가르쳐 주었다. "집에 가서 여편네 상대로 사격연습이나 해야겠다." 교사의 농담에 몇 사람이 키득거렸다. 난 혼신을 다해 무표정을 유지했다. 역겹다는 표시라도 내는 날엔 골치만 아플 뿐이다.

교도소 뒤쪽, 체이스 코르테즈가 담을 넘은 곳 인근에 헛간이 하나 있었다. 블랑샤르와 다른 교도관, 그리고 나는 헛간 사무실에 들어갔다. 깔판을 덧대 만든 벽에 고삐, 채찍, 말굽들이 걸려 있었다. 라디오에서는 컨트리 음악이 흘러나왔다. 체격 좋은 백인 교도관 셋이 앉아 있었는데, 그중 한 명이 우리들의 깜짝방문이 마음에 들지 않는지 휴지통에 침을 뱉었다.

남자들과 '모범 죄수trustee'들이 말 몇 마리와 추적견 세 마리를 돌봤다. 말은 요즘 별로 쓰임이 없어서 대개 마구간 뒤 방목장을 어슬렁거리기만 했다. 예전에는 교도관들이 산탄총을 들고 말에 올라 수백 명의 재소자를 감시했다. 재소자들은 매일 수감동을 나와 밭을 갈고 나무를 손질하고 괭이질을 하고 장작을 팼다. "옛날엔 '개떼가 온다!'라고 했지. 그럼 들판팀이 내려온다는 얘기거든." 한 남자가 회상했다. 재소자가 탈출을 시도하면 산탄총을 사용했다. 언젠가 원의 장기 근속자라는 여자가 비아냥거리듯 말하기도 했다. "죽이기 위해서가 아니라 멈춰 세우려고 쏘거든? 맙소사, 이놈이 죽어버린 거야. 난 분명히 멈추라고 말했어! 아무튼 언제나 다른 재소자를 데려오면

아메리칸 프리즌

되니까 문제는 없어."

재소자들과 교도관들은 그 시절을 추억하듯 얘기했다. 하루 종일 밖에서 일하고 에너지와 폭력성이 고갈된 채 감방으로 돌아오던 시절이었다. CCA의 계약에 따르면, 윈의 재소자들은 매주 5일만 '생산적 노동 활동'에 임하도록 되어 있지만 사실 있으나 마나 한 얘기였다. 노동 프로그램이 축소되면서 교도관들까지 컨트럴 타워에서 끌려 나와야 했다. 직업교육 프로그램도 대부분 중단됐다. 쇼핑상점은 창고로 개조했다. 법률도서관은 접근조차 어려웠다. 대운동장은 대부분 비어 있었다. 교도관들이 그런 곳까지 감시하기엔 인력이 너무 부족했다.*

"예전 같지가 않아. 지금은 완전 엉망진창이지." 크리스Chris가 말했다. 크리스는 추적견을 이끄는 교도관이다.

"옛날에야 저 개새끼들을 개 패듯 팼지." 게리Gary라는 이름의 교도관이 말했다.

"지금도 팰 수 있는데 뭐." 크리스가 나서더니 이내 샐쭉해진다. "요령을 몰라서 그래."

---

* 윈에 왜 수업, 여가 등 활동이 없는지 CCA에 묻자 "재소자들에게 그런 자원과 프로그램을 충분히 제공한다"라는 대답이 돌아왔다. 노동 프로그램은 루이지애나 교정부와의 계약에 따라 진행되며, 프로그램상의 사소한 차이는 "단기간의 결원으로 인한 불가피한 조치였다"라는 것이다.

"요령도 요령이고 펼 장소도 문제 아니야?" 블랑샤르가 끼어들었다. 요는 카메라가 없는 사각지대를 찾으라는 뜻이다.

"의무실도 죽여주지? 하하! 게리가 먼저 가스로 공격하기에 나는 채찍질을 했지." 크리스가 신이 나서 떠들었다.

"이 친구는 가스를 엄청 좋아해." 세 번째 교도관이 중얼거렸다.

"여기서는 그렇게 해야 해. 놈 때문에 서너 시간 서류에 매달렸으니 당연히 대가를 치러야지. 가스맛을 보여주는 거야. 탄창이 완전히 빌 때까지 말이야. 아니면 쏘다 말 거야? 그놈 때문에 2시간이나 서류작업을 했잖아. 당연히 본때을 보여줘야지. 그래야 분이 풀리지 않겠어? 물론 당신들은 신참이니까, 그렇게 하면 안된다고 가르쳐야겠지. 규범대로 하라고 말이야. 하지만 그게 안 먹힐 때는? 그럼 뭐든 해야 하는 거야. 그래야 돌아가니까." 게리가 말했다.

감독할 업무 프로그램이 없는 이 교도관들은 경찰과 함께 말과 사냥개들을 끌고 나가, 13개 교구를 돌아다니며 용의자나 탈옥수를 추적했다. 실제로 무장 강도와 살인 용의자들을 체포하기도 했다.

켄넬에 들어가자 사냥개들이 짖기 시작했다. 게리가 개집 문을 걷어찼다. 개가 그의 발을 물려고 덤벼들었다. "개들이 탈옥수를 잡으면 물어뜯어 버려. 아주 아작을 내버린다니까." 게리가 말했다.

헛간 사무실로 돌아오니 크리스티안이 와 있었다. 게리는 선반에서 파일을 하나 꺼내 한 사내의 얼굴 사진을 보여주었다. 턱 밑에 붉은 구멍이 보이고, 목에도 상처가 또렷했다. "죄수놈들을 풀어주고 다시 잡아 오는데 그러다가 한 놈이 사달이 났지." 크리스가 목덜미를 문지르며 말했다.

"개새끼가 목을 물었지. 개한테 너무 가까이 다가갔거든." 게리가 말했다.

"재소자인가요?" 내가 물었다.

"맞아. 우리가 어떻게 하느냐면…… 모범 죄수놈을 저 밖 숲으로 내보내." 그가 창밖을 가리켰다. 모범 죄수는 개한테 물리지 않기 위해 '보호복'을 착용한다. "그 친구한테 어디 어디 가라고 얘기해 줘. 왕복 3킬로미터는 되는 거리인데 어느 나무에 올라가는지까지 일러주거든? 그럼 올라갈 거 아냐?" 그가 잠시 말을 끊었다. "그때 개떼를 풀어놓는 거야."

그가 목을 물린 사내 사진을 들어 보여줬다.

"이 새끼? 개들한테 좆나게 씹혔어."

"끔찍하군요." 내가 중얼거렸다.

"음, 최악은 아냐. 내가 병원에 데려갔는데 별로 심하지 않다더라고."*

게리는 여전히 사진을 들고 사람들에게 보여주는 중이다.

---

* CCA 역시 재소자의 부상이 "가벼웠다"라고 확인해 주었다.

"완전히 쓰레기였어."

"개새끼였지. 선동이나 일삼고."

"보호복을 내줘도 입는 둥 마는 둥 했잖아. 당해도 싸." 게리가 어깨를 으쓱하며 말했다.

"그럼요, 자기 탓이죠." 블랑샤르가 장단을 맞춰준다.

실내 교육 마지막 날, 블랑샤르가 부르더니 식당에 가서 도와주라고 했다. 식당 입구에 서서 재소자들의 식사를 지켜보는데 젊은 흑인 교도관이 다가왔다.

"할 만해요?"

"좋습니다. 재미있네요."

"전에도 이런 곳에서 일해봤어요?"

"아뇨."

"경찰관 같은 게 되고 싶었던 적 있었어요?"

"아뇨."

"그냥 일거리가 필요해서?" 그는 4~5개월 정도 근무 중이었다. "난 경찰이 되고 싶어서 일하고는 있는데 아무래도 어렵겠어요. 마리화나를 피웠거든요. 망할, 이렇게 끊기가 어려우니 원. 여기 들어오려고 몸에서 마리화나 흔적을 완전히 지웠어요. 어렵지만 그래도 해냈죠. 나 자신이 대견하기는 하지만 언제든 다시 피울 것 같아요. 여길 그만두면 언젠가 옛날로 돌아가 놀던 대로 놀 생각이에요."

　　　　　　　　　　　　　　아메리칸 프리즌

"어떻게 놀았는데요?" 내가 물었다.

"마리화나 피우면서요. 먼저 경찰관이 된 다음에. 그다음엔 레스토랑도 하나 열고 쉰 살쯤 되면 옛날로 돌아가 열여덟, 열아홉 때처럼 놀 겁니다. 대마초도 피우고 비디오 게임도 하고요." 그가 잠시 말을 멈췄다가 동경하듯 중얼거렸다. "가끔 마리화나가 간절해요."

"특히 이런 직업에서는요. 스트레스가 심하죠?"

"예, 맞아요! 게다가 때리지도 못하게 하잖아요."

나는 교실로 돌아와 마지막 시험을 치렀다. 시험은 끔찍했다. 92개의 문제는 우리에게 지휘 체계를 묻고, 인질로 잡혔을 때 어떻게 대처할지, 재소자들의 자살 징후를 어떻게 파악할지, 족쇄는 어떻게 채울 것인지, 재소자를 이감하기 전 어떤 절차를 취해야 할지를 물었다. 또 무기 사용 정책과 다양한 화학무기를 색깔로 판별하는 법에 대해서도 물었다. 대부분 수업을 흘려들은 탓에 나 혼자였다면 절반도 풀지 못했을 것이다. 블랑샤르의 조수가 구세주였다. 시험을 함께 논의해서 다들 정답을 쓰도록 유도한 것이다.

"시험 때문에 실직하는 경우는 없겠네요." 내가 말했다.

"물론 없죠. 여러분 파일이 예쁘지 않으면 우리도 곤란하답니다."*

---

* CCA에 확인하니 그 말은 현실과 상당히 다르다는 대답이 돌아왔다.

10

남북전쟁 이전만 해도 루이지애나는 노동 말고도 죄수들에게 돈을 뜯어내는 방법이 있었다. 재소자의 아이들을 노예로 팔아치운 것이다. 당시만 해도 남부 죄수들 대다수가 백인 남성이었다. 백인 여성들은 너무 연약해 교도소 생활을 견디지 못한다고 여겼으며 여성 노예들은 대부분 농장 내에서 벌을 받았다. 다만 루이지애나만큼은 남부의 여타 주 정부와 달리, 노예제도에 반기를 드는 유의 중범죄 노예들을 감옥에 처넣었다. 이렇게 수감된 노예 대다수가 여성이었다. 1839년, 아잘린[Azaline]이라는 이름의 노예는 누군가를 독살하려다가 종신형을 선고받아 징역살이를 했다. 누굴 죽이려 했는지는 기록에 없지만 아마도 주인이었을 것이다. 수전[Susan], 엘리[Elie], 루신다[Lucinda]도 같은 죄목으로 종신형을 받았으며, 방화죄로 걸린 여성들도 있었다. 그 밖에는 '백인을 공격했다'는 게 이유였다. 노예 여성들이 교도소에 들어갈 때 주 정부는 주인들에게 300달러를 지불했다. 재산 손실에 대한 보상이었다.

주 의회 방침에 따르면 감옥 내에서 인종에 따라 성별에 따라 재소자들을 따로 수감해야 하지만 교도소 임차인들은 난색을 보였다. 비현실적인 데다 생산성도 떨어지기 때문이다. 결국 흑인 여성들은 남성 재소자들과 함께 수감 생활을 하고 그 때문에 머지않아 임신하는 여자들이 속출했다. 아이 아빠가 재소자인지, 교도관인지는 분명하지 않지만 주 의회에서는 그런 일엔 관심이 없었다. 1848년 주 의회는 새로운 법을 통과시켜 아프리카계 미국인이 수감 중 아이를 출산하면 그 아이는 주 정부 소유물이 된다고 선언했다. 우선 엄마가 키우다가 아이가 10세가 되면 교도소는 신문에 광고를 게재한다. 그리고 30일 후 법원 계단에서 '현금 교환' 조건으로 경매에 붙이는 것이다. 경매 수익금으로는 백인 아이들 학교에 자금을 지원했다.

감방에서 아이를 키우거나, 아이를 빼앗기는 고통이 얼마나 컸을까? 유감스럽게도 그런 기록은 없다. 아이들과 모친이 그 후 어떻게 되었는지도 알지 못한다. 교도소 일지가 일부 남아 있기는 해도 내용이 빈약한 데다 대부분 경매와 관련한 지엽적인 내용만 들어 있었다. 아이 엄마가 누구인지는 아예 기록조차 없다. 심정이 얼마나 참담하고도 복잡했을까? 자식을 빼앗기면서도, 차라리 노예로 사는 쪽이 교도소에서 썩는 것보다 낫다는 일그러진 기대감으로 스스로를 위로했을지도 모른다.

아이들이 떠나고 이따금 소식을 접했을 가능성도 있다. 아이들의 경매는 대부분 교도관이 담당했다. 새 주인들이 미안한 마음에 모친에게 소식을 전했을 가능성도 있으나 그 역시 추측일 뿐이다. 교도소 아이를 최초로 구매한 사람은 교도소를 운영하는 회사의 대표들이었다. 찰스 맥해튼^{Charles McHatton}과 제임스 맥해튼^{James McHatton} 형제는 농장과 107명의 죄수를 공동 관리했다. 최초 경매에서, 찰스는 13세 셀레스테^{Celeste}와 10세 프레드릭^{Fredrick}을 총 696달러에 구입했다. 3년 후에는 10세 알프레드^{Alfred}를 560달러에 사들였다. 동생 겸 동업자인 제임스도 10세 조지프^{Joseph}를 사들였다. 조지프의 어머니인 아잘린은 교도소에서 지내며 두 아들을 노예로 팔아야 했다.

또 다른 교도소 임차인인 윌리엄 파이크^{William Pike}도 10세 클라라 윌리엄스^{Clara Williams}를 1,025달러에 사들였다. 교도소 직원과 위원들도 아이들을 구매했다. 아이들은 건축가, 농부, 노예판매상들한테 넘어갔다. 1835년 교도소가 문을 열고 1862년 북부군이 인수할 때까지 최소 33명의 여성 노예가 구금되었는데 이는 남부의 어느 주립교도소보다 많은 수였다. 최소 11명의 아이가 주 정부의 손에 노예로 팔려나갔다. 루이지애나는 노예 엄마가 낳은 노예 아이들로 총 7,591달러를 벌어들였다. 2018년 기준으로 20만 달러에 달하는 금액이다.

1861년 1월, 루이지애나주가 미국에서 분리 독립하겠다고 선언

아메리칸 프리즌

하면서 교도소는 남부군의 전쟁 기계로 변신했다. 교도소 공장은 생산량을 3배로 늘려, 전쟁에 쓸 단화, 마차, 손수레, 텐트, 군복, 철판, 탄피 등을 만들어 냈다. 교도소는 주 정부 최대의 방적공장으로 변신해, 루이지애나의 병사와 민병대용의 군복 대부분을 생산했다. 수익은 천정부지로 치솟았다.

1862년 4월, 북부군 전함들이 뉴올리언스에 있는 남군의 요새에 박격포를 쏘아대며 부두에 진입했다. 남부군은 후퇴하기 전 면화 수백 꾸러미, 담배, 설탕으로 가득한 창고들은 물론, 부두에 정박한 증기선들까지 모조리 불태웠다. 비 내리는 날이었지만 검은 연기가 구름처럼 치솟았다. 도시 여기저기에 "가난한 사람들이 창고를 부수고 쌀, 베이컨, 설탕, 당밀, 옥수수 등이 넘쳐나는 바구니와 가방, 수레를 운반했다". 가져가지 못하면 강물에 버리고 태우고 도랑에 처박았다. 적군을 위해 식량을 남길 이유는 없었다. 사람들은 걷거나, 말, 마차, 군용 마차를 타고 도시를 탈출했다. 텍사스로 향하는 도로와 마을은 수천 명의 노예로 넘쳐흘렀다. 주인들이 어떻게든 인간 재산을 챙기려고 안달을 한 탓이다. 남부군 3,000명이 부두 도시에서 퇴각하면서 벌어진 일이었다.

머지않아 북부군 함대가 강을 거슬러 올라가 배턴루지에 입성했다. 저항은 미미했다. 북부군 장군 벤저민 버틀러^{Benjamin Butler}가 곧바로 교도소를 장악하고 재소자들에게 북부군을 위한 옷과 텐트를 만들

게 했다. 장군은 또한 그 지역의 목화 모두를 교도소에서 징발한다고
선포했다.

남부군의 반격은 오래 걸리지 않았다. 1862년 8월, 배턴루지 시
민들은 소총과 대포의 굉음에 잠에서 깨어나야 했다. 루이지애나, 미
시시피, 켄터키, 테네시, 앨라배마에서 온 남부군이 벌떼처럼 마을을
급습한 것이다. 사람들은 배턴루지를 탈출했다. 찌는 듯한 더위와 먼
지 속에서 울음소리와 기도 소리가 뒤범벅되었다. 일부는 교외의 농
장 창고를 약탈해 배를 채웠다.

도시의 3분의 1이 폐허가 되었다. 버틀러 장군은 뉴올리언스의
북부군에 집중한다는 핑계로 도시에서 철수하기로 했다. 그는 남부
군이 교도소를 이용하지 못하게 막기 위해 부하들을 시켜 기계를 파
괴하고 죄수들을 풀어주어 북부군에 입대하게 했다. 주에서 가장 중
요한 공장이이었던 교도소는 다 타버린 벽돌 조각만 남게 되었다.

남북전쟁이 끝나고 3년 후, 400만 명의 아프리카계 미국인이 자
유를 찾았다. 전쟁이 끝나기 전, 미국에서 가장 부유한 주 8개 중 7개
가 남부에 있었다. 미국식 노예 노동이야말로 세계에서도 가장 생산
적인 목화 수공업 시스템이었다는 뜻이었겠으나 이제 남부 경제 자
체가 붕괴하고 말았다.

루이지애나에 민간인 엔지니어가 있었다. 식빵처럼 푸짐한 얼굴
에 염소 구레나룻을 기른 사내였는데, 문득 노예제도의 종말을 이용

아메리칸 프리즌

해 돈벌이를 할 수 있겠다는 생각을 했다. 이름은 새뮤얼 로런스 제임스Samuel Lawrence James, 개혁가로도 유명한 인물이다. 뉴올리언스에 최초의 노면전차를 도입하고 전쟁 중에 아일랜드 지원병 여단을 이끌어 비난을 사기도 했다. 수정헌법 제13조는 노예제를 완전히 폐지하였으나 '범죄의 징계'만은 예외로 했다. 전쟁 전에도 루이지애나주는 사업가에게 죄수들을 임대해 왔다. 그 어느 때보다도 예산을 절감할 필요가 있는 지금, 못 할 이유가 없지 않을까? 루이지애나의 인구 절반이 새로 자유인이 되었지만 그중 대부분이 실직 상태였다. 당연히 교도소 재소자는 증가할 것이다. 죄수들을 공짜로 노예처럼 부릴 수는 없는 걸까? 제임스의 꿈은 컸다. 교도소를 재건해 루이지애나 최고의 공장으로 만드는 것이다. 농장 제국을 세우고 나면 전쟁 전 노예 주인 따위는 비할 바가 아니다. 시장을 독점하고 채찍을 적절히 사용한다면 노예제도하에서 루이지애나 어느 누구보다도 많은 노예를 부릴 수 있다. 교도소 제도 전체를 사업화한다면 모두 그의 차지가 될 것이었다.

11

크리스마스 이전 마지막 휴가를 얻고 케인강가에 앉았다. 강물이 내처터시Natchitoches 한가운데를 굽이치며 흘러갔다. 윈필드와 달리 내가 사는 이 고장, 서던은 남부의 예스러운 풍취를 그대로 안고 있었다. 사람들이 아이스크림콘을 들고 벽돌 바닥의 프런트거리를 지나며 가게 창문을 힐끔거렸다. 관광객들은 '루이지애나에서 제일 오래된 상점', 카피프레더릭 화점을 찾았다. 사냥복 차림의 사내들이 트럭에서 내리더니 마마주점으로 달려갔다. 주로 굴튀김과 악어꼬리튀김을 안주로 내는 곳이다. 프런트거리는 케인강을 따라 만들어졌다. 12월 내내 어둠이 짙게 깔리면, 십자가와 호두까기인형, 기차의 조명 불빛이 반대편 강둑을 비춘다. 내처터시에서 만난 사람들은 마을에 대해 하나같이 같은 얘기를 했다. 하나는 이곳이 〈철목련Steel Magnolias〉의 무대였으며, 또 하나는 이곳이 2013년 야후닷컴에서 선정한 전국에서

아메리칸 프리즌

세 번째로 아름다운 크리스마스 조명 전시장으로 선정됐다는 얘기였다. 당시 1위와 2위는 뉴욕의 록펠러센터와 플로리다의 월트디즈니월드였다.

조명 장식이 인상적이긴 했다. 하지만 난 그저 벤치에 앉아 강물만 내려다보았다. 작은 배 한 척이 강물 따라 흘러내려 갔는데 갑판에 플라스틱 산타와 순록 풍선이 타고 있었다. 소형 낚싯배와 뗏목들이 하얀 농어와 메기를 잡을 꿈에 부푼 채 물속에 낚싯줄을 드리웠다. 배를 타고 마을을 관통해 떠내려가다 보면 잡초밭 너머 농장 건물들이 우뚝 서 있는 곳에 다다른다. 한때 이곳 지역 경제의 중추로, 뉴올리언스까지 목화 꾸러미들을 실어 나른 농장들이다. 2014년 현재는 기껏 백인 관광객들이 놀러 와 남북전쟁 전의 건축물이 보여주는 세련미에 탄성을 흘릴 뿐이다. 여름이면 어느 농장에서 뮤직 페스티벌을 개최하고, 우뚝 선 오크숲속에서 커플들이 결혼식을 올린다. 바로 그 숲 저편에 노예들이 잠들던 헛간이 옹기종기 모여 있다.

동료 수습사원들은 크리스마스 퍼레이드에 기대가 컸다. 이 지역에서는 한 해 최고의 행사인지라 그날만큼은 2만 여명이 사는 지역에 다섯 배의 사람들이 몰린다. 지역사회에 기여한다는 명분에, CCA에서도 소트팀과 재소자팀을 보내 청소를 돕는다. 사람들이 맥주를 마시고 칠면조 다리를 뜯고 소고기파이를 먹는 동안 재소자들은 사탕 봉지와 축제용 마르디그라 목걸이를 줍고 다녀야 했다. 그날

시내로 향하는데 희미하게 바비큐 냄새가 났다. 집집마다 앞마당 또는 픽업트럭 짐칸에서 고기를 구웠다. 잔디밭을 주차장으로 바꾸고 관광객들에게 한 자리당 5달러를 받는 사람도 있었다. 학교 무용단, 산타, 요정, 사람 들이 퍼레이드를 펼치며 코르벳함과 트럭 위에서 사탕을 뿌려댔다.

에이브 링컨이다! 한 흑인 소녀가 누군가를 가리키며 소리쳤다. 장식된 어느 트럭 위에 한 백인이 실크 모자를 쓰고 지나가고 있었다.

난 링컨이 아니야! 남자가 소리쳤다. 모욕이라도 당한 표정이었다. 그 옆 깃발에는 "남부군 참전 용사의 아들들이여!"라고 적혀 있었다. 트럭 앞으로 백인 성인과 소년들이 세 줄로 걷고 있었는데 모두 회색의 남부군 군복 차림이었다. 어깨에 검을 둘러멘 자도 있고 반란 깃발을 든 이들도 보였다. 무리는 동시에 멈춰 서서 구식 소총을 하늘로 향하더니 일제히 사격을 가했다.

아예, KKK 복장을 하지 그래? 흑인이 내 앞에서 소리쳤다. 퍼레이드는 계속 이어지고 짙은 총 연기가 몇 분 단위로 하늘을 가렸다.

크리스마스 주간에는 동료 수습생 둘과 교도소 우편실에서 배치되어 밀려드는 크리스마스 편지를 처리했다. 책임자 로버츠^{Miss Roberts}는 카리스마 넘치는 흑인 여성이며, 반코트 차림이다. 로버츠가 임무를 시연해 보였다. 봉투 윗부분을 자른다. 뒷면을 잘라 쓰레기통에

버린다. 앞면에서 우표를 떼어낸다. 편지와 앞면을 스테이플러로 찍고 스탬프를 찍는다. 검열 끝. 일은 흡사 뜨개질을 닮았다. 잡담이 가능한 지극히 단순한 작업이다.

로버츠는 크리스마스 시즌을 너무도 사랑한다고 말했다. 홀마크^{Hallmark} 영화를 보고, 출근길에는 칩멍크^{Chipmunk}의 크리스마스 앨범을 듣는데, 그때마다 눈물을 흘린다고 했다.

"이봐 100달러 받았나?" 로버츠가 어느 수습생에게 물었다.

"예? 무슨 100달러?"

"크리스마스 파티. 제비뽑기에서 당신 이름 나왔던데?" 회사 파티에는 아무도 가지 않았다.

"정말요? 오늘 땡잡은 날이네요."

"나도 50달러를 기다리는 중이야. 저번에 어떤 놈 편지에서 마약을 찾아냈거든. 마약을 찾아내면 50달러를 상금으로 준다고 했는데 아직 받지 못했어. 하긴, 준다고 말만 해놓고 안 주면 그만이지만."

로버츠는 편지 안에서 뭔가 나올 때마다 언급하는 식으로 우리가 어떤 편지를 걸러야 하는지 알려주었다. 사진 다발을 훑으면서 하나를 끄집어냈다. 사진에는 절대 수신호를 넣지 못하게 되어 있다. "하트 모양을 만들어도 안 돼." 로버츠가 편지를 개봉했는데 아이가 색칠한 그림이 여러 장 들어 있었다. "자, 이런 그림도 안 돼. 그냥 크레용 그림은 모두 거른다고 생각하면 돼." 우표를 제거하는 것과 마

찬가지 이유일 것이다. 크레용은 마약의 매개가 될 수 있다. 아이 편
지가 정말 많았다. 작은 손을 그린 그림, 카드 안쪽에 붙인 작은 스타
킹들…… 우리는 모두 찢어 쓰레기통에 버렸다.

이런 편지도 있었다.

아빠, 사랑해요. 보고 싶어요. 우리는 잘 지내요. 릭 주니어가 심술
을 부려요. 아무 데나 끼어들고. 아빠를 잊지 않을게요. 사랑해요.

우편실 게시판에는 검열 항목들이 게시되어 있었다. 〈폐쇄구
역Under Lock and Key〉이라는 이름의 반제국주의 뉴스레터, 소형 무선 인
터넷 라우터가 별책으로 붙은 《포브스Forbes》 최근 호, 〈교도관에게 죽
음을Death on a CO.〉이라는 노래가 실린 치카노 갱스터 래퍼의 CD. 루이
지애나주 교도소 반입이 금지된 도서와 간행물 목록을 본 적이 있
다. 『그레이의 50가지 그림자Fifty Shades of Grey』, 『레이디 가가의 과격한
스타일Lady Gaga Extreme Style』, 『현실주의와 신비 종교Surrealism and the Occult』,
『태극권: 기를 다스리는 고급 기술Tai Chi Fa Jin: Advanced Techniques for Discharging
Chi Energy』, 『선의 이해The Complete Book of Zen』, 『사회주의 대 무정부주의 논
쟁Socialism vs Anarchism: A Debate』, 『미국 원주민의 기교와 기술NativeAmerican Crafts
& Skills』. 로버츠의 책상에도 압수 도서가 한 권 있었다. 로버트 그린의
『권력의 법칙The 48 Laws of Power』. 성서를 제외하면 재소자들의 라커에

서 제일 많이 보는 책이다. 대개는 심하게 해진 채 옷 밑에 숨겨놓았는데, 로버츠의 말에 따르면 이 책이 금서인 이유는 "마음을 현혹하기 때문"이다. 로버츠 자신은 별로 재미가 없다고 했다. 도널드 트럼프Donald Trump와 빌 게이츠Bill Gates는 이 책의 팬을 자처하며,『권력의 법칙이 내 삶에 미친 영향The 48 Laws of Power and Their Impact on My Lif』을 공동 집필하기도 했다. 금지 목록에는 흑인 역사와 문화 관련 서적도 있었다.『휴이, 블랙팬서의 정신Huey: Spirit of the Panther』,『아프리카의 얼굴Faces of Africa』, 일라이저 무하마드Elijah Muhammad의『미국 흑인에게 보내는 메시지Message to the Blackman in America』와『100년 동안의 린치100Years of Lynchings』라는 뉴스 기사 선집도 들어 있었다.

교도소 내 흑인의 정치의식을 차단하기 위한 노력은 전국적이다. 텍사스에서는 아돌프 히틀러Adolf Hitler의『나의 투쟁Mein Kampf』과 데이비드 듀크David Duke의『각성My Awakening』은 소지 허용되지만, 소저너 트루스Sojourner Truth, 해리엇 비처 스토Harriet Beecher Stowe, 랭스턴 휴즈Langston Hughes, 리처드 라이트Richard Wright의 저서는 금서목록에 들어 있다. 앨라배마는 더글러스 블랙먼Douglas Blackmon의 퓰리처 수상작,『또 다른 이름의 노예: 남북전쟁에서 2차세계대전까지 미국 흑인들의 재노예화Slavery by Another Name: The Re-Enslavement of Black Americans from the Civil War to World War II』를 금서로 지정했다. 앨라배마에서의 죄수 임차 제도를 연대기로 고찰한 책이다. 어느 소송에 따르면, 교도소 관리가 그 책이 '지나치게 선동적'이라 '보안상 위협'이 된다고 증언했다. 캘리포니아에서는 감방 내에 블랙팬서 관련 도서를 반입했다는 이유만으로도 장기간 독방 생활을 할 수 있다. 언젠가 캘리포니아 재소자에 대한 기사를 쓴 적이 있다. 동료 재소자가 쓴 신문 기사를 간직하고, 드래곤 그림이 박힌 컵을 감방에 들이고, 소위 '아프리카 중심 이데올로기'가 포함된 공책을 소지했다는 이유로 4년이나 독방에 처박혀야 했던 재소자의 이야기였다. 그 공책에는 냇 터너^{Nat Turner}, 스코츠보로 소년 사건^{the nine Scottsboro Boys}, 1930년에서 1969년까지 처형된 흑인 숫자, 그리고 W. E. B. 두 브와^{W. E. B. Du Bois}, 맬컴 엑스^{Malcolm X} 같은 인물의 말을 인용한 문장도 들어 있었다. 캘리포니아교도소 관계자의 주장에 따르면, 그런 식의 자료는 교도소 갱단과 관련한 증거라는 것이다. 교도소 관리가 재소자를 장기간 독방에 가둔 또 다른 사건을 살펴보면, 흑인 재소자가 〈흑인이 교도소에서 살아남는 방법^{The Black People's Prison Survival Guide}〉이라는 소책자를 보관했기 때문이었다. 하지만 그 소책자에는 그저, 독서를 많이 하고 사전을 가까이하고 요가를 연습하고 TV 시청을 줄이고, '폭력단 우두머리들'과 가까이하지 말라는 조언뿐이었다.

로버츠가 어떤 편지를 보더니 인상을 찌푸리며 중얼거렸다. "내가 본 미친년 중에 가장 미친년이에요." 로버츠는 거의 매일 편지를 읽은 터라 재소자들의 삶을 시시콜콜 꿰고 있었다. "세상에, 남자 이

158   아메리칸 프리즌

름을 등짝 가득히 문신해 넣다니. 골반뼈까지 새겨 넣었대. 이 새끼
가 나가면(언제 나가든 30~40년은 살 텐데), 아무튼 나간다 해도 이년한테
는 안 갈 거야. 나갈 때 돈이야 얼마든지 있을 거고. 다 여자가 보낸
돈이지. 여자한테 뭔가 돌려보내기도 하지만…… 그야말로 가뭄에
콩 나는 정도야. 그런데도 팔에서 가슴까지 온통 그 새끼 이름을 새
겨 넣었대."

"그게 바로 사랑이에요." 레이놀즈가 말했다.

"멍청한 짓이지. 사랑은 개뿔." 로버츠가 투덜거렸다.

봉투에서 편지지를 꺼낼 때마다 관음증 환자가 된 기분이었다.
그래도 내용은 흥미로웠다. 한 여성은 25년 형의 징역을 살고 있는
남편에게 편지를 썼는데 남자가 출옥이 얼마 남지 않은 모양이었다.

남자의 손톱 때가 된 기분을 어떤 여자가 좋아하겠어?…… 자기도
알겠지만 맞아, 난 자기 손톱의 때야. 그래도 알지? 자기를 사랑해……
삶이 짧다고들 얘기하지만 그 삶이 순간순간 그리워…… 두고 온 가족
을 사랑해 주고 싶어. 자기가 말은 맨날 번드르르하게 하지. 인생은 짧
고 잃어버린 시간이 그립다고. 두고온 가족을 사랑하고 아내도 사랑
해주고 싶다고…… 내가 자기한테 얼마나 소중한지 보여줄 생각이라
고 말이야. 하지만 당신은 그저 신경질적이고 심통 맞은 아이처럼 굴었
지…….

패트, 제이, 베아트리체도 당신 귀향에 반대하지 않아.* 물론 나를 때리지 않아야 하지만 당신도 가족이니 환영해 줄 거야. 나도 이제는 사랑도 받고 싶고 존중도 필요해…… 그래서 말인데, 자기한테 6개월간 생각할 시간을 줄까 해. 그동안 자기가 정말 뭘 원하는지 생각해 봐.

놀랍게도 편지 상당수의 발신자가 과거의 재소자였다. 원에 여전히 애인이 있다는 얘기다. 최근에 출옥한 재소자가 연인에게 보낸 편지를 하나 읽었다.

잘 지내지? 정말 정말 사랑해. 음, 난 아직 여기야. 자기 전화 받지 못해서 미안해…… 정부에서 주는 전화기를 구하는 중이야. 500분 무료 통화를 준다네. 교도소 새끼들이야 원래 맛이 갔지만, 여기도 마찬가지야. 노숙자들도 대부분 그만큼 미쳤어. 그 새끼들 때문에 벌써 스무 번도 넘게 싸웠는걸. 레즈비언 커플하고 가끔 얘기는 하지만 대개나 혼자 지내…… 오늘도 건축 기술만 있으면 일거리를 얻을 수 있었는데…… 여긴 사방에서 건축 공사를 하고 있어. 하지만 난 포크레인 운전을 할 줄 모르는 데다 건강 때문에 오랫동안 서 있기도 힘들어.
이번 크리스마스도 식구들과 지내기는 어렵겠어. 마음의 상처가

아메리칸 프리즌

가시지 않아. 너무 힘들어. 노숙자가 되리라고는 상상도 못 했는데. 노숙자가 될까 항상 무서웠어. 어릴 때부터 삶이 주는 많은 시련을 경험하며 살리라 생각은 했지만 이런 것까지 겪고 싶지는 않아. 아버지한테 중장비가 있었는데 그때 운전법을 배우고 그 일을 했어야 했어. 그럼 적어도 기술 하나는 배워서, 이렇게 나이 들어서도 써먹을 수 있었을 텐데. 지금은 그런 기술이 먹혀. 대형트럭 운전수는 어디에서나 일할 수 있다더군. 하지만 나한테는 1종 운전면허도 없는 데다 음주운전 전력 때문에 지원도 불가능해. 일자리를 구해도 문제야. 밤에 일하거나 야간조에 걸리는 날이면 잠을 잘 곳이 없어지고 말거든. 보호소는 규정 시간 이후엔 출입을 금지하니까. 잠자리를 구하려면 4시 이전에 신고해야 해. 그 이후에는 침대를 빼앗기게 돼. 난 계속 노숙자로 지낼 수밖에 없어. 프로그램이 그렇다고 하네. 말도 안 돼. 무능력자 보장소득에 지원하고 싶어. 장애 판정도 받고 싶고. 그걸 받는 데 4개월은 걸릴 것 같아. 아무래도 크리스마스는 이곳 보호소에서 지내게 되겠지. 자기 없이 성탄절을 보내야 하다니 너무 괴로워.

편지가 우울해지고 말았네. 조만간 희소식이 있기를 빌어. 좀 더 길게 쓰고 싶지만 이제 편지지도 다 떨어져 가.

자기도 즐거운 크리스마스 보내길 빌어. 사랑해, 진심으로.

앙골라교도소에서 온 편지도 있다.

어디서부터 잘못된 거죠? 맹세까지 한 사이 아니었나요? 우리의 '피의 맹세'는 도대체 어떻게 된 거예요? 왜 갑자기 변심한 거죠? 사랑이 그렇게 쉽게 시들면 안 되잖아요, 나의 테디보이? 처음부터 나를 사랑하지 않았다면 모를까. 허니, 이 세상에서 자기 없이 나보고 어떻게 살라는 거죠? 그냥 잊어버리라고요? 맙소사, 난 못 해요. 그냥 이대로 포기할 수는 없어요. 자기가 없으면 난 아무것도 아니에요. 정말 사랑하니까. 나를 떠났던 어떤 이보다도 당신을 더 사랑해요. 13일 후, 크리스마스가 우리 기념일이에요. 꼬이지만 않았어도 2년 전에 결혼도 했을 텐데요. 내가 자기를 얼마나 원하는지 몰라서 그래요?

허니, 청바지 (잊지 않았죠)? 자기가 구해준 선물, 난 계속 그 옷만 입어요. 내 생일에 사준 목걸이, 거기에도 '영원한 나의 테디보이'라고 적었어요. '런 DMC'의 사진 액자도 있고 운동장에서 내게 청혼할 때 준 약혼반지도 아직 있어요. 내 왼쪽 가슴에 새긴 문신, 기억하죠? 심장이 있는 곳이니 내 몸에 숨이 붙어 있는 한 절대 지워지지 않아요. 이제 엉덩이에도 자기 이름을 새길 거예요. 디온테 G. 베이츠의 영원한 여자, 디온테 G. 베이츠, '원할 때면 언제든 박아줘'라고 적을 테야.

삼나무동의 교정 상담원correction counsler이 우편실로 들어왔다. 교정부 관리들이 갑자기 쳐들어오더니 개들을 풀어 교도소 전역을 수색했다고 한다. 상담원 얘기로는 재소자들이 무척 화가 났다고 했다.

아메리칸 프리즌

"내일 ARP, 그러니까 행정구제절차나 재소자 소원수리가 엄청 나올 거야. 분실물 청구 건이겠지."

"근거 없음!" 로버츠가 빈정거리며 웃었다.

"근거 없음!" 상담원이 장단을 맞추자 둘이 키득거리며 한참을 웃었다.

"결과는 보나 마나야. 모조리 '근거 없음' 아하!" 상담원이 밖으로 나갔다.

"오, 빌어먹을, 피곤해 죽겠군. 어젯밤에 한잠도 못 잤어요. 저 개새끼 때문에. 어젯밤 내내 낑낑대더라니까." 로버츠가 하품을 하며 투덜댔다.

"신은 인간을 위해 개를 만들었죠." 레이놀즈가 키득거렸다.

"그런 모양이야." 로버츠가 인정하고는 예전에 키웠던 개 이야기를 들려주었다. "내가 '멍멍' 하면 개도 '멍멍' 따라 했어. 문득 대화를 나누고 있다는 생각이 들더라고. 내가 '으르르르릉' 하면 정말 '으르르르릉' 거렸다니까, 맹세코. 그런 개였는데."

봉투 앞면에 이렇게 적혀 있었다. "상황이 아무리 어렵더라도……" 얘기는 뒷면으로 이어졌다. "주님을 통해 만사가 형통할 것입니다!" 그 안에는 어느 재소자의 아내가 보낸 편지가 들어 있었다.

다시 이곳에 와서 당신 생각하네. 끔찍해. 여기에 있으면 모든 게

163

당신을 떠올리게 만들어. 젠장, 보고 싶어! 신기해. 우리가 이곳에서 맺은 인연으로 마치 내 영혼 속이 들어 있는 것만 같으니. 당신을 잃는다는 생각만으로 무서워 죽겠어. 부디 나를 버리지 않았기를. 내가 그다지 잘해주지 못했다는 건 알아. 하지만 자기, 자기는 우리가 헤어진 후 내가 어떤 고통을 겪었는지 모를 거야. 가족들도 나한테 지쳤을 거야. 내가 조금씩 나 자신을 죽이고 있으니 보기도 괴로웠겠지. 두 번이나 페노발브 90알, 옥시코돈 2알, 서복손 3알을 먹었는데 죽지 못했어. 자기와 헤어지고 두 번째로 독세핀 60알, 프로파나놀 90알을 삼켰는데 망할, 그래도 살아 있네? 하느님도 좇나게 웃기지? 나한테는 자기밖에 없어. 자기도 알다시피 내가 죽든 살든, 굶어 죽든 살아 있든 아무도 신경도 쓰지 않아. 그저 혼자 남은 채 쥐꼬리만 한 수입으로 살아남으려 기를 쓰고 정신병동을 들락거리지. 자기가 옆에 없다는 사실에 고통스럽기만 하고……

당신은 나의 전부야. 당신의 사랑하는 아내로부터.

언제나처럼 오후의 일과를 해나가는데, 약 목록이 들어 있는 이 편지가 나를 괴롭혔다. 우선 펜 녹음기와 손목시계 카메라 파일을 노트북 컴퓨터에 업로드하고, 풀어놓은 잡문들을 의미가 통하도록 정리했다. 하루 종일 펜 버튼을 위아래로 오르내리며 오디오 파일을 추적하는 일이다. 샤워를 하고 식사를 하고 노트북 컴퓨터 앞에 앉아

아메리칸 프리즌

몇 가지 메모를 했다. 그 후에는 부엌 식탁에 설치한 카메라 앞에서 그날에 대해 이야기했다. 만약…… 이 여자가 자살을 하면 어쩌지?

누구하고라도 얘기하고 싶은데 가족에는 이해할 만한 사람이 없고, 원에서는 내 정체를 아는 사람이 없었다. 근무할 때 외에는 수습 사원들과 어울리지 않았다. 몰래 그들의 얘기를 쓰고 있는데, 그런 사람들의 삶에 개입하는 건 옳지 않다고 여겼다. 그래도 생각을 정리할 필요는 있다는 생각에 전화기를 꺼내 내커터시에서 유일하게 아는 사람에게 문자를 보냈다. 앤서니^{Anthony}.

앤서니를 만난 것은 마을의 유일한 클럽인 보디(클럽이라고 해봐야 다 녹슨 철제창고 같은 곳이다)에서 당구를 칠 때였다. 앤서니는 자신이 아프가니스탄 퇴역군인이라며 가슴의 총상을 보여줬다. 눈은 차갑고 거칠기까지 했다. 그는 모자챙을 잔뜩 구부려 썼고, 평범한 모양의 부족 문신으로 팔뚝을 뒤덮었다. 우리는 작은 플라스틱 칵테일잔으로 술을 마시며 당구를 쳤다. 북부 출신을 '양키'라고 부르면서도 내가 양키라는 사실은 개의치 않는 듯 보였다. 내가 원에서 일한다고 하자 자기도 한때 그곳에 복역한 적이 있다고 고백했다. 빌리 밥을 만났나? 소트팀에 있는데. 그 새끼는 건드리지 마. 해병대 출신이거든. 종아리에 50구경 총상이 있는데 한번 물어보기는 해봐.

앤서니는 답장을 보내 자기 트레일러 단지로 오라고 했다. 그곳에서 파티를 열 예정이란다.

앤서니의 트레일러는 무척이나 낡고 좁았다. 양말을 조명기구에 널어 말리고 플라스틱컵들이 아무렇게나 널브러져 있었다. 식탁에는 커다란 폭죽 상자들이 쌓여 있었다. 안에 들어가자 매트^{Matt}가 인사했다. 멀대 같은 백인 트럭 운전수. 매트 말고도 앤서니의 남동생, 여동생 둘과 조카가 있었고, 자신을 '무늬만 흑인'이라고 소개하는 친구도 한 명 있었다. 앤서니가 하는 일은 트레일러 단지를 관리하는 것이었다. 어머니와 함께 트레일러 두 대를 따로 소유하고 있기도 했다. "덕분에 잡혀가지 않는 거야." 그의 말이다. 앤서니는 나에게 비어퐁 게임을 해봤는지 물었다. 한 번도 해보지 못했다고 하자 다들 이상하다는 듯 나를 보았다.

"비어퐁을 모른다고요?" 부바^{Bubba}라는 백인 남자가 다시 물었다.

"예, 내가 살던 곳에선 안 해요."

"캘리포니아에서는 비어퐁을 안 해요? 거기 가 본 적이 없어서." 부바가 다시 물었다.

"거기는 폭죽놀이도 없대." 앤서니가 일러주었다.

"응? 별 미친놈들 다 보겠네. 아니, 그럼 뭘 하고 논대?" 주유소에서 사 온 페일에일을 내밀었지만 다들 거절하고 버드라이트만 마셔 댔다. 잠시 후 비어퐁 게임의 규칙을 두고 말싸움이 벌어졌다. 아니, 무슨 규칙이 그래? 탁구공이 이 컵, 저 컵 부딪혔다가 들어갔는데 공이 건드린 컵을 다 마시라고? 네 개 남았을 때 컵 위치를 조정하는

데가 어디 있냐? 누가 그런 개소리를 해? 데스컵 게임은 어때? 컵을 손에 들고 다른 팀이 그 안에 볼을 넣으면 자동으로 이기는 거야, 응?

우리는 탁구공을 플라스틱 맥주컵 안에 던져 넣었다. 편지 쓴 여자, 정말 그 약을 다 먹었을까? 아니면 교도소에 갇힌 남친을 자극하려고 거짓말을 한 걸까? 갇혀서 아무것도 할 수 없는 사람에게 도와달라고 외치는 그 심정은 또 얼마나 안타까운가? 이럴 때 난 어떻게 해야 하지? 어디까지 개입해야 하는 걸까? 내가 이곳에 있는 것도 잘못이 아닐까? 트레일러 단지도 그렇고 교도소도 그렇고, 이곳 사람들은 내가 기자라는 사실을 모른다. 언젠가 자신들이 책에 등장한다는 사실도 모르고 있다. 교도관으로서 충실하게 근무한다는 데는 편집장과 내가 합의했지만 이렇듯 더 심각한 윤리 문제가 있으리라고는 생각하지 못했다. 내가 교도소 시스템에 개입해도 되는 걸까? 나도 매일 사람들을 감방에 가두어야 한다. 그중에는 어릴 때부터 감금생활을 한 사람도 있다. 마약 때문에 들어온 이도 있고 살아남기 위해 범죄를 저지른 가난한 이들도 있다. 제대로 감옥 시스템을 조사할 생각이면 이따금 손을 더럽혀야 한다고 스스로 마음을 다져왔다. 그런데 교도관이 재소자를 때리면 어떻게 하지? 말려야 하나? 그냥 촬영만 해? 편지를 쓴 여자는 심각해 보이는데 그냥 무시해도 되는 걸까? 그러다 자살이라도 하면?

부바와 내가 지는 바람에 미지근한 버드라이트를 여섯 잔이나

마셨다. 부바가 잔을 내려놓고 나간 덕에 나도 술을 바닥에 붓고 앤
서니를 찾았다. 앤서니는 식탁을 노려보고 있었다. 그 위에 폭죽이
가득했는데 매트와 함께 무슨 계획을 꾸미는 모양이었다. "저 흑인
놈을 잡을 거야." 매트가 말하더니 나에게 병로켓을 건넸다. "네가 왼
쪽으로 가. 내가 오른쪽을 맡을게." 난 가만히 있었다. 둘은 흑인을
쫓아가더니 병로켓 몇 개를 쏘았다.

"그거 아나, 셰인? 역시 군대놀이가 끝내줘!" 매트는 앤서니와
마찬가지로 퇴역군인이다. 그가 앤서니에게 말했다. 저 새끼한테 맥
주 한 병 갖다주고 속옷 빼고 홀딱 벗겨. 핏불 한 마리가 껑충껑충 뛰
어다녔다. 누군가 폭죽을 들었는데 그 불꽃을 물려고 하는 중이었다.
앤서니도 옷을 벗었다. 한 여자가 무슨 짓이냐며 기겁을 했다. "군대
놀이야. 이렇게 해야 맛이 나지." 매트가 대답했다. 매트는 커다란 폭
죽을 집었다. 원래 땅에 꽂고 불을 붙이고 터지기 전에 빠져나오는
종류인데 매트는 다리 사이에 끼우고 힘을 줬다. 앤서니가 점화를 하
고 "터진다!" 외치고는 매트의 등 뒤로 피했다. 쾅!

앤서니가 신이 나서 다른 폭죽을 집었다.

"이거 불붙여, 깜둥아!" 쾅!

"셰인, 너도 한 판 할래?"

"아니, 난 괜찮아."

"이런, 군대놀이가 얼마나 재미있는데 그래?"

아메리칸 프리즌

앤서니와 매트는 취해서 계속 군대놀이를 해댔다. 폭죽이 떨어지자 매트는 '폭죽 가게가 문을 닫지 않았겠지?'라며 투덜댔다. 자기가 가지고 있는 300달러를 다 쓰겠다고 한다. 아냐, 아냐, 가불하면 되니까 더 왕창 사도 되겠어.

로버츠한테 자살 편지 얘기를 해야겠다고 결심했건만, 주말 아침 교도소에 출근하고도 주차장에 앉아 한참이나 고민했다. 용기를 내기가 어려웠다. 로버츠가 다른 사람한테 뒷담화를 하면 어쩌지? 내가 말랑말랑해서 이 일에 맞지 않는다는 소문이라도 난다면 어떡하지?

탐지기를 통과하는데 그녀가 보였다. 나는 그쪽으로 걸어가며 이름을 불렀다.

"헤이, 로버츠."

"네?" 로버츠가 상냥한 얼굴로 대답했다.

"상의할 게 있어서요. 금요일에 하고 싶었는데 그게……" 로버츠가 걸음을 멈추고 나를 빤히 바라보았다. "정신건강 수업 때 교관님 말씀이 자살 징후가 있으면 반드시 보고를 하라고……"

로버츠가 손을 저어 내 말을 끊더니 다시 걷기 시작했다.

"아니, 편지에……"

"나도 알지만 신경 안 써도 돼요." 그녀는 그렇게 말하며 우편실 쪽으로 걸어갔다.

"정말요?"

"으음. 저기서 일어난 일이죠? 신경 꺼요, 괜찮으니까." 로버츠는 수감동을 가리키고는 그대로 우편실로 들어갔다.

그날은 3일에 걸친 현장 훈련의 첫날이었다. 현장 훈련은 정식 교도관이 되기 전 마지막 단계다. 과장이 교도관을 부르더니 나를 느릅나무동에 데려가라고 명령했다. 우리는 천천히 통로를 걸어 이동했다. "충고 한마디 하자면 일은 절대 집으로 가져가지 말아요. 정문에서 다 털어내라고요. 안 그러면 알코올중독자가 되고 말 거요. 지금은 술을 못 마신다 해도." 그가 울타리 밖으로 담배를 뱉어냈다. 조사해 보니, 교도관 중 3분의 1이 외상후스트레스장애로 고통을 받고 있었다. 이는 이라크와 아프가니스탄에서 돌아온 군인들보다도 높은 수치다. 자살 방지 포스터들이 교도소 여기저기 붙어 있는데 모두 직원용이었다. 교도관의 자살 시도율은 일반인들 평균보다 2.5배 높다. 플로리다에서 일하는 교정 관리들과 경찰 관리들이 주관한 연구 결과가 그랬다. 교도관은 수명도 더 짧았다. 자살하지 않는 교도관도 일반인보다 10년 정도 일찍 죽는다.

통로는 기이할 정도로 조용했다. 농구장에 안개가 낮게 걸렸다. 교도소는 강제 감금 상황이라 프로그램도 모두 취소되었다. 식당 근무자 외 모든 재소자가 수감동을 떠날 수 없다. 제재는 보통 큰 혼란이 있을 때 발동하는데 오늘은 경우가 달랐다. 교도관 일부가 휴가를 받아 교도소를 관리할 인력이 부족하다는 이유였다. 수감동 감독^{unit} manager은 내게 플로어 담당 교도관 역할을 배정했다. 지금 있는 교도관은 해병대 출신의 건장한 백인이었다. 복도를 걷는데 재소자가 왜 이렇게 가두느냐며 잔소리를 했다. 해병이 대답했다. "씨발, 이런 데서 누가 일하고 싶어 해야 말이지. 다들 금방 그만두니 정문 지킬 사람도 모자라 이 지랄이잖아!"*

"개판이군." 재소자가 투덜댔다.

"이봐, 개판에 아수라판이야. 소장이 나한테 묻더구먼. 어떻게 하면 직원들 사기를 올리느냐고. 내가 딱 한마디 했어. '봉급 인상하면 됩니다'." 해병이 머그잔의 커피를 꿀꺽꿀꺽 들이켰다.

"그래, 당신들은 더 받아야 해." 재소자가 맞장구쳐 주었다.

"기름 1갤런에 4달러야. 그런데 젠장, 시급 9달러가 말이 돼?" 해병이 목청을 높였다.

"헐, 기름값도 안 나오겠다!"

우리는 천천히 수감동을 돌아다녔다. 그는 아프리카, 카리브해, 동유럽에서 복무했다고 했다. 1996년에 해병대를 나와 재향군인이 되었고, 유전에 취직했다가 2003년 문을 닫으면서 실직 상태로 바로

---

* CCA에 물어보니 직원 부족 때문에 강제 감금 조치를 한 적은 한 번도 없다고 대답했다. 원의 정문에 직원을 배치하지 못한 상황에 대해서도 "아는 바 없다"라고 했다.

원에 입사했다. "나는 구닥다리 방식으로 배웠지." 그는 주 방위군을 이라크에 파병했을 때 잠시 교도소를 떠났다가 다시 돌아왔다. 돌아와 보니 죄수를 때릴 수 있었던 옛날이 관리가 훨씬 수월했단다. 그가 보안카메라를 가리켰다. "저거 졸라 신경 쓰여. 옛날엔 개새끼들이 까불면 질질 끌고 다니며 팼거든? 지금은 그럴 수 없지."

재소자가 행정구제절차 양식을 요구했다. 이른바 '느릅나무 정치꾼'이라는 자인데, 강제 감금 조치에 항의하고 싶다는 얘기였다. 잘못은 교도소가 해놓고 왜 재소자들만 불이익을 감수해야 하는가?

"예전엔 행정구제를 어떻게 처리했어요?" 내가 물었다.

"재소자들이 권리를 침해당했다고 생각하면 불만이야 얼마든지 접수할 수 있지." 그의 대답이었다. 과장이 거부하면 소장한테 항소하고, 소장이 거부하면 교정부에 항소할 수 있다. "그래봐야 1년도 더 걸려. 여기는 금방 통과하는데 배턴루지의 교정부에 가면 그냥 파일 더미 속에 던져버리거든. 나도 교정부 본부에 가본 적이 있어. 그 씹새들이 거기에서 뭐 하는지 알아? 아무것도 안 해."*

수감동을 두어 차례 순찰한 다음 해병은 혼거실 문을 열어놓고 문기둥에 기대서는 재소자와 잡담하기 시작했다. 둘 다 키득거리며

---

* 보안팀 부팀장인 로슨의 말에 따르면, 원에서 무려 15년을 근무하는 동안 직원의 소원수리가 해결된 적은 단 한 번뿐이었다.

아메리칸 프리즌

웃었다.

나도 두 사람에게 다가갔다.

"오늘이 처음이셔?" 재소자 하나가 철창에 기댄 채 물었다.

"예."

"CCA에 잘 오셨수. 정문 표지판에 뭐라고 적혀 있는지는 보셨지?"

"아는 것이 힘이다? 힘은 개뿔." 해병과 재소자가 함께 웃는다.

"아니, 아니, 그거 말고. 'CCA의 길'이라고 있잖아요. 그게 무슨 뜻인지 아셔?" 그가 내게 물었지만 대답하지 않았다. "생각한 대로 아무거나 말해보셔."

해병이 키득거리며 웃었다.

"여기도 좋은 사람이 있어. 그건 장담하지. 물론 개자식들도 있고. 어떤 놈들은 완전히 개차반이지, 뭐."

"그거야 하기 나름이지. 까놓고 말해서 당신들이 좆같이 나오면 우리도 좆같아지는 거야." 재소자가 고개를 젖히더니 아랫입술 밑의 뭉툭한 부분을 손가락으로 만지작거렸다.

해병은 철창을 잡고 체중을 실으며 말했다.

"나한테도 세 가지 규칙이 있는데 이 새끼들도 알아. 쌈질 안 되고 씹질 안 되고 딸질 안 되고. 단! 소등 후에는 꼴리는 대로 할 것. 나야 신경 안 써. 집에 있을 테니까."

다음 날은 일반 수감동인 물푸레나무동에서 근무했다. 매니저는 흑인 여성, 이름은 프라이스^{Miss Price}였다. 살이 너무 찐 탓에 걷는 것도 버거워 매일 아침 재소자가 휠체어에 태워 데려와야 했다. 재소자들은 프라이스를 '돼지왕'이라고 불렀지만, 군턱 때문인지, 목소리 때문인지, 아니면 특유의 뚱한 표정 때문인지는 분명하지 않았다. 재소자들은 그녀를 위압적인 어머니처럼 대했다. 성질을 건드리기보다 환심을 사려는 쪽이다. 그녀는 24년 전 교도소가 문을 열었을 때부터 이곳에서 일했는데 어느 교도관 얘기대로라면, 젊었을 때는 지원 인력도 없이 혼자 재소자들의 싸움을 뜯어말렸다고 한다. 다른 교도관도 거들었다. "지난주에 재소자 한 놈이 자기 물건을 꺼내 돼지왕 앞에서 딸딸이를 쳤잖아? 돼지왕이 휠체어에서 일어나더니, 그놈 목을 잡고 벽에 내동댕이치더라니까. 그러고는 뭐라고 했는지 알아? '또 그랬다간 아구창을 날릴 줄 알아!'"

　프라이스가 오전 중에 공동구역을 철저히 수색할 것을 지시했다. 나는 교도관과 함께 혼거실에 들어가 TV 시청실과 테이블들을 수색하는 척했다. 테이블 상판 바닥도 건드려 보고 책 몇 권도 훑어보았다. 그러다가 분수대 아래쪽을 더듬을 때 손에 뭔가 걸렸다. 무릎을 꿇고 보니 스마트폰이었다. 이런, 어떡하지? 가져가? 그냥 둬? 당연히 압수해야 마땅하지만 어쩐지 악랄한 밀고자가 된 기분이었다. 교도관 역할도 좋지만 누군가 가까스로 챙겨놓은 이런 사소한 자유마저 빼앗을 용기는 없었다. 감시를 피해 바깥세계와 접촉하고 인

　　　　　　　　　　　　　　　　아메리칸 프리즌

터넷에 접속하고 교도소의 집단통제에서 달아날 수 있다면 그것도 그의 능력일 것이다. 물론 스마트폰을 이용해 마약을 반입할 수도 있겠지만 내가 무슨 상관이란 말인가? 예전에 갇혔을 당시 나 역시 항불안제를 모아두었다. 밤만이라도 고통을 잊고 싶었기 때문이다. 마리화나든 뭐든 잠시나마 현실을 벗어날 수만 있다면 난 목숨이라도 내놨을 것이다.

다만 전화기 압수에도 현실적인 문제가 있다. 그때쯤 교도관의 임무가 법을 집행하는 것과 거리가 있다는 사실 정도는 깨달았다. 본질은 하루하루를 어떻게 안전하게 버텨내느냐였는데, 결국 이런 식의 문제도 신중하게 판단을 내려야 한다는 뜻이다. 재소자 하나가 나를 지켜보고 있다. 전화기를 두고 간다면 혼거실 모두가 알고 난 재소자들의 존중을 얻게 될 것이다. 압수한다면 상급자에게 점수를 따고 나를 향한 의심의 눈초리도 어느 정도 거둬질 것이다. "놈들하고 붙어먹는 놈들이 정말 감시받아야 할 놈들이야. 당신들 다섯? 앞으로 절반은 부패한다. 내가 장담해." 소트 팀장 터커가 한 말이다. 전화기를 압수하면 그도 내가 매수당하지 않았다고 여길 것이다. 덕분에 의심을 피할 수 있으면 난 위장 신분을 유지하기에도 편하다.

나는 스마트폰을 압수했다.

프라이스는 감동했다. 교도관들은 무덤덤했다. 담당 교감은 일부러 전화까지 해서 나를 칭찬했다. 난 자기 환멸에 치를 떨어야 했다. 나중에 보니, 혼거실 재소자들이 일제히 나를 노려보고 있었다. 내가 지나갈 때 누군가 위협적으로 달라붙기도 했다.

아파트 근처 술집에서 CCA재킷을 입은 한 남자를 만났다. 원에서 일하느냐 물으니 "그만뒀다"라고 한다.

"난 지금 막 시작했어요." 내가 말했다.

그가 웃었다. "하나만 얘기하죠. 금방 넌더리납니다. 12시간 교대근무 들어가 보면 알게 될 거요. 얼마나 위험천만한 직업인지." 그가 담배를 한 모금 빨았다. 나는 스마트폰 얘기를 했다. "오, 그놈들 절대 당신 얼굴 잊지 않을 거예요. 적이 그만큼 많이 생겼다고 보면 됩니다. 물푸레나무동에 들어가면 골치 아파지겠네요. 놈들이 알고 있으니까. 스마트폰 주인도 사사건건 걸고넘어질 테고."

그는 당구대에 당구공을 정리하면서 한 간호사 얘기를 해주었다. 재소자가 약 알레르기 때문에 주사를 맞고 죽었는데 친구들은 간호사가 일부러 죽였다고 여겼다. "통로를 지나가다가 놈들한테 죽도록 맞아 헬기로 응급실에 실려 갔어요."* 그가 당구공 여덟 개를 때리자 줄무늬 공이 구멍으로 들어갔다.

현장 훈련 사흘째이자 마지막 날, 안내에 따라 회의실에 들어갔

---

* CCA는 이 사건에 대해 아는 바 없다고 대답했다.

아메리칸 프리즌

다. 회의장에서는 교도관들이 심각한 표정으로 커피와 에너지 음료를 마시고 있었다. 코르테즈가 탈옥한 직후, 교도소장은 근무를 시작할 때마다 보안팀 지시를 받으라고 명령을 내렸다. 부소장 파커가 카키색 카고바지와 스포츠점퍼 차림으로 방 앞에 서 있었다. "어이, 퍼질러 잘 생각 아니면 눈 좀 뜨지 그래? 안 그럼 내가 보이겠어?" 가운데 줄에 있는 교도관들을 보며 투덜댔다. 그가 연단에 팔꿈치를 기대는데 딱 이웃집의 '좋은 게 좋은 거잖아?' 아저씨 같았다. "모임 가지면 좋잖아? 재소자 놈들도 나름 꿍꿍이를 꾸미며 우리한테 맞서려 하니까 말이야."

"정말, 정말, 정말, 그래서 모인 거야. 이유야 어떻든 재소자 놈들은 우리 똥줄을 태울 건수만 노리고 꽁무니 쫓아다녔잖아. 그래도 우리는 잘하고 있어. 교정부에서 감독관이 셋 온 건 다들 눈치챘지? 그래도 그 양반들 덕에 우리가 뭘 잘못했는지 알게 될 거야." 말은 그렇게 하면서도 역시 풀 죽은 목소리였다. 교정부는 주 전체의 교도소에 절대적인 힘이 있다. 코르테즈가 탈옥한 이후 윈의 일거수일투족을 철저히 들여다보는 중이었다.* 교도관들 얘기를 들어보니, 보고 태만을 트집 잡아 여름 내내 CCA를 찔러대거나** 느닷없이 나타나

---

* 후일 DOC의 기록을 확보해 보니, 교정부는 그저 CCA에 "계약 이행"과 윈의 "기본적인 교정 방식"을 개선해야 할 영역들에 대해서만 통보하였다.
** CCA의 대변인은 재소자의 저항 모두를 보고했다고 주장했다.

교도관들을 감시하고 업무에 대해 꼬치꼬치 캐묻는다고 한다. 신입 교도관들은 직장을 잃을까 노심초사했다. 고참들은 코웃음을 쳤다. "옛날엔 더했어. 이 정도는 별것 아냐!"

"그 양반들이 보지 못한 게 하나 있어. 우리도 그동안 놀기만 한 건 아니잖아?" 파커는 그렇게 말했다. 이곳에 개선해야 할 일들이 있나? 아, 물론 그런 거야 쎄고 쎘지. 여기가 헛도는 경향이 있기는 해도 그동안 이룬 것도 적지 않아. 아, 싸움을 모두 중지하자는 얘기도 아니야. 그런다고 하늘에 무지개가 뜨고 강아지, 나비들이 사방을 뛰어다닐 리 없지 않겠어? 내 말은 그런 뜻이 아니야."

"오늘 파커의 계획이 뭐다? 그래, 재소자들 제멋대로 입는 옷부터 어떻게 해보자, 응?" 부소장의 말은 이렇다. 개조 유니폼과 '사제 모자'처럼 생긴 모자들을 싸그리 압수한다.

"바지 내려 입는 새끼들 있잖아? 팬티 다 보이게. 미친놈들이 청바지까지 내려 입잖아. 벨트가 있는데도.* 그럼 안 맞는 옷이야. 맞지 않는 옷은 어떻게 한다?" 부소장이 손가락을 튕겨 딱 소리를 냈다. "압수해야지. 쓰레기 옷들부터 쓸어버리자고."

"올해는 머리 스카프도 확실하게 끝장을 보겠어. 거기 올인할 생각이야. 싸그리 없앨 거야. 그렇다고 나 혼자 전부 다 압수할 수는 없

---

* 교도소에서 바지를 내려 입으면 동성애를 허락한다는 의미로 통한다.

아메리칸 프리즌

지 않겠어?" 나는 이런 일로 어떻게 폭력을 줄이고 탈옥을 막겠다는
건지 도무지 알 수 없었다.

"뭐, 다른 할 말 없어? 이런, 왜 그래! 커피나 마시자고 모인 거
야? 정신 똑바로 차리자고. 커피가 그렇게 맛있어?" 커피는 새로 내
린 것이었지만 맛은 엿 같았다.

나는 물푸레나무동에 파견되었다. 프라이스는 열쇠를 건네면서
도 아무 말 하지 않았다. 나도 입을 다물었으나 둘 다 의미는 잘 알았
다. 수습사원이 열쇠를 맡는 것은 불법이다. 열쇠의 재질은 놋쇠, 길
이는 15센티미터, 무겁고 맨질맨질했다. 아침 식사를 위해 재소자들
을 내보낼 때 열쇠를 자물쇠에 넣고 왼쪽으로 돌리자 빗장이 철컹 소
리를 내며 풀렸다. 재소자들이 지나가는 동안 나는 출입구에 서 있었
다. 주머니 속의 열쇠를 잡고 손바닥으로 질감을 느꼈다. 마지막 재
소자가 떠났다. 철창을 잡고 힘껏 당기자 역시 쾅 소리를 내며 문이
잠겼다. 나는 열쇠 사슬을 잡고 빙글빙글 돌리며 재소자들의 뒤를
따랐다.

12

남북전쟁이 끝나고 몇 년 후, 새뮤얼 로런스 제임스는 농장 하나를 사들였다. 미시시피 유역 웨스트 펠리치아런나 교구West Feliciana Parish의 어느 완만한 협곡으로, 농장 이름은 앙골라였다. 그곳에서 노예 생활을 한 사람 상당수가 앙골라 출신이었기 때문에 그런 이름이 붙었다. 전쟁 이전에는 매년 면화 3,100꾸러미를 생산했는데 남부 어느 농장보다도 월등한 양이었다. 농장주들이 보기에 이제 그 시절은 끝이 났다. 노예 없이 그 생산 수준에 도달하는 것은 절대 불가능했다.

하지만 제임스는 낙관적이었다. 노예는 떠났을지 몰라도 다른 주에서는 노예제 비슷한 제도가 싹을 틔우고 있었다. 전쟁 전의 죄수는 대부분 백인이었으나 지금은 열 명 중 일곱이 흑인이다. 미시시피의 '목화왕' 에드먼드 리처드슨Edmund Richardson은 주 정부에 죄수를 임대해 달라고 설득했다. 전쟁으로 잃어버린 목화 왕국을 재건하고 싶었

아메리칸 프리즌

기 때문이다. 교도소가 잿더미가 되었으니 국가도 죄수들을 어디든 보내야 했다. 결국 주 정부는 죄수들을 관리하는 조건으로 매년 1만 8,000달러를 지불하기로 합의했다. 제임스는 죄수들의 노동으로 이윤을 만들어 낼 수 있었다. 머지않아 그는 세계에서 가장 힘 있는 목화농장주가 되고 50개 농장에서 연간 1만 2,000꾸러미 이상을 생산해 냈다. 조지아의 교도소가 셔먼 장군General Sherman에게 파괴된 후, 주 정부는 죄수들을 철도 건설회사에 임대했다. 앨라배마는 죄수들을 인력회사에 넘겼다. 회사는 죄수들을 전국의 탄광과 철도 건설 캠프에 임대해 강제 노동을 시켰다.

루이지애나가 다른 길을 가야 할 이유는 없었다. 아프리카계 미국인이 교도소에 넘쳐흘렀다. 대부분이 절도죄였다. 1868년, 주 정부의 교도소 운영 비용은 이전 해보다 3배나 뛰어올랐다. 거래를 하기 딱 좋은 시기였지만 누군가 제임스를 따돌렸다. 휴거 앤 존스Hugerand Jones라는 회사가 주 전체의 교도소 임차권을 따낸 것이다. 하지만 계약서 잉크가 채 마르기도 전, 제임스는 무려 10만 달러(2018년 기준으로 170만 달러)를 내고 죄수들을 사들였다. 장장 21년간의 임대 계약이었다. 계약에 따르면 루이지애나 죄수 모두를 이용하는 대가로 첫해에는 5,000달러, 2년 차에는 6,000달러······ 그런 식으로 21년차에는 2만 5,000달러까지 지불해야 했다. 죄수들이 벌어들인 모든 수익은 제임스 차지였다. 그는 즉시 수십만 달러에 달하는 기계를 사들이고 주립교도소를 3층짜리 공장으로 개조했다. 한 신문에서는 그곳의 기계를 '루이지애나 역사상 가장 무거운 기계'라고 불렀다. 교도소는 매일 무명 1만 미터, 당밀 350배럴, 벽돌 5만 개를 생산했다. 그 밖에도 매주 구두 6,000켤레를 만들어 냈는데 '오하이오 남부 역사상 가장 완벽한 구두 기계' 덕분이었다. 공장의 규모가 얼마나 큰지《데일리 애드버킷Daily Advocate》은 그 덕분에 목화, 모직, 목재 등 원자재 수요가 커지고 그로써 루이지애나 경제도 자극을 받게 되리라 예측했다.

제임스의 산업 프로젝트는 야심이 너무 큰 터라 그 많은 죄수로도 수요를 다 채우지 못했다. 2만 개에 달하는 물레를 밤낮으로 돌리기 위해 1871년에는 중국인 노동자도 150명 수입했다. 중국인들은 앨라배마에서 증기선을 타고 들어왔다. 아마도 배턴루지에 정착한 최초의 중국인들일 것이다. 그들은 매일 새벽 6시까지 일하고 매달 금화로 22달러(2018년 기준으로 425달러)를 벌었는데, 죄수들을 유지하는 비용과 비슷한 액수였다.

1873년, 상하원 합동위원회가 감사에 들어갔을 때 루이지애나 주립교도소는 거의 텅 비어 있었다. "밤낮으로 돌아가던 직기織機들도 무덤처럼 고요했다." 교도소장과 임차인들은 교도소를 떠난 후였다. "임차인이 누군지, 있기는 했는지 알아내는 것조차 지극히 어려웠다." 감사단은 보고서에 그렇게 기록했다. 죄수들은 어디로 갔지? 사실 제임스는 교도소 공장 문을 열자마자 교도소를 내팽개쳤다. 죄수

아메리칸 프리즌

들을 노동 캠프에 하청을 주면 돈을 더 많이 벌 수 있다는 사실을 깨달은 것이다. 죄수들은 제방을 쌓고 선로를 놓았는데 임금이 일반 임금 노동자의 20분의 1에 불과했다.

루이지애나 재건 입법부는 제임스를 통제하려 했다. 1875년, 입법부는 재소자를 외부업체에 임대하지 못하게 법으로 금했다. 제임스는 법을 무시하고 계속 노동 임대를 이어갔다. 배턴루지의 지방 검사도 임대료를 지불하지 않았다는 이유로 제임스를 기소했다. 제임스는 그 역시 무시하고 그 후에도 6년간 임대료를 내지 않았다. 이미 무소불위의 권력자가 된 것이다.

제임스만 그런 것도 아니다. 남부 전역의 주 정부는 유력 정치가, 북부의 사업가, 탄광회사, 농장주들에게 죄수를 임대하면서 어떤 종류의 노동을 얼마나 오래 시킬지 따위에 거의 제약을 두지 않았다. 1872년, 미시시피는 죄수들을 네이선 베드퍼드 포러스트^{Nathan Bedford Forrest}, 즉 KKK단의 초대 그랜드 위저드에게 넘겼다. 네이선은 이미 앨라배마, 테네시의 죄수들까지 임차한 터였다. 조지아는 죄수들을 7명에게 분산 임대했는데, 수혜자 중에는 조지아주 연방대법원 수석재판관 조지프 E. 브라운^{Joseph E. Brown}, 그리고 KKK단의 조지아 분회 설립을 주도한 전직 상원의원, 존 브라운 고든^{John Brown Gordon} 장군도 있었다. 둘은 죄수들을 새로 설립한 탄광회사 데이드콜^{Dade Coal}에서 일하게 했다. 1880년쯤 브라운은 백만장자로 등극했다. 또 다른 임차인은 제임스 먼로 스미스James Monroe Smith, 조지아의 의원으로 '전후 남부의 최대 가족 농장'을 운영한 인물이다. 스미스는 매년 400여 명의 죄수를 임차해 대부분 자신의 농장에서 부리고, 인력이 남으면 제재소, 철도회사, 테레빈 정유공장에 재임대했다. 정계에 연줄이 많은데다 마을 건물 상당수를 보유한 터라, 마을 관리에게 황당한 농담도 하고 다녔다. "좋은 말 할 때 깜둥이 더 보내. 안 그러면 법원 건물을 빼앗아 버릴 테니까."

대부분의 주 정부는 짭짤한 수익에 만족했다. 전쟁 직후만 해도 교도소가 자신들의 재정을 갉아먹지 않도록 막아주는 한, 임차인들과 관계가 단절되어도 개의치 않았다. 하지만 강제 노동의 수요가 크다는 사실을 깨닫고는 곧바로 가격을 올렸다. 조지아, 미시시피, 아칸소, 노스캐롤라이나, 켄터키는 매년 2만 5,000달러에서 5만 달러를 벌어들였다. 앨라배마와 테네시는 연간 10만 달러를 벌어들이고 있었다. 1886년, 미국 노동위원회는 임차가 이뤄진 교도소에서는 평균 수익이 교도소 운영 비용의 4배에 달한다고 보고했다. 작가 조지 워싱턴 케이블George Washington Cable은 1885년 죄수임대 시스템을 이렇게 분석했다. "시스템은 기본적으로 죄수의 인신구속을 이용해 주 정부가 돈을 벌 수 있는 기회다. 죄수를 쥐어짜면 짤수록 수익도 얼마든지 커지기 때문에, 주 정부 관료들이 이 기회를 포기한다면 납세자들의 불만도 커질 수밖에 없다. 비도덕적이거나 치명적인 사고만 없다면, 연간보고서에서 주 정부 금고에 가장 큰 수익을 챙겨주는 교도소가 최고의 교도소일 것이다."

1890년경에는 남부에서 2만 7,000명가량의 죄수가 일정한 시기에 특정한 노동을 하고 있었다. 주 정부에서는 새로운 법을 공표해 흑인 수천 명을 노동 수용소로 보내기 시작했다. 1876년 미시시피는 일명 '돼지법'을 통과시켰다. 이 법은 10달러 이상의 재산 피해, 그리고 가치와 상관없이 소, 돼지 절도를 중범죄로 여겨 최고 5년 형에 처했다. 법이 발효한 후, 죄수의 숫자는 1874년 272명에서 3년 후 1,072명으로 4배 가량 급증했다. 아칸소도 조지아처럼 유사 법을 통과한 결과 죄수들이 1872년 432명에서 1877년 1,441명으로 늘어났다. '신입' 죄수들은 거의 다 흑인이었다. 일부 주에서는 죄수들에게 '교도 비용'을 덧씌우는 식으로 강제 노동의 기간을 늘렸다. 예를 들어 앨라배마는 죄수가 교도 비용을 지불하지 않으면 일당 30센트의 노동으로 갚아나가게 했다. 윌콕스카운티의 에이브 맥도웰Abe McDowell은 돼지 한 마리를 훔친 죄로 2년 형을 선고받았다. 배심원단이 정한 돼지값은 1달러에 불과했으나, 죄인은 '교도 비용' 때문에 4년 가까이 강제 노동에 시달렸다. 그린카운티의 제임스 잭슨James Jackson은 3건의 경범죄로 총 70일 형이 선고되었으나 같은 이유로 4년 이상을 일해야 했다. 먼로카운티의 데니스 우드Dennis Wood는 중범죄로 2년 형을 선고받고 거기에다 교도 비용을 더해 9년 이상을 일했다.

죄수들은 남부에서도 가장 위험한 지역의, 가장 고된 노동에 투입됐다. 자유노동자들이 일하기를 거부하는 곳이다. 1876년과 1894년 사이, 노스캐롤라이나에 깔린 선로 6,000킬로미터 대부분이 죄수들에 의해 놓여졌다. 비슷한 시기에 흑인 죄수가 150퍼센트 가까이 늘었다는 사실도 우연이 아니다. 미시시피의 철도 소유자들은 죄수들을 전대하여 늪지 한가운데를 선로로 관통하게 만들었다. 1884년 입법위원회가 밝혀낸 사실을 보면, 죄수들은 "거의 벌거벗은 채 무릎까지 빠지는 늪에 들어가, 줄기와 뿌리투성이 바닥에 삽질을 했다. 사슬로 서로의 발을 묶은 터라 발목이 쓸리고 까질 수밖에 없었다. 물론 밤낮으로 서서 일해야 했기에 볼일도 서서 해결했으며 목이 마르면 자신들이 싸놓은 똥, 오줌의 물을 마셨다". 몇 년 후 대배심이 교도소를 감사할 때 26명의 재소자들이 농장과 선로 공사에서 돌아오는 모습을 봤다고 보고했다. "상당수가 폐병 등 불치병으로 고생했으며, 다들 가장 비인간적이고 야만적인 흉터를 몸에 달고 있었다. 채찍의 흔적, 상처, 발진이 등을 덮고 일부는 살갗이 갈기갈기 벗겨진 터였다. 심한 매질의 흔적이었다…… 죄수들은 널빤지에, 이불도 없이 누워 죽어가고 있었다. 얼마나 허약하고 말랐던지 뼈가 살갗을 뚫고 나올 것만 같았다. 다들 배가 고프다며 울먹였다……실제로 살아 있는 해충이 얼굴을 기어 다니는 것도 보았다. 그들이 가지고 있는 작은 침구와 옷은 넝마 수준인 데다 묻은 오물이 굳어 딱딱하기까지 했다."

　죄수들을 이용하면 노동력은 저렴해졌다. 파업할 일도 없었다. 작업공정 또한 자유노동자들과 비교할 수 없을 정도로 빠르다. 미시시피의 보고서에 따르면, 죄수들은 "자유노동자보다 30퍼센트나 생산성이 높다. 오래, 고되게, 쉬지 못하고 일한 덕이다". 남부의 교도소들은 이동식 옥사가 되어 철도 건설 현장을 따라다니거나 깊은 숲, 늪, 탄광의 임시 옥사로 탈바꿈했다.

　죄수임대 시대에 죄수들은 의미 있는 기록을 남기지 않았다. 그나마 가장 구체적인 기록은 J. C. 파월J. C. Powell의 『미국의 시베리아The American Siberia』(1891)다. 파월은 플로리다 철도회사와 테레빈 정유공장에서 14년간 죄수들을 통제했다. 당시 플로리다의 모든 죄수들은 개인기업에 팔렸고 교도소는 정신병동으로 개조되었다. 파월의 임무는 플로리다 북부 소나무숲에 수용소를 세우는 일이었다. 1876년 가을, 그가 도착한 직후 라이브오크 마을에 사람들이 모여들었다. 30여 명의 죄수들이 들어오기 때문이었는데 대부분 흑인이었다. 죄수들이 비척비척 짐칸에서 내리자 사람들은 움찔하고 말았다. 하나같이 "초췌하고 깡마르고 얼굴이 퀭한 것이 아닌가. 병색이 완연하고 몸은 더럽기 짝이 없고 옷도 누더기에 불과했다. 온몸을 떠는 탓에 손발을 묶은 사슬도 연신 떨렁거렸다. 철도회사에 파견되어 열대의 늪, 유스티스호의 야자숲을 뚫고 선로를 놓는 죄수들이다. 회사는 식사도 숙소도 제공하지 않아서 죄수들이 아무 물건이나 주워 오두막을 만들었는데, 이따금 진흙이나 진창에 반쯤 묻힌 채 잠에서 깨어나기도 했다". 파월은 그렇게 기록했다. 굶어 죽지 않기 위해 숲을 뒤져 뿌리를 캐고, 캐비지야자나무 꼭대기를 잘라 먹어 허기를 채웠다.

기차에서 내릴 때 보니 남자 둘의 손이 마치 유인원의 앞발 같았다. 엄지 끝이 엄청나게 크고 검지와 길이가 거의 같았다. 이런 식의 기형은 소위 '매달기'라는 징벌 때문이었다. 죄수들의 엄지를 끈으로 묶고 나뭇가지에 매달아 놓는 것이다. 죄수는 허공에 매달린 채 몇 시간 동안 떠 있어야 했다. 이는 남부 전역에 만연한 고문으로 그밖에 '물 고문'도 인기를 끌었다. 물 고문은 스페인 종교재판 때부터 있었다. 죄수를 묶어 눕히고 깔때기를 입에 물린 다음 그 위에 물을 부었다. 그럼 위가 팽창해 심장을 압박하는데 그럼 죄수는 자신이 죽어간다는 기분을 느끼게 된다. 그 밖에 일반적인 고문으로 '열 고문'도 있었다. 주석이나 나무로 만든 '열 상자' 안에 죄수를 가두고, 코 높이에 직경 5센티미터 크기의 구멍만 남기고 모두 봉쇄한 다음 이글거리는 태양 아래 놓아둔다. 기온이 오르면 인간의 몸은 부풀고 이따금 피를 흘리기도 한다. 미시시피에서는 1925년까지 이런 식의 고문을 계속했다. 공식 처벌 기록장부를 보면 죄수 400명이 4,000시간 동안 열 상자에 갇혀 있었다고 한다.

아메리칸 프리즌

파월은 그런 식의 형벌 사용을 거부했다. 나름 개혁가라고 자부한 터라 그의 통제 당시에는 죄수들의 징계라고 해봐야 무릎을 꿇고 손바닥을 땅에 대고 바지를 내린 다음 허리 아래를 50센티미터 길이의 가죽끈으로 채찍질하는 정도였다. 파월을 고용한 테레빈유 정유 공장은 조잡한 통나무집을 지어 주고, 양쪽에 침상 두 개를 만들어 잠도 잘 수 있게 해주었다. 밤에는 긴 사슬을 허리까지 내리고 좀 더 작은 사슬로 발목의 족쇄와 연결했다. 하루 일과가 끝나면 쇠사슬에 묶여 침상에 앉아 절인 돼지고기, 동부 콩요리, 옥수수빵으로 저녁 식사를 하곤 했다. 이따금 파월은 프라이팬의 '눌어붙은 오물'을 제거한 다음 죄수들에게 먹였다. 저녁 식사 후 종이 울리면 잠자리에 들고, 밤에 자세를 바꾸고 싶으면 교도관에게 먼저 허락을 구해야 했다.

죄수 중에서도 중범죄자나 살인자의 경우는 하루 종일 소나무 사이를 빠른 걸음으로 오가며, 수액을 모으게 했다. 나무 몸통에 쐐기를 찔러 넣는 방식인데 모두 '연대 사슬'로 묶인 터라 효과적으로 서로 끌어주었다. 이따금 지쳐 쓰러지는 죄수도 있었으나 잠시 속도가 늦춰질 뿐 "비척비척 다시 일어나 눈에서 흙을 훔친 다음 계속 움직였다". 작업은 너무도 혹독했다. 외눈박이 약사는 성적표를 위조한 죄로 7년 형을 선고받았으나 노동이 너무 힘들어 성한 눈마저 바늘로 찔렀다. 다른 죄수는 자신의 발등을 도끼로 내리찍었다. 불행하게도 절룩거리며 걸을 정도의 부상이라 파월은 그에게 다시 벌목 일을 시켰다. 그 후에도 그는 발을 도마 위에 놓고 도끼로 옛 상처를 내리찍었다. 그리고 마침내 괴저_{壞疽}병으로 발이 퉁퉁 부은 끝에 숨을 거뒀다.

상습탈옥자들을 쫓기 위해 파월은 자신이 기르던 폭스하운드를 들여왔다. 개를 훈련하는 방법도 독특했다. 모범죄수에게 몇 시간 숲속을 달리게 한 후 개를 풀어 쫓은 것이다. 140년 후 CCA가 그대로 따라 했다. 파월의 개와 달리 CCA의 개는 탈옥수를 발견하는 대로 무자비하게 물어버렸다. 파월은 교도관들이 말을 몰고 사냥개로 하여금 모범죄수의 뒤를 따르게 했을 뿐이다. 다만 탈옥수를 놓칠 때가 더 많았다. 지역 주민들이 죄수임대에 반감을 품은 터라 탈옥수들을 숨겨주곤 했기 때문이다. 불만이 얼마나 컸느냐 하면 죄수 둘이 탈옥했을 때 파월의 교도관들은 추적 자체를 거부했다. "그랬다가 쥐도 새도 모르게 암살을 당할 것이기 때문이다."

후일 파월과 고용인들은 가혹행위로 재판에 불려 나갔다. 수용소 인근 시민들이 불리한 증언을 이어갔지만 파월도, 회사도 유죄 판결을 받지는 않았다.

루이지애나의 새뮤얼 로런스 제임스는 자신의 철도와 제방 수용소에 대해 자세한 얘기를 남기지 않았다. 역사는 오히려 그가 노동을 강제했던 사람들보다 제임스 자신을 더 많이 다루어 주었다. 제임스

아메리칸 프리즌

는 뉴올리언스에 별장을 짓고 그곳에서 도시의 엘리트들을 접대했다. 별장의 '매우 우아한 화장실과 따뜻한 환대'는 신문 가십난에 실릴 정도였다. 제임스 가족은 뉴올리언스를 방문한 후 증기선을 타고 앙골라로 돌아왔다. 갑판에서 고급 소고기를 먹고 포커를 즐겼다. 그때 선박 화물칸에는 죄수들이 실려 있었다. 제임스 가족은 농장에서도 침실 아홉 개짜리 저택에 머물렀다. 그곳에서 1킬로미터 떨어진 곳에 가로 4.5미터, 세로 6미터 넓이의 판잣집이 있었고, 그 환기 부족한 공간에 50여 명의 죄수들이 살았다. 어느 날, 죄수 몇 명이 저택의 널따란 마당에서 오크나무, 피칸나무, 무화과나무를 돌보고 있었다. 뒤뜰의 마구간도 청소해야 했다.

제임스의 손녀, 세실 제임스 실스턴Cecile James Shilstone도 농장에서 자랐다. 그녀가 쓴 짧은 회고록에서 앙골라에서의 어린 시절을 묘사했는데 그렇게 목가적일 수가 없다. "우리는 하인도 많고 먹을 것도 많았다." 그녀는 남동생과 당나귀를 타고 마당을 돌았다. 나귀가 말을 안 들으면 죄수 "잡부"에게 끌고 오게 하고 "흑인 아이들을 사탕 가게에 데려가기도 했다". 남동생도 "보호자이자 놀이 친구" 흑인 아이들과 뛰놀았다. 흑인 아이들은 "깜둥이 총"이라는 이름의 새총으로 새와 뱀을 사냥했다.

제임스의 딸이 출산한 후 그 아이는 "충실한 흑인 유모"가 길렀다. 살인죄로 복역 중인 죄수였다. "아버지는 도둑보다 살인자를 골라 하인으로 부렸다. 절도범은 뱀과도 같아 절대 집 안에 들이면 안 된다. 한 번 절도범은 영원한 절도범, 또다시 훔칠 가능성이 있다. 반면에 살인범은 성질이 급할 뿐이다. 죄를 저질러 놓고 대부분 후회하기에 다시는 그런 일을 하지 않는다." 실스턴은 그렇게 썼다.

아침이면 죄수 잡부들이 제임스의 침대로 커피를 배달하고 말에 안장을 얹었다. 그러면 그는 말을 타고 들판에 나가 죄수들이 일을 제대로 하고 있는지 감시했다. 농장에 대한 실스턴의 목가적 묘사는 몇몇 죄수들의 증언과 너무 차이가 컸다. 죄수들은 새벽부터 저녁까지 고된 노동과 채찍질은 물론, 진흙투성이 옷을 입고 자야 했던 경험들을 이야기했다. 노동자들이 '절식' 식단으로 허기를 달랠 때 제임스는 시찰을 마친 후 대저택에 돌아가 베이컨, 계란, 오트밀, 비스킷, 팬케이크, 시럽, 커피, 크림, 과일을 실컷 먹었다. 점심이 되면 '흑인 아이'가 계단에 앉아 줄을 당겼는데 줄 끝에 커다란 부채가 달려 있어 가족들을 시원하게 해주었다. 밭일은 하루 종일 이어졌지만 가장 더운 시간 동안 제임스 가족은 느긋하게 낮잠을 잤고, 느지막이 일어나 마차를 타고 농장을 돌아보곤 했다.

1894년 어느 날, 제임스는 순찰을 하던 중 뇌출혈에 걸려 머지않아 숨을 거두었다. 그의 시신은 대저택에 안장했다. 아들에게 물려준 재산은 무려 230만 달러, 2018년 기준으로 6,300만 달러 수준이다.

제임스가 임대한 죄수는 노예보다도 쉽게 목숨을 잃었다. 1884

년,《데일리 피커윤Daily Picayune》의 편집장은 이렇게 회고했다. "6년 이상 복역을 선고받은 죄수들은 차라리 사형당하는 것이 낫다." 실제로도 보통 죄수들은 그 이상 살지 못했다. 당시 죄수임대 제도가 없던 중서부 지역 교도소 여섯 곳의 사망률은 1퍼센트 정도였다. 이와 반대로 루이지애나의 경우 가장 혹독한 임대기에는 죄수의 20퍼센트가 목숨을 잃었다. 1870년과 1901년 사이, 루이지애나 죄수 3,000여 명이 제임스의 통치하에 죽었다. 대부분이 흑인이었다. 전쟁 전, 몇 안 되는 농장주들이 1,000명 이상의 노예를 소유했지만 어느 누구도 3,000명의 소중한 인간 노예가 죽도록 방치했다는 기록은 없다. 하지만 노예제 폐지 후 남부 지역은 어디든 연간 죄수 사망률이 16퍼센트에서 25퍼센트에 달했다. 소련의 강제 노동 수용소에 버금가는 수치였다.* 스탈린의 수용소보다 치명적인 미국 수용소들도 있다. 1877년에서 1879년까지 사우스캐롤라이나에서 그린우드와 오거스타 철도회사에 임대된 죄수의 사망률은 연평균 45퍼센트였다. 1870년 앨라배마교도소 관계자들은 죄수들의 40퍼센트 이상이 그들의 광산 캠프에서 죽었다고 보고했다. 한 의사는 앨라배마의 전체

---

* 소련 내무성 자료에 따르면, 1942년에서 1943년까지 소련의 강제 노동 수용소의 사망률은 25퍼센트가량이었다. 그 밖에 가혹한 해가 1933년이었다. 그해 극심한 기근으로 수용소의 15.3퍼센트가 사망했으나, 당시는 자유 시민도 600~700만 명이 목숨을 잃었다. 그때를 제외하면 소련의 강제 노동 수용소 사망률은 0.67~15.3퍼센트 사이를 오갔다.

죄수 모두가 3년 안에 사라질 수 있다고 경고했다. 그러나 그러한 경고는 죄수들 덕분에 부자가 되는 사람들에게 별 의미가 없었다. 일꾼들이 죽지 않도록 한다고 인센티브가 있는 것도 아니었다. 제임스가 사망하기 9년 전인 1885년, 한 남부인은 전국 자선행사 및 교정회의에서 "전쟁 전에 우리는 흑인들을 소유했다. 만약 노예가 튼튼하고 성실하다면 주인은 얼마든지 돌봐줄 수 있었다. 아프면 의사를 부르고 심지어 치아에 금마개를 씌울 수도 있었다. 하지만 지금 이 죄수들은 우리 소유물이 아니다. 하나가 죽으면 다른 죄수를 데려오면 그만이다"라고 말했다.

아메리칸 프리즌

13

교도관으로서의 공식업무 첫날, 삼나무동 자살감시팀에 배속되었다.
교도소 재소자는 1,500명이 넘는데 상근 정신과 의사는 없고 카터^{Miss}
^{Carter}라는 사회복지사가 딱 한 명 있었다. 수업 시간에 재소자 3분의 1이
정신건강에 문제가 있고 10퍼센트는 그 정도가 중하며, 4분의 1 정도
는 아이큐가 70점에 미치지 못한다고 했던 여성이다. 루이지애나의
교도소는 대부분 정신건강을 담당하는 부서가 있고 상근 사회복지
사가 셋은 돼야 하며 앙골라는 적어도 11명은 된다고 했다. 다만 이
곳 원에서는 정신건강에 문제가 있는 재소자들이 취할 선택권이 거
의 없었다. 카터는 이미 450명의 재소자를 담당하고 있어서 한 달에
한 번도 만나기 어려운 실정이었다. 비상근 정신과 의사나 심리학자
와의 면담은 더 어렵다. 그럼 이제 죄수들의 남은 선택은 자살감시팀
에게 호소하는 것뿐이다.

교도관 한 명이 두 곳의 공식 자살감시방 맞은편에 앉아 있다. 방은 좁고 어두우며 정면을 강화유리로 덮어놓았다. 내 임무는 감시방 맞은편에서 각 방의 재소자 두 명을 감시하며 15분마다 그들의 행동을 기록하는 일이었다. "정확하게 기록할 필요 없어요. 특히 9:00, 9:15, 9:30 같은 식은 안 돼. 그럼 오히려 감사에 걸리거든. 조작이라고. 사실 조작이 맞긴 하지. 15분으로 끊지 말고 차라리 14분으로 해요. 감사들은 그런 걸 좋아하니까." 한 달 전쯤 카터가 가르친 내용이다. 어떤 교도관은 2시간마다 감시 기록을 작성하긴 하지만 재소자들 쪽은 거들떠보지도 않았다고 말했다.*

한 재소자에 대해서는 '앉아 있다'와 '조용하다'에 해당하는 코드를 기록하고, 다른 재소자 대미언 코스틀리^{Damien Coestly}**는 '변기 사용' 코드를 적었다. 대미언은 변기에 앉아 소위 자살담요를 뒤집어 썼다. 담요라고 해봐야 작업복 겸용의 덧옷에 불과했다. "아, 망할, 거기 앉으면 어떡해?" 그가 내게 소리쳤다. 담요 말고는 맨몸이었다. 콘크리트 바닥임에도 맨발로 있었다. 감방에는 화장지 말고는 다른 어떤 물건도 반입이 불가능하다. 책도 없었다. 마음을 둘 곳이 하나도 없다는 뜻이다.

---

*   CCA 대변인 대답으로는 "기록 관리는 정확해야 한다는 게 회사 방침"이었다.
** 실명이다.

카터 말로는 '보호 겸 억제' 책이란다. 환경이 열악해야 자살 명분을 찾기 어렵다는 얘기다. 재소자들의 주장은 달랐다. 자살감시방에 오는 이유는 어떻게든 혼거실에 들어가고 싶지 않아서다. 보호구치소로 갈 수도 있지만 그곳에 가게 되면 밀고자 딱지가 붙는다. 자살감시방의 재소자들에게는 매트리스가 지급되지 않기에 철제 침상에서 잠을 청해야 한다. 식사도 형편없다. 공식 배식은 '정체 모를 고기를 넣은' 샌드위치 하나, 땅콩버터 샌드위치 하나, 당근 여섯 조각, 샐러리 여섯 조각, 사과 여섯 조각이었다. 후에 계산해 보니 하루 세 번 그런 식사를 하면 이는 농무부의 일일 권장량보다 약 250칼로리 적게 섭취하는 것이다.*

CCA가 자살감시방을 가장 열악한 위치에 둔 이유에는 비용 문제도 한몫했을 것이다. 교도관 하나가 기껏 한두 명의 재소자를 관리해야 하는 곳을 많이 둘 리 없다. 재소자 둘 이상을 48시간 이상 지속적으로 감시하려면 교도소는 CCA 지역 사무소에 진행 여부를 문의해야 한다.** 카터 말로는 불가 판정을 받을 경우, 재소자는 소속 혼거실이나 독방으로 돌아가야 한다.

"이런, 망할, 꺼져버려. 내가 어떻게 할 것 같아? 거기 죽치고 앉

---

* 41세 이하의 앉아서 생활하는 성인에 대한 농무부 일일 권장량보다 250칼로리가 적다.
** CCA는 그 사실을 부인했다.

아 있어봐라. 그럼 침상 꼭대기에 올라가서 머리부터 뛰어내릴 테니까. 누구 목 부러지는 꼴 보고 싶냐?"

오른쪽 감방을 보니 수감자가 철제 침상에 앉아 자살담요로 가린 채 나를 쳐다보며 자위를 하고 있었다.

내가 그만하라고 말했다.

"네가 의자를 옮기든지! 하다가 어떻게 관두겠어?" 그는 멈추지 않았다.

나는 일어나 분홍색 종이쪽지에 그 일을 기록했다. 나의 첫 감시 보고서인 셈이다. 내가 밖으로 나가는 길에 백인 재소자가 배식 창구로 나를 쳐다봤다. 눈 아래 기관총 문신이 새겨져 있었다.

"뭘 봐, 씹새야!" 그가 소리쳤다.

"씨발, 제대로 해. 함부로 깝치다간 밤새 이러는 수가 있어!" 딸딸이가 으르렁거렸다.

"그러시든가." 내가 대답했다.

"고자질하겠다고? 그래, 상관없어. 어차피 강제 감금 연장 신세니까." 삼나무동에 온 지도 벌써 몇 년이라고 하더니 감방 안에서 노래하며 춤을 추기 시작했다. "밤새도록 밤새애애애도로오오록!!!" 재소자들의 웃음이 수감동을 들었다 놨다. "이것도 기록에 올리셔. 이미 징계보고 따위야 100건도 넘어. 어차피 이판사판 개판이잖아!"

코스틀리는 내 고향에서도 동성 결혼이 합법인지 물었다. (전국적으로는 아직 합법이 아니었다.) 난 그렇다고 대답했다. "그럴 줄 알았어. 그럴 줄 알았어. 여기선 남자 새끼 똥꼬에 박으면 불법이거든. 법전에 그렇게 적혀 있어. 비역질이라고. 되는 게 하나도 없는 곳이야. 대마도 불법이고. 빌어먹을, 동성 결혼도 불법이고." 그가 배식 창구로 스티로폼컵을 내밀었다. 커피 한 잔만 줘. 나는 생각해 보겠다고 대답했다.

아래층에서 나를 불렀다. 자살감시방이 아니라 격리동이었다. "이봐, 나도 제정신이 아닌데 말야." 눈빛이 거칠었다. 목소리는 강렬하면서도 차분했다. "자살이나 살인 충동까지는 아닌데 사람들하고 있는 게 어려워." 그의 감방에는 다른 재소자도 있었다. 그는 윗침상에 앉아 면도하는 중이었다. "그런데 말이야. 머릿속에서 누구 목소린지 모르겠고, 악마인지 뭔지가 자꾸 기다리라는 거야. 당신네를 불러내서 똥, 오줌 맛을 보여줄 때까지 말이야. 그렇게 해야 할까, 응?" 배변 테러를 당하고 싶지 않으면 자살감시방으로 보내달라는 얘기였다. 그가 검지로 자기 옆머리를 툭툭 쳤다. "머리가 왜 이 모양인지 알 때까지 아무래도 거기 있어야 할 것 같아." 그 요구는 수감동 감독이 거부했다. 자살감시방에 이미 4명이나 있어서 수용 인원을 초과했다는 이유였다.

"좋아, 어디 한번 해보자고? 그래, 누가 이기나 보자. 나야 뭐, 망할! 침상에서 다이빙하면 그만이니까." 코스틀리는 자기 머리가 위급상황이라고 했다. 통제실 담당 교도관^{key officer}에게 전했더니 눈을 굴리기만 했다. 카터가 수업 시간에 한 얘기가 있다. "총을 쏴야 개지 랄을 막을 상황이 아니라면, 그냥 하던 대로 냅둬요." 정신과 의사가 등장하기까지 무려 6시간이 걸렸다.

한 친구는 매트리스를 달라고 난리를 쳤다. "나 지금 응급 상황이야!" 또 다른 이가 고함을 질렀다. 내가 다가가자 그가 담담하게 말했다. "천식이 심한데 흡입기가 없어." 내가 보기엔 정상이었으나 어쨌든 부탁대로 통제실 교도관에게 보고는 했다. 통제실 교도관이 짜증 난 표정을 지었다. "이봐, 당신은 자살감시방 담당이잖아, 응? 그런데 왜 엉뚱한 곳에 신경 쓰고 있는 거야?" 틀린 말은 아니다. 이곳에도 담당 교도관들이 있다. 지금은 수감동 중앙통제실에 앉아 있는데 다들 따분해 보였다.

나는 자리로 돌아가 코스틀리와 딸딸이 방 앞에 앉았다. 천식 발작을 일으킨다고 말한 남자가 화가 나서 발악을 해댔다. "아무것도 안 하고 거기 앉아만 있을 거야? 나 좀 내보내 달란 말이야!" 철창을 어찌나 세게 흔드는지 정말로 문이 열릴 것 같았다. 다른 재소자들도 일제히 비난에 가세했다. 사실 도움이 필요하다는데 그냥 앉아만 있자니 쪽팔리기도 했다.

지금까지 침묵을 지키고 있던 다른 재소자가 배식 창구에 입을 대고 소리치기 시작했다. "제3세계! 제3세계가 백인 감옥에 죽음의

아메리칸 프리즌

주사를 놓고 있다!" 목소리도 귀신이라도 들린 듯 섬뜩한 데다 강화
유리까지 두드리며 하는 말 한마디마다 힘을 주었다. "나는 악마다!
너희들이 밤에 잠 못 들고 뒤척거릴 때 난 너희들의 두려움을 본다.
나하고 놀자! 나하고 놀자고!" 그가 바닥에 힘껏 침을 뱉었다. 그 앞
에서 담당 교도관이 손가락을 만지작거리며 지켜보고 있었지만 무
덤덤했다. 무표정 그 자체였다.

옆 감방의 딸딸이는 여전히 나를 노려보고 있었다. 지금은 완전
히 벗은 채 열심히 성기를 흔들었다. 못 본 척하려 했지만 그러기엔
또 너무 노골적이었다. 내가 그만두라고 하자 그가 벌떡 일어나더
니 창살로 접근했다. 나와는 불과 1.5미터 거리였다. 내가 분홍색 종
이쪽지를 들고 돌아오자 그가 소리쳤다. "그런 눈으로 보지 마. 꼴리
잖아!" 난 대답 없이 기록만 했다. "그렇게 보지 말라니까, 꼴린다고!
그런 눈으로 보지 마, 꼴려죽겠다고!"

옆방 사이코도 강화유리를 연신 두드려 댔다. "악마가 왜 당신을
노리는지 알아? 이 보이지 않는 세계에서? 당신 똥꼬에 보이지 않는
자지를 박으려는 거야, 응?" 가슴이 벌렁거렸다. 난 1시간가량 바닥
의 스티로폼컵을 노려보면서 콘크리트의 얼룩을 분석했다. 어디든
마음을 돌릴 곳이 필요했다.

다행히 킹 교사가 나를 불러냈다. 그를 마지막으로 본 것이 식당
이었는데 여자 교도관의 엉덩이를 찰싹 때리는 시늉을 하고 있었다.

그는 나에게 딸딸이에 대한 보고서를 써야 한다고 했다. 그냥 누군가 나를 보며 자위를 했다고 이야기해 봤자 소용없다고 했다. 그렇게 두루뭉술하면 고발해 봐야 다 빠져나와. 킹은 구체적으로 조언도 해주었다. 2015년, 13시 15분 정각, 12시 45분 재소자 칼 스킨이 발기한 성기를 오른손으로 잡은 채 교도관 바우어 본인을 바라보며 자위 행위 하는 장면을 목격했다.

점심시간, 코스틀리는 소트팀용 채식을 달라고 졸랐지만 거부당했다. 결국 샌드위치에서 고기를 빼내고 빵과 당근 조각만 먹었다. 나중에 보니 자살담요를 덮은 채 고치처럼 잠이 들어 있었다.

시간이 지나자 혼거실이 조용해졌다. 딸딸이가 다시 소리쳤다. "어이, 13호, 한 대만 보내줘." 잠시 후 복도를 따라 화장지 뭉치가 한 손에서 다른 손으로 전해지고 있었다. 감방을 하나하나 거쳐 딸딸이한테 전달되는 것이다. 화장지를 풀자 그 안에서 담배 한 개비가 나왔다. 재소자 신청서 용지로 만 담배였다. "성경 종이는 없어?" 그가 다시 외쳤으나 이번에는 대답이 없었다. 딸딸이는 꾸러미에서 성냥을 꺼내 담뱃불을 붙였다. 그리고 벽에 기대서 두어 모금 뻐끔거리다가 감방 아래를 통해 사이코에게 넘겼다. 사이코 역시 몇 번 빨고는 눈 밑에 기관총 문신을 한 수감자에게 전했다. 재소자들이 그렇게 담배를 피웠으나 교도관과 나는 모른 척했다.

몇 시간 후 소트 팀원이 수갑 찬 남자를 데리고 왔다. 남자는 눈을 꼭 감았으며 누런 콧물이 윗입술 아래로 흘러내리고 있었다. 케니가 사무실에서 서류 작업을 하는데 갑자기 얼굴을 가격해서 최루탄 공격을 받았다고 했다. 케니는 병원에 실려 갔다. 누군가의 휴대전화를 압수한 탓에 보복을 당한 것이다.

케니는 며칠 동안 결근했다. 부러진 코는 회복 중이다. 재소자의 폭력은 메시지가 분명했다. 우리 전화기를 건드리지 말 것. 다른 한편, 내가 물푸레나무동에서 전화기를 압수한 덕분에 프라이스는 내가 심지 곧은 교도관이며 규칙을 준수한다고 믿었다. 교도소장에게 나를 그곳에 영구 배속해 달라는 요청한 것도 그래서다. 나는 그곳 플로어에서 거의 매일 일했다. 다른 수습사원은 보지 못했다. 함께 시작한 사람 중 약 3분의 1이 벌써 그만두었다. 콜린스워스는 물푸레나무동 야간근무조에 속해 있었다. 두세는 천식을 극복하지 못하고 그만두었다. 다른 사람들은 교도소 여기저기 다른 수감동, 다른 근무조로 흩어졌다.

나는 재소자들과 전화기 문제를 해결하기로 했다. 몇 사람한테 사정 얘기를 한 것이다. 전화기 압수는 어쩔 수 없었다. 그러지 말고 반입 금지 물품을 좀 더 잘 숨기도록 해라.

"당신 짭새 아뇨?" 어느 재소자가 물었다.

"아뇨, 난 경찰이 되려고 여기 온 게 아녜요. 사람들이 날 엿 먹이려 들지만 않는다면 아무 문제 없을 겁니다."

당신 동료 베이클Bacle*처럼 굴지 말라. 그들의 요구사항은 그랬다. 일부 동과 일부 근무조는 플로어 담당 파트너가 매일 바뀌지만, 이유가 뭐든 나는 늘 베이클과 함께 근무했다. 재소자들에게 나는 베이클처럼 빽빽 소리 지르는 성격이 못 된다고 말했다. 베이클은 63세의 절름발이다. 재소자에게 전기충격 목걸이를 채우거나 목구멍에 열쇠를 욱여넣고 싶다고 투덜대기는 해도 이곳에서 그 정도는 애교로 봐줄 수 있다. 그도 회사를 증오했다. "그 새끼들, 우리를 완전히 졸로 보잖아." 베이클은 툭하면 불평을 늘어놓았다. 그는 사회보장연금이 나올 날만 기다렸다. 그럼 해안경비대 퇴직금에 보태 이곳에서 일하지 않아도 된다는 것이다.

날이 갈수록 그를 더 잘 알게 되었다. 옛 서부극 소설을 즐겨 읽고 남북전쟁 재연극의 마니아이기도 했다. '빌어먹을' 같은 단어와, '수퇘지 젖꼭지만큼이나 쓸모없는 놈' 같은 표현을 즐겨 썼다. 쇼핑 상점이 문을 닫기 전에는 재소자들이 만든 물건을 사서 아내한테 선물도 자주 했다고 한다. 한번은 아내의 유니콘 장난감을 위해 수제 안장을 사다 준 적도 있었다. "여편네가 보더니 아예 뒤집어지더라고. 지금도 보면 좋다고 헬렐레해!" 입에서 박하향이 났는데 입 안 한 구석에 늘 담배를 끼워놓고 있기 때문이었다.

* 베이클은 실명을 사용해도 좋다고 했다.

아메리칸 프리즌

베이클은 요령이 좋은 사람이다. "재소자 중에도 '친밀한 관계를 유지하면' 편리할 놈들이 있어." 대부분 '당번수orderly'를 말한다. 그러니까 각 수감동 내에서 선발해 특별한 임무를 수행하는 재소자들 이야기다. 당번수가 치약을 건네자 베이클은 나더러 좀 보고 배우라고 했다. "군대 있을 때부터 나름대로 방법을 터득했지. 누군가를 지배할 수 있다 해도 그 사람 심기까지 건드리고 싶지는 않아."

당번수가 없다면 교도소는 운영이 불가능하다. 각 수감동에는 열쇠 당번수가 있는데, 열쇠를 깨끗하게 보관하고 독방에 들어간 재소자의 소지품을 꾸리는 게 임무다. 점호실count-room(수감동의 재소자 인원 변동 상황을 점검하고 기록하는 곳_옮긴이) 당번수들은 각 수감동의 점검 일지를 수거해 도표로 만드는 사무실에 배달하는 일을 한다. 혼거실, 플로어, 운동장, 통로, 체육관 당번수는 모두 교도소를 깨끗하게 유지하는 데 도움을 준다. 당번수들은 보통 교도관들과 친근한 관계를 유지하지만 나머지 재소자들에게도 자신들이 쥐새끼가 아니라는 사실을 증명해야 한다. 사실 쥐새끼일 가능성은 거의 없다. 오히려 밀수품 운반책일 가능성이 더 크다. 교도관들의 환심을 사서 물건을 반입한 뒤 이동의 자유를 이용해 재소자들에게 배달하는 것이다. 그곳에서 근무하는 동안 당번수들이 박살 나는 경우를 여러 번 보기도 했다.

베이클은 근육질의 열쇠 당번수에게 자기 점심을 넘겨주곤 했다. 물론 금지사항이지만 아무도 개의치 않았다. "들어올 때부터 그랬더니 습관이 됐어." 그의 변명은 그랬다. 베이클은 규칙을 어겨서라도 상황을 통제하고 싶어 했다. 재소자가 화가 나서 "빌어먹을 백인들"이라고 말하며 돌아다니면 다른 교도관들은 무서워서 건드릴 엄두도 내지 못한다. 그럼 베이클은 다른 재소자에게 담배를 사서 그에게 주며 달랜다. "이봐, 침대에 가서 담배나 한 대 피우지 그래?" 시도는 늘 먹혀들었다.

케니 같은 교관은 절대 굴복하지 말라고 가르치지만 실제로 교도관들 대부분은 재소자들과 협조해야 한다고 생각한다. 솔직히 말하면 인원 부족 때문에라도 협조는 필수적이다. 예를 들어 베이클과 나는 교정 상담원의 사무실을 지킬 여유가 없었다. 보안카메라도 없기 때문에 그녀는 재소자 둘을 보디가드로 삼았다.* 교도관들은 '근무 중 이상 무'라는 점을 교감들에게 보여줘야 한다. 그 역시 재소자들에게 의지할 수밖에 없다. 요컨대, 수감동 앞에 몇 명을 보초로 세워놓는다. 그럼 고위층이 시찰 나올 때를 미리 알 수 있기에 문제 될 상황을 서둘러 바로잡을 수 있다. 프라이스가 지켜보지 않으면 베이클은 코너 스토어라는 친구를 혼거실에서 불러내 탈취제, 씹는담배, 설탕, 커피 등을 다른 방 재소자들에게 돌리게 한다. 매점 상품 거래는 불법이지만 그래도 그렇게 한다. 그러면 재소자들도 감방에서 나

---

* CCA는 그런 조치는 정책에 반한다고 대답했다.

오기 위해 꾀병을 부리는 식으로 우리를 괴롭히지 않았다.

코너 스토어Corner Store는 37세의 흑인이지만 겉모습은 55세쯤으로 보였다. 머리는 산발이고 유니폼은 너덜너덜했으며 얼굴은 통통했다. 걸을 때 다소 절룩거리는 모습이 흡사 따분한 회의에 늦기까지 한 뼈정다리 노인 같았다. 생애 절반을 감옥에서 살았다는데 그 이유는 나도 알지 못한다. 아니, 누가 어떤 이유로 그곳에 들어왔는지 거의 모르고 있었다. 내가 아는 거라고는 그가 코카인을 거래했고, 8세 때 친구가 총에 맞아 죽는 광경을 목격했으며, 언젠가 미시시피에서 백인 몇 명과 총싸움을 벌였다는 정도였다. 그를 '깜둥이'라고 불렀다는 이유였다. 그가 말해준 것이다. 감옥살이 18년 중 14년은 원에서 지냈다고 했다.

코너 스토어가 공포 분위기를 조장하지는 않았지만 다소 무모하기는 했다. 교도관들에게 혼거실 문을 열어달라고 지시할 정도였다. 부탁이 아니다. 한창 겁 없던 시절에는 교도관 의자에 앉아 담배를 피우기도 했다는데, 물론 위신을 과시하는 것이 목적이었다. 우리와 이야기할 때도 마치 동료라도 되는 양 서슴없었다. 플로어 당번수는 쥐새끼들은 찔러 죽여야 한다고 떠드는 식으로 자신의 입지를 변호하지만, 코너 스토어는 자기가 재소자들 편이라는 사실을 굳이 드러낼 필요도 없었다. 그래도 신념만은 분명했다. 내가 교도소 은어를 조금 가르쳐 달라고 하자 공손히 거절한 것도 그 예다.

내가 코너 스토어를 처음 만났을 때 그는 수감동 입구 금속탐지기를 통과하고 있었다. '삐' 하고 경고음이 울렸으나 베이클과 나는 개의치 않았다. 이곳에서야 눈감아 주는 일들이 적지 않지만 그 소리도 그중 하나였다. 금속탐지기는 내가 이곳에서 일하기 얼마 전에 설치했다고 한다. 재소자들이 사제 칼을 들여오기 때문이었는데 지금은 그냥 가구 신세였다. 사용하지 않는 이유는 인력 때문이었다. 수감동을 드나들 때마다 줄을 세우고 한 명씩 통과하고 감지봉을 들이대려면 적어도 교도관이 둘은 필요하다. 하지만 그랬다가는 플로어를 지킬 사람이 한 명도 없다. '삐' 소리가 나자 코너 스토어가 나를 불렀다. "이봐요, 내가 다시 통과하면 소리가 나지 않을 거요." 그러고는 금속탐지기 옆으로 비켜 나와 깡충 건너뛰었다. 소리가 나지 않을 수밖에 없다. 내가 웃었다. "몇 년 전 우리 할배가 가르쳐 줬지. 인간은 뭐든지 바꿀 수 있다. 뭐든지. 말하자면 이 문 페인트 같은 거요." 그가 벽을 가리켰다. "끝만 주면 모두 벗겨낼 수 있거든? 장담하는데 그걸로 주사위 50쌍은 만들어 내다 팔 수도 있소. 물, 페인트, 화장지만 주면 말이오. 그럼 페인트가 딱딱해진단 말이지."

그가 도둑질을 배운 이유는 돈도 없고 빌붙을 가족도 없었기 때문이다. 밀반입 대행을 하면 재소자들이 대가로 담배나 커피, 라면 봉지 따위를 주었다. 자선을 구하지는 않았다. 교도소에서 공짜로는 아무것도 얻지 못한다는 사실을 일찌감치 깨우쳤다. 성범죄자들은 빈궁한 재소자를 공략한다. 음식이나 마약을 선물처럼 주지만 결국 빚을 갚으라고 협박한다. 돈이 없으면 갚을 방법은 몸뿐이다. "처음 교도소에 왔을 때 다섯 번이나 싸웠지. 당하지 않으려고. 시작은 늘 그런 식이오. 교도소가 무서운 이유는 폭력 때문이거든? 그래서 보호해 줄 사람을 찾게 되는데 그건 멍청이나 하는 짓이야. 스스로 지켜야 한다, 그 말이요." 그가 말했다. 그는 나약한 재소자들이 누군가에게 도움을 청하지 않도록 말리고, 성폭행당하지 않도록 하기 위해 싸운다고 했다. "그런 일을 보면 마음이 아파요. 아직 삶이 뭔지도 모르는 아이들인데…… 삶을 아예 망가뜨려 버리려고 드니."

그도 사제 칼을 숨기고 다닌 때가 몇 번 있었다. "이따금 쓸모는 있었소. 이곳엔 주먹밖에 모르는 꼴통들이 있으니까. '나도 네놈들만큼 꼴통이다'라고 보여줘야 안 건드리지."

"미친 새끼들이 교도소는 사람들을 교도하는 곳이라고 떠드는데, 교도소는 교도 못 해. 알아서 스스로 교도하면 모를까."

프라이스가 있으면 베이클과 나는 코너 스토어를 내보내지 않으려고 했다. 아무래도 눈치가 보여서다. 그도 최대한 들키지 않으려 애썼다.

아침 점호 시간, 교도소장과 부소장 파커가 화가 잔뜩 났다. 왜 엉덩이 바지와 사제 옷은 아무도 압수하지 않는 거야? 교도관들의 뒷담화에서는 얘기가 달랐다. 애새끼들 청바지가 아니꼬우면 부소장이 직접 빼앗으면 되잖아? 왜 우리가 목숨을 걸어야 하는데? 베이클이 재소자들에게 주의를 주기는 했다. 어이, 파커가 나타나면 모자 정도는 숨겨둬.

"사제 옷이 왜 안 되는지 아는 사람?" 부소장이 모두에게 물었다. "놈들을 제도권 안으로 끌어들여야 해. 제도권이 뭔지는 알지? 제도권이야, 제멋권이 아니라. 이게 무슨 심리 작전인 줄 알아? 뭐 아니라고 할 수는 없지만…… 그거 알아? 이 나라에 교도소가 생기고 200년 넘게 죄수들을 교도했어. 그러니까 지금도 해야 하는 거야. 놈들이 까불어도 된다고 여기는 한 끝장이니까. 놈들을 얌전한 소떼로 만들어야 한다 이거야. 그놈의 소떼를 A지점에서 B지점으로 잘 몰고, 식당에서 풀을 뜯게 한 다음 헛간으로 돌려보내면 돼, 알겠나?"

그의 어조가 누그러졌다.

"그래, 여러분을 싸잡아 몰아세운다고 느낀다면 그 점은 사과하겠어. 그런데 2014년에 일어난 연쇄 탈옥 사건 때문에라도, 임무를 어떻게 수행하는지 위에서 눈을 부라리고 지켜본단 말이야." 그도 교도소장한테 들들 볶인다는 뜻이다. "'무서워요, 파커 부소장? 그래서 직원들 하나 제대로 교육 못 하는 겁니까? 부소장, 교도관들이 옷 하나 압수하지 못해서 되겠어요? 직원들이 무섭답니까, 파커 부소장?'

"오래전부터 이 교도소는 엉망진창이라고 소문났어. 선임 탓으로 돌릴 수도 있지만, 그래도 최대한 빨리 비정상을 정상으로 돌려놔야 하지 않겠어?"

교도관들은 파커의 소위 '정상화 방안' 덕분에 점점 힘들어졌다. 원을 개선한다, 재소자들을 혼거실 창살에서 멀리 떼어놓는다, 더 빨리 식당으로 몰고 간다, 플로어에 접근하지 못하게 한다, 점호를 빨리 마친다…… 이러한 계획에는 항상 더 많은 노동이 필요하다. 하지만 교도관과 재소자들의 불만은 얘기도 꺼내지 못한다. 근본적으로 인력이 부족하다. 회사는 다른 주에서 관리자를 파견받는 식으로 문제를 해결하려는 모양이다. 솔직히 이 일의 경제성을 잘 모르겠다. 파견 직원에게 숙소를 제공하는 것보다, 지역민들을 고용하거나 교도관들의 봉급을 인상하는 쪽이 더 싸게 먹히지 않을까? 당시 애리조나와 테네시 같은 곳에서 한 달에 한 번 정도씩 보통 다섯 명의 교도관이 파견되었다.

파커가 말하는 동안, 그 방의 사람들을 세어보았다. 최근엔 습관이 되다시피 했다. 교도소에 교도관이 몇 명인지 알려면 이 방법밖에 없다. CCA와 루이지애나 주 정부의 계약에 따르면 매일 아침 6시에 36명의 교도관이 근무를 시작해야 한다. 그중 29명이 12시간 근무해야 위치마다 항상 한 사람이 자리를 지킬 수 있다. 각 수감동 플로어와 정문, 양호실을 지켜야 하고, 경계순찰조와 교대 감독관도 필요하다. 그 정도만 계산한 수치다. 어떤 날 세어보면 28명, 또 어떤 날은 24명인데, 대부분 29명 미만인 것만은 분명했다. 물론 야간 초과근무자들이 나타나지 않을 수도 있고 지각자가 있을 수도 있다. 하지만 원활한 운영은 고사하고 교도소 문을 여는 데 필요한 최소 인원보다 근무하는 사람들이이 적을 때가 종종 있었다.* 후일 CCA와 교정부 사이에 오간 편지 한 통을 손에 넣었는데 그 편지에 따르면 내가 근무하는 동안, 원의 경우 정규직원은 42명, 상급 관리는 9명이 결원이었다. 보안팀 부팀장assistant chief of security 로슨에 따르면 교정부 관리들이 방문하기로 되어 있을 때 "여기가 북적거리긴 한다. 그런데 그게 다 그 순간에만 초과수당을 줘서 초과근무를 시키기 때문이다"라고 말했다.

가끔은 352명의 재소자가 있는 수감동에 교도관이라고는 플로어 담당 둘과 통제실 교도관 한 명일 때도 있다. 각 수감동 통로와 주통로를 이어주는 출입구에도 담당 교도관이 있어야 하지만 종종 비어 있기도 했다. 평일 오전 9시부터 오후 5시까지, 각 동에 사례 담당자 두 명이 상근하며 재활과 갱생 프로그램을 운영하고, 교정 상담원 두 명이 재소자 일과를 결정하고, 또 수감동 감독이 총감독해야 하지만 어느 수감동이든 그 자리가 채워지는 경우는 단 한 번도 보지 못했다.

---

* 후일 CCA 대변인은, 내 지위가 낮아 원의 근무 현황을 정확히 이해할 수 없었다고 답변했다. "보안은 모두의 책임"이며 "팀의 노력"에는 교도관이 아니더라도 전 직원이 포함된다고 덧붙이기도 했다.

아메리칸 프리즌

원에서 근무할 당시, 절차 무시나 생략은 일상이었다. 통제실 교도관은 수감동 활동을 기록해야 하지만, 대개 확인 없이 보안점검 기록에 사인만 하고 있었다. 듣기로 이 업무일지는 주 정부의 감사를 받으며, 교도관들이 30분마다 혼거실을 순찰하는지 확인하는 증거로 활용된다. 교정부 관리가 지켜보지 않는 이상 정식으로 보안점검을 하는 사람을 거의 본 적이 없다. 콜린스워스도 확인해 주었다. 통제실을 담당할 때 15분에서 30분 간격으로 보안점검하라는 지시는 매번 듣지만 실제로 시행하는 경우는 한 번도 보지 못했다는 것이다. 후일 로슨의 증언에 의하면, 그녀가 교도소장에게 야단을 맞은 적이 있었다. 보안점검을 하지 않았다는 이유였지만 기록이 없는 건 순찰을 돌지 않았기 때문이다. 어느 상급 관리의 얘기도 다르지 않았다. "난 자네가 30분마다 보안점검을 한다고 쓸 거야. 다들 그렇게 하니까. 위에서 뭐라고 할 때도 있지만 그것도 잠깐 말뿐이야."*

CCA에서는 결원을 보충한다는 명분으로 우리에게 초과근무를 요구했다. 말인즉슨, 4~5일을 계속 근무하라는 얘기인데, 그렇게 되면 집에 가서 저녁 먹고 잠자고 바로 교도소로 돌아오는 수밖에 없다. 때로는 교대할 사람이 없다는 이유로 12시간 이상을 근무하기도 했다. 어느 날 아침 근무교대를 했더니 한 교도관이 4일 연속 근무가

---

* CCA 대변인은 보안점검 생략이나 업무일지 조작에 대해서는 들은 바 없다고 확인해 주었다.

겨우 끝났다며 한숨을 내쉬었다. 교도소장의 강요로 48시간 근무 기간 중 42시간을 내리 일했다는 얘기였다. 물론 그 와중에 한숨도 눈을 붙이지 못했다.*

부소장 파커는 교정부의 요구사항도 전했다. 테네시주 내슈빌에 있는 CCA 법인 사무소가 윈의 혼돈 상황을 개선하기 위해 어떤 조치를 취하는지 보고하라는 것이다. 개선하려면 무엇보다 하급 교도관들의 임금을 교정부 관리 수준까지 인상하고(교정부 교도관 초임은 시급 12.50달러로 우리보다 3.50달러 많다), 재소자를 위한 재활 및 여가 프로그램을 강화해야 한다. 로슨의 진단에 따르면, 그런 요구는 기업 차원에서 봉쇄되고 만다. "몇 년간은 교도소장들이 운영자금을 추가로 요구해 봤죠. 그럼 이런 식이에요. '오케이, 다음 안건.'"

회사에게 교도소 운영은 철저히 사업의 영역이다. 자살감시방에서 며칠 일했을 때, 교도소는 삼나무동의 교도관들을 빼내고 수감동을 모두 소트팀에게 넘겼다. '무력을 우선적으로 사용하는 자들.' 파커는 소트를 그렇게 규정했다. "고통은 멍청이들을 똑똑하게 만들어 주지. 재소자 놈들이 바보처럼 행동하면 약간 괴롭히는 거야. 그럼 머리가 금세 좋아지거든." 어느 날 밤 한 재소자가 다른 재소자에게 넘겨 받은 가방을 파커에게 주지 않으려 했단다. "결국 가스 스프레

---

* CCA는 그런 일은 없었다며 부인했다.

아메리칸 프리즌

이를 맞고, 가스실에서도 고생 좀 했어. 똑똑하게 만들 필요가 있으면 어떻게든 똑똑하게 만들면 되는 거야."

"지난 2주간 나도 고민 좀 해봤어. 난 우리 교도소를 사랑하고 여러분 모두를 사랑한다. 직원들이 제대로 일하지 않는다고 떠들면 나도 화나거든. 2주 전쯤 아주 황당한 이야기를 들었지. 원은 교도소 운영의 ABC도 이해 못 한다고 말하는 거야." 교도관 몇 명이 조용히 고개를 저었다. "이 말에 동의하는 사람 있어? 망할, 난 못 해. 절대로!"

회의가 끝나고 다들 천천히 통로로 나갔다. "나야말로 이런 개소리에 동의 못 한다고. 망할!" 에디슨Edison이 투덜댔다. 에디슨은 덩치 큰 백인으로 검은 옷을 입고 황소 목에 주먹코가 특징이었다. 그도 요즘 기분이 좋지 않았다. 소트팀에게 삼나무동를 빼앗겼는데 그 때문에 자존심이 상한 것이다. 남의 손에 휘둘리기를 최악의 모욕으로 여기는 사람이다. "이 일도 이제 신물이 나는군. 이곳 보안이야말로 개판이야. 플로어 문 통제도 확실히 하고, 감시탑에 인원을 다시 배치하고, 재소자의 야외 활동과 프로그램을 보강해야지. 할 일이라고는 침대에 퍼질러 자는 것뿐이잖아. 그러니 처먹고 TV 보는 것 말고는 우리를 어떻게 엿 먹일지 궁리만 하지." 에디슨은 원의 문제를 내슈빌의 '상아탑', 즉 CCA의 법인 본사 탓으로 돌렸다. "그 새끼들 머릿속에는 돈 생각밖에 없어요."

그날 과장은 베이클과 내가 근무 중인 삼나무동으로 에디슨을 보냈다. 새로운 교도관을 맞는 건 엉망진창의 집에 손님을 들이는 격이다. 베이클은 외부인만 만나면 재소자들 욕하는 취미가 있었다. "놈들이 약을 얼마나 빨아대는지 몰라." 근무 시간까지 플로어에서 대기하며 늘상 있는 일로 불평을 늘어놓았다. 이번에는 점호 때 제멋대로 침상을 벗어나는 놈들 이야기였다.

"바우어, 당신은 좀 싸울 줄 아나?" 에디슨이 물었다. 나로서는 달갑지 않은 질문이었다. 싸움은 이곳에서 내가 취할 전술과 거리가 멀었다.

"그럭저럭요." 내가 얼버무렸다.

"잘됐군. 우리 오늘 여기 이 망할 놈들 혼쭐 좀 빼줍시다. 야, 이 새끼들아, 나랑 장난치자는 거야? 당장 침상에 엉덩이 붙이지 못해?"

"그렇지, 그 꼴 보려고 여기 온 것도 아니잖아?" 베이클이 공감했다.

"맞아요." 에디슨이 장단을 맞춘다.

"개자식들은 개자식답게 대하자."

"그거예요! 나도 열받으면 최고의 개자식 조련사가 될 수 있어요."

"옳거니, 여기 필요한 게 바로 그거야!"

"그럴 줄 알았어요. 1960년대로 돌아가 보죠. 경찰봉하고 가스 맛 좀 보여주는 겁니다."

"으흠."

아메리칸 프리즌

"개겨? 한 대 맞아봐. 너도 개겨? 넌 가스까지 덤이다. 새끼들이 혼이 나봐야 여기가 어떤 곳인 줄 알죠."

에디슨은 원에 1년 반째 근무 중이었다. 그에게 왜 여기 왔는지 물었다.

"배운 게 도둑질이잖아? 여기밖에 갈 곳이 없었어." 에디슨은 미군 레인저스 출신이다. 한때는 작은 마을의 경찰서장을 지냈지만 '시의회에 밉보였기 때문'에 은퇴했다고 한다. "짭새일 하면서 언젠가 총을 쏠 줄 알았어. 여분 클립도 그래서 두 개가 아니라 네 개씩 챙겼거든. 군대에서는 전쟁터에 나가고 제대해서도 전쟁터에 남았지. 무슨 옷을 입든 클립 두 개를 챙겼네. 겨드랑이에는 글록 40을, 발목에는 글록 45를 끼워 넣고. 그래, 얼마든지 개겨보라 이거야."

그가 이마를 찡그리며 주먹을 불끈 쥐었다. "내가 열 받은 건 파커도 알아. 보직 이동이 있다는 얘기까지 들었으니 나도 가만히 있지는 않겠어. 더 할 말 있느냐 물어보면 이렇게 이야기하려고. 이봐요, 언제쯤 쥐꼬리 봉급에서 구해줄 겁니까? 2035년? 젠장, 본부에서도 우리를 괄시하고, 돈도 쥐꼬리만큼 주고. 누가 여기 남아 일하려고 하겠소?" 1991년 이후 이곳에 들어온 하급 교도관들이 다 그렇듯 그도 나처럼 시급이 9달러에 불과했다.

통로를 걷는데 그가 걸음을 멈췄다. 셋 다 멈췄다. "웃기는 게 뭔지 알아요? 난 살인자들도 만나고, 강간범에 강도들까지 겪었어. 그런데 정작 여기 놈들은 기껏 학교 옆에서 대마초 피웠다고 잡혀 들어온 거야. 멍청해서 걸린 거지. 25년 형, 연방정부 의무형량이 그래. 그런데 가족을 몽땅 살해하고 25년 형을 받은 놈은 또 6년이나 8년 만에 나간단 말이지." (원 재소자의 약 5분의 1이 마약 관련 범죄로 들어왔다. 다만 학교 근처에서 마약하다 걸릴 경우 형량은 대개 25년이 아니라 6년 정도다.) 마약을 범죄 취급하는 데 대한 에디슨의 반감은 의외였다. "그런데 무슨 정의 타령이야? 재소자 1인당 하루에 얼마나 지불해야 하는지 알아?"

"조지 워싱턴Jeorge Washington 대통령도 대마초를 키웠잖아. 마리화나 피우기엔 야영지나 집 안이 좋거든." 베이클이 신경질적으로 키득거렸다.

"사실 처먹고 씹질하고 자고 음악 감상하면서도 또 처먹고 씹질하고 자고 음악 듣는 생각만 하잖아? 그거면 충분하지, 뭐."

에디슨이 가방에서 바나나를 하나 꺼냈다. "칼륨, 근육 이완을 도와주거든."

"점호 준비!" 통제실의 캘러헌Miss Calahan*이 소리쳤다. 내가 B1의 문을 열자 에디슨이 안으로 들어갔다. 재소자 하나가 싱크대에 서서 이를 닦고 있었다. "침상에 앉아." 에디슨이 소리 질렀으나 재소자는 에디슨을 돌아보지도 않았다. "어디, 삼나무동에 한번 다녀올래?" 에

* 캘러헌도 실명 사용을 허락했다.

아메리칸 프리즌

디슨이 그를 향해 몇 발짝 다가섰다. "밖으로 나와!" 에디슨이 문을 가리키며 외쳤다. 정말 이 일로 놈을 독방에 보내려는 건가?

재소자는 밖으로 나오며 계속 칫솔질을 했다.

"이 양반이 뭔가 개수작을 부리려나 봐." 그가 칫솔을 흔들며 소리쳤는데, 하필 치약 한 방울이 옆 의자에 걸어둔 에디슨의 재킷에 튀었다.

"계속 가! 입 닥치고! 가라고!" 에디슨이 모자를 뒤로 젖히며 소리쳤다. "삼나무동에 가서도 그렇게 도도한가 보자. 나도 기대하는 바니까." 재소자는 계속 이를 닦았다.

나는 방을 지나며 점호를 이어갔다. "멍청이가 저 친구 손봐주기로 했나 보지? 저렇게 까불다 칼침 맞을 텐데?" 내가 지나가는데 한 재소자가 중얼거렸다. 머릿속이 복잡해 숫자를 셀 수가 없었다. 그저 이곳에서 빠져나갔으면 하는 마음뿐이었다.

우리가 혼거실을 떠나자 재소자들이 일제히 철창에 달라붙어 에디슨을 욕했다. 에디슨도 가만있지 않았다. "네놈들은 다음에 보내주마. 벽에 붙어 서!" 재소자들은 꿈쩍도 하지 않았다. "이 새끼들, 모조리 삼나무동에 보내버리겠어."

"좆까라 그래!"

"야, 이 흰둥이 새끼야!"

과장과 킹 교사가 수감동으로 들어왔다. 과장은 에디슨을 물리고 직접 재소자들과 얘기해 혼란을 잠재울 생각이었다. "혼란 같은 소리 하고 자빠졌네. 여기가 베트남이면 난 벌써 조용하게 만들었다! 빌어먹을, 가스탄 몇 방이면 벌써 끝날 일을!" 과장이 에디슨을 끌고 나갔다. "젠장, 목소리에서 칼바람이 부네." 에디슨이 떠나며 중얼거렸다.

킹 교사가 나를 구석으로 데려갔다.

"이봐, 난 자네를 도우러 온 거야." 자살감시방 근무에서 재소자가 자위를 할 때도 나를 지원해 줬음을 상기시켰다. "자네를 엿 먹일 생각은 없지만 여차하면 한 놈 골라 박살 낼 생각이야. 보고서에 그 새끼가 나를 죽이려 했다고 해줘. 정당방위라 이거지, 응? 하하하!"

윈에서는 기껏 5개월이지만 킹도 교정 일을 한 지 벌써 8년째였다. 이곳 재소자 몇 명은 킹과 어릴 때부터 아는 사이이기도 하다. 물푸레나무동의 재소자 하나는 그의 이웃이고, 어렸을 때 소년원에서 함께 시간을 보냈다고 한다. 킹도 에디슨처럼 퇴역군인이었다. 그는 군대에서 나태한 습관을 고쳤다고 말했다. 군에서 22년을 복무한 후 텍사스의 청소년 교정시설에 일자리를 얻으면서 이 일을 시작했단다. 어느 날, 한 소년에게 농구장에서 나오라고 했더니 놈이 그의 목을 잡고 질식시키려고 했다. "그 자리에서 그 새끼 죽여버리려고 했어. 열여섯 살에 190센티미터였는데, 나한테 손을 대는 순간 그 새끼는 10대가 아니라 어른 아니야? 어퍼컷을 날려버렸지. 그랬더니 감독관이 그러더라고. '자넨 해고야!' 그래서 그 새끼도 반쯤 죽여버렸어."

"설마!" 베이클이 탄성을 질렀다.

"여기가 완전히 박살 났다니까요." 그가 턱과 입을 가리키며 말했다.

"세상에!" 베이클이 다시 감탄했다.

14

새뮤얼 로런스 제임스가 앙골라농장에서 사망하기 10년 전, 죄수임
대는 개인사업자에서 대형 회사 손으로 넘어가고 있었다. 남부에서
가장 큰 철강회사인 테네시 석탄 · 철 · 선로회사[TCI]보다 죄수들을 많
이 거느린 임차인은 아마 없었을 것이다. TCI는 테네시와 앨라배마에
서 탄광을 운영했다. 전성기엔 앨라배마주에서만 약 1만 5,000명의
주립 및 국립교도소 죄수들이 탄광에서 강제 노동을 했다. 강제 노동
죄수들은 깨어 있는 시간 대부분을 지하 탄광의 숨 막히는 미로에서
지냈다. 좁은 틈새로 기어 다니고 바닥에 드러누운 채 탄광 벽을 찍어
거대한 석탄판을 캐내는 게 그들의 일이었다. 재소자가 숨져도 주 정
부는 TCI를 제지하지 않았다. 죄수들 사망률이 매우 높았다. 1889년
앨라배마 죄수 노동자의 18퍼센트가 목숨을 잃었다. 500킬로그램가
량의 석탄판이 얼치기 광부들 위로 떨어지기도 했다. 푹푹 찌는 미로

아메리칸 프리즌

에서 몇 주 또는 몇 달을 일하다 보면, 죄수들은 이따금 곡괭이로 서로를 죽이기도 했다. 그게 아니면 교도관에게 대들다가 총살을 당했다. 한번은 탄광 내부의 폭발과 화재로 123명이 사망하기도 했다. 앨라배마의 거대한 프래트탄광에서는 죄수가 살아남기 위해 칠흑같이 어두운, 폐터널 속으로 뛰어들기도 했다. 하지만 이미 메탄가스가 가득하고 수직 갱도에서 독물이 쏟아져 내리고 있었다. 많은 경우 죄수들이 직접 탄광에 불을 놓았다. 혼란한 와중에 탈출을 기도했던 것이다. 한 남자는 2~3주 동안 어둠 속에서 길을 헤매다가 광산 안에서 죽은 채로 발견되기도 했다. 노동 수용소에서는 툭하면 이질이 휩쓸고 지나며 사람들을 죽였는데, 죄수가 죽으면 탄광 쓰레기 속에 매장시켰다.

앨라배마주의 위생 검시관이, 소규모 탄광회사의 수용소 상황을 이렇게 묘사했다. 죄수들은 강에서 물을 끌어 올려 식수로 사용했다. 그리고 바로 그 강 상류에서 다른 죄수들이 대소변을 해결했다. "교도소 안이든 밖이든 인간이라면 절대 마시지 말아야 할 물이다." 검시관은 그렇게 썼다. 담벼락 바깥에 잔뜩 늘어선 코크스 오븐은 석탄회사들이 석탄을 탄소가 풍부한 연료로 가공하여 TCI가 철강을 생산할 때 이용했다. 이제 그 철강으로 남부 전역을 관통할 철로를 만들 것이다. 죄수들은 매일 밤, 오븐에서 발생하는 가스와 탄소, 그을음을 마셔야 했다. 배기가스 때문에 반경 수백 미터 내의 나무들이 고사했다. 하지만 앨라배마주의 수감자들에 대한 감독관 보고서에 따르면, 죄수의 사망률이 높은 이유는 수용 환경 탓이 아니라 "흑인들의 부도덕한 심성 때문이었다…… 그들의 타락성은 의학적 도움도 소용이 없을 지경이다. 방탕한 욕정이 배태한 역병은…… 이미 전문가가 개입해야 할 만큼 방치되어 있다".

앨라배마와 테네시주 관리들이 보기에, 탄광 운영을 막을 이유는 없었다. 기껏해야 흑인 범죄자들의 삶을 쥐어짜는 일이었다. 앨라배마와 테네시는 남부에서 가장 야만적인 죄수임대 제도를 운영하면서 돈도 제일 많이 벌어들였다. 1880년과 1904년 사이, 앨라배마주가 죄수임대로 벌어들인 돈은 주 예산의 10퍼센트에 달했다. 테네시주 역시 재정에 그 정도로 도움을 받았다. 죄수의 노동은 곧바로 석탄 산업의 부흥으로 이어졌다. 1900년까지 22년간 앨라배마의 석탄 생산량은 22만 4,000톤에서 85만 톤으로 급증했다. 버밍햄 지역의 광부 중 4분의 1이 죄수였으며 앨라배마 광부 절반 이상이 무보수 죄수 신분으로 일을 배웠다.

미국 탄광에 죄수들의 노동력을 빌려준 데에 가장 고마워해야할 사람은 신문사 편집장이자 전 노예지주였던 아서 콜야르Arthur Colyar였다. 1865년 남북전쟁이 끝난 후 콜야르는 농장을 팔고 예전의 노예들을 자신의 새 회사, TCI의 탄광에서 일하게 했다. 과거 노예주奴隸州의 경제가 전적으로 농경에 의존하던 시기, 콜야르는 누구보다 빨리 민주당 지도자가 되어 남부의 산업화를 밀어붙였다. 강제 노동을 어떻게 이용할 것인가? 그에겐 그 방법을 알아내는 게 관건이었다. 그가 보기에 초기 탄광 산업을 자유노동에만 의존한다면 탄광 지역은 "펜실베이니아 부랑자들의 전초기지가 되고 탄광촌은 연일 데모에 찌들고 말 것"이라고 우려했다.

콜야르는 테네시주 정부에 로비를 해서 죄수들을 신생 산업 엘리트들에게 임대하게 했다. 1871년, 그의 노력은 빛을 발했다. 주 정부는 주립교도소의 죄수 모두를 토머스 오코너^{Thomas O'Conner}라는 도박꾼에게 5년간 15만 달러에 임대해 주었고 오코너는 다시 주 전체의 철도회사와 탄광회사에 죄수들을 빌려주었다. 죄수의 아이들까지 그에게 넘어갔다. 1874년 테네시는 18세 미만의 죄수 123명을 임대했다. 그중 54명이 16세 미만이었으며 세 명은 12세, 한 명은 겨우 10세에 불과했다. 그는 방법을 총동원해 죄수들에게서 돈을 뽑아냈다. 심지어 오줌까지 통으로 받아 무두질공장에 넘겼다. 죄수들이 탈진이나 질병으로 죽으면 시신을 내슈빌의과대학에 해부용으로 팔아넘길 정도였다.

콜야르의 TCI는 1883년 테네시의 죄수까지 인수해 1,300명의 노동력을 확보했다. "회사가 시스템을 도입한 주요 이유 중에는 데모를 원천봉쇄할 수 있다는 장점 때문이었다." 콜야르의 설명이다. 당시 노동쟁의가 극심한 터라 민병대, 연방군, 심지어 용병들까지도 시위를 벌이곤 했다. TCI가 죄수임대권을 따내기 5년 전만 해도, 전국 철도 노동자들이 감봉에 항의하며 전국 철도를 마비시켰고, 8시간 근무제는 전국 노조의 핵심 요구로 부상했다. 그런데 TCI가 탄광에 죄수들을 배치하면서 자유 광부들도 곤란해졌다. 봉급 인상을 밀어붙이다가는 해고될 위기에 처했기 때문이다. 남북전쟁 이후 죄수임대 초기부터 1890년까지 테네시주 자유 광부들의 수입은 반 토막나고 말았다.

전쟁 전, 노예 몸값을 매길 때 기준은 노동력이었다. '상급', '중급', '하급'. TCI는 그 방식을 기준으로 죄수들을 체력에 따라 네 등급으로 분류했다. 1등급은 하루 석탄 4톤 이상을 수확하는 자로, TCI는 임대비로 매달 18.50달러를 지불했다. 2등급은 13.50달러였다. 수확량이 1톤 이하인 4등급의 경우 회사는 죄수를 먹이고 입히고 관리하는 비용만 책임지면 되었다. 자유노동자의 월급이 45달러에서 50달러 사이였으니 날강도도 그런 날강도가 없었다. 할당량을 채우지 못한 죄수는 채찍을 맞았다. 앨라배마주 정부 조사에 따르면 1889년, 2주간 죄수 165명이 매질을 당했다. "할당량을 채우지 못하거나, 석탄에 석판이나 돌멩이가 섞이면 예외 없이 채찍질이었다." 조사관의 증언은 그랬다. 전직 교도관의 회상도 다르지 않았다. "채찍은 세 손가락 두께의 가죽끈 두 개를 손잡이에 묶은 종류였다. 죄수 바지를 벗긴 채 엎드리게 한 다음, 손과 다리에 다섯 대에서 열두 대까지 채찍질을 했다."

지극히 야만적인 운영이었으나 앨라배마 노동위원회는 오히려 이 체제를 옹호했다. "죄수 노동은 자유노동보다 안정적이고 생산적이다. 탄광주들도 죄수들의 저임금 노동으로 생산 저하의 부작용 없이 수익을 낼 수 있다고 얘기한다." 앨라배마는 심지어 그 방식을 전국적으로 홍보까지 했다. 1890년 앨라배마 죄수 감독관 W. D. 리^{W. D. Lee}는 신시내티에서 열린 전국교도소협회의 연례회의에 나가 이렇게 주장했다. "우리 남부에는 북부에 없는 어려움들이 있습니다. 법을 엄정하게 집행하기가 쉽지 않아요. 이질적인 인구, 즉 열등 인종이 많기 때문입니다. 죄수들을 어떻게 대할지는 중요한 문제인데 그 문제를 어떻게 해결할지는 여전히 오리무중입니다. 검둥이의 도덕 의식은 백인보다 저급합니다. 서너 세대에 걸친 노예 생활로 퇴화했다는 사람들도 있지만, 글쎄요, 과연 그럴까요? 노예가 퇴화 상태인지는 몰라도 흑인 노예는 그 어느 곳보다 우월한 문명사회를 맛보았습니다. 흑인을 백인과 격리하면 어떻게 되겠습니까? 그거야말로 퇴화가 아닐까요?" 또 다른 감독관 앨버트 T. 헨리^{Dr. Albert T. Henley}박사도 한마디 보탰다. "검둥이를 백인 죄수들과 동일하게 대하는 건 거의 불가능합니다. 흑인들에게 교도가 필요하다는 사실을 깨닫게 해주려고 노력해 봤자 결국 시간 낭비가 될 것입니다." 노예제도와 마찬가지로, 인종차별주의와 이윤추구는 한통속이다. 흑인 죄수의 교도가

불가능하다면 논리는 뻔하다. 탄광에 처박아 넣고 부려먹으면 된
다.

테네시는 TCI와 임대 계약으로 수익이 짭짤해지자 전쟁까지 불
사하고 나섰다. 1890년대 자유 광부들은 노동환경 개선을 요구하며
동요하기 시작했다. 죄수와의 경쟁 문제는 오랫동안 광부들에게도
쓰라린 숙제였다. 회사가 죄수 노동자들을 이용하자, 1877년에는 그
에 불만을 품은 노동자들이 죄수 막사 아래 화약통 세 개를 터뜨린
적도 있다. 1890년경 불만은 다른 영역으로 번져나갔다. 회사가 임
금 대신 전표를 지급하며 직영 고가 상점에서만 사용하도록 한 것이
다. 노동자들은 전국 탄광노조와 연합하여 TCI가 봉급을 현찰로 지
급하라고 요구하기 시작했다. TCI는 노조 조직을 심각한 위협으로
보고, 1891년 4월 '수리'를 빙자해 브라이스빌^{Briceville}의 대형 탄광 하
나를 폐쇄했다. 두 달 후 다시 탄광을 열면서, 노동자들에게 '불공정'
계약에 사인하도록 강요했다. 파업을 금지하고, 분쟁이 생길 경우 회
사의 권리를 우선하며, 임금은 전표로 지급한다는 등 계약서엔 독소
조항들이 다수 담겨 있었다. 광부들이 사인을 거부하자, 회사는 죄수
들을 시켜 노동자 숙소를 모두 파괴하고, 통나무 막사를 짓고는 죄수
들을 더 데려와 머물게 했다. 광부들은 쫓겨났다가 일주일 후 프랑스
혁명기념일(7월 14일)에 돌아왔다. 300명이 돌에서 소총까지 닥치는

아메리칸 프리즌

대로 무장하고는 막사에서 40여 명의 죄수들을 끄집어내 화물차에 실은 뒤 녹스빌의 교도소로 보내버렸다. 곧 민병대의 호위를 받으며 죄수들이 돌아오고 군인 130명이 임시 교도소를 장악했다.

노동자들의 불만에서 시작한 파업이 죄수임대 전쟁으로 돌변한 것이다. 광부들이 두 번째 쳐들어왔을 때는 1,500명 모두가 무장한 상태였다. 심지어 켄터키에서 온 이들도 있었다. 시위대가 브라이스빌 막사를 포위하자 민병대장은 총 한 번 쏴보지 못하고 항복했다. 죄수들과 교도관들, 그리고 민병대는 기차를 타고 녹스빌로 이송되었다. 다시 수일 후 죄수가 광산으로 돌아왔지만 결국 주지사도 광부들의 요구에 굴복해 죄수임대 제도를 폐기하기로 했다. 여기까지는 광부들의 대승으로 보였다. 하지만 입법부가 결론을 뒤집어 오히려 죄수 노동 시스템을 강화했다. 이제 TCI는 실제 소요사태뿐만 아니라 회사가 폭도들의 단체행동이 '임박하다'고 판단할 경우, 언제든지 민병대를 불러들일 수 있게 되었다.

사실 그때까지는 광부들도 죄수들이 달아날까 조심했다. 하지만 1891년 핼러윈데이에 1,000명의 광부들이 가면을 쓰고 나타나 브라이스빌 막사를 포위하고 건물들을 모두 불태운 뒤, 죄수들에게 식사를 제공하고 옷을 입혀 풀어주었다. 일부 죄수는 켄터키로 도망쳤고 다른 죄수들은 자유 광부들과 함께 콜크리크와 올리버크리크로 행진해서 죄수들을 더 탈옥시켰다. 그리고 함께 회사 재산을 불태우고 회사 상점들을 약탈했다. 그 사건으로 450명가량이 탈옥했으며 그중 3분의 1은 영원히 돌아오지 않았다.

주 정부도 물러서지 않았다. 더 이상 죄수 노동 제도 강화에 방해 받고 싶지는 않았던 정부는 코랄크릭탄광 외부에 민병대 요새를 짓고 참호를 파고 개틀링기관총까지 설치했다. 민병대의 지원을 무기로, TCI는 자유 광부들을 절반으로 줄인 다음 죄수 노동자 360명을 끌어들여 하루 종일 일하게 만들었다. 1892년 여름 내내 자유 광부와 민병대 사이에 치열한 공방이 오갔다. 막사가 불에 타고 다시 지어지기를 반복했다.

광부들의 반란은 열세였으나 그래도 죄수임대라는 주 정부의 경제적 특혜를 없애는 데는 성공했다. 한 주지사는 "죄수임대로 돈을 벌기는커녕, 폭동과 반란, 권리침해 때문에 주 정부의 손해가 큽니다"라고 투덜댔다. 반란 이전에 죄수임대로 주정부는 매년 7만 5,000달러(2018년 기준으로 약 200만 달러)를 벌었다. 이제 납세자들은 민병대에게 20만 달러(2018년 기준으로 550만 달러)를 더 지불해야 하는 형편이었다. 광부는 물론 당번수들과도 싸워야 하기 때문이다. "유권자들의 불만이 터져 나왔죠. 이제 우리는 비용을 줄여야 합니다. 임대 제도를 버리고 좀 더 비용-효율적인 방법을 찾아야 해요." 테네시주의 개혁가 P. D. 심슨P. D. Sims이 말했다. 1893년, 테네시는 남부에서 최초로 죄수임대를 포기한 주가 되었다.

1907년, 앨라배마에서 사업을 시작한 지 9년이 지난 후 TCI는 북부 산업의 거인이라 불리는 US철강회사USS에 넘어갔다. USS는 세계 최초의 억만장자 회사이며 TCI 인수는 미국 자본주의 역사상 가장 큰 규모의 거래였다. J. P. 모건J. P. Morgan이 합병을 주도한 덕에 USS의 실질적인 독과점도 가능해졌다. USS의 대표 엘버트 H. 게리Elbert H. Gary의 전기에 보면, 그는 자신이 매입한 탄광에서 강제 노동을 자행했다는 이야기를 듣고 크게 분개했다. 게리는 그 당시 사업윤리와 진보적인 노동정책의 선구자로 유명했다. 전기에는 그가 직접 했다는 말도 인용해 두었다. "그게 말이 됩니까? 난 어려서부터 노예해방론자입니다. 그런데 회사 대표가 흑인들을 사슬로 줄줄이 묶어놓고 강제 노동을 시켜요? 주 정부가 사람들을 기둥에 묶어놓고 채찍질을 하고요?"

게리가 강제 노동 사용 문제로 정말 괴로워했는지는 모르겠다. 확실한 건 상황을 개선하기 위해 한 일은 아무것도 없다. 오히려 USS는 매각 전의 TCI보다 죄수 확보에 훨씬 더 혈안이었다. TCI를 인수하고 3주 뒤, USS는 죄수 400명 추가 임대 계약에 사인했다. 1908년에는 제퍼슨카운티와도 계약을 체결했는데, 그해 체포한 죄수 모두를 임대하기 위해 회사는 6만 달러가량을 지불했다. TCI는 그 후 20년간 죄수 노동을 이용했다. USS는 TCI의 100년 역사(1860년대로 거슬러 올라간다)를 축하하기 위해 기념 백서를 출간했을 때 그곳 탄광에서 강제로 일했던 수만 명의 인력과 그곳에서 죽은 수백 명에 대해서는 아무 말도 하지 않았다. 『또 다른 이름의 노예』의 저자 더글러스 블랙먼이 USS와 접촉했을 때 중역들은 회사의 옛날 활동에 책임을 묻는 처사는 '공정하지 않다'고 대답했다. 회사가 죄수임대의 역사와 관계가 있다는 자료 또한 어디에서도 찾지 못했다고 발뺌하기도 했다. 관리자들은 프래트탄광이 여전히 USS의 소유고 1997년에는 매장지라는 이유로 재산세를 면제받았음에도 불구하고 그곳에 묻힌 시신들에 대해서도 아는 바가 없다고 말했다. "그곳에 죄수들이 묻혔다는 말입니까? 그럴 가능성이 꽤 있죠. 하지만 시신이 어디에 있는지는 확인해 줄 수 없습니다." 대변인이 블랙먼에게 한 얘기다.

15

야근하는 날 다시 자살감시방에 배치되었다. 지난번 근무 후 3주가 흘렀지만 이번에는 일급비밀의 세계에 들어가는 기분이었다. CCA 가 타지방의 소트팀에게 관리를 맡긴 이후로 삼나무동은 지나가기 는 해도 들어가지는 못하는 장소가 되어 있었다. 근무가 가능한 곳은 자살감시방뿐이다. 아직 해가 뜨기 전, 삼나무동에 들어갔다. 그런데 입구에 발을 딛는 순간, 눈이 아리고 코에서 콧물이 흘러내리기 시 작했다. 매콤한 공기에 기침까지 나왔다. 통제실 근무자는 덩치 좋은 금발 여성인데, 방독면을 쓴 채 책상에 앉아 서류작업을 하고 있었다.

　"호흡을 길게, 천천히 해봐요." 내가 기침을 하자 커트머리를 한 어느 소트 팀원이 조언했다. 아프가니스탄에서 기관총 사수로 복역 했단다. 나에게 방독면이 필요한지 물었지만 나약한 사람으로 보이 고 싶지 않아 거절했다.

한 남자가 샤워실에서 벌거벗은 채(물론 샤워실은 단단히 잠겨 안전하다) 고통스럽게 신음을 흘리고 있었다. 몸은 좌우로 흔들리고 앞뒤로 비척거렸다. 소트팀은 남자의 감방에 칼이 있다는 첩보를 입수하고 새벽에 급습하여 감방을 수색했다. 그가 이불을 내릴 때는 최루가스를 쐈다. "매워, 너무 매워!" 수감자는 그 말만 반복했다. 호흡은 고통스럽고 두 손은 비비 꼬였다. 검은 복장의 소트 대원들은 마치 못 본 척 그냥 지나쳤다. 바퀴벌레들도 가스가 매운지 미친 듯이 돌아다녔다.

자살방지 구역에서 누군가가 나를 불렀다. 3주 전 당번을 설 때 조현병 환자처럼 날뛰던 자였다. 방 안에는 교도소에서 지급한 자살방지 담요 한 장과 일반 담요 두 장뿐, 아무것도 없었다. 그는 문을 열어 환기를 해줄 수 있는지 물었다. 최루가스 연기를 빼내고 싶다는 얘기였다. 기관총 사수였다는 소트 대원에게 물으니 시계만 보는 척했다. 대답을 고민할 시간이 필요했을 것이다. "아니, 그럴 필요 없어요. 그거 마신다고 죽지 않으니까." 결국 그가 키득거리며 대답했다.

조현병 환자가 나를 부르더니 오늘 교도소 밥을 먹을 수 있는지 물었다. 지난주에는 배식량이 모자라 문을 조금 걷어찼다고 밥 대신 최루가스만 두 통 먹었다고 했다. "최루가스를 나처럼 많이 처먹는 놈은 처음 봤다나 뭐라나." 조현병이 투덜댔다. 그 후 넉 달 동안 원은 화학약품을 80회 정도 사용했다고 보고할 것이다. 10개월 동안

　　　　　　　　　　　　　　　　아메리칸 프리즌

루이지애나의 다른 8개 교도소를 모두 합한 것보다 '즉각적인 무력 사용'이 두 배에 달한다.* 얼마 후 콜린스가 이곳 통제실 담당으로 근무할 때 얘기를 해주었다. 재소자가 소트 대원의 엄마를 모욕했다. 그는 재소자를 카메라가 없는 곳으로 끌고 가, 수갑을 채우고 속옷 차림으로 세운 다음 몸 전체에 최루가스를 뿌려댔다. 그 시간이 무려 '80초'가 넘었다. 콜린스워스가 절차에 따라 무력 사용 보고서를 작성했지만 소트 대원들이 그를 조롱했다. "내가 아무것도 보지 못했다고 말해야 한다는 거예요." 콜린스워스 말로는, 어느 근무조 부감독은 그가 '고자질'이나 하고 다닌다며 짜증을 냈다.**

플로어 반대편에서 오클라호마 소트 대원이 파트너를 향해 일련의 수신호를 날렸다. 파트너도 수신호로 대답했다. 나중에 그에게 들어보니, 소트팀은 수레노교도소 조폭들의 수신호를 사용하고 있었다. 캘리포니아에서 오클라호마로 이감된 재소자들에게서 배웠다고 한다. 2011년 미국 대법원이 캘리포니아주의 교도소 과밀화가 잔인하고 이례적인 형벌에 해당한다고 판결하자 주 정부는 미국 전역에 있는 민영교도소와 계약해 수천 명의 수감자를 위탁관리하도록 했다. 오클라호마에도 캘리포니아교도소 조폭들이 유입되었는데 소트

---

* "CCA는 보복 수단으로의 무력을 엄격히 금한다." 대변인의 대답은 그랬다.
** CCA의 대답이 맞다면, 재소자에게 최루가스를 뿌린 자는 해고당했다.

팀은 충분히 '잘된 일'로 평가했다. 조폭 문화가 매우 조직적이라는 이유였다. "조폭 규율에 따르면 반드시 자기 감방을 청소하고 청결을 유지해야 해요. 어기면 칼침을 맞거든요. 여기 쓰레기들처럼 까불다간 칼 맞아 죽는 겁니다."

원에는 조폭이 없지만, 교도소 관리 덕분이 아니라 루이지애나 교도소 문화 때문이라 할 수 있다. 전국의 교도소는 대부분 인종 분리가 엄격하고 내부 정책은 '아리아 형제파'와 멕시코 마피아 같은 인종주의적 교도소 갱들이 결정한다. 하지만 루이지애나는 독특했다. 우선 교도소 조폭이 없다. 백인 재소자들은 주변에 아무도 없을 때 나한테 인종주의적 발언을 하기도 하지만 다른 곳과 달리 노골적인 혐오는 드물다. 재소자들이 개별적으로 인종을 중심으로 파벌을 조직하려는 경우는 있어도 결국 실패하고 말았다. 흑인이 75퍼센트를 차지하고 백인이 25퍼센트도 안 되는 교도소에서는, 사람들이 인종과 상관없이 함께 식당에서 식사를 하고 운동장에서 잡담을 하고 같은 지붕 아래서 잠을 청한다.

아이다호에서 CCA는 고발을 당하기도 했다. 비용을 줄인답시고 교도소 조폭들에게 통제를 맡긴 것이다. 2012년 아이다호 교정센터의 재소자 8명이 소송을 제기했는데, 법원은 실질적으로 "CCA와 일부 조폭들 간에 협력관계가 있었다"라고 명시했다. 향후 FBI 수사를 통해서도 직원들이 기록을 조작했으며 의무 배정 보직에도 인원을 편성

하지 않았다는 사실을 밝혀냈다. 이 사건에서 공개된 교정부와 CCA가 공유한 비밀 메시지를 보면, 아이다호 교정센터에서는 2008년 8월까지 재소자 간의 공격 등 폭력사고가 꾸준히 증가했는데, 이는 '아이다호주 교도소 전체를 더한 것보다 4배는 많은' 수치였다.* 아무튼 CCA는 기소되지 않았고 아무런 제재도 받지 않았다. 다만 주 정부는 계약의 자동 갱신을 종결하고 다시 입찰에 붙였다. "그래도 거기가 여기보다 훨씬 좋았어요." 당시 아이다호에서 일했던 파견 교도관이 내게 한 말이었다.

근무를 시작하고 2시간쯤 후 소트 팀장이 삼나무동에 들어왔다. 그가 나를 의심하듯 노려보더니 왜 여기 있느냐며 당장 떠날 것을 명령했다.

재소자들도 예고 없이 쫓겨날 때가 있다. 교도소 권력 구조 속에서 간신히 일상과 입지를 설정했는데 어느 날 갑자기 교도관이 떠나라고 말하는 것이다. 그렇게 배를 타고 주 반대편 교도소로 이감되면 처음부터 다시 시작해야 한다. 대부분 이유도 잘 모른다. 이감은 대체로 불편하고 달갑지 않지만, 북쪽의 어느 교도소라면 이야기가 다

---

* CCA는 후일 자체 조사를 통해, 2008년 1월에서 8월까지 아이다호교정센터에서 발생한 폭력 빈도가 다른 시설에 비해 과하지 않다고 결론지었다.

르다. 조니 코스틀리^{Johnny Coestly}가 그랬다. 교도관이 어느 날 "짐 싸!"라고 명령했다. 그에겐 그야말로 오랜 가뭄에 단비 같은 소식이었다. 그는 배에 실려 윈으로 건너왔다. 윈에는 남동생이 갇혀 있다. 무려 13년 만의 조우인 것이다.

그의 동생은 데이미언 코스틀리, 처음 자살감시방에서 근무할 때 지켜보던 인물이다. 이곳에 갇힌 후 데이미언이 자살감시방을 들락거렸다는 사실은 조니도 알지 못했다. 마지막으로 둘이 만났을 때는 뉴올리언스 교외의 어느 호텔 객실이었는데, 함께 웃고 농담을 주고받았다고 한다. 밖에는 허리케인이 들끓었다. 데이미언은 당시 20세로, 도주 중이었다. 몇 달 전 클럽에서 남자 셋과 싸움이 붙었다. 남자 하나가 데이미언이 자기 여친과 '놀아났다'고 화가 났다. 남자가 얼굴에 침을 뱉자 데이미언은 셋 모두에게 총을 쐈다. 한 사람은 목숨을 잃었다. 얼마 지나지 않아 데이미언은 체포되고 30년 형을 선고받아 윈에 수감되었다. 조니가 전과자라 면회도 불가능했다. 이따금 전화 통화를 했지만 그마저도 조니가 마약거래로 감방에 들어가는 바람에 끝이 났다. 이감되어서 다시 동생의 목소리를 듣는다면 그보다 더 좋은 일이 어디 있겠는가.

교도관은 조니를 어느 방으로 데려갔다. 입감 절차도 하는 둥 마는 둥 했다. 방에는 교도소장과 사회복지사가 기다리고 있었다. 데이미언이 병원에 실려 갔는데 아직 의식불명이라는 나쁜 소식을 들었다. 조니의 세계는 그 순간 멈춰 섰다. 데이미언의 소식을 받아들이기도 전에 조니는 다시 버스와 배에 실려 주 반대편 교도소로 이감되었다.

데이미언은 불과 2주 전 자살감시방에서 풀려났다. 소트 관리가 그를 독방에 가두기로 결정한 것이다. 정신병이 심한 어느 노인과 함께였다. 주 정부 정책에 따르면, 재소자들을 자살감시방에서 빼낼 때는 정신건강 전문가 또는 담당의의 승인이 있어야 한다. 하지만 소트 팀은 개의치 않았다. 삼나무동에서 데이미언과 몇 방 건너에 있던 재소자가 목격한 바로는, 소트팀이 그를 감방에서 꺼내면서 어딘가 전화를 했다고 한다. 데이미언은 자기한테 자살충동이 있다고 말했다. 소트 대원은 나중에 다시 와서 자살감시방에 넣어주겠다고 약속했지만 오지 않았다. 데이미언은 자살할 것 같다고 여러 차례 하소연했다. 교도소 정책에 따르면 그런 경우 예외 없이 자살감시방에 넣어야 한다.

독방 수감자들은 30분마다 확인하도록 되어 있지만 1시간 반이 지나도 아무도 오지 않았다. 그러다가 어느 재소자가 감옥 문 위의 금속을 두드렸다. 소트 대원들이 쿵쿵 소리를 내며 달려왔다. 손에는 페퍼스프레이를 들었다. "어떤 새끼가 소란이야?"

"여기 목매달았어요!" 재소자가 외쳤다.

소트 대원들이 와보니 데이미언의 감방 동료가 데이미언을 들어 올리려 낑낑거리고 있었다. 목의 압력을 줄여주기 위해서였지만 노인도 수면제를 먹은 터라 기운이 없었다. 노인이 잠든 동안 데이미언은 감방 창살 꼭대기에 침대보를 묶고 자기 목을 매어 침상에서 뛰어내린 것이다.

데이미언의 모친, 웬디 포터^{Wendy Porter}가 병원에 도착했을 때 아들은 반응이 없었다. 족쇄를 찬 발목은 살갗이 벗겨져 있었다. 무엇보다 충격적인 것은 아들의 몸집이었다. 전에도 홀쭉하기는 했다. 6개월 전에도 55킬로그램 정도였으나 운동을 좋아해 몸매는 근육질이었다. 그런데 지금은 말 그대로 뼈다귀뿐이었다. 그가 생명유지 장치에 묶여 있는 19일 동안 모친은 내내 옆을 지켰다. 데이미언이 33세의 나이에 숨을 거두었을 때 그의 체중은 겨우 32킬로그램이었다.

나는 데이미언의 모친에게 연락했다. 아들 이야기를 듣고 싶었다. 사실 고민이 없지는 않았다. 자살감시방 근무 당시 몰래 그를 촬영했는데 그 비디오의 존재를 알려야 할지 고민이 됐던 것이다. 물론 데이미언의 죽음에 대해서 글을 쓰고, 비디오 일부를 온라인으로 공개할 생각이었다. 웬디는 아들 영상이 하나도 없다고 했다. 심지어 어린 시절의 모습도 없었다. 적어도 내가 할 수 있는 일은 그녀의 아들이 황량한 자살감시방에서 자살하는 장면을 세상 사람들이 보기 전에 먼저 볼 기회를 주는 것이었다. 난 그녀에게 편집본을 보냈다. 당근 조각을 씹는 데이미언, 배식 창구를 통해 스티로폼컵을 건네며 몰래 커피를 가져다줄 수 있는지 묻는 데이미언, 침상에서 뛰어내려

자기 목뼈를 부러뜨리겠다고 위협하는 데이미언, 아무 말 없이 자살 방지 담요를 고치처럼 뒤집어쓴 데이미언, 철창에 기대어 서 있는 데이미언. "망할 놈의 CCA, 이 정도면 교화는커녕 회생 불가야! 여기 윈필드? 빌어먹을, 문을 닫기 전에는 절대 안 바뀔 거요." 데이미언은 그렇게 말했다. 모친은 영상을 본 후 나한테 전화했다. 목이 잠겨 있었다. 그녀는 그렇게 엉망인 줄 몰랐다고 했다. "그렇게 엉망인 줄 알았으면 당장 윈필드로 찾아갔겠죠. 그 생각 때문에 미치겠어요. 살려 달라고 그렇게나 외쳐대는데, 맙소사, 아무도 도와주지 않다니."

웬디는 주기적으로 내게 전화했다. CCA를 법정에 세우는 방법을 묻기도 하고, 데이미언의 병원비를 어떻게 갚을지 모르겠다며 걱정하기도 했다. 어느 날 전화를 받았는데 이렇게 말했다. 잡지에 글을 쓴다고 했죠? 아들이 이번 일로 보상을 받아야 한다고 하던데요? 나는 기자가 기사 출처에 돈을 지불하는 것은 비윤리적이라고 알려주었다. 그녀가 말했다. 책을 쓸지도 몰라요. 책을 쓰게 되면 도와주실 거죠? 병원비가 무려 307.41달러예요. 책을 쓰면 갚을 길이 생기지 않을까요?

그녀는 교도소에서 데이미언의 소지품을 보내왔다고 했다. 내가 뉴올리언스로 직접 가서 살펴봐도 되는지 물었고 승낙을 받아 그녀의 집을 방문했다. 진입로에 들어서자 그녀가 기다리고 있었다. 티셔츠에 '선하신 주님!'이라는 문구가 선명했다. 보라색의 헐렁한 모자를 썼는데 최근에 받은 뇌수술 흉터를 감추기 위해서란다. 예상과 달리 삶에 찌든 모습은 아니었다. 그보다는 고통스러운 폭풍우도 감내할 만큼 온갖 풍파를 겪은 사람 같았다. 남은 두 아들도 교도소에 있고 두 아들의 부친 둘과 데이미언의 부친도 감옥에 있거나 죽었다. 우리는 거실에 앉아 얘기를 나눴다. 손해배상 청구를 진행하고는 있다고 했다. 아이들과 어린 시절을 함께 하지 못했다는 사실을 후회하고 있었다. 그녀 자신도 마약에 빠져 지낸 탓이었다. "파이프에 대마를 채우면서도 거울을 보며 주님께 기도했답니다. 부디, 저를 도와주소서." 데이미언이 갇혔을 때 그녀도 잠시 교도소 생활 중이었다. 데이미언이 5세 때는 아이들을 이모한테 맡겼다. 아이들을 늘 사랑했어요. 정말이에요, 믿어주셔야 합니다. 웬디는 마약을 끊고 가족의 삶으로 돌아왔다. 아이들이 교도소에 있는 동안에도 웬디는 푼돈이나마 긁어모아 영치금으로 넣어주곤 했다.

웬디는 방으로 들어가더니 작은 골판지 상자를 들고 돌아왔다. 데이미언의 소지품이 모두 담겨 있었다. 엄마가 보낸 편지들, 설탕 봉지, 서류 뭉치, 사진 몇 장. 사진 하나는 교도소 운동장에 앉아 찍었는데 등 뒤로 책장이 보였다. 맬컴 엑스와 체 게바라의 전기, 천문학과 점성술과 건강 관련 서적들. 청원서도 한 장 있었다. 치아 금관을 어머니한테 보냈는데 도중에 사라졌다는 내용이었다.* CCA 웹사이

---

* CCA는 그의 고충사항을 접수하지 않았다.

트에서 뽑아낸 인쇄물에는 어느 문장 하나에 밑줄을 그어놨다. "정신건강이 악화하거나 자살 위험의 징후를 점검하기 위해 CCA는 주기적으로 공격자 성향의 재소자들을 관리합니다."

데이미언의 정신 상태가 위태롭다는 사실은 교도소에서도 비밀이 아니었다. 목숨을 끊기 전 자살감시방에 들어간 것도 3년 반 동안 17번이나 되고, 교도소 친구들에게도 자신이 형량을 다 채우지 못할 거라고 자주 얘기했다. 주님과 화해만 하면 나도 하늘나라로 가고 싶어. 얼굴에 침을 뱉었다고 사람을 죽이다니, 내가 미쳤지. 교도소에서 시간을 보내느니 어서 그 사람한테 가서 사죄해야겠지? 데이미언의 파일에 비상근 정신과 의사의 메모가 있었다. "재소자들의 증언을 종합하면, 데이미언은 자살하게 될까 늘 우울하고 힘들어했다. 자신이 살해한 남자의 목소리가 들리는데, 어서 목숨을 끊고 자신한테 오라고 부추긴다는 것이다." 교정 상담원의 기록도 보였다. "데이미언은 CCA는 물론 자신의 삶하고도 끝났다고 말했다."*

서류를 읽다 보니 데이미언이라는 사람이 조금씩 보이기 시작했다. 그는 정신건강 문제로 간절하게 도움을 필요로 하는 한편, CCA와도 전쟁을 벌이고 있었다. 그만큼 절박했다는 얘기다. 상자 안에

---

* 데이미언 코스틀리에 대해 20여 항목의 질문을 보냈으나 CCA는 그의 죽음에 대한 질문 하나에만 대답했다.

는 소원수리도 한 장 있었다. 원의 재활 노력은 부적절했다. 12단계 중독치료와 정신건강 프로그램이 있었지만 데이미언은 2년간 대기자 명단에만 있었다. 데이미언은 "교도소 형량이 20년 남았다고 해서 내가 존재하지 않거나 중요하지 않다고 할 수는 없다"라고 썼다. 2014년의 기록도 있었다. 원의 삼나무동 자살감시방에 있을 때였다. 어느 날 자고 있는데 교도관 두 명이 쳐들어왔다. 놈들은 그를 침상에서 끌어내고 수갑을 채우더니 복도에 벌거벗은 채 서 있게 했다. 여러 차례 벽으로 밀쳐 부딪히기까지 했다. 또 다른 소원수리에서는 동료 재소자들과 함께 자살감시방에 있는데 관리하는 교도관이 아무도 없었다고 썼다. 한참 후 어느 재소자 둘이 들어오더니 우유 상자에 똥을 가득 담아 자살감시방 재소자들에게 던졌다. 교도관들은 그 옆에 서서 구경만 할 뿐 말리지 않았다. "카메라를 확인하라. 이런 식의 범죄행위 때문에 윈필드의 명성이 흔들린다." "내가 삼나무동에서 살아남을 수 있을까? 이곳은 온통 혼란뿐이다."* 그가 쓴 내용이다.

데이미언은 교도소에서 법 공부를 하고 있었다. 교도관들에게 신발 두 켤레를 빼앗기고 원을 고소하기도 했다. 교정부는 CCA에 47.32달러를 배상할 것을 권고했는데…… 그가 교도소를 상대로 좀 더 근본적인 소송을 준비했을까? 데이미언은 구금 중 자살한 재소자

---

* CCA가 소원수리들을 접수해 검토했는지는 분명치 않다.

아메리칸 프리즌

들을 위해 소송자료들을 수집했다. 소원수리도 한 번 이상 접수했다. 정신건강 전문가들의 진단도 없이 교도관들이 자신을 벌거벗긴 채 자살감시방에 넣었는데 이는 교정부 정책에 반한다는 내용이었다. 교정부에 그의 요구를 검토하라는 청원도 넣었다. 재소자가 연방 시민의 권리를 청구하기 전 거쳐야 할 단계였지만 교정부는 그의 청원을 기각했다.

데이미언은 서류로만 저항한 것이 아니다. 단식투쟁도 종종 이어갔다. 채식을 요구했지만 교도소에서 받아들이지 않는 게 주된 이유였다. 교도소에는 채식 선택권이 없다. 결국 데이미언은 고기를 빼고 곡물만 골라 먹어야 했다. 정신건강 관리 부실에 항거하기 위해서도 단식을 했다. 언젠가 상근 정신과 의사가 자살감시방의 데이미언을 면담한 후 의료보고서에 이렇게 기록하기도 했다. "그가 화가 난 이유는 정신건강에 대해 적절한 치료를 받지 못한다고 느꼈기 때문이다." 데이미언이 자살하겠다고 외치는 이유는 그래야 정신과 의사와 만날 수 있기 때문이었다. "재소자는 오래전부터 교도관들과 밀당을 하고 시스템을 건드리곤 했다." 정신과 의사는 그렇게 썼다.

데이미언의 서류를 검토하는 동안 웬디는 계속 먹을 것을 내왔다. 사탕, 감자칩, 선반을 뒤져 나오는 것들을 닥치는 대로 내온 것이다. 마침내 그녀도 자리에 앉았다. "그 애가 고생이 많았어요. 계속 돈을 보냈죠. 아이가 배고프다잖아요. 그럼 먹을 수 있는 음식을 줘야죠! 그 애가 원한 건 고기가 아니라 과일이나 채소였어요. 몸무게가 겨우 32킬로그램이라니, 굶어 죽은 사람도 그렇게까지 마르지는 않을 거예요." 웬디의 목소리가 갈라졌다. "나도 집에서 요리를 하면 사람들에게 나눠줘요!" 심지어 울면서 외치기도 했다. "누가 찾아와도 식사 대접을 한다고요. 그런데 32킬로그램이 말이 돼요?" 그녀가 울음을 멈추고 길게 심호흡을 했다. "기껏 1달러면 되는데, 왜들 그랬을까요? 겨우 1달러짜리 사인일 텐데? 아들이 뭐라고 했는 줄 아세요? 전화로 그러더라고요. '여기는 문 닫기 전에는 절대 내 요구를 들어주지 않을 거래요. 여기가 개 키우는 곳인 줄 아느냐면서.'" 작별 인사를 하는데 웬디가 시리얼바와 귤을 하나씩 주었다. 나는 차에 올라탄 뒤 그녀의 선물로 식사를 하고 시동을 걸었다.

아메리칸 프리즌

16

남북전쟁 후 60여 년에 걸친 죄수임대사에서 아프리카계 미국인 수
천 명이 고문과 학살을 당했다는 사실은 비밀도 아니다. 처음부터 신
문들은 폭로 기사를 쏟아냈다. 입법 과정을 조사해 보니 끔찍하게 많
은 죽음이 드러났다. 형법개혁가와 의원들은 폐지를 추진했다. 하지
만 아무리 인도주의적 관심을 내세운다 해도 죄수임대를 폐지하기
에는 역부족이었다. 시스템이 무너지기 시작한 것은 유력 사업가들과
주 정부의 재정이 임대 계약으로 이익을 얻지 못하고 나서부터였다.

텍사스에서 먼저 변화의 조짐이 있었다. 주립교도소 죄수임대
를 온전히 한 남자가 쥐고 흔들던 곳이다. 에드워드 H. 커닝햄Edward H.
Cunningham은 자신의 슈가랜드Sugarland농장에서 1,000명 이상의 흑인 죄
수를 부린 덕분에 텍사스에서 가장 부유한 설탕농장주가 되었다. 농
장은 전국에서도 최대 규모에 속했다. 농장에 쓰지 못하는 죄수들을

텍사스 농장 여기저기 전대도 해, 그 수익이 총수익의 3퍼센트를 차지할 정도였다. 다만 1883년 계약 만료 후 그 역시 재계약을 장담할 수는 없었다. 그는 공격적으로 로비를 시도했다. 우선 입법 의원들을 위한 비밀클럽을 차리고 '위스키…… 시거 등 사치품'을 가득 채웠다. 뇌물 스캔들을 피하기 위해 클럽에 '잭팟 포커' 게임을 들이고는 아무리 도박을 못해도 큰돈을 딸 수 있게 해주었다.

전략은 역풍을 맞았다. 신문들은 그의 음모를 폭로했다. 커닝햄은 사업과 명예를 구하기 위해 입찰을 철회해야만 했다. 주 정부는 독점 계약을 파기하고 다양한 고용주들과 개별적으로 임대 계약을 맺기 시작했다. 단일 기업이 시스템 전체를 통제하지 않게 되면서 죄수들의 선발 기준도 더욱 까다로워졌다. 힘이 좋은 '1급 죄수'는 개인 탄광, 벌목 캠프, 농장 등 어디든 빌려주기 쉬웠으나 잉여 노동자나 무능력자로 취급되는 이들은 그렇지 못했다. 교도소 행정가들도 이제 퇴짜 맞은 죄수들을 어떻게 처리할지 고민해야 했다. 그리하여 1884년 노예주에 남부군 장교 출신이자 교도소 총감독인 토머스 J. 고리Thomas J. Goree는 '실험'을 하기로 했다. 주 정부가 8,000제곱킬로미터 정도의 농장을 사들여 '2급 노동자, 흑인, 소년, 불구 등 1급 노동으로 임대에 실패한 인력을 활용하게 했다'.

실험은 성공했다. 첫해에 주 정부는 1만 500달러(2018년 기준으로 25만 달러)를 벌어들이고 12년 후에는 그 액수의 5배 이상을 벌었다.

아메리칸 프리즌

교도소 시스템 재무 담당자의 계산에 따르면 주립 농장에서 일하는 2급 노동자들은 계약 농장에 고용된 '1급, 신체 건강한 흑인보다 1인당 수익률이 좋다'고 계산했다. 주립 농장이 재소자 1인당 501.39달러를 버는 동안 계약 농장은 기껏 178달러를 벌었다. 교도소 관리들은 성과에 고무되어 입법부를 꼬드겨 교도소 농장을 더 구입하게 만들었다. 1910년경, 텍사스주는 8만 제곱킬로미터의 설탕농장을 보유했다. 1908년의 수확량만으로 임페리얼농장의 구매 비용 절반과 CCA의 공동 설립자 중 한 명인 T. 돈 후토가 램지농장의 구매 비용 전부를 지불할 수 있을 만큼이었다. 돈 후토가 60년 후에 교도소장이 되는 바로 그 교도소다. 1928년까지 텍사스주는 12개의 농장을 운영하게 된다.

주립 농장에서 노동을 하는 게 개인사업자 아래에서 노예로 사는 것보다 좋다는 지표는 어디에도 없다. 죄수들은 강제 노동을 피하기 위해 자기 발을 자르고, 면도기 상처에 잿물을 넣어 곪게 만들고, 상처에 등유를 붓고, 팔다리를 부러뜨렸다. 가장 흔하게는 손가락 세 개를 자르거나 아킬레스건을 끊었다. 하지만 힘줄을 끊으면 의사들이 다시 이어주었고 죄수들은 다시 들판으로 돌아가야 했다. 1932년부터 1951년까지 텍사스주 교도소 내에서 죄수들의 자해는 기록된 경우만 900건에 달했다.

그럼에도 불구하고 죄수임대 폐지론자들은 주립 농장이 사유화

한 형벌제도보다 인도적인 동시에 좀 더 경제적인 대안이라고 믿었다. 1880년대 후반과 1890년대 노스캐롤라이나, 사우스캐롤라이나, 조지아, 버지니아, 미시시피, 아칸소, 앨라배마는 모두 농장을 운영하고 있었다. 대부분은 지금도 교도소로 남아 있는 곳이다. 1901년 루이지애나주가 죄수임대를 폐지하면서, 새뮤얼 L. 제임스 가족한테서 앙골라를 사들여 주립교도소로 개조했다. 다른 농장과 수용소들도 마찬가지였다. 주지사의 발표를 보면, 교도소 시스템을 인수하면서 "교도소위원회는 대형 교도소를 운영하는 차원을 넘어 대형 산업과 기업체 설립까지 염두에 둬야 했다". 주 소유의 농장들은 남부 주 대부분에서 주된 구금 형식이 되었다.

그 후 죄수임대와 주 소유 농장은 몇 년간 공존했으나 임대 수입은 과거만큼 신통치 못했다. 단일 사업자가 독점하지 않고 다수의 기업이 입찰을 한 이후, 자유노동자의 임금에 준해 죄수들의 비용을 지불해야 한다는 압박에 시달렸기 때문이다. 기업들의 입찰비도 점점 상승하면서 텍사스의 죄수 노동 비용도 꾸준히 올라갔다. 결국 1908년 텍사스 테레빈유 정유공장은 죄수 1인당 월급으로 45달러를 지불해야 했다. 그 비용에 죄수의 유지비와 관리비를 더하면 자유노동자의 임금과 별반 차이가 없었다. 이런 식의 패턴은 남부 전역으로 퍼져 나갔다. 조지아의 죄수 임대가는 30년 동안 20배 이상 증가했고 1904년경에는 자유노동자 수준에 달했다. 결국 죄수임대는 그렇게 애를 써서 유치하려 했던 기업들에게 매력을 잃어갔다. 자유노동자들이라면 오히려 불경기에 임시해고가 가능했기에 어쩌면 더 나은 대안일 수도 있었다. 조지아와 텍사스에서는 임대 비용이 자유노동자 수준으로 오르자 계약 만료와 함께 임대 제도는 폐지 수순을 밟았다.

　다른 주들은 상황이 조금 달랐다. 견고한 이해집단들이 임대 유지를 지지한 탓에 폐지론자들은 그들을 이기기 위해 온갖 방법을 강구해야 했다. 개혁적 성향의 조지 W. 도나히George W. Donaghey 아칸소 주지사는 1908년 취임 연설에서 "어떤 형태로든 임대 제도를 폐지하는 법안을 제정하라"라고 요구했다. 그는 수감자들이 1902년 아칸소에서 구입한 커민스농장에서 주 정부의 감독하에 일해야 한다고 주장했다. 아칸소에서 죄수임대 제도는 거의 20년 전에 '폐지'되었으나 임차인들과 교도소 관리들이 이 관행을 정당화하고 있었다. 이들은 주 내에 죄수들이 너무 많아서 그들 모두가 커민스농장에서 일할 수 없다고 주장했다. 결국 도니히는 유지를 원하는 기업들에 철퇴를 내리기 전에는 폐지가 어렵다고 판단하고, 직접 그 일을 하겠다고 결심했다. 1908년 레임덕 시기에 죄수 360명을 사면했는데 이는 주 죄수의 3분의 1에 달한 수치였다. 죄수 수용소 3곳에서 갑자기 일꾼들이 사라진 것이다. 도나히는 죄수의 수가 예전 수준으로 회복하기까지 적어도 2년은 걸린다고 계산했다. 아칸소는 이듬해 전격적으로 죄수임대 제도를 폐지했다.

역설적이게도, 죄수임대를 가장 강력하게 반대한 세력은 백인 우월주의자들이었다. 1900년경 미시시피주는 전국에서 제일 가난한 주로 전락하고, 수천 명의 백인들이 노동 제도에 편입되고 말았다. 당시의 노동 제도는 소작제로, 과거 노예들을 위해 기획한 것이다. 신문사 대표였던 제임스 킴블 바더먼James Kimble Vardaman은 백인의 권리를 빼앗는 귀족 농장주들, 그리고 그 땅에서 소작을 하는 '밭일 검둥이들'로부터 백인들을 구하겠다고 약속했다. 바더먼은 추종자들에게 '백인의 구세주'로 추앙받으며 1903년 아칸소 주지사에 입후보했다. 그는 루스벨트 대통령을 "쪼잔하고 야비하며 깜둥이 악취까지 나는 잡종주의자"라고 비난하면서 전국적 관심을 끌었다. 루스벨트가 부커 T. 워싱턴Booker T. Washington을 백악관으로 초대해 함께 식사를 했기 때문인데, 바더먼은 부커를 '깜둥이 튀기'라고 욕했다. 그는 또한 흑인 교육을 폐지하고 아프리카계 미국인의 투표권을 박탈하고 인종과 관련한 "얼빠진 보호조항들"을 없애겠다고 공언했다. 소위 '깜둥이 문제'를 해결하기 위한 전략이 그랬다. 선거 현수막에는 "바더먼에 투표하면, 백인지상주의가 뿌리를 내리고, 가정이 안전해지며, 우리 여성과 아이들이 보호를 받는다"라고 적혀 있었다.

그는 이듬해 주지사로 취임하자마자 죄수임대 제도 철폐에 착수했다. 죄수임대가 가난한 백인들과 주 정부를 희생해 농장주들과 철도 기업가들 배만 불린다는 얘기였다. 입법 회기 중 바더먼은 입법부

아메리칸 프리즌

조사위원회 보고서를 들어, 주 정부가 델타농장주들과 이익을 분배하는 바람에 죄수 운용으로 큰 수익을 올리지 못한다는 점을 강조했다. "주 정부가 민간 개인의 땅을 운용해 수익 절반을 돌려주는 식으로 돈을 번다면, 직접 뛰어들어 수익 전부를 차지할 경우 수익은 더 커질 것이다."

바더먼이 주지사가 되기 전, 주 정부는 8,000제곱킬로미터 이상의 땅을 사들여 교도소 농장으로 바꿔놓았다. 바더먼은 교도소 막사 건축은 물론, 땅의 배수와 개간까지 직접 감독했다. 그에게도 나름 갱생관이 있었다. 흑인을 잔혹하게 다스리지 않으면서 분수에 맞는 규율과 철저한 노동 습관, 백인 권위를 향한 존중을 가르쳐야 한다. 그러기 위해서는 주 정부의 태도가 필수적이다. 그러면서도 자신은 "황금의 축적이 아니라 인간의 구원에 더 관심이 있다"라고 주장했다. 운도 타고났던지, 갱생의 이름으로 흑인들에게 목화를 수확하게 하자 돈까지 저절로 굴러 들어왔다. 1905년, 죄수들을 파치먼농장에 밀어 넣고 채 1년도 되지 않아 18만 5,000달러(2018년으로 기준 500만 달러)의 수익을 올렸다. 이듬해 미시시피주는 죄수임대 제도를 폐지했다. 10년 후 교도소 노동에 따른 주 정부 수익은 60만 달러(2018년 기준으로 1470만 달러) 수준으로 올라간다.

죄수임대를 향한 최후의 한 방은 플로리다에서 22세 백인 남자가 고문당한 뒤 죽은 사실이 폭로된 사건이다. 피해자의 이름은 마틴 태버트^{Martin Tabert}였다. 태버트는 노스다코타주의 중산층 가정 출신이다. 참극은 그가 1921년 전국일주를 떠나면서 시작되었다. 주로 기차를 타고 다녔는데, 서부와 중서부를 돌고 마지막으로 남부 여행을 하는 동안은 자금을 마련하기 위해 이런저런 일을 했다. 그해 12월, 플로리다에 도착할 때쯤 돈이 다 떨어졌다. 기차가 레온카운티에 정차할 때 기차표가 없다는 이유로 마을 보안관이 그를 기차에서 끌어냈다. 죄목은 '무임승차'였다. 보안관은 부랑죄를 들어 20달러의 벌금을 부과했다. 돈이 없었던 태버트는 형에게 전보를 보냈다. "부랑죄 벌금 때문에 50달러가 필요함. 보안관 앞으로 송금 바람." 부모가 곧바로 돈을 보냈지만 보안관은 '기한 만료' 도장을 찍어 반송해 버렸다. 태버트는 벌금을 내지 못했다는 이유로 위스콘신에 위치한 퍼트넘벌목회사에 팔려 테레빈유 수용소에서 석 달간 일을 해야 했다.

150년 전 『미국의 시베리아』의 저자 파월이 테레빈유 정유공장에서 교도관으로 근무한 이래 그곳은 거의 변화가 없었다. 태버트는 하루 종일 늪 속에서 일했다. 신발은 다 낡고 맞지도 않아 두 발과 다리가 퉁퉁 불었다. 채찍질하던 간수 월터 히긴보텀^{Walter Higginbotham}에게 발에 맞는 신발로 바꿔달라고 부탁했으나 그는 들은 척도 하지 않았다. 후에 사타구니 통증 때문에 의사에게서 약까지 처방받았지만 히긴보텀은 계속 일을 시켰다. 며칠 후 늦까지 3킬로미터를 행군할 때 태버트는 동료 죄수들보다 뒤처지고 말았다. 히긴보텀은 태버트를 근무태만으로 고발했다. 그날 밤 숙소에 돌아왔을 때 간수는 80여 명의 죄수들 앞에서 태버트를 바닥에 엎드리게 했다. 그리고 셔츠를 끌어 올린 후 채찍으로 30대가량을 때렸다. 무려 3킬로그램에 달하는 가죽끈이었다. 때릴 때마다 설탕과 모래 속에 굴리기까지 했다. 태버트는 살려달라고 애원했지만 히긴보텀은 발로 태버트의 목을 누르고 40대를 더 때렸다. "이래도 땡땡이를 칠 거냐, 응?" 히긴보텀이 비아냥거렸다. 태버트는 가까스로 일어섰다. 그렇게 비틀비틀 반원을 그리는데 히긴보텀이 채찍 손잡이로 머리를 강타했다. 태버트는 그대로 침상 위에 쓰러져 다음 날 밤 숨을 거두었다. 수용소 의사는 시신을 조사한 후 '말라리아 합병증을 동반한 폐렴'이 사인이라고 발표했다.

퍼트넘벌목회사는 태버트 가족에게 편지를 보냈다. 아들이 열병으로 사망했다고 전하며 애도를 표하고 시신은 매장했다고 알렸다. 가족도 처음에는 회사의 설명을 믿었다. 그런데 머지않아 출소한 죄수들한테서 편지가 오기 시작했다. 아들이 살해당했다는 것이다. 가족은 노스다코타주 지방 검사를 설득해 플로리다에 가서 태버트의 사인을 수사하게 했다. 검사가 조사해 보니 편지들이 지적한 사실과 정확히 들어맞았다. 검사가 보기에 레온카운티의 보안관은 '노예 사냥꾼'이었다. 검사는 벌목회사와 합의를 거쳐, 보안관으로 하여금 지난 90일간 수용소에 보낸 모든 죄수들에게 1인당 20달러씩 지불하게 했다.

　플로리다 의회는 태버트의 사망을 조사하면서 기차에 무임승차한 죄로 체포된 사람의 수가 8배나 늘었다는 사실을 확인했다. 보안관과 퍼트넘벌목회사가 협정을 맺은 후 일어난 일이었다. 레온카운티의 전직 교도관 증언에 따르면, 보안관은 노동자들을 임대 시스템 속으로 '실어 나르고' 큰 이익을 챙겼다. 부랑죄로 기소된 사람들은 변호사도 없이 밤늦게 '술 취한 법원 경찰관'한테 끌려가 어김없이 유죄 판결을 받았다.

　태버트 가족은 퍼트넘벌목회사를 상대로 소송을 걸어 2만 달러(2018년 기준으로 14만 달러)에 합의하고 대신 벌목회사의 '고의 범죄'를 모두 용서한다는 사실을 공개 발표하기로 했다. 히긴보텀은 살인죄로 20년 징역형에 처했다. 하지만 그의 판결은 후에 절차상 문제로 파기되고 연방대법원은 재판을 다시 할 것을 명했다. 히긴보텀은 보석금 1만 달러에 풀려난 뒤 재심을 기다리는 동안 퍼트넘의 다른 보직으로 복귀했다. 그러다가 1924년 10월 19일, 로이스 '피넛' 바커Lewis peanut Barker라는 이름의 흑인 노동자를 때리고 총으로 쏴 죽여서 다시 살인죄로 기소되었다. 그사이 태버트 사건 혐의는 모두 무죄 판결을 받았다. 바커 살인 사건 재판에서는 그가 '물리적으로 법정에 나설 수가 없었다'. 자동차 사고가 난 것이다. 그로써 살인죄로 벌할 시도 역시 더 이상 이뤄지지 않았다.

죄수임대 역사상, 마틴 태버트 사건만큼 사회적으로 이슈가 된 경우는 없었다. 뉴욕의 《월드World》는 사건을 밀착 취재하여 퓰리처상을 받았으며, 이를 빌미로 전국 신문들도 임대 제도 폐지에 적극 나섰다. 전미영농협회American Agricultural Association처럼 유력한 조직들도 죄수임대 제도를 '노예제'로 치부하기 시작했다. 사람들은 전국적으로 플로리다산 상품을 불매운동했으며, 플로리다 관광 산업에도 부정적인 영향을 끼쳤다. 1923년 플로리다주 의회는 죄수임대 제도를 폐지했다.

1923년 앨라배마 주지사 월터 S. 브라우어Walter S. Brower가 임대 프로그램 폐지 법안을 상정했을 때 그의 유세에서도 태버트 사건은 자주 등장했다. "플로리다에서 살해당한 태버트 소년은 단기수였습니다. 기차를 탄 죄로 기소되었으니까요. 앨라배마에서도 플로리다 사건이 재현될 수 있어요." 그가 말했다. 이듬해 제임스 녹스James Knox라는 이름의 백인 죄수가 앨라배마 탄광 수용소에서 죽은 채 발견되었다. 그의 사망진단서에는 사인이 자살로 되어 있었으나, 주 법무장관이 후일 확인한 바로 그는 소위 '물 고문'에 당했다. 일을 게을리했다는 이유로 깔때기를 입에 넣고 마구 물을 퍼부은 것이다. "제임스 녹스는 세탁통에서 사망했습니다. 흑인 둘이 그를 그 안에 넣어주었죠…… 사망 원인은 심장마비로 보이는데 필시 극도의 탈진과 공포가 원인일 듯싶습니다…… 사망 후 인위적으로 위에 독을 주입한 것은 사고사나 자살로 위장하기 위해서였습니다."

플로리다와 앨라배마는 죄수임대를 활용한 최후의 주 정부였다. 죄수임대 제도는 태버트와 녹스 사건 덕분에 결국 폐지됐다. 죄수임대 제도로 고통받은 수천 명의 사람들에게 정의는 다른 세상 이야기였을 것이다. 수십 년간의 죄수임대 제도하에서 민간기업들은 수도 없이 흑인을 고문하고 학살해 왔다. 정작 이 나라가 관심을 보이기 시작한 것은 백인 한 사람의 죽음이었다.

17

토요일 아침, 베이클과 캘러헌, 내가 통제실 근무조였다. 나는 눈을 비볐다. 3일이나 더 일해야 했다. 캘러헌도 피곤해 보였다. 베이클만큼은 뭐가 그렇게 신이 났는지 키득거리며 춤까지 주었다. 주먹을 위아래로 흔들고 엉덩이를 씰룩였다. 그가 흥분한 이유는 20대 재소자 한 명이 삼나무동에 갇혔기 때문이다. 혼거실에 몰아넣기도 힘든 친구였는데 어젯밤 통제실의 여성 교도관을 보며 자위를 하다 걸렸단다.

재소자들이 갇혔다고 베이클처럼 좋아하기는 어렵지만, 나도 몰래 희망을 품는 구석은 있었다. 재소자 몇 명을 보내버릴 음모를 꾸미고 있었기 때문이다. 깊은 밤 철창에 붙어 서 있다가 통제실 교도관을 보며 자위하다가 걸리기도 하는데 어째서 문신 얼굴은 늘 무사하기만 할까? B1은 점호하기도 겁났다. 재소자들은 내가 문을 열고 "점호 시간!"이라고 외치면 TV 시청실에서 나와 자기 침대로 돌아가야 한다. 그런데 문신 얼굴만큼은 늘 화장실로 가버렸다. 점호 시간엔 화장실 사용이 금지되었으나 현실성 문제로 지금은 거의 무시하는 규칙에 속했다. 소변보겠다는데 싸우고 싶은 사람이 어디 있겠는가. 베이클이 혼거실 앞을 걷는 동안 그가 변기 앞에 성기를 붙들고 서서 나를 빤히 바라봤다. 난 애써 모르는 척했다. 하지만 보지 않는다 해도, 그가 나를 보고 있다는 정도는 느낄 수 있었다. 이따금 혼거실에 올라가 점호를 하노라면 얼핏 그의 성난 성기를 보게 되고, 어쩌다 눈이 마주치면 그가 눈을 돌렸다. 그의 꿍꿍이를 내가 알고 있다는 사실은 그도 알았다. 식사 시간에 혼거실 문을 열면 이따금 나한테 속삭이기도 했다. "오늘, 기가 막힌 날이 될 거야." 그러고는 나를 위아래로 훑어보았다. 도대체 어떻게 다뤄야 할지 모르겠다. 점호 시간에 불러내면 재소자들 모두가 나를 비웃을 것이다. 자위 상대가 되는 것만큼 난감한 것도 없다. 보고할 수도 있지만 남자 교도관이 성희롱으로 재소자를 신고하는 것도 우스꽝스럽다. 교도관들이 나를 어떻게 생각하겠는가? 게다가 문신 얼굴은 나름 신중해서 혐의를 증명하기가 쉽지 않았다. 예를 들어, 사위가 조용해지면 놈은 철창 앞으로 나와 손을 바지에 넣고 나를 바라봤다. 보고해 봐야 소용없다는 정도는 그도 알고 있었다. '재소자가 흥분한 성기를 잡고 위아래로 문지르는 동작을 취했다'라고 쓰지 않는 한 자위 신고는 결국 말뿐이었다. 물론 그자도 알고 있는 사실이다. 그렇다고 말을 지어낼

아메리칸 프리즌

수도 없었다. 감시카메라로 확인하면 거짓말이 탄로날 것이다.

어느 정도는 내가 초보라 실수한 측면도 있었다. 항상 미소 짓고 친절하게 대하는 식으로 재소자들을 대했더니 잘못된 인상을 심어준 것이다. 실제로 나는 재소자들의 요구를 빠짐없이 전달하고, 나를 '미네소타'(새롭게 얻은 별명)라고 부르는 재소자 모두에게 응대하려 애썼다. 혼거실의 전자레인지가 고장 나면 수프나 커피물을 다른 층으로 가져가 그곳 재소자들에게 끓여달라고 부탁했다. 코너 스토어가 부재중일 때, 재소자들이 빵과 담배 몇 개비를 교환하고 싶으니 잠시 문을 따달라고 요청하면 들어주기도 했다. 매트리스가 필요하면 교정 상담원을 만나게 해주거나 변호사에게 전화도 하게 해주었다. 물론 변호사는 대부분 그런 요구까지 처리해 줄 수 없다며 하소연했지만 말이다.

하지만 문신 얼굴 같은 인간은 친절을 베풀면 사람을 호구로 안다. 어떻게 해야 중심을 잡고, 부드럽게 보이면서도 엄격할 수 있을까? 무엇보다도 내 스스로 기준을 정하고 그것을 고수할 필요가 있다. 훈련에서 알려준대로 핵심은 일관성을 유지하는 것이다. 수감자들이 나를 시험하려 들어도 내가 흔들리지 않으면 재소자들도 포기할 것이다. 가장 쉬운 방법은 베이클처럼 하는 것이다. 내 길을 정하고 우리 사이에 간극이 있음을 보여주면 재소자들도 건드리지 못한다. 하지만 난 베이클이 아니다. 재소자가 지시를 어기고 혼거실에서 빠져나간 일로 상부에 보고한 적이 있다. 그리고 주말 내내 고민했다. 나 때문에 삼나무동으로 이감되는 것은 아닐까? 죄책감이 들었다. 그래서 나는 두 가지 경우에 속하지 않으면 절대 보고하지 않겠다고 결심했다. 나를 협박하거나, 감방으로 들어가지 않겠다고 버티는 경우에만 보고할 것. 플로어는 대부분의 폭력이 발생하는 곳이다. 재소자들이 잔뜩 몰려 있을 경우 통제 불능 상태가 될 가능성이 있다. 하지만 내가 보고하는 이유는 다른 곳에 있었다. 내 주된 임무가 재소자들을 플로어에 오지 못하게 하는 것이기 때문이다. 내가 권위를 확립하지 못하면 결국 재소자 하나하나 상대하며 언제까지 머물지 타협해야 하는데 그것만큼 진 빠지는 일도 없다.

내가 너무 물러터진 것은 아닐까 하는 고민도 했다. 재소자들을 물푸레나무동의 소운동장에 나가게 해주는 것도 그렇다. 그야말로 성가신 일이다. 층마다 돌아다니며 밖에 나가고 싶은 사람이 있는지 큰 소리로 묻는다. 다시 돌아와 문을 열 때쯤 희망자들이 준비를 마치고 문에 나와 줄을 서야 하는데, 한 번도 제대로 된 적이 없었다. 우리가 혼거실 문을 열고 나면 그제야 재소자들이 일어나 어정어정 기어 나온다. 그럼 문을 닫고 다음 플로어로 가서 그 일을 반복한다. 그런데 8개 플로어를 다 돌고 나면 예외 없이 몇 놈이 뒤늦게 자기도 내보내달라고 외쳐댄다. 왜 뭉그적거렸는지에 대한 핑계는 다 있다. 나는 그동안 가급적이면 희망자 모두를 나가게 해주고 싶어서 다시 돌아다니며 게으름뱅이들까지 처리했다. 그런데 그런 호의마저 악용당한다는 기분이 들기 시작했다. 우습게 여겨도 된다는 신호를 주는 순간 결국은 놈들의 지시에 따르게 될 것이다.

베이클이 A2 문을 열자 화장실의 남자가 몇 분 있다가 다시 와달라고 요구했다. "지금 나오지 않으면 못 나가!" 베이클이 소리치고 문을 쾅 닫았다. 각 플로어를 다 돌자 아까 그 재소자가 철창에 붙어서서 문을 열어달라고 우겼다. 베이클이 나를 쳐다본다. "자네가 알아서 해." 나를 시험해 보려는 걸까? 난 잠시 머뭇거리다가, "아니, 못 나와"라고 대답했다. 자리를 뜨는데 놈이 등 뒤에 대고 욕을 퍼붓고 있었다.

플로어를 비우고 재소자들을 마당에 가두니 캘러헌이 나보고 물푸레나무동 정문으로 가보라고 했다. 정문 담당 교도관 차일즈Childs 대신 자리를 지켜야 한다며 내린 지시였다. 차일즈는 법정에 나가 연례 온라인 교육을 이수해야 했다. 그 교육이 갑자기 중요해진 이유는 교정부 감독관들이 예고도 없이 나타나 교도소를 샅샅이 쑤시고 다니기 때문이었다. 나는 정문을 지키며 소운동장의 재소자 10명을 감시했다. 재소자들은 10킬로그램짜리 사슬에 묶인 덤벨을 들어 올리거나, 녹슬고 삐걱거리는 헬스기구 위에서 역기를 들거나, 다리 운동을 했다. 나이 든 정문 담당 교도관이 내게 열쇠를 넘기고 종종걸음으로 통로를 빠져나갔다.

"이봐, 교도관! 당신, 베이클 따라가다가 큰일 나." 운동장의 재소자 한 명이 나를 보며 외쳤다.

"무슨 소리요?"

"변기에 앉아 있다고 못 나가게 했잖아." 화장실에 있던 그 친구였다. 그런데…… 어떻게 나와 있지? "조금 전에 교도소장이 그러대? 당신네들하고 무슨 문제 생기면 알려달라고." 목소리가 완전 협박조였다. "베이클이 우릴 밟아버리려 하잖아. 그러다 깜둥이 하나 잡고 말겠어. 그래서 지금 이야기하는 거야. 좋은 게 좋은 거 아냐?"

"어이!" 코치가 재소자에게 소리쳤다. 그는 체육관 밖, 물푸레나무동 정문 통로 맞은편에 서 있었다. "좋기는 뭐가 좋아? 교도관한테 건방지게 그게 뭐야?"

"당신하고 말하는 거 아니거든?"

"그래도 이놈이 건방지게!" 코치가 소리쳤다.

"씨발, 이것보다 더 얼마나 공손하냐? 당신한테 이야기하는 것도 아니잖아! 어이, 사사건건 끼어들지 말고 코치답게 굴어. 본전은 건져야지?"

"어디 그 본전 좀 구경해 보자. 후장이나 한번 줄래?" 코치가 외쳤다.

"댁한테 줄 후장 없어!" 재소자가 비아냥거렸다.

"줘도 안 먹어, 인마!"

아메리칸 프리즌

"쥐꼬리 봉급이나 챙겨서 집에 가지 그래?"

"쥐꼬리? 씨발, 내가 얼마나 버는지 네놈이 어떻게 알아?" 코치는 체육관으로 들어가고 나는 울타리로 다가가 그를 불렀다.

"이봐요, 변기가 어떻다고?"

"아무것도 아냐. 요는 잘 지내보자 이거야."

점호 시간이 가까워지면서 난 운동장 문을 열고 재소자들에게 안으로 들어갈지 여부를 물었다. 점호가 시작되면 끝날 때까지 그 자리에 꼼짝 않고 있어야 한다. 한 명을 제외하고 모두 수감동 안으로 돌아갔다.

나는 중앙통로에 대기했다. 인근 숲에서 총성이 두어 발 울렸다. "이 근처에 사격장이 있어요?" 유일하게 남은 재소자가 울타리 너머로 내게 물었다. 20대 후반에 앞니가 벌어지고 까무잡잡했으며 얼굴은 둥글었다. 눈빛은 차분하지만 다부졌다. 다 해진 회색 셔츠가 인상적이었다.

"숲에서 사냥하나 봐요." 내가 대답했다. 담장 너머 서쪽으로 노란 소나무벽이 보였다.

"여기 일이 마음에 들어요?" 회색 셔츠가 물었다.

"할 만해요." 내가 대답했다.

"그간 지켜봤는데 플로어에서 너무 빡빡하게 굴더라고요."

"어쩔 수 없으니까."

"그렇긴 한데 너무 몰아붙여요. 우리 흑형들은 당신을 존중하고 사람 대접을 하려는데, 당신은 너무 지나치게 나오니까……"

"모두한테 그러는 건 아뇨. 나를 괴롭히니까 그렇지." 난 변명하듯 말했다.

"나한테 그러잖아요! 당신을 괴롭힌 적도 없는데 괴롭힌다고 말하는 것 같단 말요. 그걸 원해요? 깜둥이를 그런 식으로 대하면 댁도 편하게 지내지 못해! '젠장, 과장을 부르겠다고? 그럼 씨발, 너도 박살 내주마'라는 표정이잖아. 깜둥이 성질 나오게 하지 마쇼."

"내 참, 누가 뭐랬다고……"

그가 헛웃음을 쳤다.

"장난해? 내가 개수작 부리는 것 같소? 과장이 잘 알아. 6개월 전만 해도 나 빡치게 만들면 당신도 박살 났어." 문득 주변에 아무도 없다는 사실을 깨달았다. 통로에는 나 혼자였다. "내가 왜 들어온지 아슈? 경찰을 죽였어. 경찰이 밥맛이었거든. 여기 갇혀 있으니 어쨌거나 당신들하고도 잘 지내긴 해야겠지? 나한테도 애들이 있소. 나도 완전 똘팍은 아니야."

그는 중간중간 손가락을 꺾어 우두둑 소리를 냈다. 소트팀의 페퍼볼 총을 13번이나 맞고 자살감시방에 한 달 동안 벌거벗은 채 지내기도 했단다. "그 속에서 완전히 맛이 갔소. 유리에 머리를 박기도 하고 별 난리를 다 쳤거든." 불독 목의 전직 경찰 에디슨이 삼나무동에

서 근무할 때였다. "그 새끼 걷는 것도 재수 없었어. 자기가 졸라 잘
난 것처럼 굴었지. 군에도 있고 샤킬 오닐 보디가드도 하고…… 대충
그런 재수 없는 일만 하고 있었던 게지." 회색 셔츠는 에디슨이 자기
한테 겁먹었다고 생각하는 눈치였다. "나도 저 안에서 운동깨나 했
소. 그 새끼도 내 몸이 짱짱한 걸 봤지." 감방에 물이 나오지 않아 물
병을 두고 있다가 교도관들한테 물 좀 채워달라고 부탁했는데, 어느
날 에디슨이 물병을 빼앗았단다. "그래서 내가 그랬지. '야 이 개자식
아!'"

"누가 이 새끼 박살 내버려." 에디슨이 말했다.

"씨발, 손끝만 대봐라. 네놈 턱주가리부터 드롭킥으로 날려버릴
테니까." 회색 셔츠도 지지 않았다.

후일 회색 셔츠는 지나가는 에디슨에게 오줌 한 컵을 뿌렸다.
"개새끼! 언젠가 나한테 죽을 줄 알아!" 회색 셔츠가 외쳤다. 과장과
교도관들이 달려와 감옥에서 끌어내려 했지만 그는 벌거벗은 채 제
자리뛰기만 했다. 소트 대원이 페퍼볼 총을 겨누었다. "나도 짭밥 좀
먹었다 이거요. 겁 안나. 아픈 것도 겁 안 나고. 씨발, 너 죽고 나 죽으
면 그만 아닌가? 난 놈들이 문 열고 들어오기를 기다렸지. '감방 안
으로 들어오든가, 씨발. 총을 쏘든 몽둥이로 패든 하란 말이야. 단, 한
놈만 내 손에 걸려봐'."

"경찰을 죽여서 들어왔다고? 무슨 일이 있었길래?" 내가 물었다.

대마 수 킬로그램을 텍사스에서 배턴루지로 운반하는데 권총 강도 놈이 동생을 털려고 했다. 강도는 동생의 트럭을 썼지만 마약을 챙기지는 못했다. 그런데 총소리 때문에 경찰들이 모여들기 시작했다. 경찰은 쥐새끼처럼 돌아다니며 사진을 찍고 동생을 기소하려고 수작을 부렸다. 그래서 회색 셔츠가 쫓아가 한 명을 죽였다. "이제 11년 지났고 아직 19년 남았지. 씨발, 그 정도야 껌이요."

회색 셔츠는 17세 때부터 복역 중이었으나 13세 때도 과실치사죄로 갇힌 적이 있었다. 첫 번째 기소에서 빠져나올 때 "보호관찰관이 있었소. 요만한 여자였는데 그년도 마약깨나 빨아댔지. 내 거시기를 빨아주면 나도 빨아주고…… 뭐 그렇고 그런 사이였소. 둘이서 마약에 푹 절어 지냈지. 그래도 따먹은 건 더 나이가 들어서야." 그녀는 오순절교회 집사와 결혼했으나 회색 셔츠 말에 따르면 부부 관계가 좋지 않다고 했다. 여자는 회색 셔츠를 아이들 야구시합에도 데려갔는데 흑인이라고는 그 혼자였다. 헐크 장갑 같은 장난감을 사주었더니 아이들도 점점 그를 좋아했다. 이번에 다시 갇힌 후에는 여자가 면회를 오긴 했는데 언젠가부터 발길을 끊었다. "지금도 보호관찰관인데 아직 사진 같은 걸 보내긴 하더군."

그는 내 원칙을 바꿀 필요가 있다고 조언했다. 내가 정말로 신경써야 할 것은 돈이지, 재소자들과의 사소한 싸움이 아니라는 얘기다. "믿거나 말거나 이 시궁창도 복불복이라 떼돈을 벌 수도 있소. 개새

　　　　　　　　　　　　　　　　　　　　아메리칸 프리즌

끼들이 폭력을 막을 것처럼 지랄을 떨지만 나중에는 돈만 밝히더라니까." 그가 나를 빤히 바라보았다. "당신도 그자들보다 더 벌 수 있어. 당신 하기 나름이니까. 까놓고 말해서 지금 하는 일, 목숨까지 걸어야 하지 않소? 근데 돈은 쥐꼬리만큼 주고. 차라리 리그에 들어와 리그 법칙대로 사는 게 낫지."

그가 갑자기 역기 쪽으로 걸어갔다. 돌아서 보니 백인 몇 명이 통로를 따라오고 있었다. 교회 사람들이었다. 이따금 재소자들에게 말을 걸고 소책자를 나눠주곤 했다. 체육관 문을 열자 그들이 안으로 들어갔고, 회색 셔츠가 다시 울타리로 돌아왔다.

"이 캠프는 누워서 떡 먹기요. 뻥이 아니라 정말 최고라니까. 여기에선 뭐든 손에 넣을 수 있소. 다른 곳에서는 어림도 없어. 씨발, 야한 영화도 보고 가족한테 전화도 걸면 그게 천국 아닌가? 느긋하게 마약도 하고 말이요. 무슨 말인지 느낌 와요? 교정부 새끼들도 마찬가지요. 민간인도 열에 아홉은 마약에 절어 사니까. 여기 올 때는 그 새끼들도 맛이 가 있거든."

그의 말에 따르면 진짜 문제는 칼침이었다. "그럼 돈이 안 돌아요. 무슨 말인지 알겠소? 언젠가 어떤 새끼가 이 똥통에서 5만 달러를 긁어 가더라고. 여기 깜둥이들? 그 새끼들이 게임을 말아먹었지. 알아들어요? 칼로 쑤시지만 않아도 밖으로 새어 나가지 않거든? 이제 또 놈들이 여기를 장악했잖소. 매일 아침 교정부에서 나와 헤집고 다니는 거야, 무슨 말인지 알겠소? 내 말은 씨발, 주먹으로 싸우라 이 거야. 눈에 멍 좀 들고 코 좀 부러지면 어때. 그럼 누가 뭐래나? 하루 종일 싸워도 신경 안 쓴다 이거요."

언젠가 수습사원이 재소자의 라커에서 양말에 감춰둔 자물쇠를 찾아냈다. "양말에 열쇠가 있든 자물쇠가 있든 상관없어. 지들끼리 얼마든지 치고받고 싸우라 그래." 그때 터커는 수습사원들에게 그렇게 말했다.

회색 셔츠는 케니가 내려오는 것을 보고 입을 닫았지만 몸을 피할 여유는 없었다. 피하려 했다면 더 이상하게 보였을 것이다. 케니가 잠깐 이상하다는 듯 나를 보더니, 관리실 직원이 페인트를 들고 느릅나무동으로 갔는데 혹시 보지 못했느냐고 묻고는 제 갈 길을 갔다. 그가 한마디 중얼거렸다.

"2주 전인가? 내 순찰 파트너한테 처맞던 놈이로군."

"물푸레나무동 열쇠를 동 정문에 갖다줘요." 캘러헌이 무전기로 말을 걸었다.

"무슨 일이죠?" 내가 어깨의 무전기에 대고 되물었다.

"거기 마당은 어때요?"

"한 명, 딱 한 명 있어요." 나는 무전기를 끄고 울타리에 기댔다.

"무슨 일 있어?"

회색 셔츠는 케니를 '미친놈'이라고 불렀다. "무조건 규칙대로 하자더군요. 공정은 하더군. 저 친구가 체육관을 담당하면 놀이도 하고 이발도 해요. 씨발, 다 좋은데 만사가 FM이야. 규범 따위 집어치우라 그래요. 어쨌든 우리도 살아야 하잖소? 신상 휴대폰값 350달러를 아직도 내지 못했거든. 그런데 당신들이 와서 물건을 빼앗아 간다고. 씨발, 내 기분이 어떨 것 같소? 엄마도 돈이 너무 많이 들어서 더 이상 사줄 수 없다는데. 여자친구도 나 때문에 못 살겠대요. 한 달도 안 됐는데 벌써 두 대째란 말요. 휴대폰을 빼앗아 가? 그럼 우리도 가만 못 있지, 안 그래? 좆까라 그래."

"그래서 보복하려면 보통 얼마를 주고 부탁해요?"

"거짓말 하나 안 보태고 교도관 하나 아작 낸다면 1,500달러 정도는 낼 수 있소. 깜둥이가 당신네 박살 내는 것도 볼만하거든." 이 친구는 분명 내가 빼앗은 휴대폰에 대해 알고 있었다. 그가 있는 혼거실에서 압수했으니 당연하다. 내가 힘들어한다는 것도 안다. 그동안 나 같은 사람들을 많이 봤을 것이다. 교도관들이 바둥대는 것도 보고, 깨지는 것도 보고, 교도소를 욕하는 것도 보고, 각오를 다지는 것도 봐왔을 것이다. 내가 뭘 하는지, 어떤 점에서 약한지 알고 있다는 이야기다. 물론 내가 살아남으려면 어떻게 해야 하는지도 알고 있을 것이다. 교도관들보다 더 잘 알고 있다. "당신이 어떻게 하느냐에 달렸어요. 존중받을 수도 있고 그렇지 않을 수도 있고. 어떻게 일하느냐에 달렸다 이거요. 내 말 알겠소? 소리치고 다니며 뻘짓만 한다면 존중은커녕 시비만 키우겠지. 이 빌어먹을 똥통을 그냥 통과할 수도 있소. 눈 한 번 감으면 끝이니까."

"여기 애들 상당수가 어리다는 사실을 알아야 해요. 열일곱? 열여덟? 그런 애들이 하루 종일 갇혀 있는 거요. 따분하고 할 일도 없고. 그런데 힘으로만 누르려니 젠장! 타깃이 되는 거요. 무슨 말인지 알겠소?"

"알기야 하지. 그래서 나 건드리지 말라고 이러는 거요. 어떻게 하면 되지? 그냥 못 본 척하라고?"

"맞아! 그거야 그렇게 하면 된다고."

"아니, 그런 식으로는 안 돼요. 내가 못 본 척하면 더 심해질 텐데? 알잖소." 정말로 그렇게 생각하는지 모르겠지만 아무튼 내 입에서 나온 이야기가 그랬다. "여기 처음 왔을 때, 그래서 크게 당한 거요."

그가 웃었다.

"그땐 통째로 먹혔지?"

"저 새끼 겁먹었어, 완전히. 이렇게 생각하게 되면 난 끝장이야. 함부로 건드리면 안되겠구나 하는 메시지를 줘야 해요."

"애들은 당신이 겁먹었다고 생각 안 해요. 게이라면 모를까. 쫄쫄이바지를 입었으니까."

나는 내 바지를 내려다본다.

"말도 안 돼!" 나는 가볍게 늘어뜨린 다리를 잡으며 투덜댔다. 사실 그 얘기를 들은 것도 처음은 아니었다.

"봐요, 깜둥이들은 다리 안 봐, 응? 당신 궁뎅이가 문제요, 무슨 말인지 알겠소? 쫄쫄이바지잖아? 이해가 가요? 애들 이야기로는 당신 바지가 꽉 껴서 똥꼬가 씹힐 것 같다더군." 우리 둘 다 웃었다. "이 봐요, 당신 정말 여자 같아. 정말이라니까! 당신처럼 걷고 행동하는 사람은 전부 호모야. 나쁘다는 이야기가 아니에요. 봐요, 난 11년이나 여기서 썩었지만, 당신 매력 있어." 나는 키득거리며 구두 끝으로 가볍게 울타리를 건드렸다. 이유는 모르겠지만 이 남자는 다른 재소자들처럼 위협적이진 않았다. "맘에 드는 사람이 있다? 이봐요, 그런 남자가 있으면, 나라도 후장을 딸 거요. 놈들은 이런 식으로 봐요. 그러니까 당신처럼 쫄쫄이바지 차림으로 이 난장판에 들어온다? 보기 좋지. 그런데 당신은 자신이 게이라는 사실을 인정하지 않아. 여자가 있다고? 그건 상관없어. 아내와 아이들이 있는데 게이인 남자를 네 명 이상은 알아요."

"그들이 게이라는 건 또 어떻게 알죠? 자기 입으로 게이라고 말하나?"

그가 나를 흘겨보았다.

"아니."

"예를 들어, 누구?"

"이름은 말할 수 없지."

"절대 얘기 안 해요."

"믿지 못해서가 아니라, 당신 입장에서 내가 당신 이름 까발리고 다니면 좋겠소?"

머리 위로 새털구름이 몰려들고 있었다. 이 일을 시작할 때 절대 거짓말은 하지 않겠다고 결심했지만 나에 대해 잘못 알고 있는 것을 굳이 바로잡아 줄 생각도 없다. 하지만 언제까지 버틸 수 있을까? 나 자신을 텅 빈 캔버스로 만들어 정말 순박한 사람처럼 보일 수 있을까? 더 깊이 들어가 원하는 바를 얻어낼 수 있도록 말이다. 솔직히 죄수와 교도관 사이의 장벽은 극복할 수 없다고 믿기 시작하던 터였다. 극히 위험천만한 대화와 관계만 가능하다고 믿기로 했는데 이 친구는 다른 죄수와 달리 솔직한 데다 마음이 열려 있다. 어쩌면 나를 장벽 너머로 데려다줄지도 모르겠다. 이런 친구들을 잘 사귀어 두면 도움도 될 것이다. 어리고 까다로운 죄수들도 그 뒤를 따를 것이다. 이 친구가 내 편이라면 일은 훨씬 수월해지리라.

"이름이 뭐요?" 내가 물었다.

그가 잠시 머뭇거렸다.

"데릭."

"성은?"

"아, 성은 알아서 뭐 하려고? 알려주기 싫소."

"알아내려고 하면 얼마든지 확인할 수 있어요."

　　　　　　　　　　　　아메리칸 프리즌

"흥, 그러시든가. 그랬다간 당신도 인생 고달파질 수 있어."

"좋아요. 얘기 안 해도 돼요."

"데릭 존슨, 망할. 정보 까발리고 이러는 거 딱 질색이야. 뭐래도 상관없어. 거짓말탐지기를 들이대더라도 내 얘기는 안 하니까, 알겠소? 하나만 얘기하지. 당신이 나를 엿 먹인다 해도, 이거 하나만큼은 알고 있으쇼. 언젠가 우리가 엿을 청산할 때가 있다고. 당신이 나를 독방에 처박을 수도 있겠지. 당신도 내가 언제든 뒤통수 때릴 수 있다고 여기는 게 좋아."

"알았소." 내가 대답했다.

"모르면 멍청한 거고. 반짝인다고 다 금은 아니고, 솔직하다고 다 신사는 아니야."

차일즈가 돌아오고 있었다. 온라인 교육을 마친 것이다.

"어이, 이제 돌아가도 좋아." 그가 소리쳤다.

"벌써 끝났어요?" 내가 물었다.

"포기했어. 교관한테도 말했지. '당신이나 하쇼. 난 컴퓨터에 대해 깡통이니까'라고. 성희롱 교육도 패스하지 못해서 컴퓨터를 넘겨준 거야." 난 그에게 열쇠를 반납했다. 그가 문을 열어주어 난 수감동으로 돌아갔다.

점심 후, 무전기로 특별활동 지시가 떨어졌다. "모든 수감동과 모든 구역에 알린다. 1시 30분, 특별활동 시간이다. 봉사활동, 체육관, 예배당, 농구 중계도 있다. 뉴욕과 인디애나 경기! 수감동, 모두 들었나?"

"뉴욕과 인디애나 농구! 1시 30분. 봉사!" 나는 플로어 끝에서 외치며 문을 열고 몇 명을 내보낸 뒤 다음 플로어으로 이동했다. 베이클도 마찬가지였다. 수감동은 순간 왁자지껄해졌다. 잡담 소리, 웃음소리, 욕설이 공간을 가득 채웠다. "미안해요, 미안해요." 한 수감자가 베이클에게 말했다.

"오늘은 사회보장번호가 필요합니다."

"안 돼." 베이클이 딱 잘라 말했다.

"오늘 써둬야 한다니까요."

"안 된다고 했다! 절대 안 돼! 끝! 또 한 번 요구했다간 위에다 보고할 거야!" 베이클이 소리쳤다.

"그…… 그…… 그래도 소송 중인데……"

"알 게 뭐야? 절대 안 돼! 끝! 여기 못된 베이클이란 놈이 한 놈 있는데, 그게 나다!" 재소자가 웃었다. 난 베이클 뒤에서 조용히 키득거렸다. 이 일을 얼마나 많이 했든 간에 그가 그저 성질을 돋우려 한다는 사실을 베이클도 절대 이해 못 한다.

A2 문을 여는데 목에 백합 문신을 한 재소자가 나오고 있었다. 플로어를 지날 때마다 이놈이 침을 흘리며 나를 바라보는 데는 정말

학을 뗄 수밖에 없었다. 식사 시간에 재소자들을 내보내면, 백합 문신은 문신 얼굴과 함께 통제실 뒤에 서서 나를 앞뒤로 훑어보기 일쑤였다.

"어디 가려고?" 내가 물었다.

"운동장." 그가 대답했다.

"운동장은 소집 장소가 아니야."

"이런, 답답하기는. 다들 거기 나가잖아. 농구하러 가는 거라고!"

"아니, 거짓말이야. 돌아가." 내 지시에도 그는 문간에서 버티며 문을 닫지 못하게 했다. 두 눈은 마약에 취한 듯 번들거렸다. "당장 물러나지 않으면 보고하겠다." 나는 그에게 신분증을 요구했다.

"망할! 그냥 몸 풀자는 거잖아. 다들 거기 나가는데 왜 그래?" 재소자들이 줄지어 운동장에 나가기야 하지만 그건 당연히 규칙위반이다.

그가 혼거실 안으로 물러나고 난 문을 닫았다.

"신분증 내놔."

"망할, 좆까."

"좋아, 이런 식으로 놀겠다 이거지? 그러지 뭐."

나는 자리를 뜨면서 나머지 수감자들을 나가게 해주었다. 데릭은 C2 맨앞에 서 있었다. 그가 농구를 하지 않는다는 걸 알지만, 아무 말 없이 내보내 주었다.

몇 분 후, 재소자들을 운동장으로 내보내라는 무전이 왔고 나는

A2를 다시 열어 백합 문신을 내보내 주었다. "그래도 신분증은 확인해야겠어."

"이봐, 뭐든 보고했다간 박살을 내줄게." 그가 두 주먹을 쥐며 뒤로 살짝 물러섰다. 입은 꽉 다문다. "그 잘난 아가리부터!" 난 그의 공격을 기다렸다. 팔을 올려 방어태세라도 취해야 하는 걸까? 그럼 겁먹은 것처럼 보이겠지?

"또라이새끼." 내가 비아냥거리며 자리를 떴다.

"사람 봐가며 까불어, 새끼야. 겁대가리 없이!" 그가 소리쳤다.

다음 플로어 사람들을 내보내고 보니, 백합 문신과 얼굴 문신이 함께 플로어에 서서 화난 얼굴로 나를 노려보았다. 그날 내내 나는 어깨 너머를 돌아보고 재소자들에게 등을 내주지 않으려 애썼다. 언제든 덤벼들 수 있다. 속은 뒤집힐 것 같았지만 그래도 내색은 하지 않았다. 나중에 킹 교사를 만나 상황을 얘기했다. 백합 문신을 어디로든 보내버렸으면 했다. 킹이 백합 문신을 한쪽으로 끌고 가더니 감방으로 돌아가라고 지시했다. 문신은 거부했다.

"일단 그 새끼를 가둔 다음에 어떻게 할지 따져볼 참이야. 교도관을 해치겠다고 협박하는 건 심각한 범죄라네. 물론 수갑 채워서 끌어내면 좋기야 하겠지. 하지만 현실을 보자고. 우리가 무력을 사용한다고 하자. 그럼 지원세력은? 저 위에서 어떻게 지원할 것 같나? 선배로서 이런 말 하는 건 유감이네만 현실이 그렇잖아? 자네도 어떤

아메리칸 프리즌

상황인지 알 거야."

백합 문신을 다시 보니 나를 향해 섬뜩한 미소를 짓는다.

나는 밖으로 나가 크게 심호흡을 하고 지평선을 보았다. 교회 첨탑이 석양을 깊이 찔러댔다. 서쪽 하늘은 금빛으로 변하기 시작했다. 데릭이 다가오더니 카메라 아래 섰다. 다른 교도관들은 보지 못하는 사각의 지대인 셈이다.

"무슨 일인데?" 그가 물었다.

"아무래도 그만둬야겠어." 내가 대답했다.

"왜? 지쳤어?"

"응."

"그래, 그럴 거야. 바람 좀 쐬고 숫자도 세어보고 들어가."

나는 깊이 숨을 마신 다음 천천히 내뱉었다. 이 친구에게 털어놓고 싶은 충동을 억눌렀다. 데릭을 믿지는 않지만, 어차피 아무도 믿지 않는데 무슨 상관인가 싶었다. 베이클은 도움이 되지 않았다. 내가 이 문제를 얘기했을 때도 자기 불평불만만 얘기할 뿐이었다. CCA가 우리한테 좆도 관심이 없다느니 죄수 놈들을 끌고 나와 개 패듯 패야 한다는 헛소리뿐이지 않는가.

"이제 퇴근 시간인가?" 데릭이 물었다.

"그래, 1시간쯤 지나면."

"여기서 일하다 보면 개소리하는 놈은 늘 개소리만 한다는 사실을 알게 될 거야."

"알아. 그렇다고 가만있을 수도 없잖아."

"당신이 하얀 유니폼을 입고 있으니 대응해야 한다고 생각하는 거야. 그냥 한 번 노려보고 자리를 뜨면 돼."

"말이 쉽지. 개소리만 하면 상관없지만 협박이라도 하면 나도 뭔가 해야 해."

그가 웃었다. 표정은 차분하고 담담했다.

"뭔가 해야 한다고? 내가 늘 하는 얘기가 있어. 유니폼으로 사람들을 대하지 말 것. 그 세계에 걸맞게 사람을 대하라. 오케이, 우리가 주차장에서 만났다고 치자. 당신은 완전 새 차를 끌고 난 고물차를 몰고 있어. 그건 상관없어. 안면을 까도 좋아. 대신 권위를 내세우지는 말라고. '난 너를 못 믿어. 그러니 문 걸어 잠글게.' 난 좋아. 그건 존중하지. 하지만 내 앞에서 권위는 내세우지 말란 말이야. 알았어? 그래봐야 좋을 거 개뿔도 없으니까. 당신이 하란다고 '네, 네, 알겠습니다. 당연히 해야죠' 할 것 같아? 이런, 나도 당신 못지않은 사내새끼야. 무슨 말인지 알아?"

재소자 한 명이 물푸레나무동 통로를 걸어와 우리 대화를 방해했다.

"무슨 일이야, 떡대?" 데릭이 물었다.

"내 여친이 전에는 물고 늘어지더니 지금 전화하면 '잠깐, 나 지금 이거 빨리 끝내야 해' 하는 식이야. 갇혀 있는 깜둥이한테 그게 할 짓이야?" 여자가 항상 바쁜 척한다는 이야기다.

"아무리 바빠도 시간은 내줘야지." 데릭이 대답했다.

"당연하지. 10분이든 20분이든, 30분이든 상관없어. 그 정도도 얘기 못 하나?"

"나도 그래서 집에 전화하기 싫어. 와이프와 얘기하고 싶은데 애들하고 싸우느라 늘 바쁘더라고."

다른 재소자가 소리치며 끼어들었다. "내 말이! 애새끼들이 무슨 상관이야? 내 말을 들어야지. 당연히 그래야 하잖아? 여긴 시간이 없으니까. 이놈들이 언제 여길 폐쇄하고 전기, 전화 몽땅 끊어버릴지 누가 알아?"

"그저 조금 위로해 주면 좋을 텐데." 데릭이 말했다.

"'사랑해'라고 하면 땡이야. 돈 드는 것도 아니잖아. 여동생과 조카 놈한테 늘 그런 얘기를 했지. 18년 동안 귀가 닳도록 얘기했어. 돈을 보내지 못하면, 종이에 '사랑한다'라는 말이라도 써서 보내라. 그거면 된다. 그 이상은 바라지도 않는다. 나한테는 돈보다 더 소중하니까. 돈은 좆까라 그래! 빌어먹을, 종이 한 장이면 평생을 고마워할 텐데 말이야."

떡대는 수감동으로 들어갔다.

"저런 친구가 좋아. 나하고 비슷하잖아. 차분하고 느긋하고 얌전하고 사람 엿 먹일 줄도 모르고. 하지만 얌전하게 굴다가 당하는 거야. 놈들이 만만하게 보거든. 차분하고 얌전하다고 함부로 까불다간 깜둥이한테 개박살 나는 거야."

데릭이 껌을 달라고 했다. 재소자에게는 외부 물건을 주지 않아야 하지만 난 껌을 주었다. "교도관들이 인력을 보강하려는 모양인데, 이거 하나는 알아야 해. 도대체 왜 예닐곱이 달려와 개자식 하나를 제압하려고 하는데? 잠깐만 생각해 봐. 당신네들이 씹질하고 술 마시고 마약에 절어 있을 때 아까 그 친구는 운동장을 돌면서 운동하고 매일 하루 종일 혼자 놀고 있어. 그런 새끼한테 덤벼서 잡을 수 있다고 생각하면 그게 더 멍청한 짓거리 아냐?"

"난 사람들 생각을 많이 해. 가끔 교도관들 생각도 하고. 그자들이 어떤 식으로 법을 어기는지도 잘 알지. 교도관들이 출근을 했어. 바깥 세계에서 무슨 일이 있었는지도 모르지. 아니면 재소자 하나가 열 받게 했을 거야. 그럼 무턱대고 나한테 화풀이부터 하는 거야. 내가 왜 지들 문제로 당해야 하는데? 무슨 말이지 알지? 난 어떻게든 문제를 피하려는 사람이라고!"

"바우어!" 캘러헌이 안에서 불렀지만 난 못 들은 척했다.

"수감동 관리 감독을 리브스라는 여자가 하는데 그 여자 생각을 많이 했어. 언젠가 좆나게 패버리려다가 간신히 참았거든. 동생이 막 살해당했을 때였지." 그 문제로 대화를 원했으나 감독관이 거부했다는 얘기였다.

"'나도 샌드위치 좀 먹자. 하루 종일 재소자들한테 시달렸어.'"
감독관이 그렇게 말했단다. 데릭도 지지 않았다.

"이봐, 한 입 먹을 시간은 드리지. 두 입은 안 돼. 죽어라 달려오
게 만들어 줄 테니까. 지금 한 놈 잡아 대갈통을 뭉개버리려고."

"지금 협박하는 건가?" 그녀가 소리쳤다.

"그래, 씨발, 나한테 죽어볼래?"

"이 새끼 잡아! 어서 잡아!" 감독관이 외쳤다.

이야기를 듣는 동안 섬뜩한 공포를 느꼈다. 그의 눈을 보니 그도
그 사실을 아는 듯했다. "이봐, 잘 들어. 당신들 대여섯이 달려들어
수갑 채우느니 마느니 할 때까지 기다릴 생각 없어. 수틀리면 나도
이판사판이야."

귀갓길에 주유소에 들렀다. 순서를 기다리던 중 움찔하고 말았
다. 가게에 들어오는 흑인들을 나도 모르게 살펴보고 있었던 것이다.
그다음에는 슈퍼마켓에 들러 아무 생각 없이 카트를 밀고 다녔다. 냉
동 피자를 하나 샀다. 샐러드도 살까 했으나 싱싱해 보이지 않았다.
단백질바를 한 움큼 카트에 던져 넣고 빵, 와인, 맥주도 챙겼다. 휴가
까지는 아직 이틀이 남았다. 남은 근무일을 이겨내려면 레드불 6팩
은 있어야 할 것 같다.

나는 집으로 가서 부츠를 벗고 맥주를 따고 피자는 오븐에 넣었다. 카메라 시계와 펜 녹음기 파일을 옮기고 식탁 맞은편의 카메라 스위치를 켰다. 내 면상을 갈기겠다고 협박했던 재소자 이야기를 하고, 내 상관인 교감들도 점점 믿기 어렵다는 얘기도 했다. "내 뒤에 누군가 있다고 믿고 싶다. 창살 안쪽, 내가 다루는 사람들은 지지 세력이 만만치 않다. 누군가 나를 공격하기로 했는데 의지할 사람 하나 없으면 어떻게 해야 하나?"

녹음을 마치자 집 안이 썰렁했다. 나는 CCA 유니폼을 벗고 목욕을 하고 노트북컴퓨터에 그날의 주요 일과를 기록했다. 쉬는 날, 기록을 확인하고 녹취를 뜨고 보충설명을 할 참이다. 욕조에서는 등 뒤로 누워 양쪽 귀까지 물속에 담갔다. 목욕 후 거울 앞에 서서 턱수염을 깎을지 말지도 고민했다. 예전에는 독서를 즐겼는데 지금은 글이 눈에 들어오지 않는다. 대신 〈브레이킹 배드〉를 시청했다.

앤서니에게서 문자가 왔다. 매트와 함께 술집에서 당구를 치고 있다고 했다. 피곤했지만 그래도 그쪽으로 건너갔다. 안으로 들어가자 경찰 한 명이 바텐더 옆에 서서, 잔뜩 짜증을 부리며 손님 신분증을 빠짐없이 확인하고 다녔다. 앤서니 말로는 여친이 임신을 했는데 곧 아프가니스탄으로 돌아가야 한단다. 그래서 지금 주크박스 옆의 사내를 박살 낼 음모를 꾸미고 있었다. 얼마 전 당구를 치다가 앤서니를 팬 사내인지라 계속 앤서니를 노려보기도 했다. 더군다나 앤서니가 말하곤 했던 '양키'였다.

경찰이 떠난 후 난 주변을 어슬렁거렸다. 마음속으로는 사내가 시비 걸어오기를 은근히 기대했다. 덕분에 긴장을 풀어낼까 했는데 아무 일도 일어나지 않았다. 테이블 위에 오크라수프 단지 하나와 종이 그릇 몇 개가 놓여 있었다. 누군가 수프를 가져와 우리에게도 맛볼 것을 권했다. 조금 식기는 했어도 나쁘지는 않았다. 시간을 보니 출근까지 5시간밖에 남지 않았다. 나는 집에 걸어가 잠을 잤다. 깨어나니 피로감에 온몸이 욱신거렸다. 나는 평소보다 5분 늦게 집을 나서며 레드불 2개를 챙겼다. 원까지 길고 어두운 도로를 달리는데 경찰이 차를 세웠다. 규정 속도를 어겼단다. 난 친근한 척하며 사정을 얘기했다. 이봐요, 난 교도소에 가서 여러분이 처넣은 죄수들과 싸워야 합니다. 경관은 실실 쪼개더니 286달러 딱지를 끊었다.

후에 이발소 주인의 조언에 따라 나는 유니폼을 착용하고 보안관 사무실에 찾아갔다. 밝고 붉은색 립스틱을 바른 쾌활한 중년 여성이 맞아주었다. 나는 원 교정센터에서 일하는 사람이라고 소개를 했다. "벌금을 100달러로 내리고 보험에서 건드리지 못하게 처리할게요." 여자가 말했다. 직불 카드를 꺼내려는데, 여자는 아예 고개를 들지도 않고 말했다. "현찰이나 송금만 돼요. 카드는 안 받습니다."

18

20세기 초반 주 정부에서 죄수임대를 단계적으로 폐지했을 때 죄수들도 그 사실을 눈치챘을까? 제도 폐기는 위대한 개혁으로 환영받았지만 대부분의 죄수에게 죄수로서의 삶은 여전히 무보수 강제 노동형을 뜻했다. 죄수임대가 폐지되고 수십 년이 지나도 앨버트 레이스 샘플 같은 사람은(샘플의 교도소 생활은 이 책 2장에서 다루었다) 목화를 제대로 수확하지 못한다는 이유로 주립 농장에서 학대를 당했다. 그와 같은 이야기는 루이지애나 앙골라, 미시시피의 파치먼 등 남부 전역의 농장에서 수도 없이 반복되고 있었다. 그러나 죄수들이 모두 농장에 간 것은 아니다. 일부는 새로운 유형의 노동 수용소에서 일했다. 즉, 체인갱chain gang 신세였다.

"오늘날 남부는 번영과 확장의 시대를 누리고 있다." 1910년 농무부의 공공도로국장의 글은 이렇게 시작했다. "제조 산업은 발전하

아메리칸 프리즌

고 철도는 확장되고 있으며, 농업은 새로운 가능성의 문이 활짝 열려 있다…… 그러나 작금의 성장을 유지하기 위해 남부의 도로 상황을 개선할 필요가 있다." 과거의 공장과 철도처럼, 도로는 남부 근대화를 위한 새로운 교두보였다. 수확물이 신속하게 도시로 가야 했기에 자동차의 활용도 크게 늘었다.

1908년 조지아가 죄수임대를 포기했을 때 중·경범죄자 5만 명가량이 도로 건설 현장으로 일하러 가야 했다. 1912년 조지아 상원은 죄수의 노동 비용이 자유노동자에 비해 절반에도 미치지 못한다고 평가했다. 1923년까지 주 정부는 죄수의 88퍼센트를 도로 수용소에서 부렸는데, 노동 가치가 500만 달러(2018년 기준으로 7,300만 달러)에 달한 것으로 보았다. 입법위원회 또한 "조지아 죄수들이 행한 엄청난 노동과 그로 인한 결실은 상상을 초월한다"라며 뿌듯해했다. 위원회 주장에 따르면, 죄수들은 불과 1년 만에 1만 킬로미터의 도로를 만들고 포장까지 했으며, 2만 5,000킬로미터의 도로를 완벽하게 보수했다. 이런 위업이 가능한 이유는 "[죄수들이] 불평·불만 없이 자유노동자 2배 이상의 노동을 완수했기 때문이다". 1904년에서 1915년까지 11년 동안, 죄수 노동 덕분에 조지아의 포장도로는 2,500킬로미터에서 2만 1,000킬로미터로 증가했다.

남부 전역의 도로 건설에 죄수 노동 활용을 주장하는 옹호자의 대표주자는 소위 '좋은도로운동good roads movement'이라는 신생 단체였다. 진보를 참칭하지만 결국 인본주의 개혁을 빌미로 죄수 노동의 정당성을 주장한 셈이다. "이런 식의 야외 활동이 죄수의 신체 건강을 향상할 뿐만 아니라 도로 건설의 경험을 통해 인성을 개선하고 훌륭한 시민으로 거듭나게 할 수 있다." 미국 농무부의 연구보고서 내용이다. 공무원 문제를 다루는 정간지 《자선과 서민Charities and the Commons》은 죄수들이 도로 공사에 헌신한 덕에 "신체와 정신 건강"이 좋아졌다는 사실을 이해한다면, "탈옥 욕구도 거의 사라질 것이다"라고 주장한 바 있다. 1909년 노스캐롤라이나의 《오렌지카운티 옵서버Orange County Observer》는 아예 "죄수의 도로 건설이 납세자에게 이득이 될 뿐만 아니라 죄수들을 구릿빛 피부의, 강건하고 건강하고 유능한 노동자로 탈바꿈해 준다"라고 주장하기까지 했다. 도로 공사에 재소자를 투입한다는 아이디어는 1905년 부다페스트에서 열린 국제교도소회의, 그리고 1906년 뉴욕, 올버니에서 열린 전미교도소협회회의에서 극찬을 받은 바 있다.

강제 노동이 개혁적일 수 있다는 생각은 초창기 개신교 교도소만큼이나 구태의연하다. 다만 체인갱은 죄수임대와 마찬가지로 재정적 고려에 따른 최초이자 최선의 제도라고 할 수 있겠다. 굿로드 옹호자들과 형벌제도 수장들의 반발에도 불구하고, 투자자들은 주 정부 주도의 체인갱이 기업 주도의 죄수임대와 별반 다르지 않다는 사실을 직감하고 있었다. 체인갱에 엮인 사람들은 대부분이 경범죄

기결수였다. 1908년 조지아의 경범죄자 77퍼센트가 도로 건설 작업에 투입되었다. 어느 도로 공사 수용소에는 주취, 풍기문란, 싸움, 조례 위반, 운전 부주의, 투석, 배회, 심지어 '배회로 의심됨' 따위로 기소된 사람이 150명이나 있었다. 노스캐롤라이나주의 판사가 확인해 보니, 도로 수용소 죄수들은 "목을 사슬로 묶고 다녔다. 잘 먹지 못했고, 술 취한 교도관들에게 무자비하게 채찍질까지 당했다". 노스캐롤라이나의 한 카운티 공무원은 기자에게 이렇게 전하기도 했다. "수용소의 노새가 죄수들보다 주거 환경도 좋고 대접도 훌륭합니다."

1911년, 길크리스트Gilchrist 주지사는 플로리다 주의회에 보내는 메시지에서 조지아의 죄수 도로 수용소 방문 소감을 묘사했다. "죄수들은 이동형 감방 안에서 잠을 청했다. 바퀴가 넷에 철창까지 달린 감방은 흡사 짐승을 운반하는 전국 순회용 서커스 화물차 같았다. 차이가 있다면 서커스 화물차에는 짐승이 한두 마리 수준이지만 죄수 화물차에는 10명, 12명도 들어간다는 점이다. 밤이면 다들 족쇄를 차고 쇠사슬로 서로를 연결했다." 일요일과 휴일이면 죄수들은 하루 종일 우리에 묶인 채 지내야 했다. "찌는 듯이 더운 날, 햇볕이 내리쬐면 우리는 금세 오븐으로 변하고 그 안에 있는 사람은 통구이가 된다." 일부 수용소는 우리가 아니라 막사나 텐트를 이용했지만 그 안에서도 죄수들은 사슬에 묶여야 했다. 1930년 플로리다 체인갱에서는 교도관이 위병소 옆 다이너마이트에 담뱃불을 던지는 바람에 죄수 한 명이 타죽고 다른 죄수들은 불구가 되는 사건도 있었다. 1년 후, 노스캐롤라이나에서도 비슷한 사건이 발생해 죄수 11명이 타죽었다.

죄수임대 때도 그랬지만 사람들은 여전히 채찍질을 당하고, 수갑에 매달렸고, 열심히 일하지 않는다는 이유로 땀방sweatbox에 갇혔다. 1932년 플로리다의 도로 수용소에서 뉴저지 출신의 10대 소년 아서 마일예페르트Arthur Maillefert는 일하라는 명령에 아프다고 투덜댄 죄로 벌을 받았다. 소년은 벌거벗은 채 20킬로그램짜리 오크통을 뒤집어썼다. 그는 오크통 밖으로 머리와 발만 밖으로 내밀고 48시간 수용소 주변을 돌아다녀야 했다. 빵과 물은 누군가 먹여주었지만 앉거나 누울 수는 없었다. 두 다리는 온통 물리고 뜯겨야 했다. 교도소 주변의 늪지에는 이런저런 끔찍한 벌레들이 많았다. 소년은 견디다 못해 통에서 빠져나와 벌거벗은 채로 늪 속으로 달아났지만 불과 1시간 만에 붙잡혔다. 교도관들이 블러드하운드를 몰고 나가 잡아온 것이다. 채찍질 담당 교도관은 소년을 고무호스로 때린 다음 다시 땀방에 넣었다. 목은 무거운 사슬로 묶고 발목에도 육중한 차꼬를 채웠다. 이튿날 아침, 교도관들이 방을 열어보니 소년은 이미 죽은 후였다.

죄수임대 때도 그랬지만 백인 우월주의가 체인갱을 정당화하는 데 한몫했다. 1912년 농무부에서 일하던 엔지니어가 쓴 글은 이런 식이었다. "개인적으로, 남부의 주 정부에서 공공도로 건설에(만) 죄수를 활용한다면 난 찬성이다. 이들 주의 죄수들은 주로 흑인들이며 흑인 죄수들은 야외 육체노동으로 충분히 혜택을 받을 수 있다." 사슬에 묶인 채 대중 앞에서 일하는 문제야 백인도 마찬가지이니 억울해할 필요도 없다. 또 다른 농무부 엔지니어가 1905년 워싱턴의 상관에게 쓴 글도 있다. 흑인이 자유노동에 문제가 많은 이유는 "태생적으로 방종하기 때문"이라고 했다. "그대로 둔다면 평생을 그런 식으로 살 것입니다. 돈을 벌면 순식간에 탕진하고…… 이튿날 아침이면 역시 노동이 제격이라는 사실을 깨닫게 될 겁니다. 그런 부류의 검둥이를 (도로 공사에) 고용한다면, 일도 제대로 하지 않고 시켜도 말을 안 듣습니다." 그는 강제 노동이야말로 남부에 도로를 깔기 위한 유일한 방법이라고도 주장했다. 그 근거는 다음과 같다. "죄수는 한곳에 묶어두고 밤에도 그곳에서 재워야 합니다…… 자연도 그에겐 빚이 없습니다. 유일한 빚이라면 그에게 채워준 족쇄겠죠. 족쇄를 채우고 있는 한 그는 복종해야 합니다." 남부의 체인갱은 1930년대까지 이어졌다.

19

재소자들은 내게서 어떤 모습을 볼까? 나는 하루에 두 번 단백질바를 먹고 어떻게든 시간을 내어 체육관을 찾기 시작했다. 내 가냘픈 몸매에 근육을 덧대고 싶었다. 팔 운동, 벤치프레스를 번갈아 하다가 중간중간 전신거울 앞에 서서 앞뒤로 걷기도 반복했다. 걸음걸이가 이상하다고 지적해도 몰랐는데 이제 보니 다리 사이에 힘을 주면 엉덩이 씰룩거림이 덜했다. 평소에는 마초적 경향을 없애려 노력했는데, 이제는 오히려 여성적 느낌을 어떻게든 억누르려 하고 있었다.

점호 시간, 재소자들 얼굴이 아니라 몸에 시선을 두는 방법을 배웠다. 얼굴을 보면 각 개인을 향해 엄격한 표정과 친근한 표정을 연신 바꿔가면서 숫자까지 제대로 세야 했다. 혼거실 통과할 때는 성큼성큼 걷고, 왼쪽 걸음을 가볍게 튕기는 식으로 강한 인상을 주려 노력했다.

오늘은 A1이 고비다. 어쩐 일인지 이 플로어 죄수들은 늘 나를 자극한다. 한쪽으로 걸어가면 내 '팬티'가 어쩌고저쩌고 시비를 걸었다. "저 자지는 내 차지. 저 자지는 네 차지." 누군가 노래를 부르기도 했다. 난 못 들은 척했다. 내가 모델처럼 생겼다는 말도 무시한다. 프런트로 돌아가는데 다시 노랫소리가 들렸다. "저 자지는 내 차지. 저 자지는 네 차지."

몇 주 동안 그럭저럭 이겨냈건만 이번에는 왠지 꼭지가 돌았다. 나는 점호를 하다 말고 그놈한테 돌아갔다. 30대 흑인으로 분홍색 안경을 쓰고 목 주변을 문신으로 둘러쌌다.

지금 뭐라고 했지? 내가 소리쳤다.

내가? 아무 말 안 했는데?

왜 매일 개소리를 하고 지랄인데? 왜 나만 물고 늘어지냐는 말이야. 내 자지가 맘에 들어? 추잡한 놈 같으니.

응? 뭐라고?

내 자지가 맘에 드냐고 물었다! 내가 소리쳤다. 난 완전히 뚜껑이 열린 터였다.

저 인간, 자기가 얼마나 큰 실수를 했는지도 몰라. 내가 길길이 날뛰자 다른 재소자가 키득거렸다.

나는 점호를 마치고 그가 있는 층으로 돌아갔다. 신분증! 내가 요구했으나 그가 거부했다. 수감번호 말해! 어서! 나는 목청껏 소리쳤다.

그는 이번에도 거부했다. 나는 다른 교도관에게서 이름을 알아내 성희롱 발언을 이유로 위에 보고했다. 놈은 교정시설 성폭력 근절법 Prison Rape Elimination Act 을 들어 나를 고발하겠다고 으름장을 놓았다.

진정하려고 노력했지만 10분이 지나도 심장이 쿵쾅거렸다. 이봐요, 괜찮아요? 재소자가 물었다. 문득 창피해졌다. 나는 화장실에 들어가 바닥에 주저앉았다. 어떻게 그런 말을 할 수 있었지? 지금껏 큰소리를 낸 적은 거의 없었다. 나는 동성애 혐오자도 아니다. 아니었나? 완전히 패배한 기분이었다. 나는 A1에 돌아가 분홍 안경을 철창으로 불렀다.

"이봐요, 이거 하나만 확실히 알았으면 좋겠소. 난 당신들한테 아무 유감 없소. 오히려 당신들 형량이 너무 길다고 생각하는 사람이요. 다른 교도관들하고 달라요, 오케이?"

"오케이." 그가 대답했다.

"하지만 말야, 이유 없이 건드리면 나도 그냥 있을 수는 없소. 무슨 말인지 알겠소?"

분홍 안경은 조롱한 사실을 부인하려고 했다. "이런, 재소자들이 개소리하는 건 바로 당신……" 하지만 나도 물러설 생각은 없었다.

"아무튼 개소리하면 당신들도 기분 나쁘잖소." 다른 방 재소자들이 놀란 눈으로 우리를 지켜보았다.

"이해해요. 일부러 여기까지 와서 사내답게 얘기하니 나도 사과하리다. 나도 감정 없어요. 이해하죠? 당신들도 살기 위해 애쓴다는 거 잘 알아요. 물론 살아야지. 그 말을 들으니 나도 가슴이 아프군. 이해해요. 그저 노래를 불렀을 뿐인데 아마도 오해한 모양이요. 그 노래가 당신 심경을 건드렸겠지." 그의 말이 맞았다. 문득 고등학교 시절이 떠올랐다. 당시는 체격이 작아 왕따를 당했고, 책을 많이 읽는다고 게이라고 놀림당했다.

난 징계보고서를 찢어 쓰레기통에 던졌다. 다음 점호에 다시 그 플로어로 돌아갔지만 시비를 거는 사람은 없었다.

물푸레나무동에서의 어느 날, 재소자 몇 명이 외쳤다. "사람이 쓰러졌어요! 사람이!" 메이슨Mason이라는 덩치 큰 사내가 C2의 자기 침대에 누워 있었다. 오른손은 맨가슴에 얹은 채였다. 눈은 감겨 있었는데 왼쪽 다리는 천천히 앞뒤로 흔들렸다.

"침대에 눕혔는데 망할! 침대 옆으로 떨어졌어요. 충격이 컸을 거야." 재소자의 설명을 듣고 나는 무전으로 들것을 불렀다.

메이슨이 울기 시작했다. 등이 아프다며 왼 주먹을 꽉 쥐었다. "무서워." 그가 울먹이며 말했다. 누군가 그의 팔에 손을 얹었다. "알고 있네. 곧 자네를 데리러 올 거야."

마침내 들것이 도착했다. 간호사와 당번수들은 동작이 굼떴다. "애초에 돌려보내지 말았어야지." 재소자가 내게 불평했다. 오늘 메이슨이 농구를 하다가 넘어졌다. 통증 때문에 의무실에 갔더니 폐에 물이 찼다고 진단을 내렸다고 했다.

재소자 셋이 메이슨을 시트와 함께 들어 들것에 실었다. 메이슨은 미라처럼 두 손을 가슴에 얹었다. 재소자 둘이 그를 데려갔다.

몇 시간 후 메이슨은 자기 방으로 돌아왔다.

며칠 후, 그가 두 발을 질질 끌고 다녔다. 두 팔은 가슴 언저리에 가 있었다. 의자를 내주자 그가 앉더니 상체를 숙여 머리를 허벅지에 기댔다. "가슴을 바늘로 찌르는 것 같아요." 그가 말했다. 우리는 휠체어를 요구했다. "폐에 물이 찼다면서도 병원에 보내주지 않네요."

간호사가 약을 건네고 있었다. 나는 메이슨을 의무실로 계속 보내는데 왜 병원에 데려가지 않는지 물었다. 간호사는 그에게 "심각한 증세가 없다"라고 주장했다.

"지난주에 봤을 때 거의 죽을 뻔했어요. 통증도 심각하고." 내가 말했다.

간호사가 나를 흘겨보았다. "의사 선생님 생각은 달라요. 그런 이유로 병원에 보낼 일은 절대 없을 겁니다."

그가 병원에 간다면 CCA는 입원비를 내야 한다. 계약 때문이지만 이윤추구를 목표로 하는 회사라 이런 상황은 딜레마일 수밖에 없다. 재소자라 해봐야 하루에 34달러밖에 벌지 못하는데 아무리 입원 기간이 짧아도 상대적으로 큰 비용이 드는 것이다. 교도소 내의 의료

시설 이용도 비용 부담이 크다. CCA는 의료 비용을 공개하지 않지만, 일반적인 교도소라면 건강 관리 비용은 직원 임금 다음으로 지출이 클 것이다. 루이지애나주 교도소는 예산의 9퍼센트를 건강 관리에 할당한다. 그 정도가 일반적이지만 주에 따라서 해당 예산이 더 클 수도 있다. 캘리포니아의 경우에는 예산의 31퍼센트까지 올라간다. 원 교정센터의 재소자 중 40퍼센트 가까이가 당뇨나 심장병, 천식과 같은 만성 질병에 시달리며, 6퍼센트가량은 에이즈나 C형간염 같은 전염성 질환을 가지고 있다.

CCA는 적절한 의료 서비스를 제공해야 할 의무를 외면하려 애를 쓴다. 캘리포니아는 재소자 일부를 배에 실어 다른 교도소로 보낸다. CCA는 65세 이상이거나 정신 건강에 문제가 있거나 에이즈처럼 중병이 있는 죄수들은 받지 않으려 한다. CCA의 아이다호교도소는 범죄자를 받을 때 "만성적인 정신 질환이나 건강 문제가 없어야 한다"라고 계약서에 못을 박기까지 했다. 테네시와 하와이의 CCA 교도소 일부는 주 정부가 에이즈 치료 비용을 전부 부담해야 한다고 명시하고 있다. 그런 식의 면제 조항 덕에 CCA는 비용절감 효과를 만끽하고, 회사가 감당하지 않는 재소자의 의료 비용은 고스란히 납세자의 몫으로 돌아간다.

원의 의사 15명 이상이 의료 관리를 소홀히 했다는 이유로 고발당했다. 심지어 교도소는 임무 태만으로 징계받은 의사 일부를 재고용하기도 했다. 그중 한 명인 아리스 콕스Aris Cox는 자신의 진정제 중독을 위해 처방전을 썼다는 이유로 의사면허를 빼앗겼지만 1990년대 CCA는 그를 고용하였다. 루이지애나 검시관위원회는 마크 싱글턴Mark Singleton이 뉴멕시코에 있을 당시 '의료 기준을 어겼다'는 사실을 밝혀냈으나 CCA는 해고하지 않았다. 스티븐 쿠플레스키Stephen Kuplesky를 고용했을 때는 의사면허가 잠정 취소된 이후였다. 의료 문제가 없는 가족회원에게 진통제를 처방했다가 적발된 것이다. 로버트 클리블랜드Robert Cleveland 역시 원에서 일할 때 이미 의료 보호관찰에 처해 있었다. 휠체어회사와의 리베이트 문제에 연루되었는데, 그는 그 후에도 자신의 이동식 주택에서 마약을 처방하다 걸린 바 있다.*

2010년, CCA와 이민세관집행국은 시민자유연맹ACLU이 제기한 연방법 소송을 해결했다. 연맹의 주장에 따르면, 캘리포니아 CCA 시설의 이민 억류자들은 규정에 있는 치료마저 일상적으로 거부당했다. 극히 희박한 사례이지만, 2001년 소송을 당한 회사는 수정헌법 8조와 14조를 위반한 혐의로 피고 재소자에게 23만 5,000달러를 지불하라는 판결을 받았다. 한 재소자는 부러진 턱을 철사로 봉합한 채 10시간이나 방치되어 있었다. (그는 교도관들이 지켜보는 가운데 직접 손톱깎

---

* 그 당시 원에서 일했는지는 분명치 않다. CCA의 답변에 따르면 원의 의사들은 모두 "자격이 충분한 사람들"이다.

이로 철사들을 제거했다.) 배심원들은 "이번 판결이 피고의 회사 지점은 물론 주거시설 어디나 울려 퍼지기를 희망한다"*라고 썼다.

CCA는 또한 임신한 수감자들과 관련해 의료사고로 고발당했다. 2004년 테네시주, 체터누가의 카운티 구치소에서 수감자의 아이가 사망한 건에 69만 달러로 합의를 본 적이 있다. 수감자가 진통을 시작했을 때 그녀는 매트리스도 없는 감방에 있었다. 산모는 3시간 동안이나 버려진 채 심하게 출혈을 했으며 CCA의 직원들은 그녀가 도와달라고 애원한 지 5시간 후에나 구급차를 불러주었다. 아기는 출생 직후 사망했다. 교도소장은 변론에서 감시카메라에 비상 징후가 전혀 없었다고 증언했으나 비디오를 확인하려 하자, 실수로 삭제되었다는 변명을 늘어놓았다. 법원은 증거인멸에 대해서도 제재를 가했다.

내슈빌에서 있었던 다른 사건에는 25만 달러를 지불했다. 구치소에서 산모가 질 출혈과 심한 복통을 호소했다. 그녀의 말에 따르면, 의료팀은 '증거'를 요구하며 산모를 독방에 넣고 급수를 끊었다. 출혈을 '모니터'한다는 이유에서였다. 진통이 오고, 변기를 피로 채워도 통증을 줄여줄 조치는 없었다. 다음 날 아침, 수감자는 족쇄를 차고 병원에 실려 갔다. 진단 결과 이미 자궁문이 열려 있었다. 산모

---

* CCA는 항소를 하고 합의를 봤지만 금액은 밝히지 않았다.

는 교도소 교도관들이 지켜보는 가운데 아이를 낳았고 즉시 진통제를 맞았다. 깨어나 보니 의료진이 이미 죽은 아이를 보여주었다. 그녀의 증언이 맞다면, 구치소에서는 가족에게 전화를 걸지도 못하게 하고 사산아의 시신을 어떻게 처리했는지 알려주지도 않았다.

재소자 대부분 법률 상담을 거부당하는 터라 승소는 거의 불가능한 일이다. 그런 상황에서도 CCA는 2008년까지 10년간 600건의 합의를 보았다. 두 개 주를 상대로, 좀 더 최근에 CCA가 합의한 소송 결산 공식기록을 요구했지만 회사가 끼어들어 의료 과실, 사고사, 폭력사고, 무력 사용 주장과 관련한 합의 목록은 "기업 비밀에 해당한다"라고 항변했다.

의무 초과근무 당일, 나는 알렉산드리아의 랩사이드리저널 병원에 갔다. "무기 소지 자격이 있나?" 파트너가 물었다. 이곳에서 10년 이상 일한 사람이다.

"아뇨, 아직 수업을 받지 못했어요. 실내 훈련을 한 번도 통과 못했으니 당연히 사격장에도 간 적이 없다.

"그래도 총은 있어야지."

"왜요?"

"왜는 무슨 왜? 그게 무슨 대수라고."

나와 파트너는 12시간 동안 재소자의 침대를 지켰다. 이제 막 심장 수술을 받은 사람이다. 허리춤에 리볼버를 찬 터라, 아무 데도 가고 싶지 않았으나 어쨌든 식사도 하고 화장실에도 가야 했다. 식당에서 줄을 서면 사람들이 자꾸 나를 힐끔거렸다. 내가 무슨 잘못을 했나? 너무 막 입어서 그런가? 보통 때라면 비무장 상태로 보이려 노력했을 것이다. 엉덩이에 총 하나 찼다고 그렇게 어색할 일인가? 손은 총 옆에 두어야 할까? 도대체 사람들은 손을 어떻게 처리하지? 엉덩이에 붙일까? 주머니 안에 넣을까? 무기를 차고 있으면 주변에 특별한 인상을 주게 된다. 물론 교도소에서 내가 보이고자 하는 모습과는 큰 차이가 있다. 누군가 총을 빼앗으려 하면 어떻게 해야 할까? 우리가 지키고 있는 재소자는 서 있지도 못하니 탈옥 시도할 염려는 없지만 만에 하나 사고가 발생해 대처라도 해야 한다면 어떡하지? 그러다가 일을 망치면 어떻게 하지?

분홍 안경과 화해한 덕에 나도 기운이 났다. 재소자와 마찰이 생기면 난 똑같은 방법을 시도했고 끝내는 주먹을 부딪치며 서로를 향한 존중을 보여주었다. 하지만 이런 식의 돌파는 여전히 위태로웠다. 그 순간에야 상호이해의 가능성을 희미하게 보지만 서로의 입장 때문에라도 그런 관계가 실제로는 불가능하다는 사실만 깨달아야 했다.

철창을 사이에 두고 잡담하고 웃으면서도 권위를 세울 필요는 있었다. 우리 임무는 결국 재소자들의 가장 기본적인 충동, 즉 좀 더 많은 자유를 확보하려는 욕구를 억누르는 데 있다. 날이 갈수록 나와 친한 재소자는 수가 줄어들고 있었다. 코너 스토어 같은 예외는 있어도, 베이클과 내가 부여한 특권을 빼앗는다면 그 역시 적으로 돌아가고 말 것이다.

우선순위도 바뀌었다. 재소자 모두를 사람대접하자면 진이 빠질 수밖에 없다. 나는 만만한 사람이 아님을 증명하려 애쓰는 데 집중했다. 일을 시작할 때는 각오부터 다졌다. 재소자들은 언제든 나를 조롱하고 건드리고 상판을 날려버리겠다고 으름장을 놓았다. 난 두려움도 연민도 드러내지 않았다. 재소자들이 인종차별주의자라고 부를 때는 마음이 아팠지만 내색하지 않으려 최대한 노력했다. 그런 식으로 약점을 드러냈다간 놈들은 기회가 있을 때마다 버튼처럼 눌러댈 것이다. 수감동은 거의 매일 좌절에 좌절이 더해져 극에 달했다. 재소자들은 법률 도서관, 검정고시 수업, 직업훈련, 약물중독 치료모임에 가야 하지만 프로그램은 자주 취소되거나 감방에서 나오는 시간이 늦어졌다. 재소자들 증언에 따르면, 다른 교도소의 일정은 거의 불변이었다. "문이 열리면 모두 일사불란하게 움직이기 시작해요." 주립교도소를 전전했다는 재소자의 말이다.

이곳에는 일정 자체가 없다. 무전기로 명령이 떨어져야 재소자들을 내보냈다. 식사 시간도 11시 30분이 되기도 하고 오후 3시가 되기도 했다. 수업은 있는 날도 있고 없는 날도 있었다. 몇 년 전, 대운동장을 운영한다고 직원까지 배치했지만 대운동장보다 수감동 옆의 소운동장에 재소자를 풀어놓는 경우가 많았다. 아예 내보내지 않는 경우도 적지 않았다. 매점과 법률도서관 이용 시간은 툭하면 바뀌었다. 시설을 제대로 운용하기엔 직원들이 턱없이 부족하기 때문이다.

교도관들은 재소자들의 좌절감에 공감한다. 재소자들도 이런 관리 문제를 해결할 수 없는 우리를 위로한다. 그럼에도 두 그룹은 원치 않은 전쟁에 나간 병사들처럼 매일 서로 쌈박질이다.

혼거실 문을 열 때마다 난 통행증을 보여줄 것을 요구했다. 밀물처럼 쏟아져 나오면 온몸으로 막아보지만 재소자들은 그냥 밀고 들어왔다.

내가 한 사람을 잡고 소리쳤다. "안으로 들어가! 들어가지 않으면 보고하겠다. 어서!"

재소자는 나를 노려보며 뒤로 물러섰다. "백인 새끼들은 깜둥이만 물고 늘어져." 놈이 중얼거렸지만 난 못 들은 척 문을 닫았다. "씨발, 죽통 날리기 전에 여기서 꺼지는 게 신상에 좋을 거다. 멍청한 새끼." 그가 나를 향해 외쳤다.

피곤하다.

재소자 한 명이 통제실 근처를 어슬렁거렸다. 베이클이 쫓아오며 나보고 그를 잡으라고 소리쳤다. 나는 길을 막아섰다. 아는 자였다. 짧은 레게머리를 한 자, 솔직히 볼 때마다 겁이 나기는 했다. "이쪽으로." 그가 왔던 길을 다시 가리켰으나 놈은 그냥 지나치려고 했다. 나는 그의 눈을 노려보며 "이쪽이야!"라고 지시했다. 그가 돌아서서 천천히 왔던 길로 돌아갔다. 나는 뒤를 따라 걸었다. 그가 멈추더니 홱 돌아서며 허공에 대고 삿대질을 해댔다. "쫓아오지 마, 새끼야!" 물론 나를 찔러보려는 것이다. 혼거실 문을 열자 안으로 들어가면서도 나를 무섭게 노려보았다. 나는 문을 잡고 그의 면전에서 쾅 소리를 내며 닫아버렸다.

나는 돌아서서 플로어로 향했다. 재소자들이 떼를 지어 돌아다녔다. 저 새끼 내 손으로 죽여버리겠어! 놈이 내 등 뒤에 대고 외쳤다. 나는 걸음을 멈추고 돌아섰다. 놈은 그저 노려보기만 했다. 나는 어깨의 무전기를 잡고 잠시 머뭇거렸다. 이럴 때 어떻게 하라고 했는지 배운 적이 있던가? 버튼을 누르고 통화하는 방법은 물론 알고 있다. 그런데 누구한테 얘기하지? 킹 교사를 생각했다. 저 인간 턱을 박살 낸 사람이 아닌가. "킹 교사님, 물푸레동에 올 수 있습니까?"

"곧 가지."

나는 킹을 B1으로 데려가 레게머리를 찾았다.

"감금해야겠어요." 내가 레게머리의 눈을 노려보며 말했다.

킹이 그에게 수갑을 채웠다. 나를 죽이겠다고 위협했습니다. 독방에 처넣어야 해요. 내가 말했다.

"뭐야? 난 아무 말도 하지 않았어!" 레게머리가 외쳤다. 난 그곳

아메리칸 프리즌

을 빠져나왔다.

다른 재소자들을 몰아넣는데 한 재소자가 물었다. "그 친구는 왜 독방에 넣은 거야?" 다른 재소자도 끼어들었다. "곧 집에 간다고 했는데." "지금은 못 가." 나는 흔들리지 않고 대꾸했지만 마음은 복잡하기 그지없었다. 정말 그가 그렇게 말했던가? 등을 돌리고 있었잖아? 어떻게 그 말을 들었다고 확신하지? 사실 상관은 없었다. 놈은 나를 위협하려고 했고 나도 누군가를 똥통에 처박을 필요가 있었다. 놈들도 내가 어떤 사람인지 알아야 한다.

우선 기선을 잡기로 했다. 나를 '호모 새끼'라고 부른 재소자를 찾아 보고할 양으로 A1에 올라갔다. 베이클에게는 플로어 입구에 서 있게 했다. 베이클이 놈의 침대 번호를 알려주었으나, 우선 나에게 가짜 침대 번호를 주지는 않았는지 확인하기로 했다. 나는 플로어 입구에 서서 6번 침대를 불렀다. 수업에 참석하거나 면회실로 보낼 때도 이런 식으로 통행증을 나눠주었다. 재소자 한 명이 철창 쪽으로 왔다. 당사자가 아니었다. 통로를 돌아다녔지만 확인에 실패했다. 입구로 돌아왔더니 플로어는 잠기고 베이클은 보이지 않았다.

플로어의 재소자들이 일제히 고함을 치기 시작했다. "우우우우! 저기 있다! 저놈 잡아!" 안쪽의 재소자들이 내 쪽으로 몰려왔다. "이봐요, 베이클!" "베이클!" 나도 소리를 질렀다. 겁에 질린 목소리인지라 정말 마음에 들지 않았다.

"베이클이 당신한테 좆도 관심 없다네." 한 놈이 소리쳤다. "그래, 철창 안에 갇힌 기분이 어때?" 다른 놈도 끼어들었다. 그다음부터는 제멋대로 떠들었다. 나도 그 기분이 어떤지 겪어봤다고 말하고 싶었다. 내가 왜 여기 왔는지도 얘기하고, 언젠가 보상할 생각이라고 애원하고 싶었다.

"나도 알고 있소." 가까스로 대답은 했으나 멍청이처럼 들렸다.

"이제 무시당하는 기분이 어떤지 알겠지?"

베이클이 사과하며 문을 열어주었다. 나는 혼거실을 떠났다. 나를 호모 새끼라고 부른 놈을 찾는 건 포기했다.

얼마 후 재소자들이 식당에 가는데 베이클이 나를 지나며 소리쳤다. "밖에서 코드 블루가 터졌어!" 나는 15명의 재소자들을 헤집고 달려나가며, 모두 안으로 들어가라고 소리쳤다. 정문에 달려가 보니 재소자 둘이 다른 재소자를 울타리에 밀어붙이고 있었고, 약해 보이는 한 백인은 바닥에서 굴러다녔다.

나는 백인에게 달려갔다.

백인은 좌우로 구르며 고통스럽게 끙끙거렸다. 두 팔에 작은 칼자국이 여기저기 나 있고 퉁퉁 부은 곳도 보였다. 상처는 깊지 않지만 많았다. 상처 아래 작은 자국들도 여럿 보였는데 성폭행의 트레

아메리칸 프리즌

이드 마크 같은 흔적이다.

"자자, 진정해요. 우리가 돌봐주겠소. 아무 일 없을 테니 진정해요." 나는 그를 살피며 말했다. 백인은 계속 구르며 울부짖었다.

"당해도 싼 놈이야!" 누군가 통로를 지나며 외쳤다.

과장과 킹 교사가 범인에게 수갑을 채웠다. 재소자들이 잡아둔 범인을 주변이 정리되어서야 봤는데 난 충격을 받고 말았다. 브릭이었던 것이다. 브릭은 회색 머리의 매력적인 재소자며, 철창을 사이에 두고 나와 잡담을 주고받았던 사이였다. 내가 하는 일이 고달프다며 공감도 해주고 재소자들한테 잘하라고 하면서 라면을 끓여주기도 했다.

삼나무동으로 끌려가며 브릭은 백인을 '걸레 새끼'라고 불렀다. 교도관 둘이 그를 노려보다가 일으켜 세운 다음 끌고 갔다. 브릭은 양말에 자물쇠를 넣고 청년을 구타했다. 브릭이 화가 난 이유는 그가 삼나무동에서 7개월이나 머물렀기 때문이었다. 청년은 스스로 원해서 머물렀다. 그러니까 자신에게 돌아오지 않았다는 이유로 폭행한 것이다. 그는 브릭의 섹스파트너였다.

이 사건에는 내가 모르는 점이 많았다. 교도소 내의 정교情交와 강간은 매우 복잡한 문제다. 청년은 브릭에게서 벗어나고 싶어 삼나무동에 머물렀던 걸까? 정말로 브릭의 성노예였을까? 아니면 합의에 따른 관계? 그러니까 여성이 매를 맞고도 남편을 사랑해서 함께 살겠다고 하는 경우처럼 말이다. 일단 다리를 건너는 순간 돌아갈 수 없다는 사실을 이해는 하고 있었을까?

한번 성노예는 영원한 성노예야. 정신건강 감독관 카터의 말이다. 그녀의 말에 따르면 이곳에 근무하며 8년 동안 성노예의 지위가 바뀐 경우는 단 두 번에 불과했으며, 둘 다 칼부림이 난 후에야 가능했다고 했다. 이곳 교도관들도 노골적인 강간까지 눈감지는 않지만 은밀한 학대는 애써 모르는 척했다. 재소자든 교도관이든, 성노예는 한눈에 알아본다. 일단 요구가 있으면 즉시 노예의 임무를 수행해야 하기 때문이다. 성노예는 얼굴은 늘 깨끗하게 면도해야 한다. 소변은 앉아서 보거나, 소변기에 앉을 경우 성기를 두 다리 사이에 감춰야 한다. 샤워는 벽을 보면서 해야 한다.

2003년 이후 감옥강간방지법PREA으로 교도소는 스스로 성폭행을 막을 방책을 마련해야 했다. 윈에서는 수습사원들에게 법에 대해 교육을 실시했다. "이 법이 왜 그렇게 중요하냐고? 툭하면 터지니까." 교관 케니는 그렇게 말했다. 목표가 교도소 내의 강간을 없애자는 건지, 동성애를 막자는 건지는 여전히 모호했다. 합의에 따른 성관계라 해도 독방에 갇힐 수 있다. "거기 가봐야 별명만 얻게 될 거야. 거기 호모들은 죄다 별명이 있지. 공주, 말리부, 티키, 코코, 니키. 서로 별명을 부르는데 그게 핵심이야. 그럼 상대가 자기와 같은 생각을 하고 있다고 여기거든. 동성애를 100퍼센트 막을 수는 없지만 최대한 줄이려고 노력은 해봐야지."

아메리칸 프리즌

전국적으로, 많게는 남성 재소자의 9퍼센트가 철창 안에서 성폭행을 당한다는 보고서가 있으나, 교도소는 고자질을 거부하는 문화가 있기 때문에 실제 수치는 더 높을 것이다. 2014회계년도에 윈은 약 550건의 성범죄를 신고했는데, 아보이엘스교정센터^{Avoyelles} ^{Correctional Center}보다 거의 70퍼센트가 높았다. 아보이엘스교정센터는 공공운영이고 규모와 보안이 평균 수준이다. 2012년, 어느 주주가 교도소 내 강간 예방 성과를 주주들에게 보고하라고 요구했으나 CCA는 그마저 거부했다. 교도소는 동성 약탈의 성전으로 유명하지만 나름대로 복잡한 사정은 있다. 브릭 같은 재소자들은 스스로 게이라고 여기지 않는다. 출옥하고 나가면 그도 옛날처럼 여성을 쫓아다닌다. 자각적 게이나 트랜스젠더는 성폭행을 당하는 쪽이다. 게이 재소자의 3분의 1 이상, 트랜스젠더의 3분의 2 가까이가 남자 교도소에서 성폭행을 당하는 것으로 알려졌다.

다만 교도소 내의 섹스가 모두 폭력적이지는 않다. 우편실에서 읽은 편지 상당수에는 애정과 그리움이 가득했다. 예를 들어 앙골라 교도소의 남자가 보낸 편지를 보자. 물푸레나무동에서도 가장 아름다운 남자에게 보낸 내용이다.

하루라도 빨리 빠져나가 다시 만나고 싶구나. 하고 싶은 얘기가 정말 많아. (미소) …… 정말 보고 싶다. 어서 함께 있고 싶지만 언젠가는 헤어져야 할 날이 오겠지? 그나마 이렇게 연락을 취하고 서로 마음이 변치 않았음을 확인하니 이걸로도 충분해. 얼마나 너를 사랑하는지 알지? 앞으로도 절대 다른 애를 쫓는 일은 없을 거야. 내 생애 네가 유일한 동성 애인이다. 누군가 네 자리를 대신할지도 모른다는 걱정은 아예 접어두렴. 여자도 안 돼. 여자들에게도 네 얘기를 하고 나한테 얼마나 중요한 사람인지 알릴 테니까. 오늘도 나는 침상에 누워 우리가 함께 나눴던 시간들을 생각하고 있어. 너와의 섹스는 정말로 놀라운 경험이었어. 절대 잊지 못할. 그저 운동장이나 체육관에 앉아 있는 것만으로도 좋았지. 너와 함께였으니까. 나한테는 너무도 소중한 순간이었어. 너도 같은 마음이었겠지? 표현 방식은 달랐겠지만…… 넌 좋은 아내야. 다른 놈들이 뭐라고 하든 상관없어. 네 안의 선한 모습, 진정한 너를 보았으니까. 그래서 사랑을 나눌 때마다 늘 네 눈을 들여다봤지. 너를 제대로 이해하는 것이야말로 가장 어려운 일이지만, 그럴 수 있어야 우리 관계도 단단해지리라 믿어.

의무실에 끌려간 지 1시간 후 청년이 물푸레나무동으로 돌아왔다. 두 팔은 여전히 피가 흐르고 있었다. 브릭의 부재가 그에게 좋은 것인지 나쁜 것인지 분명치 않았다. 이제 그에게는 아무런 보호막이 없다. 근육질의 재소자 둘이 철창 가까이 서서 탐욕스럽게 그를 노려보며, 자신들이 있는 플로어로 오라고 얘기했다. 청년도 그러마 하고

아메리칸 프리즌

대답했다. 프라이스가 잠시 그와 얘기를 나누더니 갑자기 그를 브릭이 있는 D2에 넣으라고 지시한다. "왜 그 플로어에 넣으라는 거죠?" 베이클에게 물었다. 재소자들은 이런 종류의 처사를 두고 항의했다. 심지어 서로 찌른 사람들을 같은 플로어에 넣기도 한다는 얘기다. 문을 열어주자 청년이 플로어로 걸어 들어갔다.

몇 분 후 청년이 내보내 달라고 사정해서 그렇게 해주었다. 청년은 프라이스에게 자신이 위험에 처했다고 말했다. 재소자들이 밀고자로 여긴다는 것이다. 브릭한테서 벗어나기 위해 브릭을 고자질했다고 생각했을 것이다. 프라이스는 개의치 않고 그에게 제 위치로 돌아가라고 지시했다. 내가 문을 열자 턱수염의 덩치가 기다리고 있다가 그를 바닥에 밀쳐버렸다. "그년한테 다른 데로 보내달라고 애원했냐? 여기서 못 살 것 같으면 다른 데서도 글렀어, 인마. 쥐새끼를 어느 데서 좋다고 할 것 같아?" 덩치가 등 뒤의 철창을 쾅 하고 때렸다.

프라이스는 청년에게 두 가지 선택이 있다고 얘기해 주었다. 플로어로 돌아가든, 아니면 총무실에 가서 다른 수감동으로 이감해 달라고 하든.

"꺼내 와요." 프라이스가 지시했다.

"이봐, 나와." 나는 그에게 무뚝뚝하게 지시했다.

"보호구치실은 싫어요." 그가 투덜댔다. 우리가 보호구치실에 넣으려 한다고 여기는 모양이었다.

"그건 나도 몰라." 내가 대답했다. 사실이 그랬다.

그도 생각이 복잡할 것이다. 원래 있던 곳으로 돌아가는 것도 문제다. 덩치가 두 배는 되는 자가 이미 환영받을 생각은 접으라고 경고한 터였다. 그곳에 가면 아무 보호 없이 성노예로 밤을 지새워야 할 수도 있다. 강도를 당할 수도 강간을 당할 수도 있고 칼에 찔릴 수도 있다.

대안이 있기는 하다. 다른 교도소와 마찬가지로 윈에서도 재소자들에게 이런 제안을 한다. 삼나무동의 보호구치실. 그곳에 가면 하루 최소 23시간 감방에 있어야 한다. 혼자일 수도 있고 다른 재소자와 함께일 수도 있다. 하지만 보호구치실에 가는 것만으로도 밀고자 딱지를 면치 못하기 때문에, 그곳을 떠나는 순간 칼에 찔릴 확률은 더욱 커지게 된다.

그가 나를 지나쳐 통제실 구역으로 돌아갔다. "보호구치실엔 안 가! 이제 막 삼나무동에서 돌아왔잖아!" 그가 프라이스를 향해 소리쳤다.

"좋은 말 할 때 들어. 당장 거기서 안 나와?" 그녀도 외쳤다.

"씨발, 내 발로는 절대 안 나가! 독방 연장을 막 끝냈어. 일곱 달씩이나! 정말로, 다들 좆까라 그래."

그는 잔뜩 흥분해 혼거실을 왔다 갔다 했다. "공갈 아냐! 보호구치실엔 죽어도 안 가!" 프라이스가 당장 나오라고 외쳤다.

아메리칸 프리즌

"씨발, 어디든 좋아. 어느 동이든 처넣은 대로 살면 되잖아!"그가 소리쳤다. 나는 그를 에스코트해 수감동을 빠져나왔다. 결국 청년은 다른 수감동으로 이감되었다.

수습 기간 중 케니도 경고한 바 있다. 재소자들의 농간으로 섹스를 하기까지 과정이 너무 쉽다는 것이다. "남자 교도관들도 넘어가서 재소자와 관계를 갖기도 하지. 여기 들어온 몇 놈이 외부에서 동성애 관계였거든? 그런데 그놈들 얘기가 귀에 들어가고 결국 희생자가 되는데, 정말 충격적이야. 늘 그런 식이지. 범죄자가 괜히 범죄자가 아니야." 케니는 우리에게 조심하라고 경고했다. 합의된 관계라해도 교도관은 성폭행범으로 분류될 가능성이 크다. 원에서 과장으로 있었던 찰리 로버츠^{Charlie Roberts}*의 이야기도 했다. "재소자한테 걸렸지. 오럴섹스를 했는데 그 친구가 지금 어디 있는지 알아? 연방교도소."

이 이야기는 교도관이 의지가 약한 탓에 궁지에 몰린 예로서 여러 번 거론되었다. 로버츠의 성기를 빨아준 재소자에 대해서는 아무도 언급하지 않았다. 로버츠 사건 파일을 보고서야 상대 재소자가 치나라는 이름으로 통했으며 트랜스젠더 여성이라는 사실을 알았다. 치나는 열한 살 때부터 자신을 여성으로 여겼다. 아버지는 그녀를

---

*   실명이다.

주기적으로 폭행했다. 법정에 증언한 바에 따르면, 열세 살이 될 때쯤 집을 나와 뉴올리언스의 버번가에서 옷을 벗기 시작했다. 2000년 '반자연 범죄', 즉 돈을 받고 오럴섹스를 한 죄로 4년 형을 받고 윈에 수감되었다. 첫해에는 소변검사를 핑계로 한동안 독방에서 지냈는데 후일 증언한 바에 따르면, 로버츠가 족쇄를 채우고 어느 사무실로 데려가 오럴섹스를 요구했다. 거절하면 "너 같은 애들을 잘 다루는 재소자들"이 있는 방에 처넣어 버리겠다는 협박도 했다. 나중에 관리자 두 명에게 상황을 얘기했으나 그중 하나가 교도관에 대해 거짓말을 하면 독방에 가두겠다고 윽박질렀다고 한다.

그 후 2년간, 치나는 재소자들한테 여러 차례 강간을 당했으나 아무한테도 말하지 않았다. "사람들은 나를 조롱하고 관리들은 욕을 했다. 결국 아무한테도 도움을 청할 수 없는 지경에 이른 것이다." 증인조서에서 한 얘기다. "재소자가 겁탈하려 하는데 내가 누굴 의지하겠는가?" 치나는 다른 재소자의 성노예로 전락했다. 2003년 프라이스는 치나를 총무실에 보내 '꼴사납게' 여성 머리를 하게 했다. 그곳에서 교도관은 또다시 소변검사를 강요했다. 그것도 선 자세로 컵에 소변을 보게 한 것이다. 치나는 전에도 검사를 받은 적이 있는데 그때도 선 자세로 소변을 보지 못한다고 얘기했다. 한참을 버틴 끝에 로버츠가 나타나 변기에 앉아도 좋다고 허락했다. 다른 교도관이 떠나고 소변을 보는데, 로버츠가 화장실에 들어오더니 문을 닫았다. 그는 오럴섹스를 해주지 않으면 소변검사에 오물을 넣어 삼나무동으로 돌려보내겠다고 위협했다.

"장난치지 말아요." 치나가 사정하자 로버츠가 얼굴을 때렸다. 결국 치나는 무릎을 꿇고 시키는 대로 했다. 일을 마치자 로버츠가 명령했다. "삼켜, 이 쌍년아."

"그 새끼가 싸놓은 오물을 마시느니 차라리 죽고 말겠어요." 치나는 후일 이렇게 회고했다. 결국 정액은 입에 담고 있다가 셔츠에 뱉어냈다. 치나는 소원수리를 제출한 뒤 시민자유연맹Civil Liberties Union 과 접촉하고 FBI에도 신고했다. FBI가 와서 셔츠를 압수하고 로버츠를 신문했다. 다음 날 CCA는 치나를 공영 주립교도소로 보냈다. 그리고 그곳에서 '청소함 크기'의 독방에 가뒀다. 운동 시간에도 내보내 주지 않았다. 치나는 11개월 후 교도소에서 풀려났다.

"내 머리를 밀고 다른 교도소로 보내 최고 보안 감금에 처할 줄 알았다면, 난 정액을 그냥 삼키고 말았을 거예요." 그녀는 그렇게 회고했다. 독방보다 더 괴로운 사실은, 그냥 삼켰다면 자동차 수업을 마칠 수 있었다는 점이었다. 그랬다면 밖에 나가 거리를 방황하며 몸을 팔지 않아도 되었을 것이다. "자격증을 얻을 수만 있다면, 얼마든지 삼키고, 또 삼켰을 겁니다."

CCA는 치나의 주장을 전면 부인했다. 결국 사건은 법정에 가는 대신 미상의 금액으로 합의를 보았다. FBI의 신문을 받는 동안 로버츠도 부인으로 일관했으나 FBI는 셔츠의 정액이 그의 것임을 확인했다. 결국 치나를 성추행했으며, FBI에 허위 진술 했다는 사실을 인정해야 했다. 그는 6년 형을 선고받아 연방교도소에 수감되었다. 5,000달러의 벌금도 지불했다. 그는 형을 마치고 2012년 출옥했다.

교도소 성폭행 의혹의 절반 가까이가 직원과 관련 있다. 직원이 재소자를 성추행한 것으로 보고된 비율은 CCA 교도소가 공영교도소보다 5배가 높다. 하지만 재소자들도 직원들을 성희롱하고 추행한다. 가장 빈번한 문제는 재소자들이 철창에 붙어 서서, 통제실 데스크 담당 여성 교도관들을 상대로 자위행위를 하는 것이다. 재소자들에 의한 성추행 보고서는 빠르게 처리되는 편이지만, 여전히 여성 교도관의 성희롱 고발은 흐지부지하고 만다는 불평도 적지 않다.* 한번은 간호사 앞에서 자위하는 재소자를 보고한 적이 있다. 당연히 삼나무동으로 이감해야 하지만 조치는 없었다. 주기적으로 목격한 바로는, 교도소의 마초 문화가 교도관과 재소자 사이의 구별까지 초월하고 있었다. 남성 관리자들은 여성 동료들의 피해를 무시하기 일쑤였다. "여자들이 옷을 너무 꼭 끼게 입으니 몸매가 다 드러나잖아." 케니가 수업 중에 그렇게 말했다. "그런데 엉덩이를 씰룩이며 걸어

---

* CCA는 "성희롱 고발 모두를 심각하게 고려하고 있으며 고발이 들어올 때 굳건한 정책과 실행을 기반으로 철저하게 조사한다"라고 밝혔다.

아메리칸 프리즌

다니는 거야. 쳇, 그러고는 재소자가 엉덩이를 건드렸다고 회사를 고발하려 든다니까. 망할, 엉덩이 흔들려고 출근하는 거야, 뭐야? 사람들 시선을 끌고 싶다면 그 정도야 좋다 이거야. 그런데 까딱 한눈을 팔았다간 볼 꼴 안 볼 꼴 다 봐야 한단 말이야."

20

얼마 전만 해도 교도소는 말 그대로 재소자가 운영했다. 죄수임대가 끝나고 기업의 투자가 사라지자, 남부의 주 정부들은 죄수들에게서 1달러라도 더 짜내려 안간힘을 썼다. 그래서 많은 교도소에서 '재소자 간수trustee guard' 시스템을 도입했다. 일반적으로 그 일에 임명된 죄수들이야말로 가장 야만적인 범죄자들이었다. 타인을 괴롭히는 데 누구보다 적격이기 때문이다. 누군가 탈옥을 시도해 재소자 간수가 총살한다 해도 그 자리에서 사면을 받았다. 1967년 아칸소 주지사 윈스롭 록펠러Winthrop Rockefeller가 터커교도소 농장을 방문했을 때는 경찰 보디가드들이 재소자들에게 총을 겨누어야 했다. 아칸소주 내 두 개의 감옥은 둘 다 거대한 농장이었고, 재소자들이 채찍과 38구경 권총, 산탄총 등으로 무장하고 교도관 역할을 담당했다.

65제곱킬로미터의 커민스농장과 22제곱킬로미터의 터커농장

아메리칸 프리즌

에서 2,000명의 죄수가 하루 10~14시간, 매주 6~7일을 일하며, 목화나 쌀, 딸기 같은 농작물을 수확해 시카고와 다른 지역 시장으로 보냈다. 두 농장에서만 연간 수익이 평균 140만 달러에 달했으며 주 재정에 수십만 달러를 보태주었다. "그 수익을 달성하려고 죄수들은 새벽부터 해 질 녘까지 무자비하게 강제 노역에 시달렸다. 특히 추수기엔 그 정도가 극심했다." 1966년 경찰 조사보고서의 내용이다. 죄수임대를 폐지한 후 60년 가까이 상황은 거의 변하지 않았다. "죄수들은 영양부족과 추위에 시달리고 목표량을 채우지 못했다는 이유로, 공식적으로는 두터운 가죽 채찍에 매질을 당했다. 비공식적으로는 곡괭이 자루든 뭐든 닥치는 대로 구타를 당했다."

1966년 경찰 조사보고서에는 채찍질의 채증 자료와 사진 증거가 얼마든지 있다. 일부 죄수들은 몰래 녹음까지 해서 수사관에게 건네기도 했다. 예를 들어, 교정관 짐 브루턴 Jim Bruton 은 재소자들 간의 대화를 엿들었다. 과장한테 뇌물을 먹이면 좋은 보직을 얻을 수 있다는 내용이었다. 브루턴은 당사자에게 바지를 내리라고 지시했다. 조사보고서를 보면 1미터 길이의 가죽채찍으로 살갗을 때리는 소리를 녹음한 것을 확인할 수 있었다. "억, 과장님!" 찰싹! "억, 과장님!" 재소자가 비명을 지르는 소리도 들렸다.

"몇 대였는지 까먹었네. 한 대야, 두 대야?" 과장 목소리.

"세 대입니다." 재소자. 찰싹!

"몇 대지, 넉 대?"

"넷!" 찰싹.

"억! 과장님, 다섯." 찰싹.

"억! 여섯!" 찰싹! 과장은 모두 열 대를 때렸다.

"이런 개자식, 죽일 걸 봐준 거야." 브루턴은 교도관에게 지시해 채찍 맞은 재소자를 해가 뜨자마자 밭으로 내보냈다.

수사관들은 다른 고문 도구도 찾아냈다. 하나는 브루턴이 발명한 것으로 이름이 '터커 전화기Tucker telephone'였다. 크랭크식 전화기에서 떼어낸 발전기를 배터리 두 개에 전선으로 연결했다. 재소자를 벌거벗긴 채 테이블에 묶고 전극을 엄지발가락과 성기에 붙이고 크랭크를 돌리면 온몸에 전기충격이 가해진다. 아마도 가장 끔찍한 학대라면 사형수들이 겪었을 것이다. 무려 8에서 9년간 가로 1.8미터, 세로 2.7미터 감방에서 한 번도 나오지 못한 것이다.

수사 과정에서, 부과장은 수사관에게 이 일을 해볼 생각이 없는지 물었다. 연봉 8,000달러, 매년 신차 제공, 방이 14개 딸린 집, 지출금 전액 보전에 식량까지 제공하겠다는 조건이었다. 농장 수확물을 필요로 하는 기업, 의류 산업 사업가 등, 소위 '이해당사자들'로부터 선물이 많이 들어온다는 말도 덧붙였다. 경찰 조사는 윈스롭 록펠러가 주지사가 되기 몇 주 전에 발표되었다. 그는 취임식에서 아칸소의 교도소 시스템을 "전국 최악"이라고 꼬집으며 개혁을 다짐했다. 그

아메리칸 프리즌

리고 아칸소의 형벌학자 톰 머튼Tom Murton을 불러, 두 농장 중 좀 더 소규모인 터커를 경영하게 했다. 시스템 변화가 가능한지 시험해 보자는 것이었다.

톰 머튼의 터커 실험은 몇 가지 점에서 검토할 가치가 있다. 단지 진솔한 회고록을 남겼기 때문만은 아니다. 머튼은 개혁적 관리자였으나, 교도소 환경을 좀 더 인도적으로 개선하려는 노력은 결국 당시의 기준에 따라 조명받을 수밖에 없다. 머튼은 구속의 이윤추구 모델을 수술하려 했다가 경력에 오명을 남겼다. 이윤추구 모델은 노예 시대에 이를 정도로 뿌리가 깊었던 것이다. 그가 물러나자 마침내 테럴던 후토가 등장해, 아칸소농장의 강제 노동을 유지하고 주 정부에 다시 돈을 벌어다 주었다. 기회를 이용해 자신도 부를 챙겼다. 교도소 사업을 시대에 걸맞게 적용하면서도 옛 제도 때보다 훨씬 많은 수익을 올린 것이다. 7년 후에는 CCA를 창설해 기업 중심의 민영 교도소를 부활시키기도 했다. 죄수임대가 폐지된 지 무려 50여 년만이다.

머튼의 회고록을 보면 주 정부는 51년간 터커를 운영했다. 교정관 임무는 교도소 운영이 아니라, 농장을 관리하고 '죄수 노예들이 주 정부에 돈을 벌어주도록' 다그치는 데 있었다. 그가 터커농장을 맡아서 운영을 시작했을 때 '자유 세계' 고용인은 단 두 명뿐이었다. 의사와 사업 매니저. 그 밖의 67명의 직원이 모두 무보수 죄수들이었다.

한 재소자가 머튼에게 왜 죄수들이 모범죄수trustee 지위를 원하는지 설명해 주었다. "신문에서 터커를 독일 강제 수용소와 비교했는데 전혀 과장이 아니었어요. 그곳에 카포kapo(유대인 포로 앞잡이)가 있다면 여기엔 모범죄수가 있으니까요." 일반 재소자, 이른바 '하바리rankman'들은 툭하면 모범죄수들에게 얻어맞거나 착취당했다. 다른 재소자를 때리는 보직이라 해도 선택의 여지는 없었다. 그곳에는 "두 가지 유형의 삶만 존재하기 때문이다. 지배하느냐? 지배당하느냐? 지배당하는 삶이라면 막사 안에서 군용담요만 걸치고 돌아다닌다는 의미다. 속옷도, 티셔츠도, 양말도 없다. 모범죄수는 속옷이 있다. 하바리들에게서 빼앗았기 때문이다". 모범죄수들은 마음대로 포크찹, 스테이크, 햄버거를 먹었지만 하바리들은 콩과 케일로 끓인 죽만 먹었다. 경찰 조사에 따르면 하바리들은 대체로 20~30킬로그램 정도 체중 미달이었다. "모범죄수는 지배하는 자들이고 하바리는 지배당하는 자들이에요. 그러니 모범죄수가 될 수 있다면 그야말로 장땡이죠. 피억압자가 억압자로 탈바꿈하는 겁니다."

모범죄수를 활용한 곳이 아칸소만은 아니었다. 1971년 연방법원이 금지할 때까지 앨라배마, 미시시피, 루이지애나 역시 죄수를 이용했다. 루이지애나의 앙골라교도소에서만 1928년에서 1940년까지 모범죄수들에 의한 태형 기록이 1만 건을 넘었는데, 이따금 한 번에 50대를 때리기도 했다. 텍사스는 1980년대까지 계속 '교도소망꾼building tenders'이라는 이름의 유사 간수를 써먹었다. 머튼이 터커농장에

도착했을 때 심지어 최고위 모범죄수 10여 명은 아예 교도소 건물 내에 살지 않고 농장 다른 지역에 임시 오두막을 지어놓기도 했다. 목재를 긁어모으고 전기공에게 스테이크 뇌물을 먹여서 전기까지 끌어들였다. 파이프를 매립해 연료를 받고 TV와 화덕도 구입했다. "열외자들은 탈옥도 하지 않았다. 교도소 내에서 최고 생활을 영위하기 때문이다. 그들은 재소자들에게 권력을 휘둘렀다. 이전 교정관은 모범죄수들이 여자와 살도록 허락해 주고 마을에 나가 위스키를 마셔도 개의치 않았다." 머튼의 회고록에 나온 내용이다. 주 정부에서 봉급을 주지는 않지만 언제든 하바리들을 착취해 돈을 챙길 수 있었다. 일반 죄수들이 이발을 하거나 약을 구하려 하거나 조금 더 나은 식사를 원한다면 모범죄수들에게 돈을 내야 했다.

교도소에서 현찰 없이 생존하기란 거의 불가능하다. 그리고 하바리들이 돈을 버는 합법적인 방법은 피를 파는 것뿐이었다. 교도소 주치의 오스틴 스터프^{Austin Stough}는 재소자들에게서 5달러에 500cc씩 사들였다. 그는 커민스의 임대 건물에서 재소자들의 피를 혈장으로 바꾼 다음, 버클리 소재의 커터제약소에 1리터당 22달러에 팔아 아칸소에서만 매년 13만 달러를 벌어들였다. 스터프는 아칸소, 오클라호마, 앨라배마에 위치한 교도소 5곳에서 혈액센터를 운영했다. 1964년, 센터를 운영한 지 1년도 채 되지 않아 센터 모두에서 간염이 창궐했다. 500여 명의 간염 환자가 그의 실험과 연관 있다는 사실까지 밝혀졌으나, 아칸소는 계속 그에게 피를 사고팔게 해주었다. 커터 제약소도 사업 관계를 이어갔다.

스터프는 또한 최소 37개 제약회사와 계약해 시약을 재소자들에게 실험했다. 재소자들은 약을 복용하는 대가로 하루 1달러를 받았다. 제약회사들은 미국 최대의 300개 기업에 속해 있었다. 재소자들은 돈을 벌기 위해 시약의 부작용까지 숨겨야 했다. 시약을 몰래 부수거나 팔아넘기기도 했다. 스터프의 의학 실험은 대중에게도 알려졌다. 몇몇 주요 제약회사 담당자들은 그의 방법이 극도로 위험하다고 판단했지만 계약 관계를 깨지는 않았다. 스터프 박사의 성수기 총수익은 100만 달러에 달했다. 연방의 기관생명윤리위원회[IRB]는 제2차 세계대전 당시 나치 의사들의 실험에 대응하기 위해 설립되었는데, 재소자를 상대로 한 의학 실험을 엄격히 금지했다. 구속 상태에서 자발적 동의 자체가 불가능하다는 이유였다. 그럼에도 불구하고 식품의약국에서는 스터프에게 아무런 조치도 내리지 않고 그의 의학 실험 결과를 인정해 주었다. 머튼은 스터프의 '흡혈 프로젝트'를 폐기하고, 다른 프로그램을 만들어 재소자가 헌혈을 하면 7달러를 지불하도록 했다. 수익금은 재소자들에게 더 나은 의료 혜택을 제공하는 데 사용했다.

교정관으로서, 머튼은 무엇보다 모범죄수를 없애고 '자유 세계' 교도관들을 고용했다. 그가 총을 빼앗으려 한다는 소식에 모범죄수들은 파업을 하겠다고 위협했다. 요컨대 자신들 아니면 교도소를 지킬 사람도, 재소자들을 목화밭으로 끌고 갈 사람도 없다는 뜻이다. 머튼은 그들과 만났다. "대개 교도소를 인수하면 내가 이렇게 얘기한다. '앞으로 이러저러한 변화가 있고 이러저러한 방식으로 운영을 하겠다'라고. 그런데 이런 황당한 상황은 처음이로군. 당신들이 총과 열쇠를 들고 교도소를 운영하니까 아무것도 인수할 게 없다고?" 머튼은 향후 몇 개월 동안 한 걸음씩 교도소의 권력 구조를 깨기 시작했다. 임시오두막도 모두 철거하고 채찍질과 전기고문을 금하고 모범죄수 자동면책권을 없애고 교도소 내부에서 통용되던 화폐인 '브로진brozene'을 압수했다. 유급 교도관을 고용해 모범죄수들과 함께 일하게 했다. 하지만 아칸소에는 민간인 교도관이 없어서 출옥한 재소자들을 고용할 수밖에 없긴 했다.

머튼 이전에 탈옥한 재소자는 하바리뿐이었다. 모범죄수들은 돈과 권력이 있기에 교도소에 머물기를 원했다. "권력 구조를 공격하자 하바리들이 탈옥을 자제했다. 삶과 생활조건이 좋아졌기 때문이다. 반면 이번에는 모범죄수들이 뛰쳐나가기 시작했다. 대부분 착취 수단 없이 교도소에서 살 수 없다는 이유였다." 머튼의 회고록 내용이다.

터커 교정관으로 부임한 지 5개월, 머튼은 규모 3배인 교도소 농장, 커민스를 인수하러 나섰다. 1968년 새해 첫날, 그는 조수 한 명만 데리고 커민스로 차를 몰았다. "허리춤의 총도 위안이 되지 못했다. 절대적 열세로 적지에 들어간 격이었다." 주지사는 그의 도착에 대비해 주 경찰 60명, 주 방위군 200여 명, 인근 기지의 낙하산 대대를 대기시켰다. 재소자들도 그의 진입에 대비했다. 침상과 침낭으로 막사 앞에 바리케이드를 치고 머튼이 도착하는 즉시 모두 불사를 생각이었다. 머튼이 모범죄수들과 만나 당장은 총을 빼앗을 생각이 없다고 약속하자 그제야 물러났다.

    머튼은 터커에서와 마찬가지로 커민스의 모범죄수 권력을 조금씩 깨기 시작했다. 물론 부작용은 있었다. "개혁의 성공은 착취의 종말을 의미했다." 머튼은 그렇게 썼다. 머튼 이전에 교도소의 전체 시스템에서 유급 직원은 35명에 불과했다. 하지만 모범죄수 제도를 단계적으로 폐지하면서 자유 세계 직원의 규모는 3배로 커졌다. 게다가 일반 재소자들을 가혹하게 다스리지 못하게 하면서 농작물 수확량도 줄어들었다. 보고서에 보면, 머튼이 인수하기 전해 아칸소 교도소는 30만 달러에 달하는 수익을 보였다. 머튼이 교도소를 장악하면서 오히려 운영 손실이 55만 달러에 달했다. 주 의회는 머튼에게 불만을 터뜨리기 시작했다. "재소자들이 농작물 수확을 거부하고 있습니다. 재소자들은 일할 때 허리를 숙이지도 않아요. 인간의 존엄성에 반한다는 이유죠." 아칸소 의원 L. L. 브라이언L. L. Bryan이 머튼을 성토했다. 머튼의 통치하에서 터커농장은 에이커당 75말을 수확했다. 이

웃 농장의 수확량은 210말이었다.

1968년 3월 머튼은 해고당했다. 그의 회상에 의하면, 비공개회의에서 교도위원회 의장은 이렇게 말했다. 머튼의 개혁은 인상적이지만 교도소가 수익을 내지 못하는 상황은 감당하기가 어렵다는 것이다. 후임 밥 사버Bob Sarver가 농작물 수확을 제 궤도에 올려놓으려 했지만 그 역시 장애물에 맞닥뜨렸다. 교도소 인구와 노동력이 줄어들고 있었다. 생산력을 높이기 위해 처음으로 여성들도 밭일에 내몰렸다. 죄수들은 머튼이 시작했던 교육 수업에서 끌려 나와 밭에서 일했다. 재소자가 저항하면 며칠씩 울타리에 묶어놓았다. 1968년 10월, 죄수 120명이 노동을 거부하고, 열악한 식사와 의료 서비스에 항의하며 일하기를 거부했다. 머튼이 채찍에 대한 주 정책을 바꿔놓은 터라, 사버의 관리들은 일을 시키기 위해 시위 재소자들에게 산탄총을 발사했다. 그것도 근거리에서. 재소자들이 교도소 환경을 걸고넘어져 사버를 고발했다. 1970년 미국 대법원은 재소자의 손을 들어주었으며, 그로써 아칸소는 전체 교도소 시스템을 가혹하고 비상식적으로 운영한 최초의 주라는 불명예를 안아야 했다.

사버도 물러나야 했다. 커민스 규모의 대형 교도소 농장을 운영할 적격자는 극히 드물었다. 그에 필적하는 농장이라면, 미시시피의 파치먼, 루이지애나의 앙골라, 텍사스의 램지 정도였는데 세 곳 모두 미래의 CCA 공동설립자 후토가 교도소장으로 근무하는 곳이다. 아칸소 주지사 데일 범퍼스Dale Bumpers는 후토가 램지농장을 운영하는 방식에 특히 감탄했다. 그리하여 1971년 5월 후토를 불러 아칸소의 교도소 시스템을 운영할 의사를 타진했다. 후토는 하겠다고 대답했다.

아메리칸 프리즌

21

물푸레나무동에서 배설물 냄새가 났다. D2의 샤워실 배수관에서 오물이 새어 나와 플로어 바닥에 흘러내렸다.

"12시간 이상 이 모양이에요." 재소자 하나가 투덜댔다.

"여긴 구더기도 기어 다녀. 정말로."

"보건, 안전 위반 아니야?"

"망할, 이건 가혹행위에 비상식적 고문이다!"

우리는 재소자들을 소운동장에 내보냈다. 혼거실에서 몰려나오면서 다수가 A1로 달려가고 있었다. 베이클이 플로어 문을 닫고 무전기로 코드 블루를 외쳤다. 플로어 안에서 재소자 둘이 드잡이질 중이었다. 둘의 몸이 철창에 부딪쳤다. 둘은 한 손으로 상대의 칼을 잡고 팔을 휘두르지 못하게 했다. 핏방울이 바닥에 튀었다. 주변은 기이할 정도로 조용했다. 재소자들도 주변에서 지켜볼 뿐 아무 말도 하지 않았다.

"떨어져. 어서." 베이클이 건성으로 지시했다.

싸움꾼 둘도 서로에게 말을 건넸으나 속삭이는 수준이었다.

"덤벼, 덤비란 말야, 이 새끼야." 한 명이 말했다.

"당한 만큼 갚아주겠어!"

이번에는 둘이 조금 더 악다구니를 쳤다.

"떨어지지 못해!" 베이클이 빽 소리를 질렀다.

"어서!" 나도 외쳤다. 하지만 완전히 무기력한 심정이었다.

베이클과 프라이스, 외부에서 온 CCA 직원과 나는 현장에서 불과 50센티미터 거리였고 그 사이를 철창이 가로막고 있었다. 둘은 서로 칼을 찌르려 하고 있었다.

한 사람이 손을 빼내더니 칼을 상대의 목에 찔러 넣었다. 난 순간 숨을 멈추었다가 가까스로 끄응하고 신음을 흘렸다. "그렇게 무딘 칼로 뭘 죽이겠냐, 개새끼야. 이제 날카로운 칼맛을 보여주마." 방금 칼에 찔린 사내가 으르렁거렸다.

베이클이 철창 사이로 손을 넣어 공격자의 셔츠 후드를 잡았다. 상대도 몸을 빼내려 아등바등했다. 이윽고 재소자들도 목소리를 내기 시작했다. "그러다가 사람 잡겠어!" 베이클이 손을 놓자 두 죄수가 앞으로 쏠리더니 변기 옆으로 한꺼번에 넘어졌다. 둘은 계속 싸웠지만 지금은 짧은 벽에 가려 보이지 않았다. 팔 하나가 위아래로 춤

아메리칸 프리즌

을 추고 있다. 재소자 하나가 변기 쪽으로 가서 소변을 보았다. 둘은 계속 서로를 찔러댔다.

싸움은 거의 4분간 계속되었다. 마침내 소트 대원이 최루캔을 들고 진입했다. "움직이지 마. 모두 바닥에 엎드려!" 그가 소리치며 칼부림의 두 주인공에게 마구 스프레이를 뿌렸다. 잠시 후 한 명은 귀가 조금 잘려 병원에 실려 가고 다른 한 명은 독방으로 끌려갔다.

재소자들은 칼부림 건이 묻히기를 바랐다. 그래야 밖으로 내보내줄 터이기 때문이다. 날씨는 유난히 따뜻했다. 우리는 재소자 150명을 운동장으로 내보냈다. 나는 통로에 서서 햇볕을 즐겼다. 잠시 후 한 백인이 허리에 담요를 두른 채 죽어라 달려오고 있었다. 그 뒤에서도 백인이 그를 잡으려 허둥지둥 따라왔다. 근처에서는 뚱뚱한 백인이 웃통까지 벗고 허공에 주먹을 먹이고 또 다른 백인의 두 손을 발로 찼다. 민소매 셔츠 차림의 백인 재소자가 내 쪽으로 걸어왔다. "이쪽 백인 아저씨들은 안녕하신가?" 그가 누구에게랄 것도 없이 중얼거리더니 울타리에 기대 내게 안부를 물었다.

"난 좋아요. 당신은?" 내가 되물었다.

"교도소는 손바닥만 한데 이렇게 거지 같은 데는 난생처음이요. 도무지 기본이 없어, 기본이." 그가 투덜댔다. 자기는 살인미수로 들어왔단다. 어떤 새끼를 반쯤 죽여놨지. 사순절에 여자친구를 건드리기에 카우보이 부츠로 대갈통을 날려버렸거든. 교도소는 여기저기 둘러 왔소. 텍사스 주립교도소와 앙골라교도소에서도 얼마간 처박혀 있었지.

백인이 하나 지나가자 민소매가 농을 건넸다. "여기서는 애들 안 패냐?" 백인이 어깨를 으쓱하고는 그냥 지나갔다. 민소매가 운동장 건너편을 바라보았다. 발차기 연습을 하는 일부를 제외하면 대개가 흑인이었다. "놈들이 쓰레기들하고 같이 처넣었어. 이보슈, 어떤 새끼가 날 찌르려 들면 말리려 하지 말고 그냥 지켜만 봐요. 그런 일 좋아하니까. 난 평범한 백인이 아냐. 심심해서 가슴에 나사 박은 줄 알아?" 그가 셔츠를 당겨 낡은 나치친위대볼트 두 개를 보여주었다. 그 위에 흉터도 몇 개 드러났다. 흑인한테 찔린 상처란다. "그 새끼 얼굴을 물어뜯었지. 아니면 어쩌겠수? 가능한 한 최대로 달라붙어서는 (그가 허공을 끌어안으며 쩝쩝거리는 소리를 냈다) 뜯어 발기거나 죽여버려야지. 새끼들이 겁대가리를 상실했어. 몇 놈 정도는 골로 보내야 정신 차리지."

나는 안으로 돌아갔다. 최루가스는 잦아들었지만 오물 냄새는 여전했다. 오후나 되어서야 누군가가 화장실을 고치러 왔는데 그가 수도관에 걸린 칼을 찾아냈다.

후일 나는 교사에게 칼부림 사건을 자세히 설명해 주었다. "그 사건에서 뭐 배운 것 없나?" 그가 물었다.

"아뇨, 별로."

정말 하려고 했다면 얼마든지 상대의 목을 딸 수 있었는데 그러지 않았다는 얘기다. "둘 다 겁이 난 거야. 애초에 칼을 숨겨놓은 것도 겁이 나서였거든."

근무가 끝날 무렵 나는 성큼성큼 통로를 걸어갔다. 집에 가서 좋기는 하지만 그만큼 이곳이 두렵다는 반증일 뿐이다. 이곳에서 일할수록 나를 향한 재소자들의 반감은 거세져만 갔다. 어두운 통로를 걷는데 교도소 여기저기 재소자들이 들락날락했다. 주변에 교도관들은 보이지 않았고 내게는 무전기도 없었다. 근무가 끝나면 반납해야 하기 때문이다. 감시카메라도 별 소용이 없을 것이다. 이 어둠이라면 누가 달려들어도 신원을 식별하기 어렵다.

출구 앞 게이트가 잠겨 있어 면회 대기실을 통과해야 했다. 그곳에 같은 조 교도관 20여 명이 잔뜩 인상을 쓴 채 앉아 있었다. 재소자 둘이 피자를 내왔다. 회사 미팅에 잡힌 것이다. 부소장 파커도 있었고, 보안팀장과 인사과장도 보였다. 나는 피자 한 조각과 복권 한 장을 집어 들고 자리에 앉았다. 난감했다.

"여기 1년 안 된 사람이 얼마나 되지?" 파커의 질문에 내가 손을 들었다. "험한 꼴 많이 당했겠구먼. 이제 좀 바꿀 생각인데 그러려면 다들 합심을 해야겠지? 정말, 정말이야. 우리가 한 팀이 되려면 저놈들이 악당이라는 사실을 잊으면 안 돼. 이곳에 24시간, 일곱 날을 머물면서 집에도 못 가는 놈들 얘기야."

벽에는 그림이 몇 장 걸려 있었다. 푸르른 언덕, 흑인 아이와 백인 아이가 나란히 엎드려 무지개를 보고 있다. 다른 그림에는 사자와 호랑이가 성조기를 물어뜯고 있다. 그 위로 미국 독수리가 날고 그 위에 'CCA의 길'이라는 문구가 적혔다.

"본사에서 상황을 살펴보더니, 우리 직원 복지를 좀 더 고민하겠다고 하더군. 그렇다고 마법지팡이라도 휘두른 양 우리 모두에게 새 차를 사준다는 얘기는 아니야. 교도관 시급이 10달러로 올라가기는 할 거야. 이 방에 있는 여러분 모두 축하하네. 우리로서는 매우 의미 있는 순간이잖아." 그가 박수를 치자 사람들도 건성으로 따라 했다.

"ACA가 뭔지 아는 사람?" 파커가 묻는다. "'ACA가 온대. 맙소사, ACA가 온대' 그런 얘기 못 들어봤어? ACA다, 난리 났다! 비상버튼을 눌러야 해. 응?"

"미국교도소협회." 누군가 대답했다.

"맞아, 그런데 왜 우리가 ACA를 신경 써야 하지?" 파커가 물었다.

"실직하지 않으려면 감사를 통과해야겠죠."

"그것도 말이 되는군. 아주아주 오래전, 아마 1870년이었을 거야. 당시 주지사가 교도소 내에서 벌어지는 가혹하고 비상식적인 처벌을 보고 꼭지가 돈 거야. (그의 강의가 시작되었다.) 그래서 암행단을 꾸렸지. 암행단은 교도소를 돌아다니며 상황을 점검하고 재소자들이 학대를 받고 있나 확인하기 시작했어. 그러다가 구체적으로 감사 절

아메리칸 프리즌

차를 개발하기 시작했고. 제3자, 그러니까 이해관계가 없는 사람이 들어와서 우리가 재소자를 어떻게 다루는지 둘러보고 '참 잘했어요' 도장을 찍어주는 것도 그래서야."

"그래야 우리가 법정에 끌려가도 할 말이 있는 거야. 재소자가 이렇게 증언하겠지? '오, 그 새끼들이 피자헛에서 피자를 시켜줬어요. 너무 끔찍하고 무자비하지 않나요? 왜 도미노피자가 아니죠?' 그럼 우리는 ACA 파일을 끌어내 이렇게 주장해야지. '이봐요, 여기 우리가 부엌에서 어떻게 식사를 준비하는지 다 적혀 있어요. 철저히 기준을 지키고 있다, 이 말입니다.'"

ACA는 동업조합인 동시에 전국 규모의 교도소 규제기관이기도 하다. 900여 공영·민영 교정기관과 억류센터는 그 기준하에서 운영해야 한다. 윈 교정센터는 루이지애나주에서 최초로 인가를 받은 교도소다.

나는 ACA의 반기별 총회에 두 번 참석했다. 연수회장에서 트위터를 하다가 무장 교도관에게 쫓겨난 적도 있다. 강연에서는 교도관과 재소자 사이의 성관계, 마약을 거래하는 직원의 처리 방법 등을 주제로 다루었다. 매체를 다루는 수업에서는 대변인이 말하길, 강경한 기자들의 호출은 가급적 외면하고, 현재 소송이 진행 중이라는 변명으로 어려운 주제를 회피할 것을 추천했다. 또한 정보는 금요일 밤에 풀어야 쉽게 묻힌다는 말도 했다. 자살이나 트랜스젠더 재소자 같은 문제는 금융부채와 관련해 논의했다. 어느 회사는 자살 방지용 환기구에 목을 매려는 사람들 모두에게 할리데이비슨 오토바이를 제공했단다.

사업체들이 ACA의 규약을 지배한다. 주요 교정회사들이 파티를 열고 공짜 음식과 술을 제공한다. 넓은 박람회장은 드론 감시장치부터 무기로 사용이 불가능한 전자담배까지 온갖 제품이 전시되어 있지만, CCA의 부스는 늘 앞쪽 중앙에 자리하고 있다. CCA와 ACA는 오랜 역사를 공유한다. T. 던 후토는 CCA를 공동설립한 후 ACA 대표로 취임했으며 몇 년간 자리를 지키며 민영화를 밀어붙였다. CCA는 이후 ACA의 인가심사관 출신의 하디 로치Hardy Rauch를 고용했다. 1986년 CCA가 주식을 공모했을 때 초기 공모 발표에 이런 내용이 들어 있었다. "CCA 시설들이 ACA의 기준을 만족할 경우 회사는 시민권 관련 소송을 줄일 수 있다." 2017년 미시시피주 교도소 감독관이자 ACA 대표 크리스 엡스Chris Epps는 연방교도소에서 20년 가까운 형을 선고받았다. 100만 달러가 넘는 뇌물에 더해, 8억 달러의 계약을 민영교도소에 몰아주는 대가로 리베이트를 받았다는 죄목이었다.

"감금사업 하면 제일 먼저 어떤 분야가 떠오르는지 알아?" 파커가 물었다. "의학 분야지! 재소자 놈들 코감기가 걸려도 전문가한테 달려가 치료를 받아야 한다고 믿고 있거든." ACA 인가팀도 의료소송 변호를 위해 어디든 달려간다. 파커의 말투는 어딘가 의뭉스러운 구석이 있었다. "믿거나 말거나, 우리는 법에 따라 놈들을 돌봐야 해."

"자, 재소자 놈들이 가혹하고 비상식적으로 학대받았다고 말할 기회가 생길까? 아직 그런 일이 없다면 당신들도 각오해야 할 거야. 장담하지, 기가 막힌 경험이 될 테니까! 나? 고발깨나 당했지. 교사일 때, 교감일 때, 부소장일 때도 가혹행위니 비상식적이니 하면서 툭하면 걸고넘어졌거든. 그런데 웃기는 게 뭔지 아나?" 그가 입으로 물방울 터지는 소리를 내고는 혀를 끌끌 찼다. "ACA 인가감사가 있잖아. 그런데 어떻게 가혹하거나 비상식일 수 있겠어?"

그 후 몇 주 동안 ACA 감사에 대비해 재소자들이 모든 수감동에 페인트칠을 했다. 보수를 담당한 사내는 깨진 환기구, 배관, 독방과 혼거실 문을 고치느라 완전히 탈진했다.* 나도 감사에 대비해 ACA 규정집을 읽었다. 독방이 기준보다 6미터 이상 작은데 감사관들은 그 문제를 어떻게 처리할까? 20분이 규정이지만 수감자들이 식사할 시간이 10분밖에 안되는 것은? 아니, ACA의 기준과 권고사항에 미치지 못하는 항목은 얼마든지 있다. 직원 정족수를 채우지 못하며 급여는 주립 교도관에 비해 한참 모자랐다. 교도관들은 수감동에 들어갈 때 금속탐지기를 거의 사용하지 않으며 재소자들은 하루 1시간

---

* "우리가 교도소 소유인은 아니다." CCA 대변인의 대답이다. 원의 주요 관리 문제는 교정부의 책임이라는 뜻이다. CCA의 계약서에 따르면 "일상적이고 예방적인 관리"에만 책임이 있다.

운동량을 채우지 않는 경우가 많다. 자살감시방의 음식은 칼로리 기준에 미치지 못하고 교도소 내 변기도 부족하다.

그런데 2012년 윈은 ACA 감사를 99점으로 통과했다. 과거 3년간 감사 점수는 그와 동일했다. 감사관들의 기록을 보니 "죄수들은 윈 교정센터가 복역하기 안전한 장소라고 느꼈으며 직원들의 윤리의식도 높은 수준"이라며 교도관들은 "자신들의 일을 경력에 큰 도움이 된다"라고 언급했다. 실제로 전국 교도기관에 걸쳐 CCA의 감사 평균점수는 99점이었다.

몇 년 전 미시시피의 CCA 교도소에서 폭동이 발생했다. 보안 등급도 낮고 보건과 배식에 대한 재소자들의 불만도 높은 탓이었는데 그 와중에 교도관 한 명이 맞아 죽기도 했다. 하지만 교정부의 감사가 있은 후에도 변화는 거의 없었다. 직원도 부족하고, 있는 직원들도 경험 부족이었다. 게다가 재소자 대부분이 멕시코 출신임에도 불구하고 스페인어를 거의 아무도 하지 못했다. 하지만 그 당시 ACA 감사 결과는 만점이었다.

감사일 아침, 우리는 재소자를 깨워 침대를 정리하고 라커의 여자 사진도 떼어내라고 말했다. 깔끔한 정장 차림의 백인 남성 두 명이 등장하더니 천천히 바닥을 한 바퀴 돌았다. 베이클과 내게 던진 질문이라곤 이름이 무엇이냐는 것과 어떻게 지내냐 하는 것뿐이었다. 근무일지를 훑어보지도 않고 녹화한 카메라 영상을 틀지도 않았다. 제대로 봤다면 카메라 몇 대가 고장 난 것도 알았을 것이다. 문도 점검하지 않았는데 만약 건드려 봤다면 스위치 대부분이 작동하지 않아서 손으로 직접 잡아당겨야 한다는 것을 알았을 것이다. 화재경보기에도 관심이 없었다. 경보기가 울리면 혼거실의 방화문이 저절로 닫히는데 그렇게 되면 일부는 교도관 두 명이 쇠지레까지 동원해 열어야 했다. ACA 관계자는 수감동 어느 층에도 가보지 않았고 재소자를 인터뷰하지도 않았다. 그저 한 바퀴 돌고 떠났을 뿐이다.

아침 회의에서 과장이 크게 화를 냈다. 어제 물푸레나무동에서 칼부림이 있었고 며칠 전 느릅나무동 재소자는 36번 이상 칼에 찔렸다. 사실 그것도 그의 관심사가 아니었다. "어젯밤 접이식 칼을 찾아냈는데 도대체 어디서 나온 거야?" 그의 말에 교도관 몇몇이 헉 하는 소리를 낸다. 세상에, 진짜 칼을 죄수에게 주었다고? "아무리 동료라도 믿으면 안 돼. 슬픈 일이지만 어쩔 수 없는 노릇이야. 이러다가 정말 누군가 크게 다치고 말 거야. 이런 식으로 자기 잇속만 챙기다간 말이야. 그런 인간들이 괜히 여기 있겠나?" 과장은 칼을 들여온 자가 여성 교도관일 거라고 추정했다. "그 인간들이 나가면 밖에서 또 다른 여자를 찾아낼 거야. 나도 그 정도 눈치 깔 만큼은 여기 있었지. 놈들은 출옥하기 전까지 당신들을 갖고 노는 거야. 원하는 게 있으니까. 그리고 여기서 나가는 순간 당신네 생각은 까맣게 잊어버리겠지.

다시 말해서, 빨대들이여, 바이바이 신세야. 물론 걸린다면 당신들을 볼 거야. 결론부터 말하면 당신들도 잡히게 된단 말이지. 우린 재소자뿐 아니라 우리 자신과 상대해야 할지도 몰라."

우리는 침울한 마음으로 회의장을 나왔다. 킹 교사가 내게 속삭였다. "진짜 칼? 맙소사, 칼이 들어오면 총도 들어온다는 얘기잖아. 그런데 그런 놈을 잡아내라고? 그러다 죽으면?"

캘러헌은 오늘 결근했다. 통제실에 도착했을 때 차일즈가 대신 근무 중이었다. 캘러헌 때문에 게이트를 비운 것이다. 차일즈는 20년 넘게 근무했기에 이번 폭력 사건에도 무덤덤하기만 했다. 그가 데스크에서 담배를 피우고 재를 깡통에 털었다. 그는 얼굴을 어디에 두고 연기를 어떻게 내뿜으면 감시카메라가 못 잡아내는지 알고 있다고 자랑한 적이 있다.

"누굴 보고하려고? 이 시간에?" 그가 베이클에게 물었다. 베이클은 상체를 숙인 채 분홍색 종이에 뭔가 끼적거렸다. 아직 아침 7시였다. "오, 이런 빡빡하게 굴기는."

"칭찬 고맙수." 베이클이 대답했다.

"내가 보기엔 별일 아니구면." 차일즈가 혀를 찼다.

"망할, 빨리 샤워 끝내고 나오라 했더니 저 새끼가 욕을 해대잖소." 베이클이 짜증을 냈다.

"불알은 소중한 거야. 꼼꼼하게 구석구석 씻고 싶었겠지. 모르지

아메리칸 프리즌

또, 자네 섹시한 몸을 상상하며 커졌을지. 그럼 더 오래 걸려."

"빌어먹을! 찌르기만 해봐라. 그 위에 똥을 싸질러 줄 테니."

베이클은 13개월 후 사회보장연금이 들어오면 파트 타임으로 줄이겠다고 선언하고, 차일즈는 베이클이 파트 타임으로 일하게 되면 자기가 대신 풀타임을 일하겠다고 우겼다. 실제로도 그랬다. 교도소가 문을 연 이후로 일을 했는데 여전히 시급이 9달러에 불과했다. 퇴직하고 싶어도 여력이 없었다. 차일즈가 베이클에게 말했다. "자네가 백인 상류층은 아니잖아? 아직 하층민인데 자네 머리만 가난을 못 견디는 거야. 다른 데는 딱 거지새끼인데."

"연금만 들어오면 파트 타임으로도 충분할 거요." 베이클이 장담했다.

"아냐, 그렇게 안 될 거야." 차일즈도 지지 않았다.

한때 차일즈도 자기를 삼나무동으로 보내면 그만두겠다고 위협한 적이 있었다. 고혈압 때문에 스트레스가 심하면 죽을 수도 있다는 이유였다. "염병, 오줌을 뒤집어쓴 적도 있어. 거기 가면 오만 것을 다 집어던져." 처음에는 해볼 만한 보직을 맡았으나 집행부가 바뀌면서 그곳으로 다시 돌아갔다. 지난해 간호사가 교감에게 차일즈가 고령인 데다 혈압 문제도 있어 격리실 근무는 무리라고 보고했다. "과장은 콧방귀만 뀌더라고. '얼마든지 할 수 있어' 그러다 일주일 후 심장마비가 왔잖아? 그런데도 자살감시방으로 돌려보내더라고.

(한숨을 쉬며) 거지 같은 직업이야. 부자가 될 수도 없고. 돈 없으면 살아남기도 어려워." 그가 커피를 홀짝거렸다.

그날은 느리게 지나갔다. 코너 스토어는 바로 옆 베이클의 의자를 책상처럼 쓰고 있었다. 40년 형의 스물한 살 재소자가 책을 내고 싶어 했기 때문이다. 재소자들은 복사기에 접근할 수 없기 때문에 그는 코너 스토어에 부탁해 손으로 옮겨 적은 다음 우편으로 밖에 내보냈다.

주변을 돌아다니다가 데릭이 C2의 철창 옆에 서 있는 것을 보았다. 데릭을 보니 반가웠다. 며칠 전 코치의 무전을 엿들었는데, 부교감에게 데릭과의 조우에 대해 설명하고 있었다. 그래서 삼나무동으로 이감된 줄 알았건만. 나는 문을 열고 조용히 그를 내보냈다. 잠시 후 물푸레나무동 통로에 가보니 그가 혼자 카메라 아래 자리를 잡고 있었다.

"왜, 바람 쐬고 싶어서?" 그가 능청을 떨었다.

내가 한숨을 내쉬었다. "여기 생활이 지겹지?"

"왜, 지겨워? 난 여기 사는 놈이야. 개자식들이 하루 종일 쉬지도 않고 지랄하고 입을 터는 곳이지. 책을 읽고 싶어도 하루 종일 아가리를 놀려. 그래서 화가 나. 매일매일 1,500명이나 되는 범법자 놈들 신경 써야 하니까." 데릭은 말하면서도 몸을 앞뒤로 움직였다. 눈으로는 끊임없이 주변을 살폈다. "바깥 세계에서 누가 오면 그놈도 신

아메리칸 프리즌

경 써야 하지. 또 어떤 개지랄을 떨지 모르니까. 우리 말은 들을 생각도 없고. 그때 코치 놈한테 개지랄을 부린 것도 그래서야. 코치 놈이 헛소리만 하잖아. 나한테 그렇게 말하면 안 되지. 아가리를 찢어버릴라. 이봐, 이곳은 엉망진창이야. 여기 재소자들도 다 좆되고 운영하는 인간들도 좆된 거야. 당신도 좆됐고."

마음이 아팠다.

"내가 좆된 것 같아?" 내가 물었다.

내가 점호를 하거나 플로어에 있을 때 자신을 노려보는 눈초리가 거슬릴 때가 있단다. "나한테서 다른 죄수들과 다른 점을 봤을 거라고 생각했어. 그래서 더 알고 싶었을 테고. 아니, 그저 상황을 파악하기 위해 지켜봤을지도 모르지. 크게 경계하지 않아도 될 인물이라고 생각했는지도 모르고. 그게 100퍼센트 좋다는 생각은 안 해. 나한테 호기심이 있지만 왜 호기심이 가는지는 당신도 모르는 거야." 내가 웃었다. 이 친구한테 고백할 날이 있을까?

"경찰을 왜 그렇게 싫어하지?" 내가 물었다.

"일단 경찰은 썩었어." 언젠가 경찰이 그를 붙잡고 몸수색을 하더니 1,500달러를 빼앗았다. 경찰서에 오면 돌려주겠다고 해서 갔더니 900달러만 돌려주었단다. "씨발, 내가 당신 깜둥이 애인이야? 왜 삥을 뜯어?" 데릭은 경찰에게 신경질을 냈다.

"짭새라고 다 나쁘지는 않겠지. 착한 놈들도 만나기는 했지만 대개는 다 건방지고 제멋대로야. 이런 식이지. 빌어먹을, 세상을 지배하는 건 나다. 맞는 말이야. 놈들이 세상을 지배해. 사람을 죽여도 끄떡없잖아? 여기서 죽여도 끄떡없고, 저기서 죽여도 끄떡없고. 대통령도 어쩌지 못하는 걸."

"당신이 죽인 경찰, 그 친구 생각은 해봤나? 그 친구 가족은?" 내가 묻자 그가 웃었다.

"좆도 상관없어. 감옥에 들어와 아이들을 못 본다는 사실을 알았다면 다른 방법을 찾았겠지만 아무튼 다 지난 일이야." 그럼 죽은 경찰은? "신경 안 써. 감정도 없고. 나한테 살인은 축구시합과 같아. 끝나면 그만이니까. 그 순간은 괴로웠을지 모르지만 결국 끝났어. 여기서 사람을 죽이고 걸리지 않았다면, 이것 하나는 알아두는 게 좋을 거야. 당장 때려치우고 딴 데 가서 일해."

나는 시계를 봤다.

"돌아가야겠어. 아니면 내가 어디서 싸돌아다녔는지 캐물을 거야." 나는 안으로 들어갔다. 교도소에 계속 있어야 할 사람이 있다면 바로 데릭일 것이다.

더디게 흘러가는 하루 일과 중 사소한 마찰들 때문에 점점 지쳐갔다. 재소자가 아프다고 해서 플로어에서 빼줬더니 다른 플로어에 바지를 배달했다. 다시 넣으려 하자 문신 얼굴이 신경질을 부렸다. "씨발, 난 여기서 100년은 살아야 해. 널린 게 시간이라고!" 말인즉슨 잃을 게 없으니 까불지 말라는 뜻이다. 나중에 알았지만, 얼마 전 느릅나무동에서 칼에 찔린 사내가 그의 동생이었다. 이럴 땐 건드리지 않는 게 상책이다. 회색 비니도 문제였다. 나와 농담 따먹기도 하고 재소자들을 넣을 때면 분위기를 풀려고 애쓰는 친구였다. 그런데 어느 날 샤워를 하다가 나를 철창으로 불렀다. "하나만 물어봅시다. 나를 보고할 거요?" 아니라고 대답했더니 나보고 게이냐고 물었다. 대답도 하기 전에 그의 성기가 커졌다. 나는 아니라고 말하고 자리를 피했다. 그 이후 그의 농담은 더 요란하고 도발적으로 변했다.

점심시간, 재소자들이 플로어에 밀려들었다. 재소자 하나가 밖에서 팔굽혀펴기를 하는 중이었다.

"용쓰네." 내가 농담처럼 말했다.

"용쓴다니? 그게 무슨 말이요?" 회색 비니가 끼어들었다.

"그냥 아무 뜻 없이 한 말이야." 내가 내뱉듯 중얼거렸다.

"나하고 용 좀 한번 써봅시다."

6시쯤 되자 나도 화가 났다. 재소자들이 식사를 마치고 돌아가고 있지만 여전히 미적거리는 인간이 10명도 넘었다. 모두 가두기 전에는 퇴근이 불가능하다. 나는 여기저기 돌아다니며 대기 중인 재소자들을 위해 문을 열어주었다. C2를 여니 회색 비니가 플로어 앞에 서서 버텼다. 들어가라고 지시하니 그제야 들어갔다. 난 그 뒤를 쫓았다. 다른 재소자들이 감방 문을 열어달라 아우성을 쳤지만 난 모르는 척했다.

"신분증 내놔." 내가 말했다.

"신분증 없소." 그가 대답했다. 플로어는 재소자로 가득했다. 이름과 침대 번호를 요구하자 그가 알려주고 떠났다. 잠시 후 수감 일람을 뒤져보았지만 그런 인물은 없었다. 이름과 번호가 가짜였다. 나는 씩씩거리며 다시 올라갔다. 침대에도, TV 시청실에도 회색 비니는 보이지 않았다. 나는 열쇠와 무전기를 야간근무자에게 건네고 물푸레나무동에서 나왔다. 재소자들이 아직도 식당에서 나오고 있었다. 어두운 통로, 한 재소자와 만났는데 최근에 내가 보고서를 올린 자였다. "여긴 당신과 나뿐이야, 미네소타." 그가 말하며 몸을 부딪쳐왔다. 나는 깜짝 놀라 뒤로 물러났다. "하하하, 겁쟁이 같은 놈."

다음 날 아침에도 회색 비니가 마음에 걸렸다. 전날의 앙금을 풀기가 점점 어려워지고 있었다. 재소자들을 소운동장으로 내보내야 할 시간이 되자 그가 어슬렁어슬렁 혼거실에서 기어 나왔다.

"신분증 없으면 못 나온다." 내가 말했다.

"그런 거 없소."

"그럼, 나올 수 없어."

"이런, 어제도 이러더니 또."

"아직 끝나지 않았어. 넌 거짓말을 하고 이름도 대지 않았다."

"알려줬잖아! 침대 번호 11, 고든 세인트 존. 신분증은 없어!"

아메리칸 프리즌

"확인하고 오지. 그때까지 기다려." 나는 수감 일람을 뒤져 이름을 확인했다. 성은 어제 말한 그대로였고 이름은 달랐다. 나는 그를 내보내 주었다. "씹새끼!" 그가 중얼거렸다.

나는 그를 보고하고 어제 날짜를 적었다. 하나는 가중불복종, 다른 하나는 가짜 이름과 가짜 침대 번호를 알려준 것. 교도소에 들어온 이유는 사기, 절도였다. 오늘 일자의 보고서는 나를 "씹새끼"라고 부른 대가였다. 반항죄. 놈을 묻어버리고 싶었다.

나는 물푸레동나무 통로에 서서 사과를 먹었다. 시원하다.

회색 비니가 울타리 반대편에서 다가왔다.

"사과하겠소." 그가 말했다.

"말하고 싶지 않아." 내가 말했다.

"사과하러 왔잖소! 사나이답게 해결합시다. 아니면 나도 소원수리를 올릴 거요. 당신도 어제 일을 오늘 날짜로 변조했으니까. 수감동에 규정집이 있소." 놈은 내가 보고서를 쓰면서 어제 일자를 적었다는 사실까지 알고 있었다. 사실 규정에 반하는 행위이기는 했다. 나는 아니라고 대답했다.

"이런, 지금 보니 나한테 박아달라고 그런 거로군. 그 사실도 적겠소." 그가 내뱉고는 등을 돌렸다.

"지랄!" 나도 경멸하듯 내뱉었다. 그가 걸음을 멈추었다.

"게임을 어떻게 하는지는 아나? 나야 잘 알지. 증인도 셋이나 있고. 어디 누가 이기나 해봅시다."

두어 시간 후 다들 돌아가고 한 재소자가 다가왔다. 그는 운동장 당번한테 비닐봉지 2개가 필요하다고 전했다. 나는 비닐봉지를 들고 밖으로 나갔다. 데릭이 운동장에 혼자 서 있었다. 내가 울타리 너머 봉지를 넘겼다. "여기." 그곳엔 우리 둘뿐이었다.

데릭은 회색 비니가 자기 친구이며 우리 문제를 알고 있다고 했다.

"그 애를 봐줘. 나를 봐서라도." 그가 말했다.

"안 돼."

"이봐, 그러지 말고, 그랬다간……"

"나를 너무 많이 갖고 놀았어. 그 새끼 농간에 넘어갈 생각 없다고."

"아니, 이제 더는 건드리지 않을 거야, 절대로." 그가 말했다. 솔 깃한 제안이기는 했다. 경찰 살인자를 내 편에 두는 것도 나쁘지 않 아. 그는 내가 할 수 없는 일을 해낼 수 있다. 하지만 그렇게 되면 이 곳의 관리자는 누구란 말인가? 그가 부탁할 때마다 플로어에서 내보 내 주었다. 베이클도 눈치챘다. 수감동 밖에서, 그것도 혼자 활보하 게 했으니 알아챌 수밖에 없다. 베이클한테는 운동장 당번이라고 얘 기했지만 거짓말이었다. 내가 왜 이러는지 이젠 정말로 모를 지경이 다. 처음에는 데릭이 나를 깊이 끌어들인다고 생각했다. 어쩌면 남들 이 드러내지 않는 무언가를 보여주려고 했으리라. 언제든 마약이나 휴대폰을 들여와 달라고 제안하리라는 의심도 했지만 그럴 정도로 멍청한 인간은 아니다. 솔직하게 말해 고맙기는 하지만 몇 가지 이야기는 조금씩 나를 갉아먹었다. 도대체 어디까지가 사실인 걸까? 정말 경찰을 죽였을까? 나를 위협하기 위해 지어낸 이야기인 건 아닐까? 우리 대화는 늘 한 가지 목표를 향해 달려갔다. 나를 구슬려 자신을 신뢰하도록 만드는 것이다. 내가 말을 듣지 않을 경우 어떤 일이 일어날지 두려워하도록 씨앗을 심어두었는데 이제 그 씨가 발아하기 시작한 것이다.

"미안하지만, 그렇게는 안 되겠어."

"이런, 그래, 그 새끼가 잘못했어. 나도 알아. 어제는 스트레스가 심해서 그랬다더군." 그가 자기 눈을 보라고 했다. 난 잠시 그렇게 하다가 곧바로 고개를 돌렸다. "도울 수 없다면 어렵게 만들 수밖에 없어. 난 원래 그런 놈이야. 그게 쌈박하거든."

그때 무전기에서 코드 레드가 터졌다.

다음 날은 심폐소생술 의무교육을 받으러 갔다. 교관은 오클라호마 세이어에 있는 노스포크교도소에서 왔다. 역시 CCA 소속이다. 심폐소생술을 할 때는 발을 이용해서 재소자의 팔을 당사자 몸에 고정해야 한다. 그래야 재소자가 꾀병을 이용해 우리를 공격할 수 없기 때문이다. 그다음에는 우리 몸과 가장 가까운 부위를 골라 재소자의 맥박을 재야 한다. 그렇지 않으면 재소자가 사망할 경우 카메라에 마치 우리가 질식사시키는 것처럼 보일 것이다.

킹 교사는 재소자에게 심폐소생술을 하기 싫다고 했다. 재소자가 죽으면 소송에 휩쓸리기 십상이다. 킹이 마네킹의 가슴을 펌프질했다. 죄수놈들 여기 오면 너무 좋아 죽을 거야. 킹이 큰 소리로 떠들었다.

교도소를 좋아하는 애들도 있어요. 크로울리^{Miss Crowley}가 대답했다. 재소자 석방 절차를 담당하는 여성 관리다. 다들 바닥의 청색 매트에 앉아 있는데 느닷없이 이 주제를 꺼냈다. "내가 왜 집에 가요? 여긴 식사도 잠자리도 공짜인데." 크로울리가 손까지 꼬아가며 재소자를 흉내 냈다. "전보도 공짜고 뭐든 다 공짜잖아요. 내가 왜 거리로 쫓겨나 일을 해야 하나요?"

"레이저 눈 수술 비용이 얼마나 하는지 알아요?" 킹이 물었다.

"글쎄요." 크로울리가 대답했다.

"5달러. 죄수들은 5달러만 내면 됩니다." 교관의 말이다.

"내가 그랬잖아요. 놈들이 우리보다 혜택이 많다고." 크로울리가 투덜댔다.

"먹고 사는 것보다 범죄를 저지르는 게 쉽기도 하고." 킹이 말했다.

어제의 코드 레드는 킹이 발동했다. 느릅나무동 재소자들이 식당에 갈 때 느닷없이 복장 규정을 강화해야겠다고 생각한 것이 발단이었다. 다들 신분증을 지참하고 느릅나무동 소속을 나타내는 청색

완장을 착용해야 한다. 죄수복에 손대는 것도 허용하지 않는다. 당연히 재소자들이 킹의 변덕을 반길 리는 없었다. 한 놈이 걸레 양동이들을 집어 바닥에 내동댕이쳤다. 킹은 재소자들이 약에 취한 것 같다고 말했다. 약이나 합성 대마에 취해 난리법석을 부린다는 것이다. "별일 아니야. 내가 처리할 수 있어." 킹은 자신만만해했다. 그런데 킹이 제지하려 들자 놈이 그를 잡았다.

"까놓고 말해서 느릅나무동에 12시간 이상 처박히는 것도 할 짓이 못 돼. 농담이 아니라 이건 극한직업이야. 재소자들이 원인이 아니야. 나의 극한도전은 화를 다스리고 인내심을 발휘하는 것이지. 재소자가 아니라 나 자신이 문제란 얘기야. 그런데 죄수놈이 건드리는 순간 인내심도 끝이 났지. 나도 살아야 하니까."

심폐소생술 교관이 킹의 눈을 노려보다가 나섰다.

"생명의 위협을 느낀 거죠."

"자기방어 같은 것이지만 음……" 킹이 머뭇거렸다.

"보고서를 쓰는 이유도 죽을까 두렵기 때문이에요. 그걸 잊지 말아요."

22

1971년 후토가 아칸소로 옮겨 교도소 시스템을 운영할 때, 감독관들은 관습적으로 리틀록의 본부 인근에 살았다. 후토는 그곳이 아니라 농장에서 지내고 싶었다. 감독관으로서의 첫 행동은 커민스의 교정관을 저택에서 쫓아내고 대신 가족을 불러들이는 것이었다. 후토의 침실에는 전임 교정관이 설치한 버저가 있었다. 버저를 누르면 여자 교도소에 있는 벨이 울렸다. 저택에서 50미터쯤 떨어진 곳인데 그곳에 40여 명의 여성 재소자가 살고 있었다. 아내가 없는 교정관들이 이용하는 곳이다. 버저를 눌러 마음에 둔 여성 죄수를 소환하는 것이다.

후토는 정착한 후 교도소 로데오를 열었다. 1972년 8월, 약 3,500명의 자유 세계 시민들이 표를 구매해서 재소자들의 시합을 구경하러 왔다. 경험도 거의 없는 재소자들이 흑백 줄무늬의 만화 같은 복장을 하고 야생마를 몰았다. 어떤 재소자는 처음 말을 타보려다

아메리칸 프리즌

가 뒷발에 배를 얻어맞고 들것에 실려 갔다. 20여 명의 재소자가 기름 바른 돼지를 덮치려 애를 썼다. 기껏 상금 10달러를 따기 위해서였다. 관중들이 제일 좋아한 종목은 이른바 '하드머니Hard Money'라는 시합이었다. 75달러가 담긴 담배 주머니를 손에 넣는 종목인데, 주머니는 잔뜩 화가 난 황소 뿔 사이에 묶여 있고, 소는 운동장을 마구 뛰어다녔다. 후토는 기자에게 로데오를 이렇게 설명했다. "교도소의 목표는 재소자들을 사회에 환원하기 전, 책임감을 부여하자는 데 있다. 이 로데오는 그 출발선상에 있다고 말할 수 있다."

로데오를 시작한 이유는 연방대법원을 움직이기 위해서였다. 재소자간수 폐지를 비롯해 아칸소가 교도소 환경을 개선하고 있다는 인상을 주고 싶었다. 하지만 주 의회로부터 교도소의 영리를 고려하라는 압력을 받게 되었다. 머튼의 개혁 덕분에 주 정부는 교도소 수익 상당수를 잃었고 커민스와 터커는 몇 년째 적자였다. 처음에는 후토도 항변했다. 수익성을 고려하는 동시에 교도소 환경을 개선하기란 당연히 쉽지 않다. "좋은 교도소는 사회에 큰 이득으로 돌아갑니다." 후토는 그렇게 말했다. 죄수들을 성공적으로 교육하고 관리해서 출옥 후 죄를 짓지 않게 한다면, 교도소는 당연히 "수익을 창출"했다고 봐야 한다. 어쨌든 후토는 농장 운영을 개편해 "수동적이고 비효율적이고 부차적인 경영에서 고효율의 기계화 영농"으로 변화를 시도했다. 목화, 쌀, 콩 같은 현금 작물은 억제했다. 그리하여 아칸소에 부임하고 1년 만에, 농장 경영으로 180만 달러에 달하는 수익을 올렸다. 전년보다 50만 달러가 많고 머튼의 시대 이전보다도 높은 수치였다.

후토는 아칸소에 제국을 건설하고 램지 출신의 직원들까지 상당수 불러들였다. 커민스와 터커의 고위직 절반 가까이를 텍사스 주민들이 차지했다. 재소자들을 일하게 만들 그들만의 방법을 갖춘 위인들이었다. 후토 휘하의 교도소 상황과 관련해 연방 청문회를 열었을 때 재소자 한 명이 끔찍한 폭력을 증언한 바 있다. 밭일을 거부했다는 이유로 이른바 불 꺼진 '침묵의 감방'에서 28일간 발가벗은 채 매를 맞았다는 얘기였다. 간수들은 담요 한 장 주지 않은 채 감방에 에어컨을 틀었다. 먹을 거라고는 빵, 물, '혹한'뿐이라 몸무게도 15킬로그램이나 빠졌다. 후에 다시 밭일을 거부했을 때는 가죽곤봉으로 패고 다시 '침묵의 감방'에 처넣었다.

재소자들의 증언은 계속 이어졌다. 목화 수확량을 채우지 못했다는 이유로 이른바 '원산폭격^{Texas TV}'이라는 벌칙을 가했다. 등짐을 지고 이마를 벽에 댄 채 발가락을 벽에서 1미터 이상 떼어놓고 서 있는 벌로서, 최대 6시간까지 그 자세를 유지해야 했다. 때로는 발가벗기기도 하고 완전히 굶길 때도 있었다. "아침에 기상을 하면 빵 두 조각에 시럽을 발라줍니다. 그러고는 하루 종일 목화를 따게 하죠. 그런데 할당량을 채우지 못하면 원산폭격을 시키고, 먹을 것도, 갈아입

을 옷도 주지 않았어요. 다음 날도 마찬가지였어요. 그렇게 괴롭히는
데 어떻게 우리 태도가 고분고분할 수 있죠?" 등 뒤로 수갑을 채운
채 트럭 후드에 싣고 전속력으로 농장을 질주하는 벌도 있었다. 낙상
하는 경우가 적지 않았다. 청문회 결과에도 불구하고 주지사 데일 범
퍼스Dale Bumpers는 후토에 만족했다. 기자들한테도 죄수들이 전임자보
다 후토를 위해 열심히 일하는 것 같다고 말해주었다.

　그 이후 후토의 교도소에 관심이 쏠린 것은 커민스에서 17세 아
이가 사망했을 때였다. 소년은 이른바 '하루 살이one day wonder' 프로그
램의 일환으로 그곳에 들어갔다. 청소년이 경범죄를 지으면 교도소
생활을 맛보는 과정이다. 후토 휘하의 간수들은 청소년이 교도소에
들어오는 순간 발밑에 총을 쏘고, 자동차로 추적하고, 손이 제일 빠
른 목화 수확자와 내기를 시키곤 했다. 이런 일을 겪은 후 윌리 스튜
어트Willie Stewart가 사망하고 사인이 심장마비로 밝혀지자 FBI가 수사
에 나섰다.

　주지사와 언론은 열심히 후토를 칭찬했으나 1974년 10월경, 그
가 아칸소에 입성하고 3년여가 지난 후 항소법원은 커민스와 터커
에 "제도적이고 인간적인 환경 조성이 미흡하다"라고 판결했다. 판
사는 후토의 교도소 상황을 "반인륜적"이라고 평했다. "다양한 형태
의 고문"을 가하고, 재활 프로그램은 절대적으로 미비하여 모범죄수
시스템을 여전히 활용하고, "기본적인 응급절차"를 비롯해 의료장치

가 턱없이 부족하고 부적절하다는 얘기였다. 이후 200명가량의 재소자들이 작업을 거부했지만, 교도관들은 폭동진압 장비를 갖추고 밭으로 내몰았다. 교도소 시스템이 아칸소의 명예를 훼손했을지 몰라도, 과거보다 수익이 개선되었다는 사실까지 부인할 수는 없다. 고등법원의 판결 이후 교도소 농장의 순수익은 거의 70만 달러에 달했다. 후토가 교도소 농장을 다시 수익기관으로 만들어 놓은 것이다.

후토는 결국 마지막 주자였다. 그 이후 커민스는 영원히 적자 운영에 허덕였다. 그 점은 다른 교도소 농장도 마찬가지다. 루이지애나의 앙골라, 미시시피의 파치먼, 텍사스 농장들이 여전히 교도소 농장을 운영하고 있지만, 법정 소송 덕분에 교도소를 어떻게 운영할지에 대한 기본 개념은 조금씩 달라졌다. 오늘날은 주 정부 재정에 보탬이 되기는커녕 비용이 크게 들어간다. 아마도 후토가 CCA에 새로운 모델을 도입하지 않았다면 교도소가 돈을 버는 일은 없었을 것이다. 후토는 운이 좋았다. 그가 1976년 버지니아의 교도소 시스템을 운영하기 위해 아칸소를 떠날 때 미국 교도소의 풍경은 또다시 극적인 변화를 겪는 중이었다. 교도소 인구도 급증하기 시작했다. 후토가 아칸소를 떠나고 10년 후, 전국의 재소자 수는 26만 3,000명에서 54만 7,000명으로 무려 두 배 이상 늘어났다. 이 수치는 고공행진을 이어가며 2009년에는 주립교도소와 연방교도소를 통틀어 수감자가 160만 명이나 되었다. 반면 주 정부와 연방 정부는 수익은커녕 매년 800

아메리칸 프리즌

억 달러의 돈을 들이고 있었다.

후토와 새 사업 파트너들은 과밀 교도소를 활용할 방법을 찾아냈다. 과거에 재소자 인구가 폭발했을 때 교도소를 민영화하는 식으로 재정 부담을 덜었다는 사실을 후토가 알고 있었을까? 미국 교도소의 역사를 연구하고 과거를 복제해 제 사욕을 채울 기회를 노린 걸까? 아니면 천상 사업가였던 걸까? 그래서 건국 이후로 지속해 온 이윤과 징벌의 상호작용을 이용하려 했던 걸까? 그에게 묻고 싶은 질문이 너무나도 많았다.

나는 그에게 이메일을 보냈다. "저를 아시리라 믿습니다. 《마더 존스》 잡지에 윈 교정센터 관련 기사를 연재하는 사람입니다. 민영 교도소의 역사를 조사하는 중인데, 혹시 그 문제로 인터뷰를 허락해주시면 정말 감사하겠습니다." 놀랍게도 바로 그날 답장이 왔다. 대답은 "얼마든지!"였다. 내가 내슈빌로 올 수 있는지 묻기에 우리는 날짜를 정했고 나도 비행기 표를 끊었다. 그의 과거를 다룬 신문기사들도 최대한 긁어모았다. 그런데 유감스럽게도 다시 답신이 왔다. "미안합니다. 아무래도 만날 수가 없겠어요." 내 질문의 내용을 짐작하기라도 한 걸까? 텍사스와 아칸소의 '가노'들과 관계는 어떤 성격이었을까? 새벽에서 저녁까지 흑인들이 목화 따는 모습을 지켜보며 어떤 기분이 들었을까? 어쩌면 궁극적으로 어떤 질문을 하려는지 눈치를 챘을 것이다. 어쩌면 그도 내가 어떤 질문을 할지 어렴풋이 눈치챘을 것이다. 텍사스에서 뻔뻔스럽게 노예제도 같은 사업을 한 경험을 기반으로, 어떻게 저런 무참한 사업을 시작하고 사람들을 창고에 쓸어넣는 방식으로 수십억 달러를 벌어들일 생각을 했을까?

나는 이메일을 보내고 또 보냈다. "시간은 조정할 수 있습니다. 전화로 이 문제를 논해도 좋습니다."

하지만 답장은 없었다.

아메리칸 프리즌

23

데릭이 보이지 않았다. 대부분 C2 점호를 할 때 침대에 앉아 아침 인사를 하듯 짧게나마 시선을 맞추었다. 오늘은 침상이 빈 채였다. 통제실 데스크에서 서류작업을 하며 사례 담당자에게 지나가듯 무슨 일이 있는지 물었다. 독방에 갇혔어요. 그가 의자에 기댄 채 대답했다.

왜요? 무슨 짓을 했어요? 내가 묻자 그가 눈을 동그랗게 뜨고 나를 보았다.

바보짓을 했죠.

바보짓? 무슨 짓을 했는데요? 그가 이상한 질문이라도 된다는 듯 의자에서 똑바로 일어나 앉았다.

바보.짓을.했다니까.

데릭이 사라졌다. 코너 스토어도 곧 나갈 것이다. 코너 스토어는 20년 가까이 복역하고 곧 자유의 몸이 될 참이다. 6주만 지나면 '모범수' 자격으로 조기석방 심사를 받기로 한 것이다. 20년을 철창에 갇혔다가 세상에 어떻게 돌아갈까? 밖에 친구도 없고 그의 앞으로 남겨진 돈도 없는데? 그는 우선 보호소에서 지내다가 독립을 모색하겠단다. 아직은 어디로 갈지 모르지만 손꼽아 기다릴 생각은 없다고 했다. "스트레스 때문에 탈진하고 말 거요. 머릿속으로 온갖 말도 안 되는 잡생각이나 하겠지. 이제 어떻게 해야 하지? 이렇게 할까, 저렇게 할까? 결국 불안해하다가 미치고 말 거요. 때가 되면 죽이 되든 밥이 되든 어떻게 되겠지, 뭐."

장밋빛 꿈을 꾸기도 했다. "지사제를 큰 병으로 사고 커다란 독일 초코케이크와 우유도 한 드럼 살래요. 파토만 놓지 말아요. 그럼 돼요." 우리는 밖에서 울타리를 사이에 두고 얘기했다. 그는 소운동장, 나는 물푸레나무동 통로에 서 있었다. "그 후에는 해산물을 한 접시를 사겠소. 엄마와 함께 먹을 거니까 싱싱한 해물로 하고, 접시도 엄청 커야겠지. 집에 가면 정말 찐하게 효도하겠소."

그가 손을 울타리에 대고 상체를 기울였다. "내가 하고 싶은 얘기는 이거요. 정말 즐기며 살고 싶어요. 말썽을 부리겠다는 얘기가 아니라 정말로 삶을 즐길 생각이요. 양말과 신발을 벗고 모래사장을 걷고 싶소. 반바지 차림으로 슬리퍼만 신고 밖에 나가 빗속에 서서 마냥……" 그가 두 팔을 펼친 후 얼굴을 하늘로 향하고 입을 벌렸다. "그동안 해보지 못한 일들. 여기에서 하지 못한 일들. 하고 싶은 말은

아메리칸 프리즌

단 하나요. 여기에서 나가면 다시는 배 째라 식의 모험은 하지 않겠소. 배를 째보니 나만 아프더군. 지난 20년 내내 후회했던 일이요. 이제 그 짐을 내려놓고 싶어요. 너무 무거워."

수습사원들을 교육하라는 지시가 내려오기 시작했다. 오늘은 흑회색 머리의 키 작은 40대 백인 남성과 짝을 이루었다. 이라크와 아프가니스탄에서 트리플커노피Triple Canopy와 블랙워터Blackwater의 보안 도급업자로 일했는데 지금도 하루빨리 아프가니스탄으로 돌아가고 싶다고 했다. "거긴 테러분자들이 학교를 날려버리니 처리할 일이 쎄고 쎘어요. 여기처럼 PC 하지도 않고." 그의 말에 따르면, 이곳 죄수들은 복 받은 존재들이다. "제 몫 챙기라 개소리해 대랴…… 어딜 감히."

나는 문을 열고 호출하는 법을 알려주었다. 그러고 보니 곧 재소자들을 내보내 식당으로 보낼 시간이었다. "무슨 얘기예요? 그냥 문을 열고 내보낸다는 겁니까? 어떻게 그럴 수가!" 그가 겁먹은 표정을 지었다. 죄수들을 어떻게 내보낼 수 있느냐는 얘기였다. "말도 안 돼. 긴급 상황이라면 모를까. 일을 시키거나 하는 것도 아니잖아요. 씨발, 지옥으로 만들어야 다시 돌아올 생각을 않지. 내가 어렸을 때 엄마가 미시시피에 살았는데, 그때 일하러 나오는 놈들이 오렌지색 옷에 사슬로 묶여 있었소. 체인갱인가 뭔가였는데. 그 정도는 해야죠.

아예 반쯤 죽여야 안 돌아온다니까."

"여기도 만만치 않아요. 툭하면 칼부림도 나는걸요." 내가 말했다. 지난 6주간 칼에 찔린 재소자가 적어도 일곱이었다.

재소자들이 식사를 마치고 돌아가는데 무전기 소리가 들렸다. "느릅에서 코드 블루! 느릅, 코드 블루!" 교도관이 들것을 불렀다. 재소자들이 서로 찌르고 있는데 얼마나 많은지 세기도 어려웠다.

"모두 플로어로 돌아가!" 재소자들이 꾸역꾸역 밀려들자 베이클이 외쳤다.

"니미럴, 이러다 코드 블루 또 터지겠군." 누군가가 중얼거렸다. 베이클이 호각을 불었다. 나는 재소자들을 모두 혼거실에 넣고 무슨 일인지 알기 위해 느릅나무동으로 달려갔다.

잠시 후 한 사람이 피를 흘리며 작업카트에 실려 갔다. 안으로 들어갔더니 몇 명이 부상을 입은 채였다. 서른 번이나 찔린 사람도 있다고 들었는데 신기하게도 죽은 사람은 없었다.

사흘 후, 물푸레나무동에서 두 사람이 칼부림을 했다. 일주일 후 느릅나무동 재소자가 다수의 동료에게 찔리고 매를 맞았다. 들리는 바로는 상처가 마흔 곳이 넘었다고 했다. 그 와중에 프라이스가 그만 두었다. 무려 25년 가까이 근무했지만 그녀도 결국 지친 것이다. 이 제 물푸레나무동은 매니저 없이 몇 주간 지내야 할 것이다. 프라이스 가 그만두고 머지않아 자작나무동의 재소자가 의식을 잃을 정도로 매를 맞고 칼에 찔렸으며, 삼나무동에서도 누군가 칼침을 맞았다.

독방의 칼부림 사건은 여전히 이해가 어려웠다. 칼이 어떻게 들어갔을까? 재소자는 또 어떻게 서로 접근할까? 삼나무동에서 칼부림이 있던 이튿날, 부소장 파커가 무전기로 보수반을 불러 감방문을 고치라고 지시했다. 한 달 전 우리한테도 그런 이야기를 한 적이 있었다. 재소자들이 열쇠 없이도 감방문을 떼어내 연다는 얘기인데, 한 달 전에 소트 팀장인 터커도 비슷한 말을 했다. 결국 문제가 해결되지 않았다는 뜻이다.

캘러헌 말로는 내가 들어오기 전에도 비슷한 문제가 있었다고 했다. 그녀는 D1을 가리키며 베이클과 함께 윗선에 보고해 문을 고쳤다. 재소자 한두 명이 그 문제로 소원수리를 제출했다. "몇 번이나 발로 차서 맞췄는지 몰라." 베이클이 말했다. 베이클은 감독관에게 어떻게 했는지 시연까지 해 보였다. 어느 날, 재소자 둘이 혼거실 문을 흔들어 열었는데 플로어 담당도 전혀 눈치채지 못했다. 한 놈은 20센티미터 칼을, 다른 놈은 아이스피크를 들었다. 고소장에 보면 놈들은 같은 플로어 재소자 하나를 찾아 머리, 입, 눈 등 열두 곳을 찔렀다. 한 놈은 아예 교도관한테 이르면 죽여버리겠다고 협박까지 했다. 희생자는 피를 흘리며 30분 주기의 보안점검을 기다렸으나, 아니나 다를까 교도관은 오지 않았다. 그는 교도관이 점호를 위해 올 때까지 1시간 반이나 피를 흘렸고 의무실에서 9일을 묵어야 했다. "세상에,

그러고 나서야 다음 날 문을 고치더라니까!" 캘러헌이 한숨을 내쉬었다.

베이클은 르포 기자라도 들어와 이곳을 파헤쳤으면 좋겠다고 투덜댔다. 다른 교도소에서는 사람을 찌르면 새로 기소가 되는데, 이곳에선 그냥 독방에 들어가고 만다. 보안 등급이 높은 교도소로 이감되는 경우도 거의 없다. "망할 CCA가 돈만 밝혀서 그래!" 베이클이 이를 부드득 갈며 내뱉었다. "그래서 봉급 인상 이야기를 꺼내려면 좆나게 고생을 해야 하는 거야. 제 잇속만 챙기는 놈들이니."

CCA 교도소에서 가중폭력이 기록된 적은 여러 번이다. CCA가 오하이오교도소를 인수한 이후, 재소자 대 재소자 폭력은 3배, 재소자가 직원을 공격한 사례는 4배로 증가했다. 켄터키의 CCA가 일일 공제비용 인상을 요구했으나 주 정부는 받아들이지 않았다. CCA의 교도소가 주립교도소보다 폭력 사태가 2배나 많고, 또 직원이 몰래 총을 들고 들어와 교도소장실에서 자살했다는 사실을 이유로 들었다. 2016년 연방정부의 연구에 따르면, 민영교도소는 공영에 비해 재소자 대 재소자 폭력이 28퍼센트 많았다. 민영교도소 재소자들은 무기 소지도 거의 2배나 많았다.

이런 수치들이 얼마나 정확한 걸까? 전통적인 방식으로 관련 보도를 했다면 나 역시 그곳이 얼마나 폭력적인지 몰랐을 것이다. 이곳에서 일하는 동안, 직접 목격하거나, 관찰관들과 목격자한테서 들은 칼부림 사고를 모두 추적해 보았다. 올해 초 2개월 동안, 적어도 12명이 칼에 찔렸다. 심각한 폭력 사건은 모두 보고해야 하지만, 교정부 기록을 보면 2015년 1월에서 5월까지 CCA가 보고한 칼부림 사고는 다섯 건에 불과했다.*

보고가 되든 않든, 교도관으로 근무한 지 7주째쯤 폭력사태는 걷잡을 수 없게 되었다. 칼부림이 너무 빈번하게 일어나는 통에 교도소는 2016년 2월 16일 무기한 봉쇄에 들어갔다. 재소자는 자기 플로어를 떠나지 못하게 되었고 통로는 텅 비었다. 까마귀들이 모여들고 마당 여기저기 물웅덩이가 패였다. 검은 제복의 사람들도 더 많이 파견되었는데, 그들은 군사 대형으로 교도소를 순찰했다. 일부는 얼굴에 마스크까지 착용했다.

전국 각지의 교도관으로 구성된 신생 소트팀이 교도소를 샅샅이 수색했다. 교정부 감독관들도 주변을 돌아다니고 CCA도 자체적으로 다른 주에서 감독관들을 급파했다. 긴장이 최고조에 달했다. 부엌 담당 말고는 어떤 재소자도 플로어를 떠나지 못했다. 식판 나르는 일은 일상적 전투가 되고 재소자들은 배식 카트를 밀고 다니며 닥치는 대로 집어 갔다.

---

* CCA는 모든 폭력 사고를 보고했으나 교정부가 사고를 다른 식으로 분류했을지 모른다고 답변했다.

"CCA는 교도소 운영 자격이 없다! 당장 폐쇄하고 운영에서 손을 떼라! 감금으로 만사를 해결하는 한 초등학교도 운영하지 못한다!" 하루 종일 감금 상태에 든 날, 재소자가 내게 소리쳤다.

다른 재소자도 끼어들었다. "여기는 툭하면 칼부림이야. 다른 교도소는 이러지 않았어. 권위가 있고 통제력도 있었지. 이놈의 교도소는 완전 통제불능이야. 매일 사고에다, 처음부터 끝까지 모조리 엉망이니, 원. 망할! 직원부터 더 써야 하는 것 아니야? 당신도 왜 안 하는지 알지? 저놈들은 돈밖에 모르거든. 우리끼리 찔러 죽이라고? 그러지, 뭐. 그래봐야 저 새끼들은 신경도 안 쓰겠지."

어느 날 전직 공영교도소장이 물푸레나무동을 찾았다. "어떤 일이 있는지는 잘 모르지만 좋지는 않아 보이는군. 엉망이야. 정말로."

내가 공영교도소와 어떻게 다른지 물었다. "오, 다르지, 다르고말고. 여긴 너무 해이해." 자기 교도소에는 플로어만 해도 둘이 아니라 넷이 근무한다고 했다. 직원들은 시급이 12.50달러이고 경찰학교에 가면 매달 500달러씩을 더 받는다. 분기별로 시행하는 체력검사에 통과해도 300달러가 보너스로 나온다. 수습 기간은 90일이나 된다. 이곳은 30일이라고 말해주었다. "말도 안 돼. 이 일을 16년이나 하고 있지만 여긴 완전히 난장판이야. 개판도 이런 개판이 없어. 이러다가 크게 당하고 말지." CCA가 재계약에 실패할 수도 있다는 뜻이다.

소트팀이 물푸레나무동을 장악한 적도 있다. 마스크를 쓴 요원 하나가 페퍼볼 총을 들고 재소자들을 감시했다. 나머지 요원들은 주변에 서서 트윙키와 오트밀파이를 먹고 마운틴듀를 마셨다. 재소자들을 체육관으로 옮긴 후에는 소트팀이 각 플로어를 다 뒤집어 물건을 내팽개치고 매트리스를 조각조각 잘라 마약과 휴대전화, 하트 모양의 알약, 흰 가루 등을 찾아냈다.

"코카인이 어떻게 생겼는지 아는 사람?" 미남형의 소트 대원이 눈썹을 치켜뜨며 비웃었다. 코카인을 훔치는 문제에 대해 농담 따먹기를 하는 중이었다. "봤어야 알지? 난 못 봤어, 하하."

소트팀이 재소자의 커피를 마시고 성냥개비 공예품을 망가뜨리려 들자 베이클이 말리고 나섰다. 지나친 열성에 짜증이 난 것이다. "죄수들은 갇혔다는 이유만으로 자신을 쓰레기라고 여기고 있어. 뻔하잖아? 인생을 말아먹고 여기 들어와 썩고 있으니."

소트팀이 일을 마치자 재소자들이 다시 플로어로 돌아왔다. 매트리스는 상당수가 찢기고 뒤집혀 사용이 불가능했다. 물건이 없어졌다며 재소자 몇이 투덜대자 소트 팀장이 부하들을 다시 플로어로 들여보냈다. "침상으로 돌아가. 안 그러면 무력을 사용하겠다!" 소트팀이 줄을 지어 들어가 침상 앞에 한 명씩 멈춰 섰다. 페퍼볼 총이 맨 끝에 섰다. 검은 가면의 사내는 유탄발사기를 들었다. 치명적이지는 않다고 하지만 아무튼 커다란 녹탄buckshot을 장착한 총이다. 팀장이 위아래로 오르내렸다. "물건이 없어졌으면 분실물 신고서를 작성해서 공식 채널을 통해 접수하라. 애들이 할 일 없어 쓰레기를 훔치겠나? 다시는 창살에 붙어 떠드는 일이 없도록! 알겠나?"

잠시 후 재소자 한 명이 철창에 다가와 휴지통을 뒤지기 시작했다. 소트 대원 둘이 수갑을 채워 끌어내자 팀장이 그를 벽에 밀어붙였다. "철창에 접근하면 어떻게 한다고 했지?" 그가 물었다. 재소자는 신분증을 찾고 있었다고 대답했다. "이마를 벽에 붙인다, 실시!" 팀장의 지시에 재소자가 따랐다. "이마를 벽에서 떼는 즉시 바닥에 처박아 버리겠다, 알겠나?"

"예, 알겠습니다."

"우린 여기에서 일하는 사람들 아니야. 가끔 들를 뿐이지. 여기도 상황이 달라질 거야. 과정이야 조금 고달프겠지만 우리도 잘해보려고 이러는 거잖아? 그러려면 통제도 필요하고. 내 말 맞지?"

"예, 그렇습니다."

"너를 시범 케이스로 삼고 싶지는 않은데…… 그게 좋겠지?"

"예, 감사합니다."

"다시는 딴소리 듣지 않아도 될까?"

"예, 그렇습니다."

소트팀이 떠나자 재소자들이 한목소리로 나를 비난하기 시작했다. 이것도 없어지고 저것도 없어졌는데 치사하게 뒤로 빠져 구경만

아메리칸 프리즌

한다는 것이다.

감금통제 도중 코너 스토어가 자기 좀 내보내 달라고 부탁했다. 매점이 닫힌 터라 그의 서비스가 절실하기는 했다. 물자도 동이 나고 담배를 찾는 사람도 많았다. 여기저기 물건을 전해달라는 요청도 빗발쳤으나 난 거절했다. 한번 들어주면 계속 붙들고 늘어지기 때문이다. 코너 스토어도 꺼내주지 않았다. 보는 눈이 많아 너무 위험하다고 핑계를 댔다. 그는 며칠 동안 누워 천장만 올려다보았다.

석방 날짜가 닷새 앞으로 다가왔지만 아직 어디로 갈지 몰랐다. "나가는 날이 화요일 아니요?"

"아마도." 그가 답했다. 루이지애나법에는 출옥 후 주소가 없을 경우 조기 석방 자체를 금하고 있다. 가석방자는 주를 벗어나지 못하는데 그의 어머니는 루이지애나에 살지 않았다. 밖에 도와줄 사람도 없어서 보호소에 들어가려고 해도 CCA에 의존할 수밖에 없었다. 교도소 코치가 도와주려 했으나 관리국에서 출옥을 '봉쇄'했다는 대답이 돌아왔다.

"그냥 잡아둔다고?" 내가 물었다. 믿기지가 않았다.

"그런가 봐요. 이젠 화도 나지 않소. 언젠가 내보내 주겠지, 뭐. 지금까지 기다렸는데 그까짓 거."

나는 사례 담당자에게 그에게 무슨 일이 생겼는지 물었다. "나가야 되는데 그놈의 주소가 없잖아요. 그럼 문밖에 나가지 못해요. 내가 해 줄 일도 없고."

"놈들이야 누군들 내보내고 싶겠소? 오래 붙들수록 돈이 되는데? 뻔한 얘기 아뇨?" 코너 스토어가 투덜댔다.

소트 팀원 한 명이 원에 몇 개월 머물 계획이었다. 어제 느릅나무동에서만 사제칼 51개를 찾아냈다. 대충 일곱 명당 한 개꼴이다. CCA의 보고에 따르면 그해 4월까지 200개 가까이 무기를 압수했다. 루이지애나에서 가장 무장이 잘된 교도소인 셈이다. 비슷한 규모의 앨런교정센터(GEO그룹 소속)에 비해 1인당 압수 무기가 5배이고, 앙골라보다는 무려 23배나 많았다. "전쟁이라도 치르려 하나 봐." 한 교도관이 조회에서 한 말이다.

킹 교사가 물푸레나무동에 잠시 들렀다 떠나려는데, 재소자들이 플로어마다 소리를 지르기 시작했다. "씨발, 가게는 안 보내줘?" 봉쇄 탓에 매점에 가본 지도 3주나 되었다. 재소자들은 화를 내며 철창에 매달렸다. "폭동 한번 일으켜 볼까?" 누군가 킹에게 으르렁거렸다.

베이클은 초조해 보였다. "놈들이 오물을 던지기 시작하면 꼼짝 말고 여기 있어. 여기는 안전하니까." 그가 입구를 가리키며 말했다. 일주일 전쯤, 텍사스의 사립 이민자 억류센터에서 재소자들이 폭동을 일으켰는데 이곳 재소자들도 TV 뉴스에서 그 장면을 지켜봤다.

나는 플로어 한 곳으로 걸어갔다.

"점호는 생각도 하지 마! 매점에 보내줄 때까지 교도관 놈들 상판 안 보이는 게 신상에 좋을 거다!" 한 놈이 내게 소리쳤다.

"말 잘했다. 그 말에 찬성이야!"

"오늘 일을 채널8 뉴스에 고발할 거야."

"오늘 장난친 새끼들, 근처에 알짱대다간 골로 갈 줄 알아!"

"점호? 좆까! 소장이나 오라고 해!"

킹도 플로어 한 곳을 골라 접근했다. "우리한테도 기회를 줘야지. 그다음에 해도 안 늦어. 저항도 하려면 그때 하자. 지금은 상황이 복잡하니까. 그러다가 소트 애들이 또 쳐들어오면 어쩌려고 그래?"

"니미, 와도 겁 안나."

"씨발, 비누도 좆도 다 떨어졌어! 방향제도 담배도 없고! 좆같은 교도소!"

나는 겁먹었다는 티를 내지 않기 위해 플로어를 어슬렁거렸다. 교도관도 재소자도 모두 화가 나 있었다. 당장이라도 폭발할 것 같은 분위기에 난 달아나고 싶기만 했다. "당신을 아직 내버려 뒀다니 신기하군. 조금만 기다려, 이뻐해 줄 테니까." 민머리의 백인 재소자가 나를 보며 이죽거렸다. 눈빛이 차갑고 강렬했다.

누군가 킹을 '깜둥이 노예 새끼'라고 불렀지만 그는 못 들은 척했다. 킹이 베이클과 나를 문으로 불렀다. "이봐, 여긴 지금 일촉즉발이야."

"씨발." 베이클이 투덜댔다.

"이틀 동안 찾은 사제칼이 75자루야. 정말 위험한 놈들이지. 자네들 절대 혼거실 들어가지 마. 아무도 다치게 하고 싶지 않으니까. 당장 이 새끼들을 잡지 않으면 나중엔 폭동 진압을 해야 할 거야. 그럼 유니폼이 아니라 최루탄 총과 최루가스로 상대해야 해." 그가 떠났다.

한참 후 테네시의 CCA의 소장이 와서 재소자들과 대화를 시도했다. 재소자 한 명이 따지고 들었다. "어떤 상황인지는 압니까? 놈들이 서로 찔러대며 난리를 치는데 아무도 벌을 안 받아요. 환장할 노릇이죠. 조용히 있는 놈들만 작살을 내고 진짜 칼싸움하는 놈들은 그냥 놔두는 거예요. 잡으려면 그 새끼들이나 잡아요, 망할."

"우린 아무 잘못 없어!"

"이해하네. 그러니까 죄도 없이 학대받는다는 얘기지? 죄수는 얼마든지 있어. 우리도 개돼지처럼 굴려면 얼마든지 그럴 수 있어. 한번 해보든가." 소장의 말에도 재소자들은 물러나지 않았다. 두어 시간 후, 소트가 와서 재소자들을 이끌고 매점으로 향했다.

베이클이 투덜거렸다. 월마트도 시급을 10달러로 올렸다는군. 생각 좀 해봐야겠어.

봉쇄는 11일간 이어졌다. 상황이 끝나자, 코너 스토어가 철창 앞으로 나왔다. 플로어에서 일해야겠으니 꺼내달라는 얘기였지만 난 모르는 척했다. 애원을 해도 굴하지 않았다. 이유는 모르겠지만 어쩌

아메리칸 프리즌

면 내게 그 정도 영향력은 있다고 믿었을 것이다. 그건 확실했다. 친근함을 무기로 나를 쥐고 흔들려는 저의가 엿보였다. 다른 재소자처럼 대하자 그도 당혹스러운 표정으로 나를 바라보았다. 식사 시간이 돼서 문을 열었는데 그가 미적거리길래 쾅 하고 문을 닫아버렸다. 물론 애가 탔을 것이다. 뒤로 돌아가는데 그가 계속 나를 불렀다.

미안한 마음이 없지는 않았으나 그것도 그때뿐이었다. 출옥일이 지나도 그는 떠나지 않았다. 점호 시간에는 침상에 누워만 있었다. 내가 지나가도 시선을 줄 생각도 하지 않았다.

어떤 재소자가 나를 모퉁이로 데려갔다.

"이봐요, 문제가 뭐요?" 그가 빗자루에 기댄 채 다짜고짜 물었다.

"문제라니?" 내가 무뚝뚝하게 되물었다.

"쌈박하게 굽시다, 쌈박하게. 까놓고 얘기합시다. 무게 잡지 말고. 요즘 왜 이렇게 빡빡한 거요?"

"빡빡한 적 없소."

"아냐, 아냐, 아냐. 어딘가 확 달라졌어요. 도대체 왜 그래요?"

나는 윗선의 압력 때문에 어쩔 수 없다고 답했다. 거짓말은 아니지만 문제는 그뿐이 아니었다. 음모가 스멀거리고 있었다. 전에는 사소한 위반으로 치부하던 일도 이제는 개인적 보복으로 보였다. 신체적으로 장애가 있는 이가 점호 시간에 샤워실에 있으면 그것도 나를 찔러보는 건가 하는 생각이 들었다. 나를 무기력하게 만들어 지배하려는 것이다. 대낮에 담요를 뒤집어쓰고 누워 있거나 철창에 붙어 서 있는 걸 볼 때도 마찬가지였다. 규칙 자체는 개의치 않았다. 규칙이야 원래 제멋대로니까. 그보다 내 머릿속에는 놈들이 규칙을 위반하는 이유가 내 의지를 흔들어 놓기 위해서라는 강박이 자리 잡은 것이다.

어느 날 통제실 과장이 찾는다고 가보라고 했다. 무슨 일일까? 이제까지 없던 일인데? 그는 책상에 앉아 있었다. "자넨 아주 세심한 교도관이더군." 나는 긴장을 풀었다.

"가능성이 보여. 촉도 있고. 이 일에 적합한 인물이라는 얘기일세. 물푸레나무동 맡겼더니 떡하니 황소 뿔을 잡고 끌고 가더라 이거야. 그게 이곳을 이끄는 방법이거든. 바우어 교도관이 죄수들을 다루는 방식이고!"

과장의 컴퓨터 모니터에는 이런 글이 적혀 있었다. "탁월한 직원. 관리 능력이 있으며, 독립적이고 뚝심이 있음. 진급을 신중하게 고려할 필요."

"우리는 이렇게 평가하고 있네. 지금 하는 대로 꾸준히 끌고 가게나. 흔들리지 말고."

나도 모르게, 내 입에서 웃음이 흘러나왔다.

봉쇄가 끝나도 소트는 떠나지 않았다. 통로를 순찰하고 마구잡이로 재소자들을 검문하고 무자비하게 플로어를 수색했다. 어느 날

아메리칸 프리즌

아침, 출근해 주차하는데 흰색 버스 몇 대가 교도소 밖에 서 있었다. 아침 조회에는 주 전역의 공영교도소 교도소장과 교도관이 15명가량 들어왔다. 원의 교도소장이 연단에 올라갔다. "루이지애나 교정부 친구들이 도우러 왔습니다." 다들 두려워하던 순간이 온 것이다. 교도소가 넘어가는 걸까? 일자리를 잃게 되나?

앙골라교도소장과 교도관 둘이 베이클과 나를 따라 물푸레나무 동으로 왔다. 직원과 가까이 지낸 재소자들을 다른 교도소로 데려가려나 봐요. 누군가 내게 중얼거렸다. 그런데 정말로 신뢰가 가장 두텁다고 믿었던 플로어 당번에게 짐을 싸라는 것이 아닌가. 그가 로커를 정리하는데 작은 마약 봉투가 바닥에 떨어졌다. "이게 뭐야?" 앙골라 교도관이 물었다.

"제가 아니에요. 저도 지금 막 바닥에서 본걸요." 당번은 언제나처럼 순박한 말투로 대답했다. 늘 듣던 그 목소리에 그 말투였다. 한순간도 이 친구를 의심한 적이 없지만 수갑을 채우는데 굵은 팔에 수갑이 오히려 작아 보이고 약해 보였다.

"대단한 놈이요. 여기가 개판이 된 것도 저놈 때문이라더군. 재소자와 바깥 놈들을 한 손으로 주무르다시피 했답디다." 파견 교도관의 말이다. 조사단은 관리들까지 거짓말탐지기로 조사 중이었다. 일부는 벌써 조사를 거부하고 일을 그만두었다. 난 초조한 마음에 화장실에 가서 공책을 훑어보며 몇 장을 뜯어냈다. 아침 조회에서 기록

한 내용도 지웠다. 성희롱 고발을 아홉 달이나 뭉갰다는 동료 얘기에 짤막하게 메모를 하기도 했는데 그 이야기도 찢어 화장실에 넣고 물을 내려버렸다. 손잡이를 10초는 누르고 있었던 것 같다.

이제 공책에 남은 내용은 재소자들의 사소한 위반사항뿐이었다.

6:10 걸리면 죽을 줄 알아, 씨발놈. 죽도록 패줄 테니까. 식판 절도.

4:04 침상29, 샤워실에서 나오지 않음. D2.

C1 침상24도 샤워실에서 버팀. "네 면상에 싸고 싶어. 후장을 쑤시게 해줘, 제발. 보고할 테면 해봐!"

11:02 C1 침상8, "어이, 교도관! 내 좆이 곤봉처럼 딱딱해졌어."

10:57 마셜이 점호에 침상에 앉지 않음. "깜둥이 좆이나 빨아라."

8:17 D2 8, "내 자지 어때? 먹고 싶지 않아?"

5:15 D2, "누구든 걸리면 혁대 맛을 보여주마."

한 재소자는 앙골라 교도관에게 행정구제소송 용지를 청했다. 내가 불공정하다는 이유로 불만을 접수하겠단다. 교도관 셋이 그를 에워싸고 옷을 모두 벗게 했다. 재소자는 옷을 벗고 교도관들은 옷을 조사한 뒤 그에게 침상에 가서 서라고 지시했다. "그 새끼 헛소리는 듣고 싶지 않았어요. 행정구제를 교도관 협박용으로 쓰려고 하는데, 누가 신경이라도 쓰나?" 교도관 하나가 내게 말했다. 그래서 회색 비

아메리칸 프리즌

니가 나를 감옥강간방지법으로 고발하겠다며 위협한 얘기를 들려주었다.

"한두 번 겪은 게 아니에요. 난 심지어 자궁 검사까지 한걸요. 내가 들어가 두들겨 패고 강간까지 했다나 뭐라나. 결국 법원명령서가 떨어져서 검사를 받고 난리를 부렸지. 그게 다 낌새가 수상한 놈을 수색했기 때문이라, 결국 독방에 처넣어 버렸죠. 아니, 사실은 독방에 가져갈 수 없는 물건들을 모조리 압수하고 놈은 그냥 그 방에 묶어버렸어요. 놈이야 마음에 들지 않았겠지. 그래서 고발을 조작했겠죠. 하지만 그건 대가리들이 놈들한테 던져준 장난감 같은 거죠. 행정구제 청원도 있고 감옥강간방지법도 있고, 놈들한테도 범죄 해결 1800번 범죄해결 지원단^{Crime Stoppers}(신고를 하면 현금보상을 하는 범죄 정보 보상 프로그램. 전화번호가 1800으로 시작한다_옮긴이)도 있어요. 그런 걸로 우리와 싸우려 드는 거예요. 덕분에 이 난리통이고. 신경 안 써요. 그 새끼들 다 거짓말이니까. 교도관 중에 쩔쩔매는 인간도 있다지만."

"감정 소모가 심해요." 내가 말했다.

"맞아요. 그 밖에도 조심할 게 있는데 캔하고 병은 가져온 게 있다면 집에 갈 때 도로 가져가요. 절대 여기 두지 말고. 놈들은 쓰레기통을 뒤져서 당신 DNA를 구할 거예요. 나중에 이렇게 물어보면 어쩔 거요? 당신 DNA가 어떻게 저 친구들 손에 들어갔지? '플라스틱 수저를 쓰레기통에 버렸는데 그걸 주웠나 봅니다'라고 대답하게? 이봐요, 교도소 게임은 무궁무진하다고요."

나중에 물푸레나무동의 신임 교정 상담원이 앙골라 교도관을 플로어로 데려왔다. 상담원은 교도관을 대동한 채 재소자에게 호통을 쳤다. 바지에서 손을 빼라고 하면 시키는 대로 해! "거기 앉아 바지에 손을 넣고 있으면 누가 봐도……"

교도관이 상담원을 쳐다봤다. "누가 봐도? 이봐요, 내가 한마디 하리다. 진정해요. 당신이 보든 말든, 저 친구는 딸딸이를 치고 있을 거요. 그거라도 안 하면 뭘 하겠소?" 교도관은 커다란 성기를 문지르는 시늉까지 해 보였다. 그들은 재소자를 보내주었다.

조회 시간, 앙골라 교도관들이 휘파람을 불거나 고함을 치며 들이닥치더니 재소자들을 침상에 똑바로 앉게 했다. 베이클과 나는 한 번도 이렇게 한 적이 없다. 그들은 우리에게 점호에 동참하지 않고 담요를 덮고 자는 자들을 세기 시작하면 결국 죽은 놈들을 세게 된다고 말했다. 재소자들이 일사분란하게 일어나 앉았다. 교정부 관리들이 와 있는 동안은 만사가 조용하고 순조로웠다. 베이클과 내가 인솔할 때도 재소자들은 예외 없이 금속탐지기를 통과했다.

교정부가 있으니 공격당할 걱정도 덜 수 있었다. 재소자들 사이에서도 상황이 나아졌다고 말하는 사람도 있으나, 대체로 교정부가 떠나면 상황도 예전으로 돌아간다는 의견이었다. "엄마, 아빠가 집에 돌아왔을 때 같잖소. 부모가 휴가 떠나면 완전 애들 세상이 되지. 당

아메리칸 프리즌

신네 보수부터 올려야 해. 아니면 여긴 죽어도 변하지 않을 거요. 당신들이 뭘 하고 누굴 데려오든 난 관심 없지만, 봉급 인상이 없으면 늘 개판일 수밖에 없어. 씨발, 돈도 못 버는데 목숨 걸고 싸울 일 있나? 교정부는 보수가 좋으니 이런 난리라도 부리잖소, 응? 저들이 7달러, 8달러 더 버는데 똑같이 하라고? 내가 호구야? 절대 못 하지!"

교정부가 주둔하는 동안 원은 루이지애나 주립군과 미국 교정부군이 벌이는 전선 같은 분위기였다. 소트팀이 물푸레나무동에 오면 교정부 관리들은 그들을 전투복 차림의 무능력하고 자신감만 과한 돌대가리로 치부했다. 교정부는 소트팀을 조롱했다. 교도소에 방독면이 하나도 없는데도 커다란 최루탄을 잔뜩 들고 돌아다녔기 때문이다. 하지만 전역군인이 주력인 소트 대원들에겐 교정부 사람들도 오합지졸에 불과했다. 전국의 CCA 교도소를 정상화하는 임무에 비추어 보면, 루이지애나는 기껏 교향곡의 한 마디에 불과했다. 사실 미국 교도소 어디에 비해도 독특하기는 했다. 각 주 정부가 나름 자율 시스템을 운영하고 있지만, 공영교도소 어디에도 CCA의 전국적 소트팀 같은 무력기관은 존재하지 않는다.

원의 교도관들은 소트팀과 교정부 관리 모두에게 굽신거렸다. 다만 보이지 않는 곳에서는 그저 '엘리트 개새끼들'에 불과했다. 어쩐지 무능력이 과한 질투로 대체된 느낌이기는 했다. 교정부 관리들은 재소자들의 흡연을 방치했다며 우리를 꾸짖었다. 카메라로 흡연자를 발견하면, 기어이 찾아내 모두의 앞에서 발가벗긴 채 몸수색을 했다. 내가 의자에 앉아 휴식을 취할 양이면, 앙골라 관리가 모니터로 감시하다가 플로어의 어느 혼거실 내 TV 시청실에 가보라고 지시했다. 한 재소자가 바지를 엉덩이에 걸쳐 입고 있었다. 내 임무는 바지를 추켜 입으라 지시하는 것이었다.

저녁식사를 마치고 재소자들이 돌아가는데, 윌슨이라는 사내가 철창 밖에서 어슬렁거렸다. 나는 소속 혼거실로 돌아가라고 했다. "티셔츠를 받아야 해요." 그가 말했다. 다른 재소자가 셔츠를 벗어 그에게 건넸다. 둘이 악수를 하는데 손에서 구겨진 종이가 얼핏 내 눈에 띄었다. 윌슨이 수감동 쪽으로 향하기에 내가 큰 소리로 불렀다.

그는 셔츠를 밖에 있는 사람한테 배달해야 한다고 대답했다.

"안 돼! 이리 와!" 내 호통에 그도 포기했는지 자기 혼거실로 돌아왔다. 내가 문을 열어주었다.

"이런다고 돈 더 주는 것도 아니잖소?" 그가 중얼거렸다.

"쪽지 내놔. 그 손에 있는 것!" 내가 소리쳤다. 그가 걸어가면서 바지 앞에 뭔가를 집어넣었다.

"윌슨! 발가벗기고 몸수색해야 말을 듣겠나? 어서!"

"이봐요, 난 아무것도 없어." 그가 걷는데 뭔가 바짓자락 아래로 굴러떨어졌다. 셀로판지였다. 집어보니 녹색 허브 같은 것이 똘똘 말

아메리칸 프리즌

려 있었다. 향이 강했다. 재소자는 똥 씹은 표정을 지을 뿐 아무 말도 하지 않았다. 물건을 주머니에 넣고 플로어를 빠져나가는데 기분이 영 개운치가 않았다. 도대체 이게 무슨 짓이람.

베이클이 나를 보았다. 난 손에 물건을 들고 있었다.

"그게 뭐야?" 그가 물었다.

"마약이요." 내가 대답했다.

앙골라 교도관들이 나타나 윌슨과 그와 대화하던 재소자 한 명을 끌어냈다. 소트 팀원이 두 사람에게 수갑을 채웠다. 지난 두어 달 윌슨과 문제가 많기는 했으나 지금 겪는 일에 비하면 솔직히 지극히 사소한 일들이었다. 마약을 거래했다는 이유로 지하감옥에 가두겠다고?

퇴근하기 전 총무실에 들러 사건보고서를 작성했다. 보고서 작성 중에 수감동 감독인 리브스Miss. Reeves가 들어왔다. 책상에 앉아 있던 과장은 서랍에서 담배 주머니가 가득 담긴 대형 봉투를 꺼냈다. 재소자에게 압수한 물건이었다. 두 사람은 서로 속닥이더니 과장은 다른 사무실 쪽을 힐끔거렸다. 교정부 감독관들이 그곳에서 잡담 중이었다. "어디든 감춰둘 생각입니다." 과장이 리브스에게 지시해 수감동 감독인 테일러를 들어오게 했다. 테일러가 들어오자 과장이 20개 정도의 담배 주머니를 보여주었다.

"나를 주는 거예요?" 테일러가 물었다.

"그럼."

"다 당신이 압수한 거요?"

"그래, 보고서는 쓰지 않았어."

"그런데 나한테 준다고? 일부를?"

"아니, 전부."

나는 과장에게 보고서를 내고 방을 나왔다. 나가는 길에 사회복지사 카터를 만났다. 우리는 교도관이 문을 열어줄 때까지 멋쩍게 서 있어야 했다. 나는 몸을 앞뒤로 흔들고 그녀는 하늘을 올려다보았다.

"어때요? 지낼 만해요?" 그녀가 물었다.

"좋아요. 아주 흥미진진해요." 내가 대답했다.

교도관이 문을 열어주었다. "체질인가 보군. 이따금 사람을 뽑는 기준이 까다로운지 묻는 사람이 있어. 그럼 난 이렇게 말하지. 아, 당연히 그래야죠. 아냐, 사실 뽑고 나면 다들 멍청하고 게으르기 짝이 없어. 오는 대로 다 받으니까!" 그녀가 웃으며 말했다. "우연히 당신 같이 좋은 친구가 걸릴 때가 있지만 사실 일반적이진 않죠."

밖에서는 개구리와 귀뚜라미가 합창을 하고 있었다. 바람은 달콤하고 은은했다. 매일 밤 퇴근할 때 하는 것처럼 나는 크게 심호흡을 하고 내가 누구인지 되새겨 보았다. 카터의 말이 맞았다. 이 일은 체질에 맞는다. 기쁨과 분노의 경계는 모호해지고 고함을 치면 살아 있는 느낌이다. 죄수들에게 "안 돼!"라고 말할 때마다 쾌감을 느낀다. 내 보고서에 죄수들이 투덜대는 소리도 듣기 좋고, 너무 빡빡하게 굴지 말라는 푸념을 무시하는 것도 마음에 든다. TV 시청실에서 세탁물을 압수할 때 죄수들이 징징대는 소리를 들으면 온몸에 전율이 느껴진다. 물푸레나무동의 혼란으로 봉쇄 조치가 취해졌을 때도 소트팀이 들어와 수감동 전체에 최루탄을 쏴주기를 은근히 기대했다. 나를 비롯해 모두 기침을 하고 콧물을 쏟겠지만 어쨌거나 화끈한 반격이 될 터였다. 기분이 나쁠 리 없다. 중요한 것은 반격이다.

집으로 가는 길, 도로는 텅텅 비었다. 나무들이 헤드라이트 불빛 속으로 들어왔다가 쏜살같이 달아났다. 난 변한 걸까? 독방에서 26개월을 고생한 자가 어떻게 다른 사람을 독방에 밀어 넣을 수 있지? 기껏 마약 때문에? 삼나무동의 재소자들을 떠올려 보았다. 감방 창살을 잡고 미친 듯이 흔들어 대던 사람들. 그 소음과, 끊임없이 쏟아내던 절망의 절규들. 나도 감방 바닥에 누워 병 속의 물을 흔들어서 상상의 파도를 만들어 지켜본 적이 있다. 개미들을 보며 감탄도 해보고, 벽에 체크 표시를 해놓고는 그 속에서 내항값, 중앙값, 최빈수를 계산하고, 나도 모르게 혼잣말을 하곤 했다.

이란의 에빈교도소와 원은 너무 달라 비교조차 의미가 없지만, 머릿속에서는 각 기관의 성격이 계속 맴을 돌았다. 고독감은 사실 비교가 불가능하다. 한 개인의 정신적 안정과 타인의 광증은 사소한 차이들에서 드러나기 때문이다. 에빈에서는 매트리스가 있었다. 삼나무동의 재소자들한테는 얇은 발포고무뿐이다. 에빈에서는 최루가스를 매일 맡지 않아도 되었지만 이곳 재소자들은 다르다. 내가 운동하던 콘크리트 감방은 바람도 통하고, 원의 재소자가 하루 1시간 가는 야외 옥사보다 훨씬 넓었다. 에빈에서는 편지를 쓰지 못했다. 여기 재소자들은 가능하다. 나는 옆방 재소자들과도 조용히 얘기해야 했다. 여기 재소자들은 큰 소리로 외치고도 처벌받지 않는다. 에빈과 달리 삼나무동 재소자들은 감방 동료 앞에서 볼일을 봐야 한다. 교도관들이 볼 수도 있었다.

나는 집에 돌아가 목욕을 했다. 와인도 한 잔 따랐다. 그리고 한 잔, 또 한 잔. 어떻게든 마음을 비우고 싶었다. 내 안에 교도관과 과거의 재소자가 서로 싸우는데 도저히 말릴 수가 없다.

아무래도 이쯤에서 끝내야겠다. 넉 달이면 충분하다. 멈춰야 할 때다.

며칠 쉬었다 돌아가 보니 교정부 관리들이 보이지 않았다. 부소장 파커는 신이 나 있었다. 교도소를 빼앗기지 않은 것이다. "위대한 루이지애나 주 정부는 양손에 총을 휘두르며 등장했지. 원을 갈기갈기 찢어놓고 싶었을 거야." 그가 아침 조회에서 이렇게 말했다. 교정부도 나름대로 직원과의 인터뷰에서 알아낸 사실들이 있었다. 직원들은 '합성 마약을 산더미처럼 들여오고' 재소자들과 성관계를 가졌다. "한 직원은 부소장인 나보다 재소자들을 신뢰한다고 말하더군. 뭐라고 했는지 아나? '재소자 덕분에 내가 아름답다는 사실을 깨달았어요. 그런데 왜 사랑하지 않겠습니까? 그가 필요하다는 물건을 가져다주지 못할 이유가 어디 있죠? 당신들이 줄 것도 아니잖아요?'"

교도관들은 고개를 절레절레 흔들었다. 며칠 전, 수습 동기였던 스털링을 소트팀이 교도소 밖으로 끌고 갔다. 금지 물품을 들여오고 재소자에게 연애편지를 쓴 죄였다. 재소자 출신의 교도관 윌리스는 최근 교도소를 무단조퇴하고, 그의 근무지에서 휴대전화 다발이 발견된 죄로 해고당했다.

난 정확하게 어떻게 떠나야 할까? 조용한 시간, 그냥 열쇠를 돌려주고 정문으로 걸어 나갈까? 뒤에서 부르는 사람은 모른 척하고? 베이클과 악수를 하고, 재소자들한테 작별인사는 해야 하지 않을까? 코너 스토어에게는 전화번호를 알려주고 나오는 대로 전화하라고 얘기해 주고 싶은데? 이곳을 떠나면 난 트럭을 몰고 더러운 숲속 길을 최대속도로 달릴 것이다. 진흙이 튀고 음악은 쾅쾅 울려대리라.

파커는 교정부 소장들에게 배웠다며 한바탕 연설을 했다. 그 사람들 이야기가 여기는 나를 비롯해 하나같이 주인의식이 부족하다고 했다. 지금부터는 일절 봐주는 일 없다. 식사 시간에 플로어 문을 열면 재소자들에게 1분 30초의 여유만 주고 이렇게 외친다. "준비 끝! 폐문!" 식사를 못 해서 억울해하면 철창에 나와서 떠들어도 좋다. 우리는 원위치를 지시하고 말을 듣지 않으면 불복종으로 간주한다. "흠, 그냥 이름만 부르면 되는 거야. 팡팡! 흑인 닌자들을 안에 처넣으면 저들끼리 지지고 볶을 거야. 지옥문 하나 만들어 두면 그만이라고." 파커 사무실에 가서 직접 사표를 제출하고 그간 겪은 얘기들 몇 개 들려줄까? 재소자들과 교도관들의 불만도 얘기하고?

나는 물푸레나무동에 갔다. 그날 오전 늦게 옛 교관 케니가 찾아왔다. 나는 긴장했다. 몇 주 전 프라이스가 떠난 후 물푸레나무동은 매니저 없이 케니가 임시로 떠맡았다. 처음부터 나를 의심스럽게 보던 그는 내가 그만둔다고 하면 특히 좋아할 인물이다. 그런데 오히려 나를 보며 가볍게 미소를 짓는다. "소장님 말씀이 관리에 정통하고 자격도 있는 사람이 필요하다는군. 나라면 자네를 추천하겠네. 진급 생각이 있으면 내가 꿈을 이루어 주지." 나만 관심이 있다면 교사나 교감, 교정 상담원, 뭐든 내가 원하는 대로 해주겠다는 이야기였다. 이곳에 온 지 4개월도 되지 않았는데 말이다.

"다음 주가 될 테니 준비를 해두게. 처음에는 나하고 일하게 될 거야. 다음 단계를 위해 배울 게 많아."

나는 의자에 앉았다. 교사가 되면 지정 근무지가 어디든 상관없이 교도소 주변을 확보할 수 있다. 어느 직장에서 이렇게 빨리 성공의 문을 열어주겠는가? 여기까지 왔으니 조금 더 버텨볼까? 터커를 불러 소트팀에 합류하고 싶다고 할 수도 있다. 중서부에 있다는 소트

아메리칸 프리즌

훈련센터도 보고 싶다. 진급하고 소트 훈련을 마친 다음…… 떠나면 그만 아닌가.

　며칠이 흘렀다. 나는 편집장한테 이메일을 보냈다. "더 이상 참지 못하겠다"라고 하자 "짐 쌀 시간이 된 듯하다"라는 답장이 돌아왔다. 난 답신하지 않았다. 교도소의 시간은 과거로 돌아갔다. 교정부 관리들이 떠나자 그들이 강조한 질서도 사라졌다. 차이가 있다면 죄수들의 저항이 전보다 강해졌다는 정도다. 나는 진급에 대한 기대감으로, 점호 시간마다 플로어를 오르내리고, 침상에 제대로 앉으라고 악을 바락바락 쓰고, 재소자가 잠을 자면 침대를 걷어찼다. 흥분할 필요도 없었다. 그저 하루 종일 보고서를 쓰면 그만이었다. 한 놈, 또 한 놈, 나는 보고서를 차곡차곡 쌓아 올렸다. 하루에 25명을 징계하기도 했다. 점호 시간에 일어나 앉지 않으면 가중불복종이다. 욕을 하면 반항으로, 점호 준비 중에 샤워하면 위치이탈로 보고했다. 침상위의 임시 빨랫줄도 끊었다. 재소자들이 옷을 말리는 곳이지만 빨랫줄은 금지 물품이다.
　퇴근을 해도 불안하기는 마찬가지였다. 아내 새라와의 관계도 꼬여갔다. 마치 하루 종일 재소자와 싸우는 기분이건만 일을 마치면 전화로 아내와의 싸움이 이어졌다. 이젠 싸움도 일상이 되었다. 아내에게 전화를 걸고 이야기하다가 싸우고 전화를 끊는다. 처음에는 이

프로젝트를 하라고 격려해 주었지만, 이젠 그녀도 내가 너무 깊이 들어갔다고 여긴다. 아내는 내가 변했다고 했다. 아내와 대화할 때면 늘 교도소 얘기만 했는데 그 모습에 불안해진 것이다. 예전에는 시스템 문제들에 집중했는데 이제는 대부분 재소자들과 문제, 최근의 칼부림, 교도소 동료들과의 불화 따위를 이야기한다. 아내는 내가 늘 화가 나 있으며 얼마나 변했는지 모른다고 했다. 아내가 화난 이유는 내가 아내의 지지를 회복할 여유도, 힘도 없기 때문이라고 했다.

3월 중순, 아내가 나를 만나러 캘리포니아에서 건너왔다. 아내를 직접 만나니 긴장은 줄고 아득해 보이던 우리의 세계도 그렇게 멀어 보이지 않았다. 그래도 아내는 내 표정이 늘 흔들리며, 가벼운 틱 증세까지 보인다고 했다. 호흡도 정상이 아니고, 잠을 잘 때는 몸을 뒤척이며 끙끙 신음을 흘린다고 했다. 아내는 나를 끌어내기 위해 이곳에 왔다. 언제 그만둘지 계속 물었지만 난 생각해 보겠다고만 대답하거나, 화제를 바꿔버렸다.

어느 날 늦은 밤, 새라가 나를 깨웠다. 《마더존스》 동료인 제임스 웨스트James West가 기사에 넣을 사진이 필요하다며 얼마 전 루이지애나에 왔는데 윈 교정센터에 야간촬영 나갔다가 돌아오지 못했다는 것이다. 뭔가 잘못됐다. 우리는 전화를 걸기로 했다. 윈 교구의 크랜퍼드 조던Cranford Jordan 보안관이 전화를 받더니, 제임스는 당분간 구치소 신세를 져야 한다고 말했다. 얼굴에서 피가 다 빠져나간 기분이었

아메리칸 프리즌

다. 그런데⋯⋯ 나도 잡으러 올까? 새라와 나는 기사와 관련된 물건들을 주섬주섬 챙겨 새벽 2시에 호텔에 투숙했다.

제임스는 오후 7시 45분경 렌트카를 교도소 인근 길가에 주차했다. 교도소와는 도로 맞은편이었다. 그는 교도소를 촬영하기 위해 이정표에 소형 고프로 카메라를 부착해서 그 장소의 타임랩스 영상을 촬영했다. 그러고 나서 넓은 들판을 가로질러 숲속으로 들어갔다. 망원렌즈로 교도소를 촬영할 장소를 찾아볼 생각이었다. 그런데 어둠 속을 헤매다 발이 진창에 빠지고 말았다. 그는 주머니에서 아이폰을 꺼내 조명으로 헤어 나올 수 있었다. 몇 분 후 300미터 거리의 교도소 탐조등들이 일제히 그가 있는 방향을 비추었다. 제임스는 몸을 낮추고 꼼짝도 하지 않았다. 탐조등이 사라진 후 자동차를 향해 출발하는데 다시 탐조등이 숲을 훑었다. 마침내 도로에 돌아왔더니 교도소 순찰차가 50미터 뒤에 서 있었다.

제임스가 손을 흔들었다. 여보세요? 여보세요? 하지만 대답도 없고 순찰차도 다가오지 않았다. 제임스가 자기 차에 탔다. 차를 몰고 떠나는데 문득 고프로 생각이 났다. 메모리카드에 나를 인터뷰하며 촬영한 영상이 들어 있었다. 교도관들이 찾아낸다면 내 위장은 들키고 만다. 그는 길 가장자리의 어둠 속에 차를 세워놓고 40분 동안 기다렸다가 돌아갔다. 어두운 숲에서 교도소 공터로 나가자 청색과 적색의 조명들이 그를 비췄다. 경찰차와 교도소 차량 몇 대가 원 주변의 도로를 봉쇄 중이었다. 제임스의 차가 접근하자 그들이 차에서 내릴 것을 요구했다.

3명의 부보안관과 5~6명의 소트팀 대원들이 그를 에워쌌다. 제임스는 호주의 운전면허증을 내밀었다. 그들은 숲속에서 뭘 하고 있었는지 물었다. 제임스는 당황해서 잠시 차를 세우고 도로변에서 소변을 봤다고 거짓말했다. 소트팀이 그의 차에서 물건을 끌어내 거리에 늘어놓기 시작했다. 물론 가방에는 카메라 장비가 가득했다. 오케이, 난 사진작가예요. 지방을 돌아다니며 촬영 중이죠.

그들이 소지품을 뒤지자 제임스는 그만둘 것을 요구했다. 이건 불법 수색입니다. 하지만 그들은 아랑곳하지 않았다. 당신, 총 맞지 않은 게 천운이야! 당신이 누군지 어떻게 알아? 테러분자일 수도 있는데. 부보안관이 으르렁거렸다. 보안관 둘이 보디캠을 켜서 녹화를 시작했다.*

"여기서 무슨 사진을 찍은 거요?" 하얀 콧수염, 배불뚝이 부보안관이 땅바닥의 카메라를 가리키며 물었다. 부보안관의 이름은 켈리 패닌^{Kelly Fannin}이다.

"내 사진입니다." 제임스의 목소리에서 두려움이 배어 나왔다.

패닌이 카메라 메모리카드를 봐야겠다고 우겼다.

"아뇨, 보여줄 수 없습니다." 제임스가 말했다. 먼저 수색영장이

---

*   후에 보디캠 데이터를 확보했다. 다음의 행동과 대화는 그 데이터를 녹취한 것이다.

있어야 한다는 정도는 그도 알고 있었다.

"당신 소지품을 모두 압수하겠어." 패닌의 위협에 제임스는 얼른 카메라부터 주워 들었다.

"이런, 이리 와!" 패닌이 외치며 제임스의 팔을 잡았다.

"카메라는 내 것입니다. 빼앗으면 불법이에요." 다른 부보안관이 제임스한테서 카메라를 낚아챘다.

"무단침입으로 고발할 수도 있어. 오늘 밤 구치소 맛 좀 보여줄까?"

"아니, 싫습니다."

소트 대원이 자동차에서 상자에 담긴 드론을 꺼냈다. 교도소를 항공촬영할 계획이었지만 드론이 말을 듣지 않았다. 제임스는 아마존에 환불을 요구할 생각이었다.

"돌아서서 손을 등 뒤로 돌려." 부보안관이 말했다.

"이런, 협조하고 있잖아요."

"협조 같은 소리 하고 자빠졌네!" 장교가 수갑을 채우고 권리를 읽어준 다음 순찰차 뒷좌석에 넣고 쾅 문을 닫았다. 바로 옆에 독일산 셰퍼드가 우리에 갇힌 채 실려 있었다.

"무단침입으로 입건할 생각입니다. 늘 있는 일이죠. 이 친구는 캥거루를 찾아 헤매다 잡힌 걸로 하면 돼요."

"그 방식 맘에 듭니다, '쌈박'하네요." 소트 대원의 칭찬에 패닌이 키득거렸다. 소트 대원 한 명이 제임스의 카메라 사진들을 훑어보는 동안 부보안관들도 끼어들었다. "호주, 뉴사우스웨일스의 법은 우리랑 다른 모양이로군. 자유의 땅 원에 오신 걸 환영합니다." 다들 웃었다.

그들은 제임스를 윈필드의 구치소로 데려가 옷을 벗기고 수갑과 족쇄를 채우고 항문까지 확인했다.

새벽 5시, 나는 호텔에서 일어나 전화로 병가 신고를 했다.

제임스가 깨어나자 옆방에서 누군가가 그를 불렀다. "어이, 아가씨! 이봐! 남자랑 잔 적 있어? 하고 싶지 않나? 여자 구멍 본 지도 오래됐는데 말이야." 이런 식의 소음이 몇 시간이나 계속됐다.

제임스는 부모님께 전화하게 해달라고 부탁했다. 새벽에 당신 안쏜 것만 해도 천운이라고 말해! 보안관이 소리쳤다.

1시간을 운전한 끝에 페덱스를 찾아 노트와 녹음 파일을 모두 주 밖으로 내보냈다. 《마더존스》의 변호사와도 통화했다. 변호사는 보석으로 제임스를 빼내고, 보안관이 카메라 압수영장을 받지 못하게 하겠다고 답했다.

남자 셋이 제임스에게 족쇄를 채운 채 어느 방으로 데려갔다. 주 경찰 두 명, 지역 부보안관 한 명, 국토안보부 요원 한 명이 기다리고 있다가 제임스를 신문하기 시작했다. CCA에서 확인한 내용들을 있는 대로 적어요. 우린 그곳하고 아무 관계 없습니다. 예전부터 문제가 많은 곳이죠. 그중

아메리칸 프리즌

한 사람이 말했다.

당신 친구가 교도소에서 일한다 해도 상관없어요. 경찰이 그렇게 덧붙였다. 제임스는 '친구'가 나라고 판단했다. 저녁 무렵 1만 달러의 보석금을 내고 제임스를 빼냈다. 기사가 나오면 한 부 보내줘요. 경찰 한 명이 그에게 말했다. 교도관도 그를 내보내며 한숨을 쉬었다. 거기 들어가 눈으로 봤어야 해요. 내 개도 맡기고 싶지 않은 곳이거든요.

새라와 나는 윈필드의 주유소에서 제임스를 태워 시내를 벗어나 호텔로 데려갔다. 다음 날 아침 다시 병가 신청을 했더니 과장이 출근할 때 진단서를 가져오라고 주문했다. 아래층 호텔 로비에 내려가 커피를 마시는데 호텔 밖에 소트팀이 검은 유니폼 차림으로 서 있었다. 벨트에 달린 케이블타이 수갑도 보였다. 나를 찾는 걸까? 새라와 제임스, 내가 옆문으로 나와 트럭을 빼내는데 또 다른 대원이 보였다. 분명 교도소에서 본 사람이다. 우리는 아파트로 돌아가 황급히 물건을 비닐봉지에 쓸어 넣고 트럭에 실었다. 교도소를 지날 때 제임스가 뛰어내려 고프로를 회수했다. 다행히 아직 이정표에 묶여 있었다. 우리는 국경을 넘어 텍사스로 향했다. 바람에 유정탑들이 휘청거리고 숲이 요동을 쳤다. 태양은 들판 위를 내리쬔다. 운전사 식당에서는 운전에 지친 사내들이 커피를 마셨다. 새라와 제임스는 마음을 놓고 한창 즐거워했지만 난 왠지 슬펐다.

댈러스에 도착해 부스에 앉아 맥주를 마실 때쯤에야 비로소 긴장이 풀어지기 시작했다. 주변도 훨씬 밝아 보였다. 몇 달 만에 처음으로 내일 걱정에서도 벗어나 술과 춤, 웃음 가득한 밤을 음미했다. 다음 날 아침 나는 호텔에서 염소수염을 깎고 원래의 모습을 회복했다.

나는 윈의 인사과에 전화했다. "교도관 바우어입니다. 그만두기로 결정해서 전화했습니다."

"오, 바우어 씨, 정말 유감이에요. 정말 아까운 분이신데요. 평가도 좋고 이곳에 오래 일하면서 진급도 빨리 하실 줄 알았거든요. 아이고, 아까워라. 정말 아쉽군요. 혹시, 후에라도 마음이 바뀌시면 언제든 연락 주세요." 인사과 담당자는 그렇게 말했다.

에필로그

내가 마을을 떠나고 베이클이 원에 출근했을 때 정문 교도관이 그에게 부소장 파커가 찾는다고 전했다. 내가 무슨 잘못을 저질렀던가? 베이클은 긴장했지만 파커는 그저 나에 대해 뭘 아는지 물었다. "좋은 파트너였습니다. 즐겁게 일했어요. 보고서 작성에 전혀 거칠 게 없는 친구였죠." 베이클이 대답하고 무슨 일이냐고 물었으나 파커는 대답하지 않았다.

베이클은 퇴근 길에 정문 교도관에게 물었다. "바우어한테 무슨 일이 있나?"

"모르셨어요? 위장한 기자였대요!" 교도관이 대답했다.

10개월 후 베이클은 전화로 그때 이야기를 전해주었다. "얼마나 웃기던지. 기억하는지 모르지만 자네한테 언젠가 그런 이야기를 했지. 르포 기자가 들어오면 좋겠다고."

내 소문은 순식간에 퍼졌다. 내가 떠난 다음 날, 윈필드 신문에서 내가 교도소에서 일한 사실을 보도했고 내셔널미디어에서도 그 얘기를 다뤘다. CCA는 내 위장취업을 거론하며 "그의 기자정신이 올바른지 심각한 의문을 던지지 않을 수 없다"라고 논평했다. 함께 일했던 교도관 둘이 곧바로 연락을 취해 왔다. 캘러헌은 일이 너무 위험하다며 나보다 먼저 그만두었는데, 페이스북을 통해 내게 기록을 남겼다. "헤이, 친구, 기가 막힌 한 방이었어요." 다른 한 사람은 이메일을 보냈다. "와우, 바우어! 자랑스럽네! 무슨 말을 해야 할지 모르겠군 그래."

나는 이 책에 언급한 사람들을 모두 만나 윈에서의 경험에 대해 묻고 싶었다. 몇 명은 한마디로 거절하고 다른 사람들은 전화와 편지에 대답하지 않았으며, 일부는 어디에 사는지조차 알 수 없었다. 그렇다 해도 말하고 싶어 하는 사람들은 많았다. 코너 스토어는 자신도 그렇고 다른 재소자들도 내가 어딘가 이상하다고 생각했단다. "사실, 5분마다 수첩을 꺼내 드는 교도관은 없거든요. 다들 '오, 그럴 줄 알았어. 알았고말고' 하는 분위기였으니까." 콜린스워스는 내가 기자라는 사실을 알았을 때 '죽여준다'고 생각했단다. 귀가 어둡고, 독일산 셰퍼드를 키우던 크리스티안은 "대부분이 다 같은 심정일 거예요. 빨리 책이 나와 읽고 싶어요"라고 연락을 보내왔다.

나를 기피하리라 여겼던 사람들까지 관심을 드러냈다. 그중 한

아메리칸 프리즌

명이 보안팀 부팀장 로슨이었다. "그 양반들, 당신 정체를 알고 식겁하더군. 그러니까 '오, 세상에! 맙소사!' 이런 분위기였네." 교정부는 황급히 직원들을 다그쳐 내 뒷조사를 시켰다. CCA 본사에서도 위에 사람들을 보내 나에 대해 '광범위한' 조사를 주문했다. "당신 이름이 붙은 건 뭐든 모았을 거야." 로슨이 말해주었다. 우습게도 수사는 물건에만 집중되었다. 내가 보기에 관찰자에서 진짜 교도관으로 변신을 상징했던 물건은 바로 물푸레나무동에서 압수한 휴대전화다. "그 전화기 때문에 네댓 번 전화를 받았어요. 회사에서는 당신이 전화기를 들여왔거나, 아니면 그 안에 정보가 들었다고 우기고 싶을 거야. 난 속으로 '식수기에서 찾아낸 건데'라고 생각했지만."

전화기는 보고서를 올리고 프라이스에게 넘긴 후 지휘계통 어딘가에서 사라지고 말았다. 사라진 휴대전화의 미스터리는 광범위한 수사를 불렀는데 그 와중에 크리스티안과 로슨이 전화기를 재소자들에게 팔았다는 혐의로 해고당했다. 두 사람 모두 혐의를 부인했다. CCA도 법적 조치까지 취할 생각은 없었으나 로슨은 직후 주 밖으로 빠져나왔다. 로슨 말에 따르면, 부소장 파커는 그녀에게 내 사진을 보내며 정체를 아는지 물었다. 안다고 확인해 주자 파커는 사진을 삭제하면서 "사진을 당신한테 보냈다는 사실을 잊어달라"라고 했지만, 프라이스는 사진을 보관했다가 내게 이메일로 보내주었다. 내 비디오가 재생되고 있는 노트북 화면의 사진이었다. 나도 곧바로 알아보았다. 제임스가 체포되기 전날 오후 나를 촬영했는데 바로 그 메모리 카드를 손에 넣은 것이다. 소트팀과 보안관보들한테 둘러싸인 뒤, 유치장에 갇히면서도 제임스는 카메라와 카드를 보호하려 애썼다. 보안관이 수색영장을 받아내지 못했지만 누군가 미리 확인을 했다는 이야기다. 나는 제임스에게 교도소 이야기를 하고 있었다. 그들이 그 장면을 사진으로 찍어 교도소장에게 보냈을 것이다. 사진의 지리 정보를 확인해 보니 촬영 장소가 보안관 사무실이었다.[*]

2015년 4월, 윈을 떠나고 2주쯤 지났다. CCA는 교도소 계약을 취소할 계획이라고 교정부에 통보했다. 원래 말소기일은 2020년이다. 후에 교정부가 보내준 기록에 따르면 2014년 말(내가 훈련받던 시기였다), 교정부는 CCA의 계약 준수 현황을 점검하고 윈에 즉각적인 개선을 촉구했다. 고장 난 문과 카메라들, 사용하지 않는 금속탐지기 등 몇 가지 보안 문제가 드러났기 때문이다. 교정부는 또한 재소자의 여가와 활동을 보장하고, 훈련을 개선하고 교도관을 충분히 고용하고 의료 및 정신건강 담당자를 기준에 맞게 확보하며 '전반적인 관리 부실'을 점검 및 보고하라고 요청했다. CCA의 최고 교정 책임자가 확인해 준 바에 따르면, 교정부의 보너스 문제도 제기했다. 윈 교도소장의 보너스가 '기본수요를 외면'했다는 것이다. 교정부는 주

---

[*] 윈 교구의 보안관 얘기로는 제임스의 소유물을 수색했다는 얘기는 "들어보지 못했다"라고 했다.

정부가 제공하는 화장지와 치약 비용을 재소자에게 청구하고, 손톱깎이를 사용하는 데에도 비용을 청구했다. 다만 주주 보고서에는 원에 문제가 있다는 이야기는 전혀 없고, 그저 교도소가 돈을 많이 벌고 있다는 정도였다.

내가 떠나고 6개월 후 루이지애나에 본사를 둔 라살교정회사LaSalle Corrections가 원 교정센터를 인수했다. 이듬해 여름, 루이지애나는 교도소 예산을 삭감하고 일일 공제비용을 재소자당 24달러로 내렸다. CCA 기준보다 10달러나 낮은 액수였기 때문에 라살도 의료 서비스를 줄일 수밖에 없었다. 비상근 의사가 주당 20시간을 돌며 재소자 1,400명을 진료했다. 정신과 진료와 교육 프로그램 몇 개도 중단되었다.

라살이 인수한 후 교도관이 일부 남기는 했지만 떠난 사람이 더 많았다. 크리스티안처럼 CCA가 해고한 사람 중 일부는 라살이 재고용하기도 했다. 베이클은 제재소에 취직했는데, 동료 하나가 그가 물푸레나무동에 있을 때의 죄수였다. 캘러헌은 지역 구치소의 교도관이 되었다. 기본 군사훈련을 받거나 텍사스로 넘어가 경비원 일을 하는 사람들도 있었다. 그 밖에는 아직 실업 상태였다. 부소장 파커는 또 다른 CCA 교도소에서 비슷한 직위를 받았다. 원의 재소자 일부는 주 맞은편의 교도소로 이감되고 다른 사람들은 풀려났다. 다른 사람들이 무슨 이유로 들어왔는지는 대체로 모르지만, 코너 스토어가 무장 강도와 강간죄로 복역한다는 사실을 알고는 충격을 받았다.

원을 떠나고 5개월 후《마더존스》에 편지 한 장이 도착했다. 기사를 출간하면 고소하겠다는 CCA의 협박장이었다. 발신자는 CCA의 사내 변호인단이 아니라《마더존스》도 잘 아는 법률회사였다. 억만장자 정치 기부가인 프랭크 밴더슬룻^{Frank VanderSloot}의 소송을 대리 중인 회사인데,《마더존스》가 자신의 성소수자 혐오 활동을 보도했다며 고발한 적도 있다. 밴더슬룻은 패소한 후, 우리를 고발하는 사람들에게 100만 달러를 지원하겠다는 공약을 내세우기도 했다.

CCA의 경고장에는, 회사가 최근 재소자들과 나의 접촉을 감시하고 있으며 내 소셜미디어를 주시하고 있다는 암시가 들어 있었다. CCA 변호인단의 주장에 따르면, 나는 회사의 행동수칙을 어겼다. "피고용인은 모두 회사의 기업 비밀과 민감한 정보를 보호해야 한다." 교도관 신분으로 민감한 정보에 관여할 리 없으므로, 원에서 내가 경험하고 관찰한 일상들이 모두 '기업 비밀'이라는 뜻이라는 것을 말한다.

내 책으로 인한 피해를 최소화하기 위해 CCA는 힐렌비^{Hillenby}, 그러니까 르포 기자 상대를 전문으로 하는 홍보회사와도 계약을 맺었다. 힐렌비는 웹사이트를 통해 "강성 활동 매체를 비롯해 전국 TV 네트워크, 르포 성격의 케이블뉴스 프로그램, 그 밖의 활자 및 디지털, 방송 매체를 통한" 르포 기사 발행을 성공적으로 막아냈다고 자평했다. 힐렌비는 또한 기업을 도와 르포 기자와의 서신 왕래시 "일정한 언어를 사용해 법적 위험의 개념을 알리도록 유도"한다는 설명도 덧붙였다.

CCA는 나와 《마더존스》를 고소하지 않았다. 다만 기사가 나간 후 "《마더존스》를 고발한다"라는 제목의 메모를 기자들에게 돌렸다. 그들은 내가 "활동가 기자"이며, 《마더존스》 구독자들에게 "사실과 데이터에 입각한 기사가 아니라 편견과 조작으로 점철된 가짜뉴스"를 강요한다며 비난했다. 메모의 내용은 내가 CCA를 통해 회사 관련 인터뷰를 하는 것보다 교도관으로 위장 취업했다는 사실에 더 초점을 맞췄다. 그간 목격하고 경험한 사실들을 상급 관료에게 보고하지 않고 기사화함으로써 교도소와 고용인들의 "안전과 보안을 위기에 빠뜨리기도 했다". 또한 "우리가 제공하는 해결책을 외면하고, 우리 회사를 지지하는 개인은 일부러 외면했다며" 비난했다. 원을 떠난 후, 나의 사내 인터뷰 요청을 회사가 거절했다는 사실은 언급하지 않았다. 회사 대변인조차 나와 대화하기를 거부했음에도 불구하고 말이다. CCA는 결국 내가 보낸 150여 개의 질문에 답변을 보내왔다. 최근 기자들에게 보낸 메모에서는 질문에 답하기 위해 나에게 "좀 더 명확한 정보"를 요청했지만 내가 "의도적으로" 외면했다며 비난했다. 회사가 요구한 "명확한 정보"라는 게, 교도관, 재소자 등 내가 보호할 책임이 있는 사람들의 명단이라는 얘기는 언급하지 않았다.

어느 편지에서는 CCA의 대변인이 "사업과 교정 일반에 대한 오해"를 들먹이며 나를 13번이나 비난했다. 동시에 내 방법이 "유명인과 연예 기사에나 어울린다"라며 조롱하기도 했다.

2016년 3월 코너 스토어가 자유의 몸이 되었다. 출옥 자격을 얻은 후에도 꼬박 1년을 교도소에서 지냈다. 그동안 CCA가 갈 곳을 마련해야 했으나, 결국 어느 변호사가 아버지 주소를 추적해 그곳에 머물도록 조치를 취해주었다. 코너 스토어는 그레이하운드 버스를 타고 배턴루지까지 갔고 그의 모친이 텍사스에서 차를 몰고 와 그를 맞아주었다. 이제는 해물 요리를 먹고 빗속을 산책한다. 자동차를 개조하는 일자리도 얻었다. 이따금 훌쩍 아무 버스나 잡아타고 도시 구경을 나오기도 한단다.

그가 나오고 2주 후, 제임스와 내가 그를 찾아갔다. 공항 근처의 조용한 거리, 부친이 우리를 맞아주었다.

"자네들 그 애를 데려갈 건가?" 소파에 앉아 기다리는데 그의 부친이 물었다. 코너 스토어는 방에서 외출 준비를 했다.

"예, 가고 싶은 곳이 있다면 데려가야죠." 내가 대답했다.

"잡아가려고 온 게 아니라는 말인가?" 코너는 방에서 나오자마자 밖으로 나갔다. 우리한테도 곧바로 차에 타라고 했다. 거리에서는 아무 말도 하지 마. 그는 잔뜩 긴장한 표정이었다.

아메리칸 프리즌

"헤이, 문제가 생겨서 온 건 아니죠, 응?"

"뭘 걱정하는 거요?" 내가 물었다.

"있으면 있다고 해요. 나야 돌아가면 그만이니까."

"누가 뭐라고 그래요?"

"자유인들."

"다시 잡혀갈까 봐 불안한 거요?"

"아닐 것도 없잖소?" 그가 대답했다. 가석방 때는 사소한 잘못에도 다시 끌려갈 가능성이 크다. "거기 인간들, 나를 다시 본다 해도 반갑지는 않을 거요. 당신이 이 문제를 터뜨렸다고 불만이 가득할 테니까."

다음 날 데리러 갔더니 아직 미시시피강을 본 적이 없다고 했다. 그는 자라면서 낚시를 하곤 했다. 우리는 강으로 향했다. 함께 앉아 잠시 이야기를 나눈 후, 그도 더 이상 지나가는 사람들 눈치를 보지 않았다. 대신 우리는 반짝이는 수면을 내려다봤다. 예인선 한 척이 철벅거리며 지나갔다. 그가 제방 아래로 내려가더니 두 손으로 물을 담아 냄새를 맡았다. 그리고 크게 심호흡도 했다.

1년 후 코너 스토어는 체포되었다. 10세 소녀에게 오럴섹스를 제의하고 비밀로 해달라고 뇌물까지 준 혐의였다. 지금은 다시 교도소에 들어가 있다.

윈을 떠나고 14개월 후 《마더존스》는 내 기사를 실었다. 전국 CCA 교도소의 재소자와 직원이 내게 편지와 이메일을 보내 유사한 문제들을 고발했다. 비판적인 의견은 단 한 건이었다. 발신자는 크리스티안의 아내였다. 그녀는 크리스티안이 그린도트를 수집했다는 얘기는 조작이라며 분개했다. 그에 덧붙여 자기도 열아홉 살 이후로 그곳에서 여러 차례 일했는데 내 묘사가 완전히 '허구'라는 얘기도 했다. 예를 들어, "왜 출옥한 사람을 인터뷰하려는 거죠? 당신은 그렇게 살지 않아도 되는 사람이라 두려울지 몰라도 다른 사람들은 달라요"라고 썼다. 그녀는 내가 그 일을 좋아하지 않아 다행이라고 했다. 이제 윈필드에 돌아올 필요가 없다는 이야기였다. "네, 잘 먹고 잘사세요."

CCA 교도소 출신의 전직 조사관도 이메일을 보냈다. 그녀는 교도소 시스템에서 14년을 일했는데 "CCA를 위해 일하며 지낸 5년이야말로 가장 치욕적이었습니다. 모든 점에서 그랬죠. 그 회사와 그 황망한 환경에서 일한 충격으로 기어이 허물어지고 말았는데 여태껏 회복이 되지 않는군요. 기자님 기사를 읽으면서…… 눈물도 흘리고, 키득거리며 웃기도 하면서 조금 치유도 된 듯합니다. '작가'의 목소리에도 강한 연대를 느꼈어요…… 기자님도 충분히 짐작하시겠지만 저도 끔찍한 얘기를 많이 알고 있답니다. 어딘가에 써내고 싶은 이야기들이죠. 아니, 어쩌면 그냥 묻어버린 채 영원히 생각하지 말아야 할 얘기들인지도 모르겠군요."

그녀를 괴롭힌 문제는 재소자와의 관계나 권력의 심리학 따위가 아니었다. 그보다는 귀중한 삶을 몇 년이나 회사를 보호하는 데 헌신했다는 사실이 견디기 어려웠다. 그녀의 업무에는 증거수집도 있었다. 누군가 소송을 걸면 CCA가 반박할 때 쓸 자료들이다. 교도관을 포함해 위급한 사건이 발생할 때마다(예를 들어 폭력 사용이나 성폭행 주장) 그녀와 고위직 임원들은 소장실에서 감시카메라를 확인하며 반대 증거를 챙겼다. "회사 편에서 유리한 내용이 나오면 그 내용을 디스크에 담게 했어요." 그녀가 전화 통화로 한 얘기였다. 그렇지 않으면 대체로 자동으로 지워지게 방치했다. 5년 동안 근무하면서 법정에 오른 경우는 단 한 번이었다. 그 밖에는 모두 합의 처리했다. "기본적인 생각이 그래요. 최소한의 액수로 문제를 없앨 수 있다면 그냥 줘버리고 말자."

"이런 일은 언젠가 끝날 수밖에 없어요. 집에서 난 완전히 다른 사람이 되었죠." 그녀가 말했다. 어느 날 신입 재소자가 경찰의 총에 맞고 의료동에 입원했다. 병원에서 얼마간 지낸 후 재입소했지만 회복이 불충분한 탓에 얼마 후 감방에서 시체로 발견되었다. 사후경직 시간을 헤아려 보면 죽은 지 적어도 8시간은 지나 있었다. 그녀는 병동의 재소자들을 면담했다. 증언을 종합해 보면 밤새도록 도움을 요청했지만 아무도 오지 않았다는 것이다. 그녀는 재소자들에게 진술서를 받아 교도소장에게 보고했다.

"이 진술서들을 읽으셔야겠습니다." 그녀가 소장에게 말했다.

"내가 왜 읽어야 하는데?"

"몇 가지 점에서 중요한 의미가 있다고 생각해서요."

"나가는 길에 휴지통에 버리기나 해."

그녀는 죽은 재소자의 소지품을 들고 나와 고인의 모친에게 돌려주었다. 모친은 차를 타고 왔는데 뒷좌석에서 고인의 아이 셋이 울고 있었다. "그런데도 뭐요? 45명의 재소자가 증언한 내용까지 내버리라고요?" 한 달 후 그녀도 그만두었다.

"내가 힘들어하는 이유는…… 한 인간의 인간성 말살 때문일까요? 아니면 회사 때문이었을까요? 이 회사의 제도적 문제 같은? 아니면 책임자라는 이름의 악마들 때문인가요? 정답은 모르겠지만, 기자님 기사를 읽으면서 갑자기 울컥했어요. 너무도 많은 부분이 일치해서일 겁니다. 그러고 보니 회사의 체계적 탐욕이 원인일 수도 있겠네요."

가장 놀라운 이메일은 법무부 감찰관실에서 온 것이다. 원에서의 경험을 함께 이야기해 보고 싶다는 내용이었다. 상급 고문의 얘기로는, 기사 내용이 법무부 직원들이 연방 민영교도소에서 목격한 실상과 흡사했다. 부감찰관은 내가 워싱턴 사무실을 방문해 줄 것을 권유했다. "간단하게 말해서, 귀하께서 CCA와 윈 교정센터를 잠복 취

아메리칸 프리즌

재한 내용이 매우 흥미롭기도 하고 또 우리 임무와도 밀접한 관계가 있습니다." 그의 이메일 내용은 그랬다. 나도 가겠다고 답신을 보냈다. 일주일 후 법무부 감찰관은 민영교도소의 안전, 보안, 관리에 대한 끔찍한 보고서를 배포했다. 민영교도소가 공공기관이 운영하는 교도소보다 폭력적이고 교정 프로그램이 기준 미달이며, "비용 면에서도 효율성이 떨어진다"라는 내용이었다.

그리고 일주일 후, 연방정부는 민영교도소와의 계약을 중지하겠다고 공표했다. 그 결정은 연방교도소에만 해당하고 원 같은 주립은 예외였지만, 그래도 13개 시설, 2만 2,000여 명의 재소자가 더 이상 기업의 손아귀에 놀아나지 않아도 된다는 뜻이었다. 법무부 계약은 CCA 수입의 11퍼센트에 불과하지만 연방의 방침이 나오자 CCA와 GEO 그룹의 주가는 거의 절반 가까이 추락했다. 며칠 후 CCA는 비용 절감 차원에서 55개 상근 보직을 잠정 해고할 계획이라고 발표했다.

2017년 5월, 내슈빌에 있는 CCA 본사를 방문했다. 녹색 창의 평범한 4층 건물이었다. 회사의 이름을 드러내는 로고나 기호는 하나도 보이지 않았다. 20명 정도의 시위대가 "사람 사냥, 사기꾼 집단, 물러나라!" "교도소를 교도하라!" 등의 피켓을 들고 밖에 서 있었다. 텅 빈 주차장으로 차를 모는데 스포츠 고글을 쓴 경비원들이 앞을 가로막았다. 나는 주주이며 연례 주주총회 참석 차 왔다고 말하면서 초청장을 내밀었다. 원을 떠난 지 2년이 넘었다. 이 건물 사람은 절대 나와 대화를 하지 못한다는 얘기는 들었다. 34달러를 주고 주식 한 주를 구입한 것도 그래서다. 그로써 이곳에 올 자격도 생기고 사람들을 만날 수도 있게 된 것이다.

주차장에 차를 세우는데 다른 차가 한 대 들어오고 있었다. 깡마른 중년 남자였는데 예전에는 풍채가 좋았기에 하마터면 알아보지 못할 뻔했다. 텍사스 출신의 CCA 공동설립자, 바로 T. 던 후토였다. 그가 차에서 내렸다. 내가 다가갔다.

안녕하세요, 던. 셰인 바우어입니다.

오, 그래요?

제가 누구인지 아시겠습니까? 후토는 안다고 했지만 표정은 난감했다. 전에 만나 뵙고 싶다고 이메일을 보냈죠. 물론 지금도 CCA 건립에 대해 말씀드리고 싶습니다.

아, 요즘엔 기억력이 썩 좋지 못해요. 아무튼 만나서 반가웠소. 그는 곧바로 건물 안으로 들어갔다.

로비에는 사람들이 모여 웃거나 대화 중이었다. 한 여성이 내 신분증을 확인하고는 휴대용 금속탐지기를 든 사내를 가리켰다. 사내가 나를 스캔했다. 휴대전화나 녹음 장비 따위를 확인하는 과정이다. 물론 지금은 없다. 안내데스크에서 사인을 하고 소유 주식이 얼마나 되는지 기록해야 했다. 접수를 마치자 안내원이 승강기를 가리켰는

아메리칸 프리즌

데, 인상 좋은 여자가 그 안에서 기다리다 에스코트했다. 안으로 들어가자 낯익은 사내가 따라왔다. 문이 닫히고 사내는 내 앞에 서서 멍하니 앞만 바라보았다. 두 손은 가지런히 깍지를 꼈다.

우리가 만난 적이 있나요? 내가 물었다.

그는 고개를 돌리지도 않고 슬쩍 곁눈질을 하더니 씩 웃었다. 예, 그럼요. 이제 기억이 났다. 원에 왔을 때 베이클과 나는 그의 정체를 몰랐다. 회사 사람이라는 생각은 했지만 그건 카키색 바지와 폴로셔츠를 입었기 때문이었다. 지금은 표정이 좋지 않아 보였다. 이윽고 승강기 문이 열렸다.

밖에서도 한 여성이 미소 띤 표정으로 기다리다가 회의실 방향을 가리켰다. 복도를 따라 이동하니, 유리 사무실 입구마다 여자들이 끈을 매고 서서 길을 안내했다. 승강기의 사내도 따라왔다. 나는 회의실에 들어가 자리를 잡고 앉았다. 사내는 뒤쪽에 살짝 거리를 두고 섰는데 아무래도 줄곧 나를 지켜보는 눈치였다.

후토는 앞줄에 앉았다. 사람들은 들어오면서 곧바로 다가가 공손히 악수를 청했다.

대표님, 다시 뵈어 영광입니다. 한 남자가 말했다.

아직 살아 있었네? 후토가 너스레를 떨었다.

사람들은 서로 등을 두드리고 힘차게 악수를 나누었다. 마치 동창회라도 온 것 같았다. 미치! 마크! 지난해 마지막 주주총회 이후 회사는 위기에 빠져 있었지만 표정은 다들 기대감으로 가득했다. 도널드 트럼프가 모든 걸 바꿔놓았다. 트럼프가 당선된 날 CCA의 주가는 50퍼센트나 뛰었다. 상장회사 중 단연 선두였다.

트럼프가 이민자를 집중단속하겠다고 나서자, 투자자들은 그 말을 억류센터를 더 많이 짓겠다는 말로 해석했다. 그럼 계약은 당연히 CCA와 GEO그룹의 몫일 수밖에 없다. 결국 이민자 억류는 민영교도소 성장의 최전선인 셈이다. 지난 10년간, 민영 교정회사와 계약한 이민자 억류 배당률은 25퍼센트에서 65퍼센트로 상승했다. 오늘날 미국 내 이민자 억류센터 중 열에 아홉은 민간 운영이며, 이민세관집행국ICE의 계약은 CCA 수익의 28퍼센트에 달한다. 거래액은 상상 이상이다. 2014년 연방정부는 CCA에 4년간 수십억 달러 상당의 독점 계약으로 텍사스 억류센터를 운영하게 했다. 수용 인원은 2,400명, 여성과 아이들로서 대부분 중앙아메리카 출신이다. 오바마 집권 마지막 해 ICE는 35만 명 이상의 이민자를 억류센터에 억류했는데, 트럼프 치하에서는 그마저 크게 증가할 것으로 보인다.

트럼프가 민영교도소에 유리하다고 믿었다면 그 판단은 옳았다. 그가 취임하고 불과 한 달 후, 법무장관 제프 세션스Jeff Sessions는 오바마의 결정을 뒤집고 민영교도소 활용을 재개했으며, CCA의 주가는 1년 전보다 강세다.

30명가량의 손님은 대부분 나이 든 백인이었다. 흑인은 단 3명

아메리칸 프리즌

이었다. 그중 한 명이 서굿 마셜 주니어Thurgood Marshall Jr.이다. 브라운대 교육위원회 재판에 승소해 최초의 아프리카계 미국인 출신 대법관의 영예를 안은, 위대한 민권 변호사의 아들이다. 마셜 주니어는 2002년부터 CCA 위원으로 이름을 올렸다. 입장 때 받은 주주용 책자에 보면, 회사가 그를 임명한 주요 이유가 "위원회의 문화적 다양성에 기여하기" 때문이었다. 몇 개월 전 이메일을 보내 인터뷰를 요청했지만 거절당한 바 있다. 위대한 민권 변호사의 아들이 어떻게 민영 교정 회사의 위원이 되었을까? 책자에 보면 그는 매년 의뢰비로 8만 달러에 주식으로 12만 달러를 받았다. 출판 자유를 위해 싸우는 재단, 프리덤포럼Freedom Forum의 CEO 출신이자, 무기 제조사 스트럼 루거Sturm, Ruger & Co의 총재, 찰스 오버비Charles Overby도 액수가 동일했다. 그 방에서 회사를 대표하지 않은 유일한 주주는, 민영교도소를 반대하는 활동가 4명과 나뿐이었다. 대부분이 나처럼 주식은 단 한 주뿐이었다. CCA의 주식 94퍼센트는 은행과 상호기금이, 그리고 나머지 대부분은 이사진과 임원이 보유하고 있다.

위원회장이 빳빳한 정장에 작은 성조기 핀을 꽂고 연단에 올라섰다. 이름은 마크 엠케스Mark Emkes, 세계 최대의 타이어와 고무회사인 브리지스톤Bridgestone의 CEO 출신이다. 회의장 정면의 대형 스크린 두 곳에 회사의 새로운 이름이 등장했다. 코어시빅CoreCivic. 법무부 결정이 있은 지 2개월 후, CCA는 리브랜딩을 발표했다. 하는 일은 똑같지만 지금은 스스로를 '정부 솔루션' 기업으로 부른다. 엠케스가 연설을 시작했다. 오늘은 특별한 모임입니다. 코어시빅으로는 첫 번째 총회이니까요. 리브랜딩 이후, 우리는 대중과 정부로부터 엄청난 지지를 받았습니다. 2주 전, 캔사스 소재의 리븐워스교도소의 교정부 감사에서 심각한 직원 부족과 재소자 과밀을 지적당했지만 그 언급은 어디에도 없었다.

그는 비디오를 틀었다. 사운드트랙은 부드러우면서도 역동적이었다. 야자나무숲으로 새 한 마리가 날아가고 흑인 남자와 백인 남자가 악수를 한다. 뒤이어 "우리는 정부와 협력하고 인류에 이바지합니다. 이상을 추구하며 공공의 이익을 위해 일합니다"라고 말하는 여성의 목소리가 들려온다. 재소자 무리가 화면을 채우는데 다들 미소 지으며 웃고 악수를 나눈다. "코어시빅은 혁신과 변화를 추구하며, 건립이념을 굳건히 지킬 것입니다. 이 모든 노력은 단 하나의 목표를 지향합니다. 우리는 공익을 추구합니다."

엠케스는 행정사항 일부를 읽어 내려갔다. 모두 읽고 주주들 동의를 구하기까지 10분도 채 걸리지 않았다. 지금부터 죄수들이 공동체에 성공적으로 복귀하도록 돕기까지 회사가 행한 놀라운 업적을 잠시 살펴보고자 합니다. 그리고 직업 프로그램을 촬영한 비디오를 상영했다. 스크린에 35명 남짓의 재소자들이 점자책을 제작하고 있다. 코어시빅의 설명도 곁들인다. 죄수들이 출옥하면 직업훈련이 사회 복귀에 큰 도움이 되어주리라 믿습니다. 교관의 목소리도 들린다. 하루 일과가 끝나면 커다

아메리칸 프리즌

란 성취감을 느낍니다. 우리 일이 큰 차이를 만들어 냈다고 확신합니다.

비디오가 끝나자 엠케스가 나섰다. 자, 이 정도면 칭찬받아 마땅하지 않습니까? 그 말에 박수갈채가 장내를 뒤흔들었다. 이런 식의 프로그램으로 코어시빅은 재범률을 크게 줄였습니다. 비디오에 따르면 점자책 95퍼센트가 교도소에서 만들어진다. 사실이라면, 출옥 이후에 그 기술로 어떻게 취직을 하고 사회에 적응하는지 이해가 되지 않는다.

50대 CEO라는, 민머리의 대이먼 히닝거가 엠케스 의장 옆에 서 있었다. 엠케스는 주주들에게 질문이 있는지 물었다.

활동가 주주 알렉스 프리드먼이 일어나 데이미언 코스틀리의 자살에 대해 물었다. 내가 《마더존스》에 실었던 기사였다. 데이미언은 사망 당시 겨우 32킬로그램이었다. 알렉스는 그 점을 상기시켰다. 사망 당시 모습이 얼마나 처참한지 흡사 아우슈비츠에라도 갇힌 것 같더군요. 누군가 콧물을 훌쩍거렸다. 장내는 찬물을 끼얹은 듯했다. 프리드먼은 코어시빅이 그의 자살을 막기 위해 어떤 조치를 취했는지 물었다. 교도관 할리 래핀Harley Lappin이 일어났다. CCA에 들어오기 전, 래핀은 연방교도소 국장이었으나, 음주운전으로 체포된 후 그만두었다. 소중한 생명을 잃은 건 저희도 유감입니다. 자살 방지 프로그램이야말로 회사가 추구하는 최우선 과제이며, 현재 의료건강, 정신건강 전문가들과 새로운 기술 개발을 위해 노력 중입니다.

제 질문의 요지는 코어시빅이 이런 상황을 예방하기 위해 지금까지 어떤 특별한 조치를 취했느냐였습니다. 알렉스가 지적했다.

래핀은 버벅거렸다. 자료를 준비하지는 못했지만…… 다시 살펴보겠습니다. 그 문제에 대해 지속적으로 고민하고 있으니 조만간 만족할 만한 대답을 드릴 수 있을 것입니다. 그가 자리에 앉았다.

다른 활동가도 질문에 나섰다. 지금 의회에 계류 중인 법안이 있습니다. 법안이 통과되면 민영교도소도 공영교도소와 마찬가지로 공공기록법을 준수해야 하는데, 코어시빅에서는 그 법에 반대할 의향이 없으신지 묻고 싶습니다. 대답은 히닝거가 나섰다. 우리 시설은 개방과 투명성을 원칙으로 합니다. 아니면 어느 파트너가 함께 일하려 하겠습니까? 히닝거가 다른 중역에게 대신 대답할 것을 요구했다. 남자는 일어나 정장 재킷 윗단추를 채우고 질문자를 마주 봤다. 우리는 늘 파트너와 함께 공적 정보에 대한 원칙을 확립하고 있습니다. 이 부분도 확인해 보겠습니다. 그는 그렇게 대답하고 자리에 앉았다.

일반 주주의 질문은 없었다. 통계전문가들도 가만히 있었다.

내가 일어났다. 히닝거는 여태껏 대화를 거부하고 회사는 나를 고발하겠다고 위협했다. 홍보회사까지 끌어들이며 내 명예를 깎아내리려 했다. 하지만 그의 눈을 바라보았을 때 그 어떤 표정도 읽을 수 없었다. 마치 내가 온들 무슨 대수냐는 듯 보였다.

나는 다수의 정부보고서를 인용해, CCA 교도소가 공영교도소보다 위험하고 직원도 부족하다는 점을 거론했다. 최근 부적절한 의료 체계에서 기인한 교도소 폭동과 아이다호교도소 문제를 언급했다. 아이다호 교도소는 폭력과 직원 부족으로 주 정부에서 계약 갱신을 거부한 곳이다. 원에서 목격한 일들도 지적했다. 폭력, 직원 부족, 무력사용 등 모두가 공영교도소들보다 극단적이었다. 기사가 나간 후 전국의 CCA 교도소 교도관들이 비슷한 문제를 제기했다는 사실도 언급했다. 귀하의 시설들에서 이런 문제들이 반복적으로 발생하는 이유가 어디에 있습니까? 내가 물었다. 일반적으로 볼 때 봉급을 인상하면 관리 수준도 상향조정되고 뒷거래도 줄고 윤리와 보안의식도 높아집니다. 매일매일 생명을 걸고 일하는 사람들에게 패스트푸드점 수준의 보수를 지불하는 이 상황을 어떻게 설명하시겠습니까?

이런 질문이 부질없다는 정도는 나도 알고 있다. 결국 민영교도소의 존재 자체가 문제의 근원이기 때문이다. 150년 전 처음 민영화한 이후, 수익형 교도소의 상황은 공영교도소의 상황보다 나빠졌다. 사실 공영교도소도 이미 현실이 암울하긴 마찬가지였다. 민영교도소의 근본적 개선이 가능하기는 한 걸까? 프로그램, 의료, 정신건강 서비스, 보안, 적정 임금…… 이 모든 것에는 돈이 든다. 사실 민영교도소가 공영보다 저비용 구조는 아니다. CCA가 간수들의 임금을 인상하고, 직원을 충분히 고용하고, 적절한 서비스를 제공한다면 수익은 물 건너가고 말 것이다. 다른 한편 주 정부에서 지원책을 마련하고 개선 비용을 보장한다면, 비용 절감효과가 사라지고 만다. 말인즉슨 교도소를 민간에 위탁할 이유 자체가 사라진다는 뜻이다.

히닝거의 표정은 변하지 않았다. 내 정체를 전혀 모르는 사람 같다. 대답은 그에게서 나왔다. 지난해 언론매체로부터의 사고보고서가 매우 포괄적으로 나왔기 때문에 저도 덧붙일 얘기는 없습니다. 그보다 우리의 가장 중요한 심판관은 파트너라고 말씀드리고 싶군요. 지난 5년간 우리는 90퍼센트의 재계약을 달성했습니다. 보안, 직원 충원, 재범 방지율 등에서 높은 점수를 받지 못했다면 계약 갱신 비율이 그렇게 높지 못했을 것입니다. 개인적으로 우리 시설의 업적을 매우 자랑스럽게 생각하는 바입니다. 실제로도 놀라운 실적이니까요.

나는 자리에 앉았다.

엠케스 회장이 연단에 올랐다. 잠시 우리 교도소의 경영진과 직원 모두에게 감사드리고 싶습니다. 여러분들이 하는 일이 범죄자들에게 매우 중요하기 때문입니다. 어느 업종이나 비판하는 사람들은 있습니다. 심지어 제가 브리지스톤에 있을 때도 욕하는 사람들이 있었으니까요! 그가 터무니없다는 듯 웃는다. 나중에 조사해 보니, 그가 언급한 비판은 브리지스톤이 라이베리아 고무농장에서 미성년자를 고용했기 때문이었다. 엠케스가 말을 이었다. 여러분이 하는 일에 자부심을 잃지 마세요. 반대파는 어느 업종이든 존재합니다. 언제나 부정적인 측면만 보려는 사람들이죠. 이 일이 얼마나 가치 있는가에 대해서는 아예 관심도 없습니다. 여러분은 우리를 감시하는 반대자들을 위해서도 너무도 큰일을 하고 있습니다.

이런 식의 총회가 미국 역사상 얼마나 많이 열리고 있을까? 민영

아메리칸 프리즌

교도소 경영진이든, 죄수 임대인이든, 얼마나 많이 모여 이런 의식을 치렀을까? 이들은 교도소나 노동 수용소가 아니라, 기업의 본사나 법정에 앉아 이야기를 조작하고 양심을 어루만진다. 놀랍도록 쉽게 스스로를 설득한다. 그들이 징벌 사업에 종사하는 이유는 세상을 더 낫게 만들기 위해서이지 부자가 되기 위해서는 아니라는 논리다.

총회가 끝났다. 히닝거, 후토, 마셜과 이사진들은 곧바로 회의장을 빠져나갔다. 나도 곧바로 뒤따랐지만 그들은 휴게실에 들어가 문을 걸어 잠갔다. 나는 밖으로 나갔다. 가는 길에 뭐든 얻어내고 싶었으나 나를 감시하는 의무를 받은 듯한 단 한 사람만 나를 따라왔다.

감사의 말

이 프로젝트를 위해 너무도 많은 사람들의 크고 작은 도움을 받았다. 무엇보다 윈에서 함께 일한 사람들, 매일 나와 실랑이해 준 재소자들에게도 고마움을 전하고 싶다. 그곳을 떠난 후에 내게 말을 걸어준 직원과 재소자, 특히 데이브 베이클, 제니퍼 캘러헌, 그리고 보안팀 부팀장 로슨에게 감사드린다. 웬디 포터는 아들 데미언의 비극적인 죽음을 얘기해 주고, 서류를 들여다보게 해주었다. 루이지애나 공동체 법원의 안나 렐럴리드는 기사를 쓰도록 도와주었다.

이 책은《마더존스》의 재정, 편집, 법적 지원 없이는 불가능했다. 제일 먼저 클라라 제프리와 모니카 바우어 라인에게 감사한다. 이 프로젝트를 전적으로 지원했을 뿐 아니라 내가 기자 정신을 잃지 않도록 도와주었다. 제임스 웨스트는 이 프로젝트와 내 위장을 위해, 구치소에까지 갇히며 말 그대로 혼신을 다했다.《마더존스》의 편집장

데이비드 길슨은 잡지 기사를 벼리고 벼려 책으로 변신하는 데 큰 도움을 주었다. 베카 앤드루스, 그레고리 바버, 브랜든 엘링턴 패터슨, 메디슨 폴리는 폭넓은 조사와 팩트 체크에 만전을 기해주었다. 셰퍼드 멀린의 제임스 채드위크, 가일린 커민스, 데이비드 스나이더, 로빈 레니어는 법률 분야에서 지치지 않고 노력해 주었다. 사실《마더 존스》의 직원 모두가 어떤 식으로든 역할을 해주었다. 너무 많아 이곳에 다 싣지 못해도 감사하고 또 감사할 일이다.

미국의 교도소에 대해 오랜 세월 인상적인 연구가 많았다. 알렉스 프리드먼의 〈교도소 법률뉴스〉에 크게 신세를 졌다. CCA에 대한 집요한 보도와 내게 공유해 준 그간의 조사에 감사하는 바이다. 크리스토퍼 페트렐라는 나와 함께 민영교도소 계약서를 안팎으로 샅샅이 살폈다. 기본자료를 찾아주기 위해, 기록보관소에서 퇴근까지 미루며 동분서주했다. 텍사스 주립도서관 기록보관소, 아칸소 주립도서관, 노스캐롤라이나 주립 보관소, 앨러배마 공동도서관 기록보관소, 루이지애나 주립도서관, 루이지애나 주립 기록보관소, 루이지애나 주립대학 도서관, 루이지애나 북서 주립대학 캐미 G. 헨리 연구소, 케인 리버 크레올 국립 역사공원, 모두에게 감사한다. 메리안 피셔-지올란도, 가이 랭커스터, 콜린 우드워드, 브루스 잭슨 또한 기본자료를 수배하는 데 시간을 할애했다. 조수 비나이 바스티한테도 진심으로 고마움을 전한다. 너무도 지난한 시간을 이 책을 위한 역사

조사에 투자했다.

블루마운틴 센터, 맥도웰 콜로니, 캐리 세계선협회도 집필에 필요한 지원, 협조, 그리고 공간을 마련해 주었다. 그리고 이 기관들에서 만난 상근 작가들께도 고개 숙여 감사드린다. 프로젝트 내내 나와 많은 대화를 나눠주었다.

에이전트 빌 클레그는 이 프로젝트의 가능성을 보고, 나를 펭귄 프레스의 스코트 모이어스에게 소개해 주었다. 모이어스는 놀라운 편집자로서, 이 책의 비전을 만들고 키우도록 격려해 주었다.

내 질문에 답하고 인도해 준 분들께 감사드린다. 리암 오도너휴, 숀 맥페슬, 테드 커노버, 애덤 호크실드, 모두 고마워요. 사진 편집을 도와준 루브나 므리에, 역시 고마워요. 이란 교도소에서의 기억이 여전히 생생할 텐데도, 교도소에 위장 취업하겠다는 결정을 지지해 준 친구들과 가족에도 고마움을 전한다.

어린 시절 인종차별이 없어야 한다고 가르쳐 준 어머니, 스토리텔링이 삶의 핵심이라고 몸소 보여준 아버지한테도 감사를 전한다. 마지막으로 여행 내내 나와 함께해준 새라 슈어드에 감사한다. 그녀의 지원과 지지는 평생 잊지 못할 것이다.

여러분이 교도소에 들어가 봤다면 교도소는 당신 안에 남게 될 것이다. 너무 많아 이름을 올리지 못하지만 나와 함께 이 긴 여정을 함께 헤쳐온 독자들에게도 고마움을 전한다.

아메리칸 프리즌

참고 문헌

A. Roger. Ekirch, *Bound for America* (Oxford: Clarendon Press, 1987).

Alasdair Roberts, *America's First Great Depression: Economic Crisis and Political Disorder after the Panic of 1837* (Ithaca, NY: Cornell University Press, 2012).

Albert D. Kirwan, *Revolt of the Rednecks* (Lexington: University of Kentucky Press, 1951.)

Albert Race. Sample, *Racehoss: Big Emma's Boy. Fort Worth* (TX: Eakin Press, 1984).

Alex Friedmann, "Apples to Fish: Public and Private Prison Cost Comparisons," *Fordham Urban Law Journal* XLII, no.2 (December 2014): 504 - 68.

Alex Lichtenstein, "Good Roads and Chain Gangs in the Progressive South:

The Negro Convict Is a Slave," *The Journal of Southern History* 59, no.1

(February 1993):85 - 110. www.jstor.org/stable/2210349.

Allen J. Beck and Candace Johnson, *Sexual Victimization Reported by Former State Prisoners 2008* (US Department of Justice, Bureau of Justice Statistics, May 2012). www.bjs.gov/content/pub/pdf/svrfsp08.pdf.

Anne Applebaum, *Gulag: A History* (New York: Doubleday, 2003).

Allen J. Beck and Ramona R. Rantala, *Sexual Victimization Reported by Adult Correctional Authorities, 2009–11* (US Department of Justice, Bureau of Justice Statistics, January 2014). www.bjs.gov/content/pub/pdf/svraca0911.pdf.

Barbara Ehrenreich, *Nickel and Rimed: On (Not) Getting by in America* (『노동의 배신』)(New York: Picador, 2011).

Benjamin F. Butler and Jessie Marshall, *Private and Official Correspondence of Gen. Benjamin F. Butler during the Period of the Civil War, Volume II* (Norwood, MA: Plimpton Press, 1917).

Ben M. Crouch and James W. Marquart. *An Appeal to Justice: Litigated Reform of Texas Prisons* (Austin: University of Texas Press, 1989).

Brett J. Derbes, "Prison Productions: Textiles and Other Military Supplies from State Penitentiaries in the Trans-ississippi Theater During the American Civil War," (Master's thesis, University of North Texas, 2011). digital.library .unt.edu/ ark:/ 67531/ metadc84198.

Brett J. Derbes, "Secret Horrors: Enslaved Women and Children in the Louisiana State Penitentiary, 1833 - 1862," *The Journal of African American History* 98, no.2 (Spring 2013):277 - 90. doi:10.5323/jafriamerhist.98.2.0277.

Brad W. Lundahl et al., "Prison Privatization: A Meta-analysis of Cost and Quality of Confinement Indicators," *Research on Social Work Practice* 19, no.4 (April 8, 2009):383 - 94. doi.org/10.1177/1049731509331946.

Brooke Kroeger, *Undercover Reporting: The Truth about Deception* (Evanston, IL: Northwestern University Press, 2012).

Bruce Jackson, *Inside the Wire: Photographs from Texas and Arkansas Prisons* (Austin: University of Texas Press, 2013);*Wake Up Dead Man* (Cambridge, MA: Harvard University Press, 1972).

Calvin R. Ledbetter Jr., "The Long Struggle to End Convict Leasing in Arkansas," *The Arkansas Historical Quarterly*52, no.1 (Spring 1993):1 – 27.

C. Vann. Woodward, *Origins of the New South, 1877–1913*(Baton Rouge: Louisiana State University Press, 1951).

Carl Vernon. Harris, *Political Power in Birmingham: 1871–1921* (Knoxville: University of Tennessee Press, 1977).

Carroll Davidson. Wright, *Second Annual Report of the Commissioner of Labor, 1886, Convict Labor* (Washington, DC: Government Printing Office, 1887).

Cecile James. Shilstone, *My Plantation Days: The Memoirs of Cecile James Shilstone1887–1979* (Memoir in possession of author).

Chris Hayes, *A Colony in a Nation* (New York: W. W. Norton, 2017).

Christina Pruett. Hermann, "Specters of Freedom: Forced Labor, Social Struggle, and the Louisiana State Penitentiary System, 1835 – 1935," (Michigan State University, 2015).

Daniel. A. Novak, *The Wheel of Servitude: Black Forced Labor After Slavery*(Lexington:University Press of Kentucky, 1978).

Dario Melossi and Massimo Pavarini, *The Prison and the Factory: Origins of the Penitentiary System.* (Totowa, NJ: Barnes&Noble Books, 1981).

David M. Oshinsky, *Worse than Slavery: Parchman Farm and the Ordeal of Jim Crow Justice* (New York: Free Press Paperbacks, 1996).

David Theo. Hines, *The Life and Adventures of Dr. David T. Hines: A Narrative of Thrilling Interest and Most Stirring Scenes of His Eventful Life*(Charleston, SC: J. B. Nixon, 1852).

Donald R. Walker, *Penology for Profit: A History of the Texas Prison System, 1867–1912* (College Station: Texas A&M University Press, 1988).

Donna Selman and Paul Leighton. *Punishment for Sale: Private Prisons, Big Business, and the Incarceration Binge* (Lanham, MD: Rowman&Littlefield, 2010).

Douglas A. Blackmon, *Slavery by Another Name: The Re_Enslavement of Black Americans from the Civil War to World War II* (New York: Doubleday Books, 2008).

Douglas Starr, *Blood: An Epic History of Medicine and Commerce* (New York: Perennial, 2002).

Edward E. Baptist, *The Half Has Never Been Told: Slavery and the Making of American Capitalism* (New York: Basic Books, 2014).

Edward L. Ayers, *Vengeance and Justice: Crime and Punishment in the Nineteenth-Century American South* (New York: Oxford University Press, 1984).

Eric. Schlosser, "The Prison– Industrial Complex," *The Atlantic* (December 1998). www.theatlan-

아메리칸 프리즌

tic.com/magazine/archive/1998/12/the-prison- industrial
-complex/304669/.

Ethel Armes, *The Story of Coal and Iron in Alabama* (New York: Arno Press, 1973).

Fletcher Melvin Green, "Some Aspects of the Convict Lease System in the Southern States," In
    Essays in Southern History, edited by Fletcher Melvin Green (Westport, CT: Greenwood Press,
    1976).

Frank Tannenbaum, *Darker Phases of the South*. (New York: G. P. Putnam's Sons, 1924).

Frenise A. Logan, *The Negro in North Carolina, 1876–1894* (Chapel Hill: University of North Caroli-
    na Press, 1964).

George Washington Cable, *The Silent South* (Montclair, NJ: Patterson Smith, 1969).

Gustave De Beaumont and Alexis de Tocqueville, *On the Penitentiary System in the United States and
    Its Application in France* Translated by Francis Lieber (Philadelphia: Carey, Lea&Blanchard,
    1833).

Harold Sinclair, *The Port of New Orleans* The Seaport Series. Garden City (NY: Doubleday, Dor-
    an&Company, 1942).

Harry Bates Brown, *Cotton: History, Species, Varieties, Morphology, Breeding, Culture, Diseases, Marketing,
    and Uses* (New York: McGraw- ill, 1927).

Harry Elmer Barnes, "Historical Origin of the Prison System in America," *Journal of Criminal Law
    and Criminology*12, no.1 (May 1921 to February 1922):35~60, http://lawsdocbox.com/Poli-
    tics/68475122-Historial-origin-of-the-prison-system_in-america.html.

Hastings H. Hart, "Prison Conditions in the South," In *Proceedings of the National Prison Associa-
    tion*1919.

Ida M. Tarbell, *The Life of Elbert H. Gary: The Story of Steel* (New York: D. Appleton&Company,
    1925).

In the Public Interest. *Criminal: How Lockup Quotas and "Low- rime Taxes" Guarantee Profits for Private
    Prison Corporations* (September 19, 2013). www.inthepublicinterest.org/criminal-how-lock-
    up-quotas-and-low-crime-taxes-guarantee-profits-for-private-prison-corporations.

J. C. Powell, *American Siberia* (Chicago: H. J. Smith&Co, 1891).

Jane Zimmerman, "The Penal Reform Movement in the South during the

Progressive Era, 1890 – 1917," *The Journal of Southern History*17, no.4 (November 1951):462 – 92.
    www.jstor.org/ stable/ 2954512.

James Austin and Gary Coventry, *Emerging Issues on Privatized Prisons* (University of Michigan Li-
    brary, 2001); US Department of Justice, Bureau of Justice Assistance. February 2001; www.
    ncjrs.gov/pdffiles1/ bja/181249.pdf.

James Jr. Foreman, *Locking Up Our Own: Crime and Punishment in Black America* (New York: Farrar,
    Straus and Giroux, 2017).

Jerrell H. Shofner, "Postscript to the Martin Tabert Case: Peonage as Usual inthe Florida Turpen-

tine Camps," *The Florida Historical Quarterly*60, no.2
(October 1981):161 – 73. www.jstor.org/ stable/ 30146766.

John D. Winters, *The Civil War in Louisiana* (Baton Rouge: Louisiana State University Press, 1963).

John F. Pfaff, *Locked In: The True Causes of Mass Incarceration and How to Achieve Real Reform* (New York: Basic Books, 2017).

John Howard Griffin, *Black Like Me*(『블랙 라이크 미』) (New York: New American Library, 2003).

Jon R. Moen, "Changes in the Productivity of Southern Agriculture between

1860 and 1880," In *Without Consent or Contract: The Rise and Fall of AmericanSlavery, Markets and Production: Technical Papers, VolumeI*, (New York: W. W. Norton, 1992).

Karin A. Shapiro *A New South Rebellion: The Battle against Convict Labor in the Tennessee Coalfields, 1871–1896* (Chapel Hill: University of North Carolina Press, 1998).

Lauren-Brooke. Eise, *Inside Private Prisons: An American Dilemma in the Age of Mass Incarceration* (New York: Columbia University Press, 2018).

Leon F. Litwack, *Been in the Storm So Long: The Aftermath of Slavery* (New York: Knopf, 1981).

LeRoy B. DePuy, "The Walnut Street Prison: Pennsylvania's First Penitentiary," *Pennsylvania History: A Journal of Mid-Atlantic Studies18*, no.2 (April 1951):130 – 44. www.jstor.org/stable/27769197.

Lucy M. Cohen, *Chinese in the Post–civil War South: A People without a History* (Baton Rouge: Louisiana State University Press, 1984).

Marie Gottschalk, *Caught: The Prison State and the Lockdown of American Politics* (Princeton, NJ: Princeton University Press, 2016); *The Prison and the Gallows: The Politics of Mass Incarceration in America* (Cambridge, UK: Cambridge University Press, 2006).

Mark T. Carleton, *Politics and Punishment: A History of the Louisiana State Penal System* (Baton Rouge: Louisiana State University Press, 1971).

Mark Twain, *Life on the Mississippi* (Leipzig, Germany: Tauchnitz, 1883).

Martha Myers, "Inequality and the Punishment of Minor Offenders in the

Early 20th Century," *Law & Society Review*27, no.2 (1993):313 – 44.

Matthew J. Mancini, *One Dies, Get Another* (Columbia: University of South

Carolina Press, 1996).

Michael D. Denhofand and Catarina G. Spinaris, *Depression, PTSD, and Comorbidity in United States Corrections Professionals: Prevalence and Impact on Health and Functioning* (Florence, CO: Desert Waters Correctional Outreach, 2013). http://desertwaters.com/wp_content/uploads/2013/09/Comorbidity_Study_ 09-03-131.pdf.

Michelle Alexander, *The New Jim Crow: Mass Incarceration in the Age of Colorblindness* (New York: The New Press, 2010).

N. Gordon Carper, "Martin Tabert, Martyr of an Era," *the Florida Historical Quarterly*52, no.2 (October 1973):115 – 31.

아메리칸 프리즌

Nancy Isenberg, *White Trash: The 400-Year Untold History of Class in America* (New York: Viking, 2016).

Naomi Murakawa, *The First Civil Right: How Liberals Built Prison America* (Oxford, UK: Oxford University Press, 2014).

Neal Shirley and Saralee Stafford, *Dixie Be Damned: 300 Years of Insurrection in the American South* (Oakland, CA: AK Press, 2015).

Negley K. Teeters, *The Cradle of the Penitentiary* (Philadelphia: Temple University Press, 1955).

Nellie Bly, *Ten Days in a Mad-house* (Rockville, MD: Wildside Press, 2012).

P. D. Sims, "The Lease System in Tennessee and Other Southern States," In *Proceedings of the Annual Congress of the National Prison Association of the United States* (Chicago: Knight, Leonard&Co Printers, 1893). https://archive.org/details/proceedingsofa1893ameruoft.

Paul B. Foreman and Julien R. Tatum, "A Short History of Mississippi's State Penal Systems," *Mississippi Law Journal* 10 (April 1938):255 – 77.

Pete Daniel, "The Tennessee Convict War," *Tennessee Historical Quarterly* 34, no.3 (Fall 1975):273 – 92. www.jstor.org/ stable/ i40097530.

Philip G. Zimbardo, *The Lucifer Effect: Understanding How Good People Turn Evil* (New York: Random House Trade Paperbacks, 2008).

Rebecca M. McLennan, *The Crisis of Imprisonment: Protest, Politics, and the Making of the American Penal State, 1776–1941* (Cambridge, UK: Cambridge University Press, 2008).

Robert David, Ward and William Warren Rogers, *Convicts, Coal, and the Banner Mine Tragedy* (Tuscaloosa: University of Alabama Press, 1987).

Robert E. Ireland, "Prison Reform, Road Building, and Southern Progressivism: Joseph Hyde Pratt and the Campaign for 'Good Roads and GoodMen,'," *The North Carolina Historical Review* 68, no.2 (April 1991):125 – 57. www.jstor.org/ stable/ 23521190.

Robert Perkinson, *Texas Tough: The Rise of America's Prison Empire* (New York: Picador, 2010).

Robert W. Fogel, *Without Consent or Contract: The Rise and Fall of American Slavery* (New York: W. W. Norton, 1989).

Robert W. Fogel and Stanley L. Engerman, "Explaining the Relative Efficiency of Slave Agriculture in the Antebellum South," In Without Consent or Contract: The Rise and Fall of American Slavery, Markets and Production: Technical Papers, VolI, (New York: W. W. Norton, 1992): 241 – 65.

Ronald Lewis, *Black Coal Miners in America* (Lexington: The University Pressof Kentucky, 1987).

Roy Walmsley, *World Prison Population List* (University of Essex,nternational Centre for Prison Studies, 2013). www.apcca.org/uploads/ 10th_Edition_2013.pdf.

Scott Christianson, *With Liberty for Some: 500 Years of Imprisonment in America* (Boston: Northeastern University Press, 1998).

S. G. Wheatcroft, "More Light on the Scale of Repression and Excess Mortality in the Soviet Union in the 1930s," *Soviet Studies* 42, no.2 (April 1990):355 – 67. www.jstor.org/ stable/ 152086.

Shane Bauer Et al., *A Sliver of Light: Three Americans Imprisoned in Iran* (New York: Houghton Mifflin Harcourt, 2014).

Sidney Blumenthal, *A Self-ade Man: The Political Life of Abraham Lincoln, Vol.I, 1809–1849* (New York: Simon & Schuster, 2017).

State of Louisiana, *Acts Passed at the First Session of the Seventeenth Legislature of the State of Louisiana* (New Orleans: Magne&Weisse, State Printers, 1845).

Susan B. Carter eds., *Historical Statistics of the United States: Earliest Times to the Present* (New York: Cambridge University Press, 2006).

Ted Conover, *Newjack: Guarding Sing Sing* (New York: Vintage Books, 2001).

Terri Tanielian, and Lisa H. Jaycox, eds. *Invisible Wounds of War: Psychological and Cognitive Injuries, Their Consequences, and Services to Assist Recovery* (Santa Monica: Rand Corporation, 2008). www. rand.org/pubs/monographs/MG720.html.

Theodore Brantner. Wilson, *The Black Codes of the South* (Tuscaloosa: University of Alabama Press, 1965).

Theresa R. Jach, "Reform versus Reality in the Texas Era Prisons," *The Journal of the Gilded Age and Progressive Era* 4, no.1 (January 2005): 53 – 67.

Third Biennial Report of the Inspectors of Convicts, from October 1, 1888 to September 30, 1890 (Montgomery: Brown Printing, 1890).

Thorsten. Sellin, *Slavery and the Penal System* (New York: Elsevier Scientific, 1976).

Tom Murton and Joe Hyams, *Accomplices to the Crime: The Arkansas Prison Scandal* (London: Michael Joseph, 1969).

Thomas J. Goree, "Some Features of Prison Control in the South," In *Proceedings of the Annual Congress of the National Prison Association of the United States*, Held at Austin, Texas, December 2 – 6, 1897. (Pittsburgh: Shaw Brothers, 1898): 131 – 37. https://archive.org/stream/proceedingsofa1897ameruoftpage/n7/mode/2up.

US Department of Justice, Office of the Inspector General. *Review of the Federal Bureau of Prisons' Monitoring of Contract Prisons* (August 2016). https://oig.justice.gov/reports/2016/e1606.pdf.

US Department of Labor, Bureau of Labor Statistics. *Convict Labor in 1923* Bulletin No.372 (January 1925).

US General Services Administration, *Hard Labor: History and Archaeology at the Old Louisiana State Penitentiary,* (Baton Rouge, Louisiana. Fort Worth, TX: The Administration, 1991).

Vernon Lane. Wharton, *The Negro in Mississippi, 1865–1890* (New York: Harper Torchbooks, 1947).

W. D. Lee, "The Lease System of Alabama," In *Proceedings of the Annual Congress of the National Prison Association of the United States Held at Cincinnati September 25–30, 1890* (Pittsburgh: Shaw Brothers, 1891): 104 – 23. https://archive.org/stream/proceedingsofa1890ameruoftpage/104/mode/ 2up/ search/ Lee.

William F. Holmes, *The White Chief* (Baton Rouge: Louisiana State University Press, 1970).

Wilson Walter, "Chain Gangs and Profit," *Harper's* (April 1933).

사진 출처

Insert pages 1–8; page 9, top: Photos by Shane Bauer, courtesy of *Mother Jones*

Insert page 9, bottom: AP photo/Richard Drew

Insert page 10, top; page 11, top; page 11, bottom: Henry L. Fuqua Jr. Lytle Photograph Collection and Papers, manuscript, 1898, Louisiana and Lower Mississippi Valley Collections, LSU Libraries, Baton Rouge, LA

Insert page 10, bottom: Andrew D. Lytle Collection, manuscript, 893, 1254, Louisiana and Lower Mississippi Valley Collections, LSU Libraries, Baton Rouge, LA

Insert page 12, top: Courtesy of the State Archives of North Carolina

Insert page 12, bottom: Farm Security Administration via Shorpy

Insert page 13, top: Photo by John L. Spivak, courtesy of the Texas State Archives John L. Spivak collection

Insert page 13, bottom: Thomas Dukes Parke Collection, Birmingham, AL, Public Library Archives

Insert pages 14–15: Bruce Jackson

Insert page 16: Texas State Archives

아메리칸 프리즌
미국 교도소 산업의 민낯과 인종차별의 뿌리

초판 1쇄 찍은날 2022년 9월 23일
초판 1쇄 펴낸날 2022년 10월 4일
지은이 셰인 바우어
옮긴이 조영학
펴낸이 한성봉
편집 최창문·이종석·강지유·조연주·조상희·오시경·이동현
콘텐츠제작 안상준
디자인 정명희
마케팅 박신용·오주형·강은혜·박민지
경영지원 국지연·강지선
펴낸곳 동아시아
등록 1998년 3월 5일 제1998-000243호
주소 서울시 중구 퇴계로30길 15-8 [필동1가 26] 2층
페이스북 www.facebook.com/dongasiabooks
인스타그램 www.instargram.com/dongasiabook
블로그 blog.naver.com/dongasiabook
전자우편 dongasiabook@naver.com
전화 02) 757-9724, 5
팩스 02) 757-9726

ISBN 978-89-6262-450-2   03300

만든 사람들
편집 강지유
크로스교열 안상준
표지디자인 정명희
본문디자인 김경주